Hacker
Unternehmensnetzwerke in der M

GABLER EDITION WISSENSCHAFT

Markt- und Unternehmensentwicklung

Herausgegeben von
Professor Dr. Dr. h.c. Arnold Picot,
Professor Dr. Dr. h.c. Ralf Reichwald und
Professor Dr. Egon Franck

Der Wandel von Institutionen, Technologie und Wettbewerb prägt in vielfältiger Weise Entwicklungen im Spannungsfeld von Markt und Unternehmung. Die Schriftenreihe greift diese Fragen auf und stellt neue Erkenntnisse aus Theorie und Praxis sowie anwendungsorientierte Konzepte und Modelle zur Diskussion.

Tobias H. Hacker

Unternehmens-netzwerke in der Multimediabranche

Relevanz und Gestaltung

Mit einem Geleitwort
von Prof. Dr. Dr. h.c. Ralf Reichwald

Deutscher Universitäts-Verlag

Die Deutsche Bibliothek - CIP-Einheitsaufnahme

Hacker, Tobias H.:
Unternehmensnetzwerke in der Multimediabranche : Relevanz und Gestaltung / Tobias H. Hacker. Mit einem Geleitw. von Ralf Reichwald. - 1. Aufl..
- Wiesbaden : Dt. Univ.-Verl., 2002
(Gabler Edition Wissenschaft : Markt- und Unternehmensentwicklung)
Zugl.: München, Techn. Univ., Diss., 2001

1. Auflage Februar 2002

Lektorat: Brigitte Siegel / Sabine Schöller

Der Deutsche Universitäts-Verlag ist ein Unternehmen der Fachverlagsgruppe BertelsmannSpringer.

www.duv.de

ISBN 978-3-8244-7573-5 ISBN 978-3-322-90424-9 (eBook)
DOI 10.1007/978-3-322-90424-9

Geleitwort

Das organisatorische Konzept der Unternehmensnetzwerke ist in den letzten Jahren in wissenschaftlichen Publikationen auf reges Interesse gestoßen. Auslöser hierfür sind drastische Veränderungen der Markt- und Wettbewerbsbedingungen in vielen Branchen. Insbesondere in Umfeldern, in denen sich die Innovationszyklen verkürzen und gleichzeitig die Anforderungen an ein differenziertes und umfassendes Leistungsangebot steigen, werden organisatorische Konzepte gesucht, die diesen Herausforderungen gerecht werden. Hier versprechen Unternehmensnetzwerke, eine geeignete Organisationsform zu sein, da sie durch die kooperative Zusammenarbeit mehrerer Unternehmen Innovationsfähigkeit und Flexibilität einerseits und (scheinbare) Größe andererseits kombinieren können.

Multimediaunternehmen stehen unter derart hohen wettbewerblichen Herausforderungen. Das macht ihre wissenschaftliche Betrachtung aus praktischer Sicht zu einem relevanten Unterfangen. Die Branche weist jedoch insbesondere eine Reihe spezifischer Charakteristika auf, die ihre wissenschaftliche Untersuchung auch für die Theorieentwicklung als in besonderem Maße interessant erscheinen lassen. Als vergleichsweise junge Branche ist der bisherige Forschungsstand zur Multimediabranche darüber hinaus als gering einzustufen. Tobias Hacker greift dieses Forschungsdefizit auf und legt eine Arbeit vor, die sich speziell Unternehmensnetzwerken in der Multimediabranche widmet. Vier Forschungsziele stellt Tobias Hacker seiner Arbeit voran:

1. die Gewinnung von theoretisch fundierten Erkenntnissen zur Multimediabranche und die Ableitung von Handlungsoptionen für die organisatorische Gestaltung von Multimedia-Agenturen;

2. die Untersuchung der Relevanz und Charakteristik von Unternehmensnetzwerken in der Multimediabranche;

3. die Entwicklung eines theoretischen Bezugsrahmens zur Untersuchung des Gestaltungsprozesses von Unternehmensnetzwerken der Multimediabranche;

4. die Analyse des Gestaltungsprozesses von Unternehmensnetzwerken in der Multimediabranche und die Ableitung von Implikationen für das Netzwerkmanagement.

Der Verfasser hat sich damit ein gleichermaßen aktuelles wie anspruchsvolles Themenfeld in seiner Arbeit vorgenommen, das vor dem Hintergrund derzeitiger Tendenzen der Unternehmensentwicklung höchste wissenschaftliche wie praktische Relevanz besitzt.

Die vorliegende Arbeit nähert sich Unternehmensnetzwerken in der Multimediabranche in zwei Schritten, wobei der Verfasser durchgehend empirische Erkenntnisse aus 20 teilstrukturierten Tiefeninterviews mit den Ergebnissen einer theoretisch-literaturanalytischen Untersuchung kontrastiert: Zunächst wird die Bedeutung und Ausprägung von Netzwerken in der Multimediabranche untersucht, bevor die Arbeit auf die Erklärung und Gestaltung von Unternehmensnetzwerken in der Multimediaindustrie eingeht.

Die große Branchenkompetenz sowie der reiche praktische Erfahrungsschatz des Verfassers kontrastiert mit den Erkenntnissen der Theorie lassen diese Untersuchung zu einem wichtigen Beitrag zur Gestaltung von Unternehmensnetzwerken in der Multimediabranche werden. Vor diesem Hintergrund wünsche ich dieser interessanten und spannenden Arbeit eine lebhafte Resonanz in Theorie und Praxis.

Univ.-Prof. Dr. Dr. h.c. Ralf Reichwald

Vorwort

Unternehmensnetzwerke sind ein organisatorisches Phänomen, welches gerade in der Multimediabranche weit verbreitet ist. Die Nachfrage nach multimedialen Anwendungen stieg Ende der neunziger Jahre rapide an; zugleich waren die angestammten Unternehmen – IT-Dienstleister, Systemhäuser, Werbeagenturen, Designagenturen, usw. – kurzfristig nicht flexibel genug, um eine multidisziplinäre Leistungserstellung, die technische, kreative, inhaltsbezogene und beratende Wertschöpfungen umfasst, aufzubauen. Dies öffnete ein „Window of opportunity", bot also kleinen, flexiblen Anbietern eine Chance, die viele nutzten, indem sie begannen, multimediale Anwendungen zu erstellen. Auf Grund ihrer geringen Größe und der Spezialisierung auf Kernkompetenzen waren die meisten Anbieter jedoch nicht in der Lage, den gesamten Leistungserstellungsprozess im eigenen Unternehmen abzubilden. Die Agenturen machten aus der Not eine Tugend und organisierten sich in vielfältigen Kooperationen, um gemeinsam in Unternehmensnetzwerken komplexe und leistungsfähige Lösungen zu erstellen.

Die vorliegende Arbeit bestätigt in einer Branchenanalyse die hohe Relevanz der Unternehmensnetzwerke für die Multimediabranche. Darüber hinaus zeigt eine empirische Erhebung, dass sich insbesondere für die Gestaltung von Netzwerkbeziehungen kein einheitliches, Weg weisendes Konzept herauskristallisiert hat. Die Unternehmensführung steht häufig vor der Herausforderung, die erwarteten Potenziale durch geeignete organisatorische Maßnahmen auch tatsächlich zu erschließen. In Erweiterung der bisherigen Überlegungen zu Unternehmensnetzwerken skizziert die vorliegende Arbeit einen aus theoretischen und empirischen Erkenntnissen gewonnenen Ansatz zur Gestaltung und zum Management von Unternehmensnetzwerken, der in Abhängigkeit von verschiedenen Entstehungsphasen aufzeigt, welche Handlungsmöglichkeiten und -notwendigkeiten für das Netzwerkmanagement bestehen.

Die Arbeit entstand als externe Promotion am Lehrstuhl für Allgemeine und Industrielle Betriebswirtschaftslehre von Prof. Dr. Dr. h.c. Ralf Reichwald an der Technischen Universität München und wurde am 30. Mai 2001 vom Promotionsausschuss als Dissertation angenommen. Zum Gelingen der Dissertation haben eine Vielzahl von Personen und Institutionen beigetragen.

Mein besonderer Dank gilt meinem Doktorvater, Herrn Prof. Dr. Dr. h.c. Ralf Reichwald, der die Arbeit in allen Phasen mit hilfreicher Kritik und fachlichen Anregungen begleitet hat. Auch Dr. Kathrin Möslein, Prof. Dr. Hans Koller und Dr. Frank Piller gebührt mein Dank. Sie waren in langen, konstruktiven Diskussionen meine Sparringspartner und haben damit wesentlich zum Erfolg dieser Arbeit beigetragen. Nicht missen möchte ich auch die zahlreichen Anregungen meiner Mitdoktoranden im Rahmen gemeinsamer Doktorandenseminare, die der Arbeit immer wieder neue Impulse verliehen. Herrn Prof. Dr. Horst

Wildemann danke ich für die freundliche Übernahme des Koreferates. Nicht zuletzt bin ich meinem Studienfreund Holger Niemeyer für sein Lektorat und seine Anregungen dankbar.

Ein besonders herzlicher Dank geht an meine Eltern, die mir mein Studium ermöglicht haben und mir in all den Jahren immer Energie und Zuversicht vermittelten. Diese Arbeit konnte nur deshalb gelingen, weil mir meine Frau, Susanne, immer moralischen Beistand leistete und mich aufmunterte, wenn das Ziel noch in weiter Ferne zu sein schien. Ihr gebührt mein größter Dank.

Tobias H. Hacker

Inhaltsverzeichnis

Abbildungsverzeichnis

Tabellenverzeichnis

Zeitschriftenverzeichnis

AER	American Economic Review
AMJ	Academy of Management Journal
AMR	Academy of Management Review
ASM	Advances in Strategic Management
ASQ	Administrative Science Quaterly
BFT	Betonwerk & Fertigteil-Technik
BfuP	Betriebswirtschaftliche Forschung und Praxis
BJE	Bell Journal of Economics
CMR	California Management Review
DB	Der Betrieb
DBW	Die Betriebswirtschaft
DU	Die Unternehmung
EDR	Economic Development Review
EP	Environment and Planning
GM	Gabler's Magazin
HBM	Harvard Business Manager
HBR	Harvard Business Review
HM	Harvard Manager
HR	Human Relations
HWB	Handwörterbuch der Betriebswirtschaftslehre
HWO	Handwörterbuch der Organisation
HWProd	Handwörterbuch der Produktionswirtschaft
IBW	International Business Week
IJRM	International Journal of Research in Marketing
IM	Information Management
JBR	Journal of Business Research
JBV	Journal of Business Venturing
JIE	Journal of Industrial Economics
JITE	Journal of Institutional and Theoretical Economics
JLE	Journal of Law and Economics
JM	Journal of Management
JoM	Journal of Marketing
JMM	Journal of Marketing Management
JSM	Journal of Strategic Marketing
LRP	Long Range Planning
MA	Mathematische Annalen
MD	Management Decision

MKQ	McKinsey Quarterly
MM	multiMEDIA
MS	Management Science
OA	Online Aktuell
OD	Organizational Dynamics
RJE	Rand Journal of Economics
RSO	Research in the Sociology of Organizations
SJM	Scandinavian Journal of Management
SMJ	Strategic Management Journal
WI	Wirtschaftsinformatik
WiSt	Wirtschaftswissenschaftliches Studium
WISU	Wirtschaftsstudium
W&V	Werben & Verkaufen
WW	Wirtschaft und Wettbewerb
ZfB	Zeitschrift für Betriebswirtschaft
ZfbF	Zeitschrift für betriebswirtschaftliche Forschung
ZfO	Zeitschrift für Organisation
ZwF	Zeitschrift für wirtschaftliche Fertigung

Abkürzungsverzeichnis

3-D	dreidimensional
Abb.	Abbildung
aktual.	aktualisierte
Aufl.	Auflage
Bd.	Band
bearb.	bearbeitete
B-to-B	Business-to-Business
B-to-C	Business-to-Consumer
bzgl.	bezüglich
bzw.	beziehungsweise
CA	California
ca.	circa
CD-R	Compact Disc Recordable
CD-ROM	Compact Disc Read Only Memory
CD-RW	Compact Disc Rewritable
CRM	Customer Relationship Management
CT	Connecticut
C-to-C	Consumer-to-Consumer
CUG	Closed User Group
d. h.	das heißt
Diss.	Dissertation
DMMV	Deutscher Multimedia Verband
durchges.	durchgesehene
DUV	Deutscher Universitäts-Verlag
DV	Datenverarbeitung
DVD	Digital Versatile Disc
EDV	Elektronische Datenverarbeitung
E-Mail	Electronic Mail
e. V.	eingetragener Verein
erw.	erweiterte
f.	folgende
Fn.	Fußnote
F&E	Forschung und Entwicklung
ff.	fortfolgende
GmbH	Gesellschaft mit beschränkter Haftung
GUI	Graphical User Interface
GWB	Gesetz gegen Wettbewerbsbeschränkungen

Hrsg.	Herausgeber
HTML	Hypertext Markup Language
i. A. a.	in Anlehnung an
IL	Illinois
IN	Indiana
IT	Informationstechnologie
IuK	Information und Kommunikation
IVW	Informationsgemeinschaft zur Feststellung der Verbreitung von Werbeträgern
k. A.	keine Angabe(n)
MA	Massachusetts
MIT	Massachusetts Institute of Technology
n. a.	nicht anwendbar
neubearb.	neubearbeitete
NJ	New Jersey
Nr.	Nummer
PC	Personal Computer
PDA	Personal Digital Assistant
PR	Public Relations
rev.	revidierte
RFP	Request for Proposal
RFQ	Requenst for Qualifications
S.	Seite
SCM	Supply Chain Management
Sp.	Spalte
strat.	strategisch
Tab.	Tabelle
TCP/IP	Transmission Control Protocol/Internet Protocol
TH	Technische Hochschule
TK	Telekommunikation
TU	Technische Universität
u. a.	unter anderem
überarb.	überarbeitete
UN	Unternehmensnetzwerk
Uni.	Universität
URL	Uniform Resource Locator
VAR	Value Added Reselling/Value Added Reseller
verb.	verbesserte
vgl.	vergleiche
vollst.	vollständig

VR	Virtual Reality
WAP	Wireless Application Protocol
WWW	World Wide Web
z. B.	zum Beispiel
zit.	zitiert

1 Einführung

Obwohl das Internet und Multimedia aus der Welt im beginnenden 21. Jahrhundert kaum mehr wegzudenken sind, existiert die Multimediabranche erst seit Beginn der 90er Jahre. Sie ist damit im Vergleich zu anderen Industrien sehr jung. Das Media Lab des MIT in Cambridge, MA, – das erste und zugleich bekannteste Institut, das sich mit Multimediaforschung beschäftigte – experimentierte erstmals in den 80er Jahren mit der Kombination verschiedener Medienformen.[1] Anfang der 90er Jahre wurden das World Wide Web und optische Speichermedien entwickelt, die bis heute als Übertragungs- und Trägermedien für multimediale Produkte und Dienstleistungen dienen. Auf dieser Basis entstanden Unternehmen, die entsprechende Anwendungen entwickeln und vermarkten: die Multimedia-Agenturen. Bis heute haben diese Unternehmen eine differenzierte Angebotsstruktur multimedialer Anwendungen ausgebildet, die im privaten, geschäftlichen und öffentlichen Bereich zunehmend an Bedeutung gewinnt.[2]

Verfolgt man die Entwicklung dieser Branche in der Fachpresse, so stellt man fest, dass ein organisatorisches Phänomen innerhalb der Branche offensichtlich von großer Bedeutung ist: Kooperationen. Es gibt kaum eine Fachzeitschrift zur Multimediabranche, die nicht aktuell über strategische Allianzen, Wertschöpfungspartnerschaften, Joint Ventures oder andere Ausprägungsformen von Kooperationen berichtet.[3] Bei näherer Analyse wird deutlich, dass viele Unternehmen nicht nur in eine einzige Kooperation, sondern in mehrere wechselseitige Kooperationen eingebunden sind, die netzartig die gesamte Branche überziehen und als Unternehmensnetzwerke bezeichnet werden können. Diese Unternehmensnetzwerke in der Multimediabranche werden in der vorliegenden Arbeit eingehend untersucht.

In diesem einführenden Kapitel wird zunächst die Problemstellung der vorliegenden Arbeit skizziert und das Betrachtungsobjekt definiert. Es folgt eine Analyse der existierenden Forschungsdefizite. Die Einleitung abschließend werden die Zielsetzungen und der Aufbau der vorliegenden Arbeit erläutert.

1.1 Betrachtungsobjekt und Problemstellung der Arbeit

Multimedia-Agenturen sind vergleichsweise junge und noch kleine Unternehmen.[4] Die ersten Agenturen wurden Anfang der 90er Jahre gegründet, als die technologischen

---

[1] Vgl. JARZ 1997, S. 11, NEGROPONTE 1995, S. 113, und STEINMETZ 1999, S. 1.

[2] Vgl. EUROPEAN COMMUNICATION COUNCIL (1999, S. 143), der in diesem Zusammenhang sogar von einer „'Diffusionsexplosion' der Nachfrageseite" spricht.

[3] Vgl. u. a. die Veröffentlichungen der Fachzeitschriften MULTIMEDIA, ONLINE AKTUELL sowie die Kolumne Interactive der Zeitschrift HORIZONT.

[4] Von den 100 größten deutschen Multimedia-Agenturen wurden 92 seit 1990 gegründet (vgl. HIGHTEXT 2000). Vgl. auch zur Größenstruktur von Multimedia-Agenturen Kap. 3.1.3. Eine ausführliche Definition von Multimedia-Agenturen ist in Kap. 3.1.1 zu finden.

Voraussetzungen für die Übertragung, Bearbeitung und Speicherung von multimedialen Inhalten geschaffen wurden. Seitdem hat die dynamische technologische Entwicklung eine Vielzahl von Möglichkeiten eröffnet, die unter anderem durch Multimedia-Agenturen in neue Anwendungen umgesetzt wurden.[5] Parallel zu dieser Entwicklung haben Multimedia-Agenturen kontinuierlich ihr Leistungsspektrum ausgeweitet. Während zunächst die inhaltliche, kreative und technologische Konzeption und Realisierung von multimedialen Anwendungen im Mittelpunkt stand, werden heute zunehmend Beratungs- und Vermarktungsleistungen sowie die Systemintegration und weitere Dienstleistungen angeboten.[6]

Die skizzierte Darstellung des Leistungsspektrums macht deutlich, dass Multimedia-Agenturen in der Leistungserstellung keinen eigenen, originären Bereich abdecken. Die einzelnen Leistungen werden in Konkurrenz zu klassischen Werbeagenturen, Unternehmensberatungen, Medienunternehmen, Softwareunternehmen, Systemhäusern und anderen Dienstleistungsunternehmen angeboten. Einen eigenständigen Charakter erlangen Multimedia-Agenturen nur, indem sie das breite Spektrum der für die Erstellung multimedialer Anwendung notwendigen Leistungen zusammenführen und aus einer Hand am Markt anbieten. Ihre originäre Kernkompetenz liegt somit in der Fähigkeit, die genannten Leistungen technisch, inhaltlich, organisatorisch und kommerziell zu integrieren und diese Leistungsintegration als Projekt zu managen.[7] Diese Kernkompetenz dient als Differenzierungsmerkmal gegenüber angestammten Wettbewerbern, wie zum Beispiel Unternehmensberatungen und Systemhäusern. Sie bewahrt Multimedia-Agenturen jedoch nicht vor dem zunehmenden Wettbewerbsdruck aus den eigenen Reihen.

Multimedia-Agenturen stehen heute vor großen wettbewerblichen Herausforderungen. Einerseits agieren sie in einem jungen, dynamisch wachsenden Markt, der in den letzten fünf Jahren im deutschsprachigen Raum um durchschnittlich über 50 % pro Jahr gewachsen ist.[8] Andererseits bewegt die hohe Marktattraktivität nach wie vor Unternehmen zum Marktzutritt, so dass die Anzahl der Marktteilnehmer kontinuierlich steigt.[9] Entsprechend ist der Markt für multimediale Anwendungen stark fragmentiert und wenig konzentriert: Die größten

---

5 Vgl. zu den Pionieren in Deutschland den Bericht über die Pixelpark GmbH bei WURZER (1999, S. 85 ff.).

6 TIETGENS, Vorstandsvorsitzender von Concept, stellt fest: „Der große Vorteil der Multimedia-Agenturen ist, dass sie fundiertes Spezialwissen aus vielen Gebieten unter einem Dach bündeln.“ (zit. nach ESCHBACH 2000, S. 77).

7 PRAHALAD/HAMEL (1991, S. 66 ff.) beschreiben *Kernkompetenzen* als Fähigkeiten, die sich in kollektiven Lernprozessen entwickeln und als Grundlage für eine Vielzahl von Produkten, Produktgenerationen oder Geschäftsbereichen dienen. Sie werden durch ihren Einsatz nicht abgenutzt, sondern eher verfeinert und lassen sich nicht individuell aneignen. Nicht jedes Unternehmen besitzt eine Kernkompetenz. Vgl. auch zum Konzept der Kernkompetenzen AMIN/COHENDET 1999, DUSCHEK 1998, HINTERHUBER/STAHL 1996, RASCHE 1993, RÜHLI 1995, STRASMANN/SCHÜLLER 1996, WILDEMANN 1998a und ZAHN 1996.

8 Die durchschnittliche jährliche Wachstumsrate bezieht sich auf den Zeitraum von 1994 bis 1999 (eigene Berechnungen nach O. V. 1999a, S. 3, und O. V. 1999q, S. 14).

9 Im Zeitraum von 1994 bis 1999 ist die Anzahl der deutschen Multimedia-Agenturen im jährlichen Durchschnitt um 33 % gewachsen (eigene Berechungen nach O. V. 1999a, S. 3, und O. V. 1999q, S. 14).

Marktteilnehmer haben noch nicht einmal einen Marktanteil von 1 %.[10] Aus der geringen Konzentration und den Marktzutritten resultiert eine steigende Wettbewerbsintensität, die in einigen Leistungsbereichen – trotz hohen Marktwachstums – zu einem Preisverfall und damit zu sinkenden Gewinnmargen für die Multimedia-Agenturen geführt hat.[11] Besonders betroffen sind die Bereiche, in denen wenig differenzierte Leistungen angeboten werden. Hierzu zählt insbesondere die Konzeption und Realisierung von solchen Web-Auftritten oder CD-ROMs, die ohne attraktives Design, anspruchsvolle redaktionelle Inhalte sowie aufwendige technische Funktionalitäten und Systemintegration auskommen. Weniger stark oder überhaupt nicht betroffen sind neue Angebotsformen, wie Anwendungen aus dem Bereich des Electronic Business, die den Handel und die Zusammenarbeit in und zwischen Unternehmen unterstützen. Diese Anwendungen sind oft sehr komplex, da sie vielfältige Technologien und Systeme integrieren und in organisatorische Strukturen und Abläufe eingebettet sind. Entsprechend aufwendig ist ihre Konzeption und Realisierung, da sie ein hohes Maß an technischem Know-how gepaart mit einem weitreichenden Verständnis für die Geschäftsprozesse der Kunden erfordern.[12] Die neuen Angebotsformen bieten Multimedia-Agenturen vielfältige Differenzierungsmöglichkeiten zum Aufbau von Wettbewerbsvorteilen.

Um jedoch ein gleichermaßen umfassendes wie differenziertes Angebot zu erstellen, müssen Multimedia-Agenturen über eine entsprechende Kompetenz- und Ressourcenbasis verfügen.[13] Bisher haben jedoch trotz kontinuierlichen Wachstums die wenigsten Multimedia-Agenturen eine Größe erreicht, bei der sie im eigenen Unternehmen die relevanten Ressourcen in der notwendigen Breite und Tiefe vorhalten könnten. Entsprechend sind sie alleine nicht in der Lage, ein differenziertes Leistungsspektrum aus einer Hand anzubieten. Um dieses Defizit zu kompensieren, unterhalten die meisten Multimedia-Agenturen eine Vielzahl an Kooperationen mit anderen Unternehmen. In der Zusammenarbeit mit diesen Kooperationspartnern wird das Leistungsspektrum zu einem Full-Service-Angebot ergänzt.[14]

Bei den Kooperationen von Multimedia-Agenturen handelt es sich häufig nicht nur um einzelne bilaterale Formen der Zusammenarbeit. Es sind Konstellationen zu beobachten, in

---

10 Eigene Berechnungen nach O. V. 1999q, S. 14, und HIGHTEXT 2000.

11 Seit 1996 sind die jährlichen Pro-Kopf-Umsätze kontinuierlich gefallen (vgl. O. V. 1999q, S. 14).

12 Vgl. O. V. 1999m, S. 3.

13 Der Begriff der *Ressource* wird in dieser Arbeit in einer engeren Fassung als in der traditionellen Volkswirtschaftslehre verwendet: Während die Volkswirtschaftslehre unter Ressourcen die generischen, undifferenzierten Produktionsfaktoren Arbeit, Boden und Kapital versteht, werden in dieser Arbeit nur solche Ressourcen betrachtet, die aufgrund ihrer Spezifität zur Erzielung von Wettbewerbsvorteilen geeignet sind (vgl. auch RASCHE 1994, S. 38 f. und Kap. 5.2). Kleine Unternehmen sind definitionsgemäß durch eine begrenzte Verfügbarkeit von Ressourcen gekennzeichnet (vgl. STEINMANN/KUMAR/WASNER 1981, S. 111).

14 Vgl. auch REICHWALD/BAUER/MÖSLEIN (1999, S. 70), die betonen: „Auf den heutigen Märkten werden nicht mehr nur Produkte oder einfache Dienstleistungen nachgefragt. Für die Kunden gewinnen vielmehr Problemlösungen an Bedeutung, die nicht aus isolierten Einzelleistungen bestehen, sondern problemadäquate Leistungsbündel darstellen. Dies bietet den Unternehmen die Möglichkeit der Differenzierung und die Chance zu Wettbewerbsvorteilen durch innovative Dienstleistungsangebote. Vor dem Hintergrund zunehmender Spezialisierung werden derartige Leistungen in zunehmendem Maße in Kooperationen mit anderen Partnern angeboten und vertrieben werden müssen.“

denen Multimedia-Agenturen mit mehreren Unternehmen eng zusammenarbeiten: Beispielsweise kann eine Agentur bei der Entwicklung von neuen Technologien, bei der Beratung von Kunden und bei der Integration von Anwendungen in bestehende Systeme des Kunden mit jeweils unterschiedlichen Partnern zusammenarbeiten. Bei diesen multilateralen Formen der Zusammenarbeit stehen die einzelnen Kooperationsbeziehungen häufig in einer engen Wechselwirkung zueinander: In dem zuvor genannten Beispiel können aus der F&E-Kooperation Anwendungen hervorgehen, die über Beratungs- und Integrationsleistungen vermarktet und implementiert werden. Die in der Multimediabranche weit verbreiteten Formen von multilateralen, interdependenten Kooperationen stellen netzwerkartige Konstellationen dar und werden von der Betriebswirtschaftslehre auch als Unternehmensnetzwerke bezeichnet. Diese Unternehmensnetzwerke in der Multimediabranche bilden das zentrale Betrachtungsobjekt der vorliegenden Arbeit.

Die Problemstellung lässt sich vor dem beschriebenen Hintergrund wie folgt zusammenfassen:

- Multimedia-Agenturen haben zwar in der Vergangenheit ihr Leistungsspektrum kontinuierlich ausgeweitet. Sie besitzen jedoch kaum originäre Leistungsbereiche. Dadurch stehen sie zumindest in Teilbereichen in Konkurrenz zu Unternehmen anderer Branchen. Zusätzlich steigt auf Grund der zunehmenden angebotsseitigen Fragmentierung die Wettbewerbsintensität in der Multimediabranche.
- Multimedia-Agenturen sind heute noch kleine Unternehmen mit einer beschränkten Kompetenz- und Ressourcenbasis. Trotz des starken Wachstums in den vergangenen Jahren sind sie noch nicht in der Lage, ein Full-Service-Angebot anzubieten, obwohl dies das selbst definierte Ziel vieler Anbieter ist.
- Kooperationen und insbesondere Unternehmensnetzwerke sind geeignet, die Kompetenz- und Ressourcenbasis auszuweiten, um dem Ziel eines gleichermaßen breiten und tiefen Leistungsangebot gerecht zu werden. Zu diesem Zweck unterhalten Multimedia-Agenturen eine Vielzahl von Kooperationen, die in vielen Fällen auch netzwerkartige Konstellationen annehmen. Die Gestaltung dieser Netzwerkbeziehungen ist jedoch in einem Umfeld wie der stark fragmentierten und dynamisch wachsenden Multimediabranche eine große Herausforderung.

1.2 Forschungsdefizite und Relevanz des Themas

Nachdem mit den Unternehmensnetzwerken in der Multimediabranche das Betrachtungsobjekt der vorliegenden Arbeit definiert und die Problemstellung anhand der für Multimedia-Agenturen relevanten Herausforderungen skizziert wurde, stellt sich die Frage nach den existierenden Forschungsdefiziten. Diese können in drei Bereichen ausgemacht werden:

- Die Multimediabranche gewinnt im öffentlichen Interesse zunehmend an Bedeutung. Eine hohe Anzahl von Publikationen in der Presse und in der *populärwissenschaftlichen*

Literatur belegen das Interesse an der Branche, den Multimedia-Agenturen sowie deren Produkten.[15] Dem stehen vergleichsweise wenige *wissenschaftliche* Veröffentlichungen zu den genannten Themengebieten gegenüber: Während der Einsatz von multimedialen Anwendungen durch die Kunden von Multimedia-Agenturen schon in einigen wissenschaftlichen Publikationen aus verschiedenen Perspektiven betrachtet wurde, sind nach Wissen des Autors die Multimedia-Agenturen mit ihren Wertketten, Organisationsstrukturen und Positionierungsschwerpunkten sowie die Multimediabranche mit ihren Marktstrukturen, Wettbewerbsprozessen und Rahmenbedingungen noch nicht näher wissenschaftlich untersucht worden.[16] Eine wissenschaftliche Untersuchung dieser Themen bietet sich an, da daraus Handlungsansätze und strategische Stoßrichtungen für das Management von Multimedia-Agenturen abgeleitet werden können.

- Das Phänomen der Unternehmensnetzwerke hat in den vergangenen Jahren in den Wirtschafts- und Sozialwissenschaften viel Aufmerksamkeit erfahren. Insbesondere die Betriebswirtschaftslehre, aber auch die Industrie- und Organisationssoziologie und die Politikwissenschaften haben sich intensiv mit den Funktionsweisen dieser Organisationsform beschäftigt.[17] Die Auseinandersetzung der genannten Wissenschaftsdisziplinen mit dem Netzwerkkonzept hat zu Forschungsfortschritten in Bezug auf die Begriffsbildung sowie auf die Analyse der Motive für die Herausbildung von Unternehmensnetzwerken geführt.[18] Dennoch resümiert SYDOW, dass „die Netzwerkorganisation immer noch ein weitgehend unbekanntes Wesen" ist, wobei er sich insbesondere auf das praktische Management von Netzwerkstrukturen und -prozessen bezieht.[19]
- Im deutschsprachigen Raum sind bereits eine Reihe von empirischen Untersuchungen zu Unternehmensnetzwerken durchgeführt worden, die sich überwiegend mit netzwerkartigen Beziehungen in funktionalen Bereichen von Unternehmen beschäftigen. Unter anderem wurden Produktions- und Logistik-, Forschungs- und Entwicklungs- sowie Beschaffungs- und Distributionsnetzwerke analysiert.[20] Teilweise beziehen sich die Untersuchungen auch auf ausgewählte Branchen wie die Automobilindustrie, die Textilindustrie, die Entsor-

---

15 Vgl. u. a. die Veröffentlichungen der Fachzeitschriften MULTIMEDIA, ONLINE AKTUELL sowie die Kolumne Interactive der Zeitschrift HORIZONT.

16 In wissenschaftlichen Arbeiten wurde u. a. der Einsatz von multimedialen Anwendungen aus einer technischen, marketing- und vertriebsbezogenen sowie ökonomischen Perspektive betrachtet. Vgl. stellvertretend für einige andere zur technischen Perspektive STEINMETZ 1999 und GRAUER/MERTEN 1997, zur marketing- und vertriebsbezogenen Perspektive ALBERS/CLEMENT/PETERS 1998, DOWNES/MUI 1998 und HAGEL/ARMSTRONG 1997 sowie zur ökonomischen Perspektive EUROPEAN COMMUNICATION COUNCIL 1999, KELLY 1998, MCKNIGHT/BAILEY 1997, SHAPIRO/VARIAN 1999 und WHINSTON/STAHL/CHOI 1997.

17 Vgl. MÄNNEL 1996, S. 11 f., und SYDOW 1999, S. 301 ff.

18 Vgl. SYDOW 1999, S. 304.

19 Vgl. SYDOW 1999, S. 304.

20 Vgl. zu Produktions- und Logistiknetzwerken KALUZA/BLECKER 2000, zu Forschungs- und Entwicklungsnetzwerken ROTERING 1990 und WILDEMANN 1998b sowie zu Beschaffungs- und Distributionsnetzwerken MÄNNEL 1996, MEYER 1995 und WERTZ 2000.

gungs- und Recyclingbranche oder den Finanzdienstleistungssektor.[21] Für die zukünftige Entwicklung wird Unternehmensnetzwerken insbesondere in solchen Industrien eine hohe praktische Relevanz beigemessen, die arbeits- beziehungsweise wissensintensiv sind und sich durch eine hohe technologische wie marktliche Dynamik auszeichnen.[22] Die Multimediabranche ist durch diese Kriterien gekennzeichnet, wie schon im vorherigen Kapitel deutlich wurde. Trotz der hohen Relevanz gibt es bisher nur wenige Untersuchungen zu Unternehmensnetzwerken in dieser Branche.[23]

1.3 Zielsetzung und Aufbau der Arbeit

Vor dem Hintergrund der Problemstellung und der Forschungsdefizite werden für die Untersuchung die folgenden Ziele formuliert:

1. Gewinnung von theoretisch fundierten Erkenntnissen zur Multimediabranche und Ableitung von Handlungsoptionen für die organisatorische Gestaltung von Multimedia-Agenturen;
2. Untersuchung der Relevanz und Charakteristik von Unternehmensnetzwerken in der Multimediabranche;
3. Entwicklung eines theoretischen Bezugsrahmens zur Untersuchung des Gestaltungsprozesses von Unternehmensnetzwerken;
4. Analyse des Gestaltungsprozesses von Unternehmensnetzwerken in der Multimediabranche und Ableitung von Implikationen für das Netzwerkmanagement.

Die genannten Ziele leiten den Aufbau der Arbeit, der nachfolgend skizziert wird. Nachdem Kap. 1 die Problemstellung und Forschungsdefizite sowie die Ziele und den Aufbau der vorliegenden Arbeit erläutert hat, wird in Kap. 2 die der Arbeit zu Grunde liegende empirische Vorgehensweise mit dem Untersuchungsdesign, der Auswertungsgrundlage sowie den zentralen Fragestellungen und Ziele dargestellt. Dieser Schritt bietet sich an, da in der weiteren Analyse an einigen Stellen unmittelbar theoretisch-literaturanalytische Grundlagen mit den Erkenntnissen der Empirie kontrastiert und ergänzt werden.

Das *erste Forschungsziel* aufgreifend analysiert Kap. 3 die Multimediabranche. Dabei werden zunächst die multimedialen Anwendungen als die von Multimedia-Agenturen erstellten Produkte und Dienstleistungen, die Branchenabgrenzung sowie die als Multimedia-Agenturen titulierten Unternehmen der Branche vorgestellt. Anschließend werden die Wertketten, Organisationsstrukturen und Positionierungsschwerpunkte von Multimedia-

[21] Vgl. zu Unternehmensnetzwerken in der Automobilindustrie STRUTTHOFF 1999, VIER 1996 und WERTZ 2000, in der Textilindustrie JARILLO 1993, in der Entsorgungs- und Recyclingbranche KALUZA/BLECKER 1996, SCHWARZ 1994 und WILDEMANN 1996b sowie im Finanzdienstleistungssektor BÜLOW 1995 und SYDOW u. a. 1995.

[22] Vgl. SYDOW (1999, S. 282 f.), der exemplarisch die Softwareindustrie und die Medienbranche nennt.

[23] Vgl. aber zu den Ausnahmen PRANGE 1999 und DIECKMANN 1999.

Agenturen zunächst theoretisch hergeleitet und den Beobachtungen der empirischen Untersuchungen gegenübergestellt. Es folgt eine Markt- und Wettbewerbsanalyse der Multimediabranche. Zunächst werden die Marktstrukturen anhand der Angebots- und Nachfrageseite beschrieben. Um die für Multimedia-Agenturen relevanten Entwicklungstendenzen zu untersuchen, werden anschließend die auf dem Markt für multimediale Anwendungen ablaufenden Wettbewerbsprozesse anhand einer Analyse der Wettbewerbsintensität sowie der Wettbewerbskräfte vorgestellt. Die Betrachtung der marktlichen Entwicklung schließt mit der Untersuchung der für die Multimediabranche relevanten technologischen und gesellschaftlichen Rahmenbedingungen ab. Eine kritische Würdigung und eine Chancen-Risiken-Betrachtung fassen die Ergebnisse der Branchenanalyse zusammen und bilden die Grundlage für die Identifikation möglicher Handlungsansätze, die zur Eingrenzung marktlicher Risiken geeignet sind. Das Kapitel abschließend werden organisatorische Gestaltungsoptionen für Multimedia-Agenturen aufgezeigt.

In Anlehnung an das *zweite Forschungsziel* nimmt Kap. 4 eine Definition, Charakterisierung und Abgrenzung von Unternehmensnetzwerken in der Multimediabranche vor. Dazu werden zunächst Akteure und Beziehungen als zentrale Elemente von Unternehmensnetzwerken beschrieben. Darauf aufbauend werden im Kontext der Vernetzungsinhalte und -felder die Art der in Netzwerkbeziehungen getauschten beziehungsweise gemeinsam genutzten Ressourcen sowie die in Netzwerke eingebundenen Unternehmensfunktionen diskutiert. Um den Untersuchungsgegenstand weiter zu präzisieren, schließt sich eine Definition von statischen und dynamischen Betrachtungsdimensionen in Unternehmensnetzwerken an. Für diese Dimensionen werden als extreme Ausprägungen Dichotome gewählt, anhand derer das Phänomen der Unternehmensnetzwerke vertiefend diskutiert wird. Eine Typologisierung von Unternehmensnetzwerken und eine Abgrenzung zu verwandten Kooperationsformen präzisieren abschließend den Untersuchungsgegenstand. Auch dieses Kapitel kontrastiert theoretisch-literaturanalytische Erkenntnisse mit den Beobachtungen der empirischen Untersuchung.

Darauf aufbauend stellt Kap. 5 theoretische Ansätze zur Erklärung und Gestaltung von Unternehmensnetzwerken vor. Im Rahmen der Arbeit werden der marktorientierte Strategieansatz, der ressourcenorientierte Strategieansatz, die Spieltheorie, der interaktionsorientierte Netzwerkansatz und der Phasenansatz des Kooperationsmanagements dargestellt und ihr netzwerkspezifischer Erklärungsgehalt untersucht und kritisch gewürdigt. Damit bereitet dieses Kapitel die Grundlagen für das *dritte Forschungsziel* – die Erstellung eines theoretischen Bezugsrahmens zur Untersuchung des Gestaltungsprozesses von Unternehmensnetzwerken.

Der Bezugsrahmen wird zu Beginn des Kap. 6 unter Rückgriff auf die zuvor rezipierten theoretischen Ansätze aufgestellt. Er dient dem *vierten Forschungsziel*, indem er die aus der empirischen Untersuchung gewonnenen Erkenntnisse zur Gestaltung von Unternehmensnetzwerken in der Multimediabranche sowie die daraus abgeleiteten Handlungsempfehlungen für die Unternehmenspraxis strukturiert.

Kap. 7 fasst die wichtigsten Ergebnisse der Arbeit zusammen und schließt mit einem Ausblick auf den weiteren Forschungsbedarf ab.

2 Empirische Vorgehensweise

In diesem Kapitel wird die der Arbeit zu Grunde liegende empirische Vorgehensweise dargestellt. Dieser Schritt bietet sich an, da in der weiteren Analyse an einigen Stellen unmittelbar theoretisch-literaturanalytische Grundlagen mit den Erkenntnissen der Empirie kontrastiert und ergänzt werden. Diese Gegenüberstellung kommt bei der Darstellung der Multimedia-Agenturen (Kap. 3.2), bei der Definition, Charakterisierung und Abgrenzung von Unternehmensnetzwerken (Kap. 4) sowie bei der Analyse der Gestaltung von Unternehmensnetzwerken (Kap. 6) zum Einsatz. Sie verspricht im Hinblick auf die in dieser Arbeit verfolgten Forschungsziele die folgenden Vorteile:

- Die Literatur zu Unternehmensnetzwerken und deren Gestaltung liefert in vielen Fällen eher allgemein gehaltene, branchenneutrale Erkenntnisse. Durch die Kontrastierung mit den empirischen Ergebnissen wird deren Validität in Bezug auf die Multimediabranche überprüft.
- Anhand von Beispielen, die aus der empirischen Erhebung gewonnen wurden, werden die Erkenntnisse der Literaturanalyse vertieft und veranschaulicht. Ein positiver Nebeneffekt ist, dass durch die Empirie der Aktualitätsbezug der Analyse erhöht wird.
- Schließlich führt die Synopse von Erkenntnissen aus Theorie und Empirie zu einer kompakten Darstellungsweise, die die Ableitung von Gestaltungsempfehlungen für die Unternehmenspraxis vereinfacht.

Im Folgenden wird die empirische Vorgehensweise erläutert. Dabei wird zunächst das Untersuchungsdesign und die Auswertungsgrundlage beschrieben, bevor näher auf die zentralen Fragestellungen und Zielsetzungen der empirischen Analyse eingegangen wird.

2.1 Untersuchungsdesign und Auswertungsgrundlage

Zur Untersuchung von Unternehmensnetzwerken in der Multimediabranche wurde ein empirisch-explorativer Ansatz gewählt. Diese Vorgehensweise ermöglicht eine Plausibilitätsprüfung und Fundierung der aus der Literaturanalyse sowie den theoretischen Ansätzen gewonnenen Erkenntnisse. Mit Hilfe der explorativen Vorgehensweise können Erkenntnisse über Zusammenhänge und Funktionsweisen gewonnen werden, wenn „ein Forschungsgegenstand noch nicht in allen Dimensionen klar umrissen ist und eine Klärung notwendig erscheint.“[1] Allerdings kann man mit ihr zu keinen statistisch relevanten, allgemein gültigen Aussagen gelangen.[2] Insofern wird durch das Forschungsdesign ein Schwerpunkt auf die

---

[1] SCHNELL/HILL/ESSER 1999, S. 300.

[2] YIN (1993, S. 4 f.) beschreibt die Bedeutung explorativer Untersuchungen anhand von Fallstudien wie folgt: „The explanatory case study has perhaps given all of case study research its most notorious reputation. In this type of case study, fieldwork and data collection are undertaken prior to the final definition of study

theoriegeleitete Erklärung der Gestaltung von Unternehmensnetzwerken in der Multimediabranche gelegt.

Wie die theoretisch-konzeptionellen Ausführungen zu Unternehmensnetzwerken in Kap. 4 noch deutlich machen werden, ist der Untersuchungsgegenstand durch ein hohes Maß an Komplexität und Vielschichtigkeit geprägt. In der Unternehmenspraxis treten nicht homogene, sondern vielfältige Netzwerkkonstellationen auf. Dadurch ist die Operationalisierbarkeit und Erfassungsmöglichkeit des Phänomens eingeschränkt.[3] Eine quantitative oder stark strukturierte Erhebung mittels eines Fragebogens scheint deswegen ungeeignet. Eher scheinen Interviews angemessen, in denen die Gesprächspartner über offene, teilstrukturierte Fragestellungen an das Thema herangeführt werden können.[4] Durch offene Fragestellungen wird verhindert, dass der Gesprächspartner in eine bestimmte Richtung gesteuert und dadurch das Ergebnis durch den Fragenden beeinflusst wird.[5] Außerdem besteht in Interviews prinzipiell die Möglichkeit der direkten Rückkopplung, die zu vertiefenden Diskussionen genutzt werden kann. Aus diesen Gründen wurden für die Empirie der vorliegenden Arbeit teilstrukturierte Tiefeninterviews eingesetzt.

Die Untersuchung von Unternehmensnetzwerken in der Multimediabranche basiert auf insgesamt 22 Gesprächen. Zunächst wurden im September und Oktober 1998 zwei Vorgespräche geführt, bei denen die Relevanz des Themas verifiziert und verschiedene Fragestellungen im Sinne eines Pre-Tests evaluiert wurden.[6] Die eigentliche Erhebung fand zwischen August und Oktober 1999 statt. Die Unternehmen wurden wie folgt ausgewählt:

- Zunächst wurden Interviews bei den 20 größten Multimedia-Agenturen angefragt.[7] In sechs Fällen bestand die Bereitschaft zu einem Gespräch.
- Aus den Unternehmen der Plätze 21 bis 400 wurden Unternehmen nach dem Zufallsprinzip ausgewählt.[8] Anschließend wurden solange Interviews angefragt, bis weitere sechs Gesprächspartner identifiziert waren.

---

questions and hypotheses. Research may follow intuitive paths, perceived by others as sloopy. However, you may be genuinely trying to discover theory by directly observing a social phenomenon in its ‚raw' form [...]. Moreover, when the final study questions and hypotheses are settled, your final study may not necessarily be a case study but may assume some other form. The explanatory case study [...], therefore, has been considered a prelude to much social research, not just to other case studies [...]."

3 „Die Operationalisierung eines theoretischen Begriffes besteht aus der Angabe einer Anweisung, wie Objekten mit Eigenschaften (Merkmalen), die der theoretische Begriff bezeichnet, beobachtbare Sachverhalte zugeordnet werden können." (SCHNELL/HILL/ESSER 1999, S. 123 f.).

4 Vgl. auch ATTESLANDER (2000, S. 108), der die Eignung von wenig strukturierten, teilstrukturierten und stark strukturierten Interviewsituationen diskutiert.

5 „Auf offene Fragen wird eine Antwort in den eigenen Worten des Befragten erwartet. Es werden keine Antwortmöglichkeiten vorgeschlagen; der Befragte übernimmt selbst die Formulierung seiner Antwort [...]." (SCHNELL/HILL/ESSER 1999, S. 308).

6 Pre-Tests sind „Voruntersuchungen [...], in denen die erstellten Meßinstrumente daraufhin überprüft werden, ob sie gültige (valide) und zuverlässige (reliable) Messungen ermöglichen." (SCHNELL/HILL/ESSER 1999, S. 10. Vgl. auch a. a. O. S. 324 ff.).

7 Basierend auf der Rangliste des Brancheninformationsdienstes MULTIMEDIA für 1998. Vgl. auch HIGHTEXT 1999 und O. V. 1999r, S. 2 f.

- Außerdem wurden Unternehmen berücksichtigt, die ihren Hauptunternehmenssitz nicht in Deutschland haben, aber hier mit einer Niederlassung vertreten sind.[9] Dabei wurden bei den größten internationalen Multimedia-Agenturen mit deutscher Niederlassung nach abfallender Größe solange Interviews angefragt, bis drei Gesprächspartner identifiziert waren.
- Zusätzlich wurde noch eine Institution ausgewählt, welcher innerhalb der Stichprobe eine Sonderrolle zukommt: das Haus der Multimedia-Produzenten in Hamburg umfasst 42 kleinere Multimedia-Agenturen und agiert als virtuelles Unternehmen mit dem Unternehmen assist newmedia als zentraler Steuerungs- und Koordinationsinstanz.

So konnten insgesamt 16 gesprächsbereite Unternehmen identifiziert werden. Mit Vertretern dieser Unternehmen wurden insgesamt 20 Tiefeninterviews geführt. Dieser Stichprobenumfang ist ausreichend, um im Sinne einer explorativen Untersuchung die Gestaltung von Unternehmensnetzwerken in der Multimediabranche zu erklären und Trendaussagen abzuleiten. Es muss jedoch eingeschränkt werden, dass der Stichprobenumfang keine statistisch zuverlässigen, allgemein gültigen Aussagen zulässt, zumal es sich bei Unternehmensnetzwerken nicht um homogene Untersuchungsobjekte handelt.[10]

Es wurde angestrebt, als Gesprächspartner Mitglieder der ersten Führungsebene zu gewinnen, was in den meisten Fällen auch gelang. Nur wenn in dem dreimonatigen Erhebungszeitraum kein Termin auf erster Führungsebene zu vereinbaren war, wurde mit Mitgliedern der zweiten Führungsebene gesprochen, die im Idealfall mit Kooperationen und Allianzen befasst waren (Leiter Business Development, Etat-Direktoren etc.). Die Gespräche wurden als Face-to-face-Interviews geführt und schriftlich protokolliert. Lediglich in zwei Fällen konnte aus Termingründen nur ein Telefoninterview vereinbart werden. Die Befragungen dauerten zwischen einer Stunde und max. vier Stunden pro Gesprächspartner, wobei das Mittel bei circa 1 ½ Stunden lag. Bei fünf Unternehmen gab es nach einem ersten Termin noch offene Fragen, so dass weitere Gespräche – in der Regel mit anderen Ansprechpartnern – vereinbart wurden. Dadurch bestand bei den meisten Unternehmen die Möglichkeit, Tiefeninterviews zu realisieren.

Insgesamt bestand bei den Gesprächspartnern eine große Offenheit und Auskunftsbereitschaft, was auch die hohe durchschnittliche Gesprächsdauer zeigt. Jedoch wurden einige der ausgetauschten Informationen, wie Namen von Kooperationspartnern und Kunden, von den

---

8 Die Rangliste des Brancheninformationsdienstes MULTIMEDIA für 1998 umfasst insgesamt 400 Unternehmen (vgl. HIGHTEXT 1999).

9 Die Rangliste des Brancheninformationsdienstes MULTIMEDIA für 1998 umfasst keine deutschen Niederlassungen ausländischer Multimedia-Agenturen. Eine entsprechende Rangliste findet sich im Online-Angebot des internationalen Werbefachblattes ADVERTISINGAGE (vgl. ADAGE 1999). Die Recherche der deutschen Niederlassungen erfolgte durch den Autor auf den jeweiligen Web-Angeboten der gelisteten Multimedia-Agenturen.

10 Als Zuverlässigkeit oder Reliabilität „kann das Ausmaß bezeichnet werden, in dem wiederholte Messungen eines Objektes mit einem Meßinstrument die gleichen Werte liefern." (SCHNELL/HILL/ESSER 1999, S. 145).

Gesprächspartnern als vertraulich eingestuft. Bis auf wenige Ausnahmen fließen die Ergebnisse der Interviews – auf Wunsch der Gesprächspartner – in anonymisierter Form in die Darstellung ein.

2.2 Zentrale Fragestellungen und Ziele

In der empirischen Untersuchung standen drei zentrale Fragenbereiche im Vordergrund, die sich an drei der vier in Kap. 1.3 vorgestellten Ziele der vorliegenden Arbeit orientieren.[11]

Der erste Fragenbereich untersuchte in Anlehnung an das erste Forschungsziel zwei Aspekte der Multimediabranche:

- Zunächst wurden die *Wertketten, Organisationsstrukturen und Positionierungen* der in der Stichprobe enthaltenen *Multimedia-Agenturen* untersucht. Ziel war es, ein Bild der Kernaktivitäten und Leistungsschwerpunkte, der Stärken und Schwächen, der Aufbau- und Ablauforganisation sowie der bedienten Produkt-Markt-Bereiche zu gewinnen.
- Anschließend wurden die *Chancen und Risiken der Multimediabranche* sowie mögliche *Handlungsoptionen* zur Eingrenzung der Risiken hinterfragt. Ziel war es, ein Verständnis für die Entwicklung der Branche und für adäquate organisatorische Gestaltungsoptionen zu gewinnen.

Der zweite Fragenbereich analysierte in Anlehnung an die zweite Forschungszielsetzung bestehende *Kooperations- und Netzwerkbeziehungen von Multimedia-Agenturen.* Im Einzelnen wurden anhand konkreter Beispiele die Zusammensetzung und die Inhalte sowie die Strukturen und Prozesse bestehender Unternehmensnetzwerke untersucht. Ziel war es, die Relevanz und Charakteristik von Unternehmensnetzwerken in der Multimediabranche zu erheben.

Der dritte Fragenbereich untersuchte in Anlehnung an das vierte Forschungsziel den *Gestaltungsprozess von Unternehmensnetzwerken.* Im Einzelnen wurden für den Gestaltungsprozess die Methoden und Maßnahmen zu Analyse, Bewertung und Konkretisierung von Kooperationsvorhaben, der Prozess der Kontaktaufnahme, Vertrauensbildung, Vertragsverhandlung und -formulierung sowie die organisatorischen Implementierungsschritte, Anpassungs- und Kontrollmaßnahmen und Erfolgsfaktoren analysiert. Ziel war es, ein detailliertes Verständnis für den Gestaltungsprozess von Unternehmensnetzwerken in der Multimediabranche zu erhalten.

Ein detaillierter Fragenkatalog befindet sich im Anhang dieser Arbeit. Dieser Katalog diente als Interviewleitfaden, der alle zuvor beschriebenen Erkenntnisbereiche durch Fragestellungen abdeckt. In den einzelnen Interviews ergaben sich in Abhängigkeit von

[11] Das dritte Forschungsziel – die Entwicklung eines theoretischen Bezugsrahmens zur Untersuchung des Gestaltungsprozesses von Unternehmensnetzwerken – ist rein theoriegeleitet. Deswegen werden lediglich drei der vier Forschungsziele durch die empirische Untersuchung unterstützt.

Funktion, Aufgabe und Erfahrung des Interviewpartners Schwerpunkte, so dass in keinem Fall der gesamte Fragenkatalog vollständig durchgesprochen wurde.

3 Die Multimediabranche

Dieses Kapitel bearbeitet das *erste Forschungsziel* der vorliegenden Arbeit, welches in der Gewinnung von theoretisch fundierten Erkenntnissen zur Multimediabranche und Ableitung von Handlungsoptionen für die organisatorische Gestaltung von Multimedia-Agenturen besteht. Dazu werden zunächst in Kap. 3.1 die Produkte der Multimediabranche (*multimediale Anwendungen*) die Multimediabranche als Ganzes sowie die Unternehmen der Multimediabranche (*Multimedia-Agenturen*) charakterisiert und abgegrenzt. Kap. 3.2 vertieft die Analyse, indem es die Wertketten, Organisationsstrukturen und Positionierungsschwerpunkte von Multimedia-Agenturen eingehend erläutert. Darauf aufbauend wird im Rahmen der Branchenbetrachtung eine Markt- und Wettbewerbsanalyse durchgeführt. Zunächst beschreibt Kap. 3.3 die Strukturen des Marktes für multimediale Anwendungen anhand einer eingehenden Analyse der Angebots- und Nachfrageseite. Im Anschluss untersucht Kap. 3.4 die aktuelle Wettbewerbsintensität sowie die wirkenden Wettbewerbskräfte, um Rückschlüsse auf zu erwartende Wettbewerbsprozesse ziehen zu können. Die Branchenanalyse abschließend werden in Kap. 3.5 technologische und gesellschaftliche Rahmenbedingungen vorgestellt, die als exogene Faktoren die aktuelle und zukünftige Marktentwicklung maßgeblich beeinflussen. In Kap. 3.6 werden die aus der Brachenbetrachtung gewonnenen Erkenntnisse kritisch gewürdigt und in einer Chancen-Risiken-Betrachtung verdichtet. Darauf aufbauend werden aus der Perspektive von Multimedia-Agenturen mögliche Handlungsansätze identifiziert, die anschließend in konkrete organisatorische Handlungsoptionen überführt werden.

3.1 Produkte und Unternehmen der Multimediabranche

Um die Multimediabranche einer Analyse zugänglich zu machen, ist eine Begriffsdefinition und Branchenabgrenzung notwendig. Kap. 3.1.1 definiert zunächst den Begriff der *multimedialen Anwendungen*, um diese anschließend anhand ausgewählter Merkmale zu konkretisieren und in einem Anwendungsportfolio anzusiedeln. In Kap. 3.1.2 wird die Multimediabranche abgegrenzt. Kap. 3.1.3 illustriert die Branchenabgrenzung, indem die Anbieter der Multimediabranche über Branchenstatistiken vorgestellt werden.

3.1.1 Multimediale Anwendungen

Um zu einer Eingrenzung und Präzisierung der Multimediabranche und ihrer Produkte zu gelangen, ist zunächst der vielschichtige Begriff *Multimedia* zu definieren.[1] Die wörtliche Übersetzung des Begriffs weist lediglich auf die Kombination verschiedener Medien hin und

---

[1] Vgl. auch eine Übersicht verschiedener Definitionen des Begriffs Multimedia bei GRAUER/MERTEN 1997, S. 5 ff.

ist damit „relativ nichtssagend".[2] Der Begriff *Multimedia* erhält erst klarere Konturen, wenn er im Kontext konkreter Produkte und Dienste aus dem Computer-, Telekommunikations- und Medienbereich diskutiert wird.[3] Diese Produkte und Dienste werden auch als *multimediale Anwendungen* bezeichnet, die in der Literatur anhand der folgenden Merkmale definiert werden:

- *Verschiedene Medienformen:* Multimediale Anwendungen kombinieren mindestens ein diskretes und ein kontinuierliches Medium.[4] Ein Medium wird als diskret oder zeitunabhängig bezeichnet, wenn seine Verarbeitung zeitunkritisch ist; es wird als kontinuierlich oder zeitabhängig bezeichnet, wenn die darzustellenden Informationen nicht nur durch ihre Werte vermittelt werden, sondern auch durch den zeitlichen Verlauf ihres Auftretens.[5] Zu den diskreten Medien gehören Texte, Grafiken und Bilder, zu den kontinuierlichen Sprache, Töne, Musik, Film, Video, Animationen, dreidimensionale Darstellungen und die künstliche Realität.[6]
- *Unabhängige Manipulierbarkeit:* Die einzelnen Medien müssen unabhängig voneinander manipulierbar sein.[7] So erfüllt beispielsweise ein Videofilm mit Untertiteln das erste Kriterium, nämlich die Kombination je eines diskreten und kontinuierlichen Mediums. Jedoch sind beide Medien starr gekoppelt und damit nicht unabhängig voneinander nutzbar.[8] Hingeben kann ein digitales Lexikon auf CD-ROM verschiedene diskrete und kontinuierliche Medienformen enthalten, die zudem unabhängig manipulierbar sind, wenn Text mit benutzergesteuerten abrufbaren Ton- und Videosequenzen angereichert wird.
- *Bezogenheit:* Obwohl die Unabhängigkeit der Medien vielfältige Manipulationsmöglichkeiten eröffnet, bedeutet dies nicht, dass die Medien in einem beliebigen Verhältnis zueinander stehen dürfen. In multimedialen Anwendungen werden verschiedene Medien in inhaltliche, zeitliche und räumliche Beziehungen zueinander gestellt, damit sie gemeinsam eine Funktion erfüllen.[9] So sind zum Beispiel in einem digitalen Lexikon sinnvollerweise nur solche Texte, Grafiken, Ton- und Videosequenzen verknüpft, die in inhaltlicher Beziehung zueinander stehen.

---

2 HEINRICH 1999, S. 49.

3 Vgl. BOOZ ALLEN & HAMILTON 1997, S. 27.

4 Vgl. STEINMETZ 1999, S. 12, sowie HEINRICH/LEHNER/ROITHMAYR 1994, S. 113.

5 Vgl. JARZ 1997, S. 36 ff. und STEINMETZ 1999, S. 10 f.

6 Vgl. REICHWALD 1999a, S. 271.

7 Vgl. STEINMETZ 1999, S. 12.

8 Vgl. zu dem Beispiel JARZ 1997, S. 13 f.

9 Vgl. STEINMETZ (1999, S. 12 f.), der von „zeitlichen, räumlichen und inhaltlichen Synchronisationsbeziehungen" spricht.

- *Interaktivität:* Wie der Begriff der multimedialen *Anwendung* schon andeutet, ist eine aktive Beteiligung des Nutzers oder Anwenders notwendig.[10] Unterstrichen wird dies durch die Kriterien der Unabhängigkeit und Bezogenheit: Der Nutzer ist nicht – wie beim Betrachten eines untertitelten Videofilms – ausschließlich passiver Rezipient oder Empfänger. Er muss sich – wie beim Recherchieren im digitalen Lexikon – durch die aktive Manipulation der Darstellung von Medieninhalten innerhalb der vorgegebenen inhaltlichen, zeitlichen und räumlichen Beziehungen am Verarbeitungsprozess beteiligen, damit sich für ihn ein Nutzen erschließt.[11]

Aus diesen Kriterien ergeben sich Anforderungen an die Verarbeitungstechnik sowie an die Darstellung der Inhalte, die von einigen Autoren explizit als weitere konstitutive Merkmale von multimedialen Anwendungen genannt werden:

- *Rechnergestützte Verarbeitungstechnik:* Die Verarbeitungstechnik muss den zuvor genannten Kriterien multimedialer Anwendungen gerecht werden. Deswegen wird häufig betont, dass eine digitale Abbildung die Speicherung, Übertragung, Darstellung und Verarbeitung multimedialer Anwendungen vereinfacht oder überhaupt erst ermöglicht.[12] Zur Bearbeitung digitaler Daten multimedialer Anwendungen sind elektronische Rechnersysteme notwendig, die über audiovisuelle Ein- und Ausgabemöglichkeiten verfügen müssen.[13]
- *Inhalterepräsentation:* Multimediale Anwendungen müssen eine gestaltete, einfach zu erlernende, grafische Benutzeroberfläche aufweisen, die die verschiedenen Medienformen integriert darstellt.[14]

Die vorgestellten Merkmale sind in der folgenden Definition zusammengefasst: *Von multimedialen Anwendungen wird gesprochen, wenn mindestens ein diskretes und ein kontinuierliches Medium über eine grafische Benutzeroberfläche auf einem rechnergesteuerten System integriert und in eine zeitliche, räumliche und inhaltliche Beziehung gesetzt werden, die Medien aber dennoch unabhängig voneinander durch Interaktion mit dem System manipuliert werden können.*

Bisher wurde der Begriff der multimedialen Anwendung zwar definiert, aber nicht näher konkretisiert. Nachfolgend erfolgt nun die Konkretisierung des Begriffs, indem die

---

[10] Vgl. BOOZ ALLEN & HAMILTON 1997, S. 27, BÖRNER/SCHNELLHARDT 1992 und SCHMENK/WÄTJEN 1993, S. 12 f.

[11] Vgl. JARZ 1997, S. 15.

[12] Vgl. BOOZ ALLEN & HAMILTON 1997, S. 27.

[13] Vgl. STEINMETZ 1999, S. 12 f. In einigen Definitionen wird zudem zur Ermöglichung interaktiver Anwendungen die Vernetzung mehrerer Rechner gefordert (vgl. STEINMETZ 1999, S. 13, und JARZ 1997, S. 15). Dieses Definitionskriterium wird in der vorliegenden Arbeit jedoch nicht als konstitutiv für multimediale Anwendungen verstanden, da hier die Auffassung vertreten wird, dass Interaktivität nicht nur zwischen Anwendern in Netzwerken (Mensch-Mensch-Interaktion), sondern auch zwischen einem Anwender und einem autonomen, nicht vernetzten Rechnersystem möglich ist (Mensch-Maschine-Interaktion).

[14] Vgl. JARZ 1997, S. 12 f., KINNEBROCK 1994, S. 102, und STEINMETZ 1999, S. 791 ff.

Eigenschaften, Ausprägungen und Einsatzfelder von multimedialen Anwendungen näher beschrieben werden. Dabei ist es von zentraler Bedeutung, dass multimediale Anwendungen Produkte sind, die häufig erst durch begleitende Dienstleistungen wie Beratung, Implementierung, Betrieb und Wartung für Kunden von Multimedia-Agenturen Nutzen stiften.[15]

Multimediale Anwendungen sind aus Sicht der Multimedia-Agenturen *Investitionsgüter*. Investitionsgüter werden allgemein definiert als „Leistungen, die von Organisationen (Nicht-Konsumenten) beschafft werden, um mit ihrem Einsatz (Ge- oder Verbrauch) weitere Güter für die Fremdbedarfsdeckung zu erstellen oder um sie unverändert an andere Organisationen weiterzuveräußern, die diese Leistungserstellung vornehmen."[16] In Bezug auf die Produkte und Dienstleistungen von Multimedia-Agenturen bedeutet dies, dass die Leistungen multimediale Anwendungen sind, die nicht direkt an Letztkonsumenten distribuiert, sondern von Organisationen wie Medien- und Handelsunternehmen, aber auch sonstigen Unternehmen und öffentliche Institutionen bezogen und zur Leistungserstellung eingesetzt werden. Die Leistungserstellung dieser Organisationen auf der Basis von multimedialen Anwendungen besteht – abstrakt gesprochen – in der Bereitstellung von Informations-, Kommunikations- und Transaktionsdienstleistungen, die beim Letztkonsumenten zu einer Bedarfsdeckung führen. Dabei können die Letztkonsumenten Individuen oder Organisationen sein.

Multimediale Anwendungen bestehen aus verschiedenen *Softwarekomponenten*, die der Speicherung, Übertragung und Darstellung von multimedialen Inhalten dienen. Damit haben sie, sofern sie über Kommunikationsnetze distribuiert und genutzt werden, keinen materiellen Charakter.[17] Auf Grund dieser Eigenschaft verbrauchen sich multimediale Angebote nicht.

Auch wenn es Bestrebungen gibt, multimediale Anwendungen durch eine Modularisierung stärker zu standardisieren, sind sie heute noch durch ein hohes Maß an *Spezifität* und *Komplexität* gekennzeichnet.[18] Sie sind in der Regel keine homogenen Produkte, sondern werden für spezifische Anwendungszwecke und Kundengruppen erstellt.[19] Dabei werden entweder Softwarekomponenten an die Bedürfnisse der Abnehmer angepasst, oder die Software wird nach den Spezifikationen der Abnehmer vollständig neu entwickelt.[20] Die

---

[15] Vgl. Auch Kap. 3.2.1, in dem Dienstleistungen als wesentlicher Bestandteil des Leistungsspektrums von Multimedia-Agenturen dargestellt werden.

[16] ENGELHARDT/GÜNTER 1981, S. 24.

[17] Lediglich bei einer Speicherung auf Trägermedien kann ihnen ein physischer Charakter zugesprochen werden.

[18] Vgl. zur Spezifität und Komplexität von multimedialen Anwendungen FALKENSTEIN 1999, S. 50.

[19] Verschiedene Autoren betonen, dass es sich bei multimedialen Anwendungen nicht um Standard-Softwarelösungen handelt, die ‚out of the Box' verkauft werden können, sondern um Anwendungen mit einem hohen Anteil an kundenindividueller Programmierungs- und Integrationsleistung (vgl. O. V. 1999p, S. 2). Vgl. auch zu den Vor- und Nachteilen von Standard-Softwarelösungen im Vergleich zu den proprietären, d. h. kundenindividuell entwickelten, Softwarelösungen REICHWALD 1999a, S. 265.

[20] Vgl. die Parallelen zum Anlagen- und Systemgeschäft: Der Absatz läuft dem Leistungserstellungsprozess voraus. Die kundenindividuell erstellte Leistung wird beim Abnehmer zu einem funktionsfähigen Angebotsbündel zusammengefügt. Es schließen sich ggf. wiederholte Kaufprozesse zur Aktualisierung, Optimierung und Erweiterung der Leistung an (vgl. BACKHAUS 1997, S. 296).

Leistungserstellung ist oftmals ein Projektgeschäft, bei dem eine starke Interaktion mit dem Abnehmer stattfindet. Diese ist notwendig, da häufig multimediale Anwendungen in technische und organisatorische Abläufe integriert werden müssen.

Um die Eigenschaften multimedialer Anwendungen näher zu charakterisieren, wird ein begrifflicher und inhaltlicher Bezugsrahmen aufgespannt. In Tab. 3-1 ist dieser Rahmen mit Merkmalen und Ausprägungen dargestellt.

Tab. 3-1: Bezugsrahmen zur Beschreibung von multimedialen Anwendungen

Merkmal	**Ausprägungen**						
Plattform	Internet	optische Speichermedien					
Medienform	Text	Grafik	Bild	Audio	Video	Animation	3-D/VR
Endgerät	PC	TV	Kiosksysteme	mobile Endgeräte	sonst. Endgeräte		
Nutzungsmöglichkeit	Information	Kommunikation	Transaktion				
Nutzerrelationen	unternehmensintern	B-to-B	B-to-C	C-to-C			
Reichweite	1-to-1	1-to-x	x-to-1	x-to-x			

Multimediale Anwendungen werden über unterschiedliche Plattformen bereitgestellt und genutzt. Als Transport- und Trägermedium kommen Kommunikationsnetze wie das Internet sowie optische Speichermedien in Frage.

Netzbasierte multimediale Anwendungen werden heute fast ausschließlich für das *Internet* entwickelt. Das Internet basiert auf dem 1983 eingeführten TCP/IP-Protokoll, welches eine Unabhängigkeit von dem Übertragungsmedium und der Netzwerkart gewährleistet. Über dieses Protokoll werden verschiedene Dienste für unterschiedliche Anwendungsbereiche ermöglicht, die sämtlich auf einer dezentralen Client-Server-Architektur aufbauen.[21] Mit dem *World Wide Web* wurde 1992 ein Dienst im Internet etabliert, der über die Autorensprache HTML die Darstellung von multimedialen Inhalten ermöglicht.[22] Auf einem Server werden Informationen und Dokumente bereitgehalten, die auf dem Client durch eine so genannte Browser-Software abgerufen und präsentiert werden.[23] Zwischen den Seiten des WWW können Verweise eingerichtet werden, die den zielgerichteten Wechsel von einer Seite zur nächsten ermöglichen.[24] Alle Inhalte sind im WWW über eindeutige Adressen – die URLs –

[21] „Ganz allgemein nennt man eine Hard- oder Software, die im Netz bestimmte Basisdienste zu Verfügung stellt, einen Server. Die Rechner, die diese Dienste in Anspruch nehmen, heißen Clients. Die Kombination nennt man eine Client/Server-Umgebung." (REICHWALD 1999a, S.269, im Original teilweise fett).

[22] „Autorensprachen sind Programmiersprachen, die zur Erstellung spezieller Anwendungen konzipiert sind. Das Sprachniveau liegt so hoch, daß auch Anwender ohne gute Programmierkenntnisse zumindest Prototypen multimedialer Anwendungen erstellen können." (GRAUER/MERTEN 1997, S. 138).

[23] Die Dokumente werden auch als Web-Pages, Web-Seiten, Web-Präsenzen oder Web-Angebote bezeichnet. Die Browser-Software ist ein Programm, welches „HTML-kodierte Dateien [...] über das auf das Internet-TCP/IP-Protokoll [...] aufsetzende HTTP-Protokoll [...] anfordern, empfangen, interpretieren und anzeigen kann." (HORN 1999, S. 50).

[24] Die Verweise werden als *Hyperlinks* oder einfach *Links* bezeichnet (vgl. REICHWALD 1999a, S. 271). Durch Anklicken dieser Links wechselt der Browser auf die Seite, auf die der Hyperlink verweist. Hyperlinks sind ein prägnantes Merkmal des WWW, da durch sie das „Websurfen" erst Bedeutung erlangt (vgl. GRAUER/MERTEN 1997, S. 118 ff.).

adressierbar. Durch die hohe Benutzerfreundlichkeit und die multimedialen Darstellungsmöglichkeiten fand das WWW eine hohe Verbreitung.[25]

Optische Speichermedien sind auf Grund ihrer Speicherdichte und der Möglichkeit des wahlfreien Zugriffs als Datenträger für multimediale Inhalte geeignet. Im Jahre 1985 wurde mit der CD-ROM der erste optische Datenträger spezifiziert, der lediglich ein Auslesen der Daten ermöglichte.[26] Heute können optische Speichermedien in Form von CD-Rs und CD-RWs einfach oder mehrfach beschrieben werden und besitzen in der aktuellen Spezifikation als DVD circa die zwanzigfache Speicherkapazität der CD-ROM.[27]

Multimediale Anwendungen kombinieren verschiedene *Medienformen*. Dazu gehören Texte, Grafiken, Bilder, Sprache, Töne, Musik, Film, Video, Animationen, dreidimensionale Darstellungen sowie die künstliche Realität (VR: Virtual Reality). Diese unterschiedlichen Medienformen werden als strukturierte Informationen zum Präsentationszeitpunkt abgerufen oder generiert und in die Darstellung eingespielt. Die Darstellung kann über die grafische Benutzeroberfläche einer CD-ROM oder in einer Seite des WWW, aufgerufen durch einen Browser, auf unterschiedlichen Endgeräten erfolgen. Durch die Zusammenführung auf einer Benutzeroberfläche oder Seite werden die Inhalte in eine zeitliche, räumliche und inhaltliche Beziehung gesetzt.[28] Erst dadurch werden sie zu einer multimedialen Anwendung.

Multimediale Anwendungen werden für unterschiedliche rechnergesteuerte *Endgeräte* entwickelt. Rechnergesteuerte Endgeräte sind notwendig, da sie die dynamische Integration der verschiedenen Medienformen ermöglichen.[29] Die größte Verbreitung zur Darstellung multimedialer Inhalte besitzen heute PCs, da sie sowohl Inhalte von optischen Speichermedien als auch des WWW darstellen können. Zunehmend werden jedoch auch Fernsehgeräte über rechnergesteuerte Zusatzgeräte (Set-Top-Boxen) für den Zugang zu multimedialen Angeboten des Internets aufgerüstet. Eine spezielle Form von Endgeräten sind Kiosksysteme, die im Allgemeinen an öffentlich zugänglichen Orten aufgestellt werden und mit denen vorzugsweise anonyme Anwender für eine kurze Zeit multimediale Informationen abrufen und Transaktionen veranlassen können.[30] Neben den genannten stationären Endgeräten gibt es mobile Endgeräte zur Nutzung multimedialer Inhalte. Zum einen

---

[25] Neben dem WWW besitzen die Dienste Electonic Mail (E-Mail) und das File Transfer Protocol (FTP) noch eine hohe Bedeutung (vgl. ZEERFAß/HAASIS 1999, S. 7 f.). Diese Dienste sind jedoch nur eingeschränkt in der Lage verschiedene Medienformen zu integrieren und damit nur bedingt als multimediale Dienste zu bezeichnen. *E-Mails* dienen primär der textbasierten, asynchronen, dislozierten Kommunikation, wobei über Anhänge auch Sprach- und Bewegtbildnachrichten und Informationen in Form von Grafiken und Bildern sowie Audio- und Videodateien übertragen werden können. Das *File Transfer Protocol* ermöglicht die Übertragung von Dateien zwischen Client und Server. Auch hier können die Dateien Inhalte beliebiger Medienformen enthalten.

[26] Eine CD-ROM kann ca. 5.000 Seiten Text, bis zu 10 Minuten Video, 60 Minuten Audio oder eine beliebige Kombination dieser Medien speichern (vgl. SCHULZ/ZERFAß 1999, S. 25).

[27] Vgl. zur Entwicklung von optischen Speichermedien MERTEN/GRAUER 1999, S. 60 ff.

[28] Vgl. STEINMETZ 1999, S. 12.

[29] Vgl. STEINMETZ 1999, S. 12 f.

[30] Vgl. STEINMETZ 1999, S. 848.

ermöglichen Kombinationen von mobilen PCs oder PDAs mit Mobiltelefonen den Zugang zum WWW. Zum anderen existieren Mobiltelefone, die – ohne einen zusätzlichen Rechner – auf multimediale Inhalte des Internets zugreifen können. Darüber hinaus befinden sich spezielle dedizierte Endgeräte in der Entwicklung, die den Zugang zum WWW in verschiedenen Lebenssituationen ermöglichen werden (beispielsweise im Auto, in der Küche, an Getränkeautomaten etc.).

Multimediale Anwendungen bieten Kunden unterschiedliche *Nutzungsmöglichkeiten*. Sie dienen der Information, Kommunikation und Transaktion.[31] Während die ersten beiden Anwendungsformen zur Vermittlung von Wissen, zur Bildung sowie zur Unterhaltung eingesetzt werden, zielt die Transaktion auf die Übertragung von Daten und die Abwicklung von Geschäften. Die drei Anwendungsformen können einzeln, aber auch in unterschiedlicher Kombination in multimedialen Angeboten enthalten sein.[32] Optische Speichermedien sind lediglich zur Darstellung von Informationen geeignet, internetbasierte Angebote können hingegen alle drei Anwendungsformen abdecken.

Multimediale Anwendungen sprechen verschiedene *Nutzerrelationen* und Nutzergruppen an. Insbesondere das Internet als offenes Informations-, Kommunikations- und Transaktionsmedium lässt verschiedene Nutzergruppen in Relation zu einander treten. Es wird unterschieden zwischen Anwenderkreisen, die sich auf ein Unternehmen beschränken, die (ein) weitere(s) Unternehmen mit einbeziehen (B-to-B), die neben (einem) Unternehmen auch Endverbraucher mit einbeziehen (B-to-C) und solchen, die lediglich Endverbraucher umfassen (C-to-C).[33] Des Weiteren wird unterschieden, ob die Angebote im Internet allen interessierten Anwendern offen stehen oder ob aus Vertraulichkeitsgründen geschlossene Benutzergruppen (CUG) gebildet werden. Für den innerbetrieblichen Austausch werden Intranets, für den zwischenbetrieblichen Austausch mit Lieferanten, Abnehmern und Kooperationspartnern Extranets eingesetzt.[34] Intranets und Extranets basieren zwar auf der Internet-Technologie, werden aber über Sicherheitstechnologien gegenüber dem Internet abgegrenzt.[35]

---

[31] Vgl. ZERFAß/HAASIS 1999, S. 9 ff.

[32] Vgl. ZERFAß/HAASIS 1999, S. 11.

[33] Die Begriffe *Business* und *Consumer* werden häufig in Bezug auf den elektronischen Handel im Internet gebraucht. Sie beschreiben plakativ die Art der Partner, die in eine Geschäftsbeziehung eintreten. In der vorliegenden Arbeit sollen aber die beschriebenen Relationen stellvertretend für weiter gefasste Konzepte stehen: Zum einen stehen sie nicht allein für Transaktions-, sondern auch für Informations- und Kommunikationsbeziehungen, zumal sich die drei Beziehungsarten häufig nicht trennscharf voneinander abgrenzen lassen. Zum anderen werden die Begriffe weiter gefasst: der Begriff *Business* steht dann nicht nur für Organisationen mit Gewinnerzielungsabsicht (Unternehmen), sondern auch für alle Arten von Organisationen ohne Gewinnerzielungsabsicht (z. B. öffentliche Institutionen). Der Begriff *Consumer* steht nach der weiten Fassung nicht allein für Endverbraucher im Sinne von Konsumenten, sondern für alle individuellen Nutzer des Internets, die keinen Organisationen zugerechnet werden können.

[34] Vgl. HORN 1999, S. 14.

[35] Diese Technologien werden auch als *Firewall-Systeme* bezeichnet. Firewalls kontrollieren den Datenaustausch zwischen einem zu schützenden Datennetz und dem Internet. „Dazu analysiert das Firewall-System die Kommunikationsdaten, kontrolliert die Kommunikationsbeziehungen und Kommunikationspartner,

Multimediale Anwendungen können eine unterschiedliche *Reichweite* haben. Das Internet als Informations-, Kommunikations- und Transaktionsmedium kann zwischen beliebig vielen Individuen oder Organisationen vermitteln. Zunächst einmal können zwei Individuen oder Organisationen direkt kommunizieren, Informationen austauschen und Geschäfte tätigen (1-to-1). Weiterhin kann ein einzelnes Individuum oder eine einzelne Organisation mit einer Gruppe von Individuen oder Organisationen Informationen austauschen, kommunizieren und Transaktionen abwickeln und umgekehrt (1-to-x und x-to-1). Schließlich kann der Informations-, Kommunikations- und Transaktionsprozess zwischen zwei Gruppen stattfinden (x-to-x). Durch diese abgestuften Reichweiten können Angebote entwickelt werden, die sich an spezielle Zielgruppen richten. Die Reichweiten von Web-Angeboten sind in Abb. 3-1 veranschaulicht.

Abb. 3-1: Reichweiten von multimedialen Anwendungen

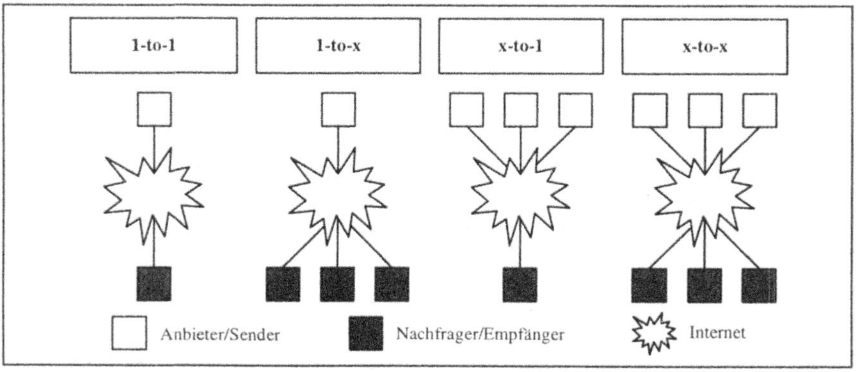

Die Darstellung der Eigenschaften von multimedialen Anwendungen macht deutlich, dass es für sie ein breites Spektrum an Einsatzfeldern gibt. Zur Veranschaulichung und Zusammenfassung werden diese aus zwei Perspektiven konkretisiert: zum einen aus der Sicht von Multimedia-Agenturen, die diese Anwendungen erstellen, und zum anderen aus der Sicht der Abnehmer, die sie in ihrem Leistungserstellungsprozess einsetzen:

Aus der Perspektive von *Multimedia-Agenturen* werden multimediale Anwendungen in Form von Web-Seiten und CD-ROMs zum sichtbaren Produkt. In der Vermarktung wird dieses Produkt begleitet von Dienstleistungen. Diese Dienstleistungen umfassen die Beratung von Kunden, die Integration der Anwendungen in bestehende Systeme und Prozesse sowie den Betrieb und die Optimierung von Systemen und Anwendungen.

Aus der Perspektive der *Abnehmer* sind multimediale Anwendungen ein Vehikel, um neue Geschäftsmöglichkeiten im Unternehmen und in der Interaktion mit der Unternehmens-

reglementiert die Kommunikation nach einer Sicherheitspolitik, protokolliert sicherheitsrelevante Ereignisse umwelt zu erschließen. Um diese Geschäftsmöglichkeiten zu konkretisieren, werden exemplarisch anhand von zwei Merkmalen Einsatzfelder multimedialer Anwendungen gebildet und vorgestellt. Unterscheidet man nach den Nutzern und den Nutzungsmöglichkeiten des Angebots, können vier Einsatzfelder identifiziert werden, die hier als Elektronische Inhalte, Elektronische Gemeinschaften, Elektronischer Handel und Elektronische Unternehmensanwendungen bezeichnet werden. Plakativ werden diese Anwendungsfelder häufig auch mit den Begriffen Content, Community, Commerce und Collaboration tituliert:[36]

- Elektronische Inhalte (Content) werden über Web-Seiten oder auf CD-ROMs angeboten. Sie dienen der Vermittlung von Wissen sowie der Unterhaltung und werden sowohl geschäftlich als auch privat eingesetzt.
- Elektronische Gemeinschaften (Community) sind Web-Angebote, in denen sich Nutzer nach Interessenschwerpunkten organisieren. In den Interessengruppen kommunizieren Nutzer, sie tauschen Informationen aus und erhalten über Navigationshilfen Orientierung im WWW.
- Elektronischer Handel (Commerce) findet über das WWW in zwei Formen statt. Zum einen wird elektronischer Handel im B-to-B-Bereich in geschlossenen Benutzergruppen über Extranets mit Lieferanten oder Abnehmern realisiert. Zum anderen findet elektronischer Handel im B-to-B-, B-to-C- sowie C-to-C-Bereich über transaktionsorientierte Web-Auftritte im Internet statt.
- Elektronische Unternehmensanwendungen (Collaboration) werden in Intranets oder Extranets eingesetzt. Sie unterstützen die Informationsspeicherung, -verarbeitung, und -bereitstellung, automatisieren Prozessabläufe und verbessern die Kommunikation, Koordination und Kooperation in Unternehmen.

In Abb. 3-2 sind die vier beschriebenen Einsatzfelder mit beispielhaft genannten Anwendungen zusammenfassend dargestellt.

---

und alarmiert bei starken Verstößen den Security-Administrator." (POHLMANN 1998, S. 36).

36 Vgl. u. a. O. V. 2000b, HAITE/BOSSART 2000. Multimediale Anwendungen enthalten häufig mehrere der genannten Komponenten. So können z. B. Web-Seiten Content-, Community- und Commerce-Komponenten enthalten. Gerade aus diesem Grund stellen die 4 Cs ein geignetes Raster zur Analyse von multimedialen Anwendungen dar.

Abb. 3-2: Einsatzfelder multimedialer Anwendungen[37]

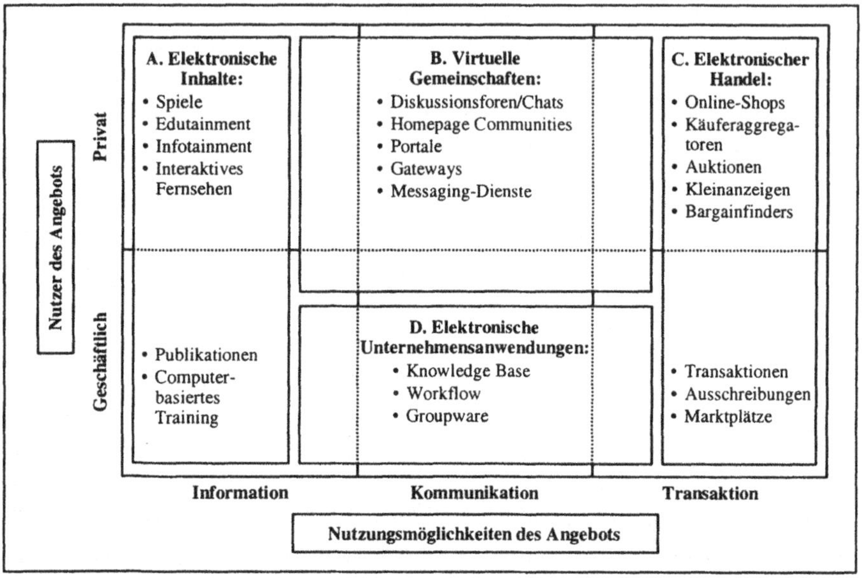

3.1.2 Branchenabgrenzung

Üblicherweise ist der Ausgangspunkt einer Branchenanalyse die Abgrenzung der für die Branche relevanten Märkte.[38] In der betriebswirtschaftlichen und volkswirtschaftlichen Literatur existieren eine Vielzahl von Ansätzen zur Abgrenzung von Märkten.[39] Ein häufig verwendeter Ansatz, der auch hier als Ausgangspunkt dienen soll, ist das *Bedarfsmarktkonzept.* Danach umfasst ein relevanter Markt alle Produkte, die sich in ihren Eigenschaften und in ihrem wirtschaftlichen Verwendungszweck so ähnlich sind, dass sie aus Sicht des Verbrauchers als kurzfristig substituierbar angesehen werden.[40] In der Multimediabranche ergibt sich jedoch bei der Abgrenzung von Märkten die Schwierigkeit, dass es sich nicht um homogene, sondern um differenzierte Güter handelt, die häufig noch um kundenspezifische Dienstleistungen ergänzt werden. Da die Anbieter aber häufig in einer substitutiven

---

[37] Vgl. zu den genannten Anwendungen auch HACKER 1999a, HESS/SCHUMANN 1999, S. 8 ff., KILLIUS/MUELLER-OERLINGHAUSEN 1999, S. 145 ff. und REICHWALD/HERMANN/BIEBERBACH 2000.

[38] Vgl. FRESE 1998, S. 282.

[39] Vgl. CORSTEN 1998, S. 33 ff., und die dort zitierte Literatur.

[40] Vgl. ABBOTT 1958, S. 96 f., und KAUFER 1980, S. 22. BAUM (1980, S. 402) weist darauf hin, dass die Anwendung des Bedarfsmarktkonzeptes nicht unproblematisch ist, da es in der praktischen Anwendung eine funktionale Austauschbarkeit von Produkten anhand einer vergleichenden Analyse der Produkteigenschaften und Verwendungszwecke erfasst, die auf Plausibilitätsüberlegungen und Ermessungsentscheidungen beruhen. Dennoch ist es die Grundlage der einschlägigen Rechtsprechung zur Fusionskontrolle und Voraussetzung für die Bestimmung von Konzentrationsraten (vgl. KANTZENBACH/KRÜGER 1990, S. 475, und MONOPOLKOMMISSION 1984, S. 195 ff.).

Beziehung zueinander stehen, werden hier nicht einzelne Märkte abgegrenzt. Vielmehr wird für die Multimediabranche die Existenz *eines* Marktes angenommen, der weniger über ein Produkt, als über ein Produkt- und Dienstleistungs*spektrum* abgegrenzt wird. Die Produkte und Dienstleistungen der Multimediabranche sind die im Kap. 3.1.1 definierten und charakterisierten *multimedialen Anwendungen*.

Grenzt man die Multimediabranche über multimediale Anwendungen ab, so gehören alle die Unternehmen zur Multimediabranche, die multimediale Anwendungen und dazu komplementäre Dienstleistungen erstellen. Diese Unternehmen werden als *Multimedia-Agenturen* bezeichnet. Eine ähnliche Branchenabgrenzung nehmen implizit oder explizit die einschlägigen Branchenverbände und -publikationen vor. Im DEUTSCHEN MULTIMEDIA VERBAND (DMMV e. V.) sind circa 1.100 Unternehmen organisiert, von denen der Großteil – nach der hier verwendeten Definition – zu den Multimedia-Agenturen zu rechnen ist.[41] Dies kann als Indiz dafür gewertet werden, dass eine Branchenabgrenzung, wie sie in dieser Arbeit gewählt wurde, in der Praxis existiert und sich die Unternehmen der Multimediabranche zugehörig fühlen. Auch der Brancheninformationsdienst MULTIMEDIA, der jährlich unter den deutschsprachigen Agenturen für eine Branchenstatistik eine Vollerhebung durchführt, wählt für seine Untersuchung eine ähnliche Abgrenzung.[42]

Diese vorgenommene Angrenzung darf jedoch nicht darüber hinwegtäuschen, dass die Branche und damit auch ihre Grenzen einer besonderen Dynamik unterworfen sind. Für diese Dynamik ist insbesondere die so genannte Branchenkonvergenz verantwortlich: Es gibt eine Reihe von Branchen mit Produkten und Dienstleistungen, die sich zu multimedialen Anwendungen komplementär verhalten. Indem diese Produkte und Dienstleistungen zunehmend mit multimedialen Anwendungen zu komplexen Systemlösungen integriert werden, konvergieren die beteiligten Märkte und Branchen. Dadurch verschwimmen die Branchengrenzen, so dass sie häufig nicht mehr trennscharf gezogen werden können. Die Branchenkonvergenz sowie die beteiligten Branchen sind in Abb. 3-3 exemplarisch dargestellt.

[41] Vgl. DMMV 2000.

[42] Vgl. o. V. 1999q, S. 14, und HIGHTEXT 2000.

Abb. 3-3: Branchenkonvergenz in der Multimediabranche[43]

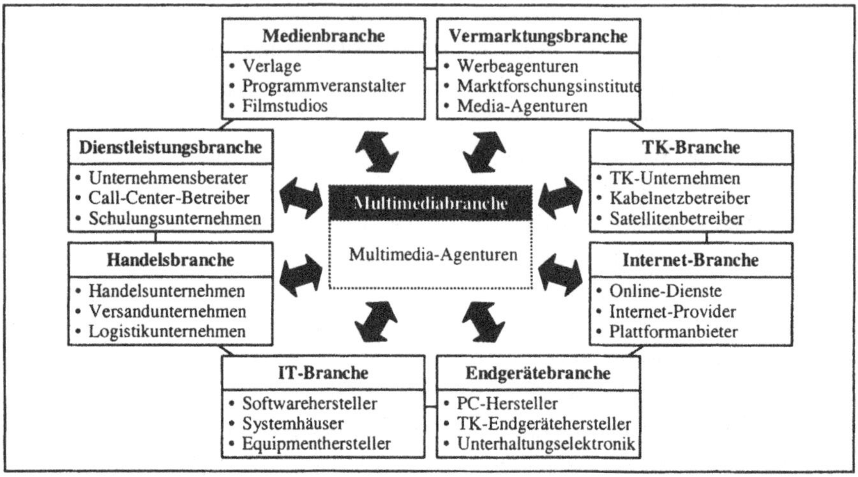

Nachdem die Multimediabranche abgegrenzt und zentrale Begriffe definiert wurden, werden im Folgenden Multimedia-Agenturen näher betrachtet.

3.1.3 Multimedia-Agenturen

Dieses Kapitel illustriert zum einen die im vorangegangenen Kapitel getroffene Branchenabgrenzung durch eine Rangliste der größten deutschen Multimedia-Agenturen. Zum anderen werden Multimedia-Agenturen über einige aus der Rangliste abgeleiteten Kennzahlen mit ähnlichen Beratungs- und Dienstleistungsunternehmen der zuvor beschriebenen angrenzenden Konvergenzbranchen verglichen.

In Deutschland erstellt der Brancheninformationsdienst HIGHTEXT gemeinsam mit den Fachzeitschriften der Werbebranche W&V und HORIZONT sowie dem DEUTSCHEN MULTIMEDIA VERBAND (DMMV e. V.) jährlich Ranglisten der größten 400 Multimedia-Agenturen in Deutschland. Tab. 3-2 stellt einen Auszug dieser Rangliste für das Jahr 1999 dar und gibt für die größten 25 Multimedia-Agenturen die umsatz- und mitarbeiterbezogenen Statistiken wieder.

[43] Vgl. zur Branchenkonvergenz in der Multimediabranche BOOZ ALLEN & HAMILTON 1997, S. 50 ff., FINK 1997, S. 16, und FINK/MEYER 1996, S. 56.

Tab. 3-2: Ranking der größten deutschen Multimedia-Agenturen[44]

Rang	Name	Gründung[45]	Umsatz[46]		Mitarbeiter[47]		Umsatz / Mitarbeiter[48]	
			1999	1998	1999	1998	1999	1998
1	GFT Technologies AG	1997	70,0	39,8	460	304	152	131
2	USWeb/CKS	1995	46,0	38,7	283	145	163	267
3	Pixelpark AG	1991	31,4	20,9	270	170	116	123
4	I-D Media AG	1992	30,0	9,4	294	70	102	134
5	Concept! AG	1991	27,3	15,7	130	80	210	196
6	Kabel New Media AG	1993	27,0	10,9	400	90	68	121
7	WWL Internet AG	1995	25,0	6,6	213	36	117	183
8	die argonauten GmbH	1996	22,5	7,5	120	50	188	150
9	infoMedia Gruppe	1992	21,2	18,0	130	70	163	257
10	M.I.T.	1981	20,0	19,0	70	75	286	254
11	Iqena GmbH	1998	17,5	16,4	95	90	184	182
12	BBDO Interactive GmbH	1982	16,0	10,4	105	60	152	173
13	artemedia ag	1994	15,8	12,2	120	70	132	174
14	berens/partner	1994	15,5	10,5	120	35	129	299
	United Media GmbH	1995	15,5	5,3	120	40	129	133
16	Sinner, Schrader AG	1996	14,0	3,2	95	35	147	91
17	mindfact ag	1996	12,5	k. A.	86	40	145	k. A.
	Blueorbit AG	1995	12,5	k. A.	80	60	156	k. A.
19	PopNet Internet AG	1995	11,0	5,3	200	60	55	88
20	Antwerpes & Partner AG	1993	10,8	6,1	39	19	277	321
21	multi media haus	1995	10,4	7,9	56	40	186	197
22	Elephant Seven GmbH	1996	10,0	6,5	90	35	111	186
	IQ Interactive Quality	1997	10,0	5,6	65	24	154	233
24	Plan.Net	1997	9,6	2,7	60	25	160	108
25	Publicis Technology	1996	9,5	4,1	39	19	244	216
	Summe Top 10		**320,4**	**186,5**	**2.370**	**1.090**	**n. a.**	**n. a.**
	Summe Top 25		**511,0**	**282,5**	**3.740**	**1.742**	**n. a.**	**n. a.**
	Durchschn. Top 10		**32,0**	**18,7**	**237**	**109**	**135**	**171**
	Durchschn. Top 25		**20,4**	**12,3**	**150**	**70**	**137**	**176**

In der Analyse zeigt sich, dass

- die meisten Unternehmen erst vergleichsweise kurze Zeit existieren. Lediglich zwei Unternehmen sind älter als zehn Jahre, 14 Unternehmen sind zwischen fünf und zehn Jahre alt und neun Unternehmen jünger als fünf Jahre;
- gemessen an den Umsätzen und Beschäftigtenzahlen selbst die größten Multimedia-Agenturen nach betriebswirtschaftlichen Kriterien noch zu den kleinen oder mittleren Unternehmen gehören;[49]

---

[44] Vgl. HIGHTEXT 2000 und eigene Berechnungen. Vgl. auch O. V. 2000a, S. 82.

[45] Das Gründungsjahr bezieht sich auf das Jahr der Firmengründung bzw. auf das Jahr der Gründung der Interactive Unit.

[46] In Mio. DM.

[47] Zahl der Mitarbeiter zum Jahresende ohne freie Mitarbeiter, Auszubildende, Trainees und Praktikanten.

[48] In Tsd. DM.

[49] Vgl. zu den Größenklassen WÖHE/DÖRING 2000, S. 17 f.

- die Umsätze der größten zehn Multimedia-Agenturen von 1998 auf 1999 durchschnittlich um circa 70 %, die der größten 25 Agenturen um circa 80 % gewachsen sind;[50]
- die größten 25 Multimedia-Agenturen ihren Personalbestand von Ende 1998 auf Ende 1999 mit einer durchschnittlichen Wachstumsrate von 115 % mehr als verdoppelt haben;
- die Produktivität – gemessen als jährlicher Umsatz pro Mitarbeiter – innerhalb der Gruppe stark variiert. Der Pro-Kopf-Umsatz der produktivsten Agentur liegt um mehr als den Faktor vier über dem niedrigsten Pro-Kopf-Umsatz und immer noch mehr als den Faktor zwei über dem Gruppendurchschnitt;
- 17 der größten 25 Multimedia-Agenturen 1999 im Vergleich zum Vorjahr an Produktivität eingebüßt haben.

Um die Leistungsfähigkeit der Multimediabranche zu bewerten, bietet sich – neben der zuvor vorgenommenen Darstellung der absoluten Kennzahlen – ein Vergleich mit Beratungs- und Dienstleistungsunternehmen der angrenzenden Konvergenzbranchen an. In den sich überschneidenden Leistungsbereichen sind Unternehmen aus den Konvergenzbranchen in der Regel schon länger am Markt vertreten und weisen dadurch einen signifikanten Vorsprung an Ressourcen und Kompetenzen auf. Abb. 3-4 stellt diesen Zusammenhang zumindest in quantitativer Hinsicht anhand von Kenngrößen für die Multimediabranche einerseits, sowie ausgewählten Konvergenzbranchen andererseits für das Jahr 1999 dar.[51]

In der Analyse zeigt sich, dass:

- die durchschnittlichen Umsätze der 25 größten Multimedia-Agenturen um circa den Faktor 5 bis 100 unter den Umsätzen der verglichenen Dienstleistungs- und Beratungsbranchen lagen;
- die durchschnittlichen Mitarbeiterzahlen der 25 größten Multimedia-Agenturen um circa den Faktor 3 bis 25 unter den Mitarbeiterzahlen der verglichenen Branchen angesiedelt waren;
- der durchschnittliche Umsatz pro Mitarbeiter der 25 größten Multimedia-Agenturen wesentlich geringer ausfällt als die Pro-Kopf-Umsätze der verglichenen Branchen. Er liegt circa um den Faktor 2 bis 3 niedriger.[52]

---

[50] Im Branchendurchschnitt betrug das Umsatzwachstum 1999 sogar 212 % (vgl. SCHMIDT 2000, S. 81).

[51] Einen qualitativen Vergleich der Leistungen von Multimedia-Agenturen mit Leistungen der Konvergenzbranchen gibt es nach Wissen des Autors (noch) nicht. Eine solche Analyse würde eine umfassende Befragung von Kunden erfordern und wäre – sofern sie zu aussagekräftigen Ergebnissen führen soll – mit einem erheblichen Aufwand verbunden.

[52] Aufgrund der niedrigen Pro-Kopf-Umsätze kann – unter der Annahme einer vergleichbaren Personalintensität der Leistungserstellung – davon ausgegangen werden, dass die Multimediabranche im Vergleich zu anderen Dienstleistungs- und Beratungsbranchen heute eine wesentlich niedrigere Profitabilität aufweist.

Abb. 3-4: Vergleich der Multimediabranche mit Konvergenzbranchen[53]

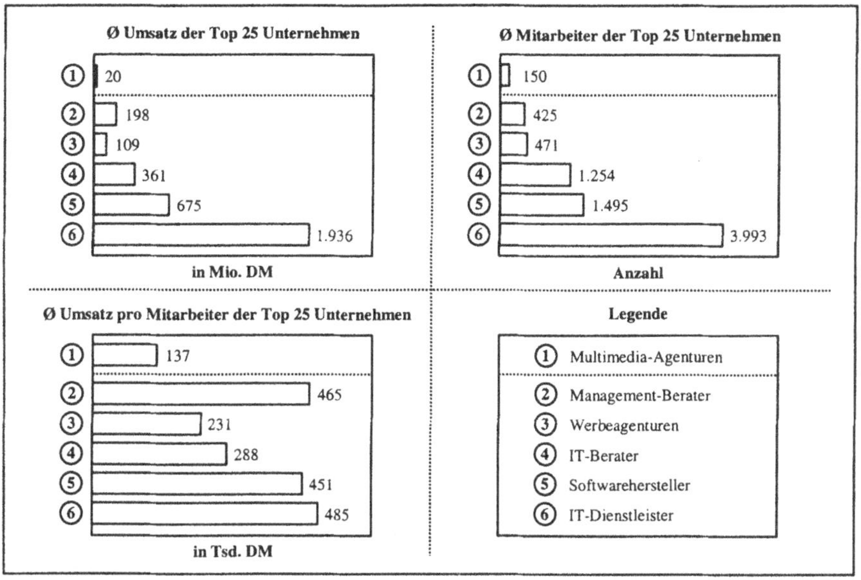

Der Vergleich macht deutlich, dass Multimedia-Agenturen heute sowohl in der Größe als auch in der Produktivität noch signifikant hinter den Werten ausgewählter Konvergenzbranchen zurückliegen.

3.2 Wertschöpfung und Organisation in Multimedia-Agenturen

Multimedia-Agenturen erstellen multimediale Anwendungen, die – wie schon gezeigt wurde – Investitionsgüter für nachgelagerte Wertschöpfungsstufen darstellen. Dabei handelt es sich um komplexe, softwarebasierte Güter, die auf die spezifischen Anforderungen nachgeordneter Wertstufen abgestimmt werden. Die Wertschöpfung findet entsprechend in Projekten statt, die eine Vielzahl von unterschiedlichen Aktivitäten, Ressourcen und Kompetenzen erfordern. Zunächst werden in Kap. 3.2.1 die projektbezogenen Wertaktivitäten anhand des Modells der Wertkette analysiert. Anschließend untersucht das Kap. 3.2.2 die aufbau- und ablauforganisatorische Kompetenz- und Ressourcenverteilung in Multimedia-

[53] Eigene Berechnungen nach HIGHTEXT 2000, HORIZONT.NET 2000 und LÜNENDONK 2000. Die Branchen sind wie folgt abgegrenzt: *Multimedia-Agenturen* – die Unternehmen erbringen Multimedia-, Online- und E-Commerce-Dienstleistungen; *Management-Berater* – mehr als 60 Prozent des Umsatzes werden mit klassischer Unternehmensberatung (z. B. Strategie, Organisation, Personal, Marketing) erzielt; *Werbeagenturen* – die Unternehmen sind schwerpunktmäßig in der Werbegestaltung tätig; *IT-Berater* – mehr als 60 Prozent des Umsatzes werden mit IT-Beratung, Individual-Software-Entwicklung und Systemintegration erzielt; *Softwarehersteller* – mehr als 60 Prozent des Umsatzes werden mit Standard-Software-Produktion, -Vertrieb und -Wartung erwirtschaftet; *IT-Dienstleister* – die Unternehmen sind schwerpunktmäßig mit Dienstleistungen, z. B. Outsourcing, Maintenance, Training, im deutschen IT-Markt tätig.

Agenturen anhand verschiedener organisatorischer Dimensionen. Schließlich werden in Kap. 3.2.3 die marktseitigen Positionierungsmöglichkeiten und -schwerpunkte von Multimedia-Agenturen herausgearbeitet und diskutiert.

In den Kap. 3.2.1 bis 3.2.3 wird jeweils zuerst ein theoretischer Rahmen rezipiert, der als Grundlage für die jeweils folgende empirische Untersuchung dient. Die Kapitel sind entsprechend in zwei Teile untergliedert. Ein Nebeneffekt der synoptischen Darstellung von Theorie und Empirie in den nachfolgenden Kapiteln ist, dass die in der Stichprobe der empirischen Erhebung enthaltenen Unternehmen anhand der Analysemodelle strukturiert dargestellt werden.

3.2.1 Wertketten von Multimedia-Agenturen

a.) Theoretischer Rahmen

Zur Analyse der projektbezogenen Wertaktivitäten von Multimedia-Agenturen wird das Modell der Wertkette verwendet.[54] Die Wertkette wurde von PORTER Mitte der 80er Jahre zur Lokalisierung der Quellen von Wettbewerbsvorteilen entwickelt.[55] In seiner Konzeption umfasst die Wertkette nicht die Wertschöpfungsaktivitäten ganzer Branchen, sondern lediglich einzelner Unternehmen. Die Wertaktivitäten eines Unternehmens werden in zwei Bereiche unterteilt. *Primäre Aktivitäten* umfassen alle Tätigkeiten, die unmittelbar mit dem Leistungserstellungsprozess zusammenhängen, von der Beschaffung von Vorleistungen über die eigentliche Leistungserstellung bis hin zum Vertrieb und Kundendienst. *Unterstützende Aktivitäten* sorgen für die Aufrechterhaltung der primären Aktivitäten, indem sie personelle, finanzielle und technische Ressourcen zur Verfügung stellen.[56] Primäre und unterstützende Wertaktivitäten umfassen gleichermaßen dispositive wie objektbezogene Arbeitsleistungen und kommen als Quelle von Wettbewerbsvorteilen in Frage.[57] Abb. 3-5 gibt eine generische Darstellung der Wertkette nach Porter wieder.

---

[54] Auch wenn dem Konzept der Wertkette eine hohe analytische Leistungsfähigkeit innewohnt, gibt es auch Kritik, die sich insbesondere auf die Linearität und Sequenzialität der Wertkette bezieht (vgl. STABELL/FJELDSTAD 1998). Ganz im Sinne von Unternehmensnetzwerken sprechen einige Autoren von *Wertschöpfungsnetzwerken* (*value networks*) (vgl. z. B. KLEMM 1997 und DENSION 1997, S. 23).

[55] Vgl. PORTER 1999b, S. 67 ff. Vgl. auch Kap. 5.1.1, das die Wertkette noch einmal kurz im Rahmen des marktorientierten Strategieansatzes aufgreift.

[56] Vgl. zu den primären und unterstützenden Aktivitäten PORTER 1999b, S. 69.

[57] „Unter objektbezogenen Arbeitsleistungen werden alle diejenigen Tätigkeiten verstanden, die unmittelbar mit der Leistungserstellung, der Leistungsverwertung und mit finanziellen Aufgaben in Zusammenhang stehen, ohne dispositiv-anordnender Natur zu sein. [...] Dispositive Arbeitsleistungen liegen dagegen vor, wenn es sich um Arbeiten handelt, die mit der Leitung und Lenkung der betrieblichen Vorgänge in Zusammenhang stehen." (GUTENBERG 1983, S. 3).

Abb. 3-5: Modell der Wertkette[58]

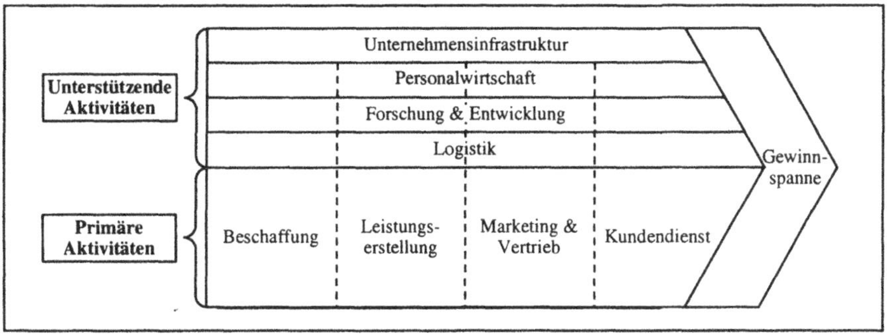

b.) Empirische Validierung

Die empirische Untersuchung dieser Arbeit untersuchte die Wertketten von Multimedia-Agenturen. Dazu wurden die Gesprächspartner aufgefordert, die wesentlichen projektbezogenen Aktivitäten der Leistungserstellung in ihrer Abfolge zu schildern. Im Folgenden wird zunächst das Ergebnis dieser Befragung in einer Wertkette für Multimedia-Agenturen zusammengefasst bevor die identifizierten Wertaktivitäten einzeln vorgestellt werden.

Die Leistungserstellung in Multimedia-Agenturen erfolgt in vier primären Wertaktivitäten, die von der Projektakquisition und Kundenberatung über die inhaltliche, kreative und technische Konzeption und Realisierung sowie den technischen Betrieb und die redaktionelle Pflege der Anwendung bis hin zur Vermarktung und Optimierung des Angebots reicht. Ergänzt werden die primären Aktivitäten um zwei unterstützende Wertaktivitäten: das Projektmanagement und die Kooperationsgestaltung. Die Wertkette von Multimedia-Agenturen ist mit den vier primären und zwei unterstützenden Wertaktivitäten in Abb. 3-6 dargestellt.

Im Einzelnen beinhalten die Wertaktivitäten von Multimedia-Agenturen die folgenden Tätigkeiten und Aufgabenstellungen:

1. *Akquisition und Beratung:* Die Akquisition von Projekten erfolgt – entsprechend dem spezifischen Charakter multimedialer Anwendungen – in intensiven und teilweise komplexen Verkaufsprozessen. An diesen Prozessen sind häufig auf der Anbieter- und Nachfragerseite mehrere Personen (Multipersonalität in Selling- und Buying-Centers) und bei Bieterkonsortien sogar mehrere Organisationen (Multiorganisationalität) beteiligt.[59] Der

[58] In leicht modifizierter Form übernommen von PORTER 1999b, S. 66.

[59] Multimediale Anwendungen wurden gleichermaßen als Investitionsgüter und als Systemgüter charakterisiert (vgl. Kap. 3.1.1). Am Transaktionsprozess für Investitionsgüter sind auf der Lieferanten- wie Abnehmerseite in der Regel mehrere Personen beteiligt, so dass von einer Multipersonalität gesprochen wird (vgl. ENGELHARDT/GÜNTER 1981, S. 39 f., und die dort zitierten Studien). Für die Erstellung von Systemgütern wirken häufig mehrere Unternehmen zusammen, um die umfangreichen und komplexen Projekte durch-

Abb. 3-6: Wertkette von Multimedia-Agenturen

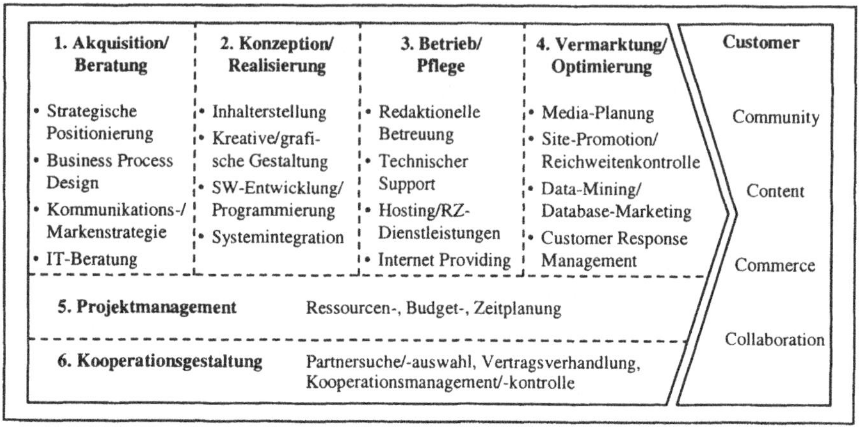

Verkaufsprozess ist häufig in mehrere Phasen gegliedert. Ausgehend von einer ersten Spezifikation der Leistungen durch den Abnehmer (Briefing) werden Angebotsaufforderungen an mehrere Anbieter ausgesprochen. Die Anbieter erarbeiten anschließend eine Angebotspräsentation, die in der Regel in einer Wettbewerbspräsentation dem Abnehmer vorgestellt wird.[60] Es können sich mehrstufige, interaktive Präsentations- und Verhandlungsprozesse anschließen, bevor der Abnehmer seine Entscheidung fällt.[61]

Der Akquisitionsphase folgt häufig eine Beratungsphase, die unterschiedlich intensiv ausfallen kann. Sind die Anforderungen des Abnehmers im Briefing klar spezifiziert und handelt es sich um Anwendungen, die nur geringe Auswirkungen auf die bestehenden unternehmensinternen und -übergreifenden Prozesse haben, wird eine Beratung eher in Form einer konzeptionellen Abstimmung stattfinden. Dies wird zum Beispiel bei einfachen Web-Auftritten ohne Backend-Integration oder CD-ROMs der Fall sein.[62] Hat der Abneh-

führen zu können, so dass eine Multiorganisationalität vorliegt (vgl. ENGELHARDT/GÜNTER 1981, S. 31 und 100 ff.).

60 Die Angebotsaufforderungen werden auch als *Request for Proposal* (RFP) oder *Request for Qualifications* (RFQ) bezeichnet.

61 In Anlehnung an die Terminologie der Werbebranche werden auch in der Multimediabranche Wettbewerbspräsentationen als *Pitches* und die Auftragsvergabe als *Etatvergabe* bezeichnet. Eine Übersicht über die seit Ende 1998 vergebenen Etats bietet die Datenbank von HORIZONT.NET (1999).

62 Die Unterscheidung in *Frontend* und *Backend* ist aus dem Konzept der verteilten Datenbanken abgeleitet (vgl. PICOT/ROHRBACH 1996, Sp. 712 ff.) Bei diesen Datenbanksystemen sind auf dezentralen Arbeitsplatzrechnern Anwendungen installiert, die über ein Datennetz mit einem zentralen Datenbank-Server kommunizieren. Die dezentralen Anwendungen werden als Frontend bezeichnet, die zentralen Datenbanksysteme als Backend. Auf dem Frontend werden Datenoperationen durchgeführt, die an die zentralen Datenbank-Server weitergereicht und dort bearbeitet werden. Die Ergebnisse der Datenoperationen werden wieder an das Frontend zurückgegeben. Da Datenbankoperationen über das Internet analog ablaufen, spricht man auch in diesem Zusammenhang von Frontend und Backend: Das Frontend ist die im Browser sichtbare WWW-Seite, das Backend der Web-Server, der wiederum zur Durchführung der Operationen mit einem Datenbankserver interagiert. Die Anbindung von Web-Seiten an Datenbanken wird auch als *Backend-Integration* bezeichnet.

mer noch keine klare Vorstellung über Einsatzmöglichkeiten sowie Kosten/Nutzen-Relationen von multimedialen Anwendungen oder haben die von ihm anvisierten Anwendungen eine signifikante Auswirkung auf seine bestehenden Geschäftsprozesse, so wird dem eigentlichen Projekt eine intensive Beratungsphase voran gestellt. Werden durch den Einsatz von multimedialen Anwendungen beim Kunden neue Geschäftsmodelle aufgebaut, kann die Beratung eine strategische Positionierung, ein Business Process Design sowie eine Kommunikations- und Markenstrategie beinhalten. Werden bestehende Prozesse durch multimediale Anwendungen unterstützt oder bestehende Systeme in Anwendungen integriert, ist ein Business Process Redesign und eine IT-nahe Beratung ein häufig gewählter Ansatz. Das Ergebnis der Beratungsphase kann eine detaillierte Spezifikation des Geschäftsmodells mit einem Geschäftsplan sein, der die Kosten-/Nutzen-Relationen offen legt.

2. *Konzeption und Realisierung:* Sind die Anforderungen des Abnehmers ggf. durch eine Beratungsleistung präzisiert, schließt sich die kreative, inhaltliche und technische Konzeption an.[63] Zunächst wird über das Interface- und Screen-Design die Funktionalität und Benutzeroberfläche (GUI: Graphical User Interface) der Anwendung bestimmt.[64] Dabei sind existierende und neue Standards für Corporate Design und Corporate Identity zu berücksichtigen beziehungsweise zu erarbeiten. Sollen über das Angebot redaktionelle Inhalte zur Verfügung gestellt werden, kann dies vom Kunden oder von Dritten erfolgen oder von der Agentur – in Abstimmung mit dem Kunden – erarbeitet werden. Anschließend werden die Inhalte in die erforderliche technische und optische Form gebracht. Kreative und inhaltliche Konzeptionen werden in der Programmierung (zum Beispiel über HTML) zu einem funktionsfähigen Frontend-Angebot umgesetzt.

   Handelt es sich nicht nur um ein statisches Informationsangebot, ist es notwendig, auf der Client- und Server-Seite für bestimmte Funktionalitäten Softwareapplikationen zu programmieren.[65] Dadurch wird es möglich, dynamisch Informationen darzustellen und Datenbankanwendungen zu integrieren. Ist eine Backend-Integration vorgesehen, werden Schnittstellen zu bestehenden Systemen programmiert.[66] Diese können Knowledge-Base-, Workflow- und Groupware-Systeme umfassen.[67] Sind keine Systeme vorhanden, kann das

---

[63] Vgl. zum Prozess des Entwurfs und der Entwicklung multimedialer Anwendungen GRAUER/MERTEN 1997, S. 137.

[64] Vgl. zum Interface- und Screen-Design z. B. GRAUER/MERTEN 1997, S. 173 ff., JARZ 1997, S. 163, SCHIFMANN/HEINRICH 2000, S. 193 ff., und STEINMETZ 1999, S. 791 ff.

[65] Die dynamische Aufbereitung von Inhalten wird z. B. über Common Gateway Interfaces (CGI), JavaScipt und Java-Applets oder Active Server Pages (ASP) realisiert (vgl. SCHUMANN/HESS 1999, S. 74 ff.).

[66] Vgl. zur Backend-Integration Kap. 3, Fn. 62.

[67] Bei *Knowledge-Base-Systemen* handelt es sich um Datenbanken, Intranets oder elektronische Diskussionsforen, in die jeder Mitarbeiter sein Wissen einbringt (vgl. REICHWALD 1999a, S. 251). *Workflow-Systeme* „steuern Prozesse über mehrere Büroarbeitsplätze hinweg und beziehen dabei Anwendungssoftware auf den Rechnern mit ein. Die Abläufe erfolgen nach einem vorher festgelegten Plan." (REICHWALD 1999a, S. 254). *Groupware-Systeme* „bieten Arbeitsgruppen an Rechnern Tools zur Steigerung der Effektivität und Effizienz des gemeinsamen Bearbeitens von schlecht strukturierten Aufgaben." (REICHWALD 1999a, S. 255).

Backend auf webbasierten Systemen implementiert werden. Zur technischen Realisierung gehört auch, dass die Netz- und DV-Hardware eingerichtet und die programmierten Applikationen implementiert werden.

Bei der technischen Konzeption und Realisierung kommen nicht nur selbstentwickelte Softwareanwendungen, sondern häufig auch standardisierte Fremdprodukte zum Einsatz. Aufgabe der Multimedia-Agenturen ist die Auswahl geeigneter Produkte und die technische Anpassung an die Bedürfnisse des Kunden.[68] Gängige Fremdprodukte sind – neben der Browser-, Server- und Datenbanksoftware – Anwendungen zur Sicherstellung von Datenschutz und -sicherheit (Kryptographie), zur Beschränkung des Zugangs und der Nutzung (Conditional Access und Firewalls), zur Abwicklung von Transaktions- und Bezahlvorgängen (Electronic Commerce und Payment), zur Echtheitsüberprüfung von Dokumenten und Nachrichten (Elektronische Signatur und Authentisierung) und zur dynamischen Verwaltung redaktioneller Inhalte (Content Management). Die Systemintegration kann also selbstentwickelte, fremdbezogene und beim Kunden existierende Software- und Hardwarelösungen umfassen.

3. *Betrieb und Pflege:* Sobald die Konzeption und Realisierung der multimedialen Anwendungen abgeschlossen und in Testläufen in Bezug auf Bedienbarkeit, Funktionalität und Stabilität verifiziert wurde, geht das Projekt in die Betriebs- und Pflegephase über. Wieder beziehen sich die von Multimedia-Agenturen angebotenen Dienstleistungen gleichermaßen auf die redaktionelle Betreuung, die grafische Pflege und die technische Weiterentwicklung und Unterstützung. Die Inhalte können vom Kunden, von Dritten, von eigenen Redaktionen der Multimedia-Agenturen oder arbeitsteilig zwischen den genannten Akteuren aufbereitet und in das Angebot eingepflegt werden. Die grafische Pflege zielt auf eine kontinuierliche Verbesserung der Bedienbarkeit und Optik des Angebots sowie eine Anpassung an neue Corporate-Design und -Identity-Richtlinien. Die technische Weiterentwicklung umfasst die Beseitigung von Programmierfehlern und Schwächen, die Erweiterung der Funktionalität und die Anpassung der Netz- und Serverkapazitäten an die Nachfrage.[69]

Als zusätzliche Dienstleistungen bieten Multimedia-Agenturen an, die Web-Angebote der Kunden auf eigenen Web-Servern zu betreiben, Web-Server des Kunden in eigenen Räumlichkeiten aufzubauen und die Verfügbarkeit von Web-Angeboten durch eine eigene

---

[68] Die Anpassung von Standardanwendungen an die Bedürfnisse der Kunden durch ein Dienstleistungsunternehmen ist insbesondere in der Softwarebranche verbreitet und wird auch als *Value Added Reselling* (VAR) bezeichnet. Dabei sind Dienstleistungsunternehmen für den Softwarelieferanten ein Vertriebskanal, der zugleich wertschöpfend tätig wird. Ein vergleichbares Distributionsmodell betreiben Softwareanbieter mit Multimedia-Agenturen.

[69] Die dynamische Anpassung der Netz- und Serverkapazität an die Nachfrage wird auch als *Skalierung* bezeichnet (vgl. Steinmetz 1999, S. 231 und 262 ff.).

Betreuung rund um die Uhr sicherzustellen.[70] Einige Agenturen bieten zusätzlich Internet-Zugänge und Netzkapazitäten an, über die Intra- und Extranets realisiert werden können.[71]

4. *Vermarktung und Optimierung:* Handelt es sich nicht um ein Angebot für eine geschlossene Benutzergruppe (Intra- oder Extranet-Lösung), spielt die Vermarktung des Angebots eine große Rolle. Über Vermarktungsaktivitäten wird die Reichweite des Angebots erhöht und eine geschäftliche Verwertung erst möglich. Multimedia-Agenturen sind in den Vermarktungsprozess auf vielfältige Weise eingebunden.[72] Sie entwickeln für werbetreibende Unternehmen einen Media-Mix, der Werbestrategien für interaktive Medien mit existierenden Kampagnen in klassischen Medien abstimmt. Anschließend werden Werbebanner entworfen und programmiert. In der Media-Planung wird festgelegt, in welchen Angeboten und in welchem Umfang diese Banner geschaltet werden. Anschließend können Multimedia-Agenturen bei der Buchung und Schaltung der Werbefläche auf den ausgewählten Angeboten behilflich sein, unter Umständen auch durch die Bereitstellung von spezifischen Servern.[73]

   Die Vermarktung findet nicht nur im Auftrag von werbetreibenden Unternehmen, sondern auch von Betreibern von Web-Angeboten statt. Letztere können über Multimedia-Agenturen ihre Werbeflächen an werbetreibende Unternehmen vermarkten und Werbebanner von Ad-Servern der Multimedia-Agenturen in ihre Angebote einspielen lassen. Die Nutzung von Web-Angeboten kann durch Multimedia-Agenturen über gezielte Maßnahmen gefördert werden.[74] Zum einen können durch Werbebanner gezielt Verbindungen von stark frequentierten Angeboten auf andere Angebote hergestellt werden. Agenturen unterstützen Kunden dabei, diese Links aufzubauen. Zum anderen wird die Nutzung gefördert, indem die Angebote von Kunden in Suchmaschinen und -verzeichnissen mit hoher Priorität positioniert werden, damit mehr Nutzer auf das Angebot aufmerksam werden.

---

[70] Der Betrieb von Web-Servern wird als *Hosting* und die Betreuung von Web-Servern in den eigenen Räumlichkeiten als *Server Housing* bezeichnet.

[71] Üblicherweise werden Internet-Zugänge von Internet-Service-Providern (ISP) und Netzkapazitäten von Netzbetreibern bereitgestellt. Wenn Multimedia-Agenturen diese Dienstleistungen ihren Kunden anbieten, handelt es sich in der Regel um einen Weiterverkauf (Reselling) von Dienstleistungen, die von ISPs und Netzbetreibern erstellt werden, da die Agenturen über keine eigenen Netzkapazitäten verfügen.

[72] Zur Verdeutlichung sei darauf hingewiesen, dass es sich bei der hier dargestellten Wertaktivität der Vermarktung nicht um die Vermarktung der Produkte und Dienstleistungen von Multimedia-Agenturen, sondern um die *Vermarktung multimedialer Angebote der Kunden von Multimedia-Agenturen gegenüber den Letztkonsumenten* handelt.

[73] Diese werden auch als *Advertising-* oder *Ad-Server* bezeichnet.

[74] Diese Maßnahmen werden auch als *Site-Promotion* bezeichnet. Die Site-Promotion umfasst sowohl die Bekanntmachung von Web-Angeboten und deren Adressen über konventionelle Werbe- und Kommunikationsformen, als auch deren Vermarktung über das Internet. Dazu werden z. B. Werbebanner positioniert, die über einen Hyperlink auf die beworbenen Seiten verweisen oder die Adressen der Angebote in Suchmaschinen und Verzeichnissen positioniert (vgl. zur Site-Promotion WERNER 1998).

Neben der Werbung und Site-Promotion dienen auch Data-Mining und Database-Marketing der Vermarktung von Web-Angeboten.[75] Durch Data-Mining und Database-Marketing werden Kunden- und Nutzungsprofile gewonnen, die zum einen selbst vermarktet werden können, zum anderen der Personalisierung und Optimierung der Angebote dienen.[76] Multimedia-Agenturen unterstützen Kunden in der Auswertung der Profile und der Verwertung der daraus resultierenden Ergebnisse. Voraussetzung ist, dass sie Zugang zu den Web-Servern haben, auf denen die Kunden- und Nutzungsprofile in Form von Log-Files gespeichert sind.

Eine abschließende Aktivität, die von Multimedia-Agenturen übernommen werden kann, ist das Customer Response Management. Dabei geht es um die Beantwortung von Kundenanfragen die via E-Mail eintreffen und sich weniger auf die Inhalte, als auf die Gestaltung und technische Funktionsweise von Web-Angeboten beziehen. Die Anfragen werden von einem Webmaster beantwortet, der statt beim Kunden in einer Multimedia-Agentur angesiedelt sein kann.

5. *Projektmanagement:* Das Projektmanagement spielt eine übergeordnete Rolle, weil es die verschiedenen primären Wertaktivitäten koordiniert und integriert.[77] Es wird oft in enger Zusammenarbeit mit den Kunden durch Multimedia-Agenturen betrieben. Zu den Aufgaben des Projektmanagements gehören die Kommunikation und Abstimmung mit dem Kunden in übergeordneten Fragestellungen, die Führung der Projektmitarbeiter sowie die Planung und Kontrolle von Ressourcen, Budgets und Terminen.
6. *Kooperationsgestaltung:* Große Bedeutung kommt unter Umständen auch der Kooperationsgestaltung zu. Auf Grund der Heterogenität multimedialer Anwendungen können nicht alle Ressourcen und Kompetenzen durch eine Multimedia-Agentur vorgehalten werden. Besteht ein Ressourcenengpass oder eine Kompetenzlücke, werden diese häufig durch Kooperationen mit anderen Unternehmen beseitigt. Dazu muss das Kooperationsmanagement eng mit dem Partner zusammenarbeiten.[78] Darüber hinaus

---

[75] Das *Database-Marketing* ist eine Methode, mit Hilfe einer EDV-gestützten Datenbank, die sowohl demographische bzw. sozio-ökonomische als auch transaktionsbezogene Daten enthält, neue Kunden zu gewinnen und bestehende Kunden zu binden (vgl. WONNEMANN 1997, S. 592). Dabei ermöglicht die Datenbank eine Segmentierung des Kundenbestandes, die zur gezielten Kundenansprache im Sinne eines *Direct Marketings* genutzt werden kann (vgl. ZENTES 1997, S. 67). Eine wichtige Rolle spielt dabei das *Data-Mining*, bei dem über aufwendige EDV-technische, mathematische und statistische Verfahren die Datenbank nach Regelmäßigkeiten, Strukturen und Mustern abgesucht wird, um zum einen Kundensegmente zu identifizieren, zum andern Abweichungen und Entwicklungstrends zu erkennen (vgl. HULDI 1997, S. 615 f., und REICHWALD 1999a, S. 250).

[76] Vgl. zur Bedeutung von individualisierten Web-Abgeboten PILLER/SCHODER 1999.

[77] Vgl. zum Projektmanagement in Multimedia-Agenturen SCHIFMANN/HEINRICH 2000 und JARZ 1997, S. 297 ff.

[78] Der Begriff *Kooperationsgestaltung* steht für die Wertaktivität. Hingegen werden hier die für diese Aktivität verantwortlichen Personen als *Kooperationsmanagement* bezeichnet.

gehören zu den Aufgaben des Kooperationsmanagements die Partnersuche und -auswahl, die Vertragsverhandlungen sowie die Kooperationsgestaltung und -kontrolle.[79]

Die Darstellung der Wertaktivitäten macht deutlich, dass Multimedia-Agenturen in der Leistungserstellung vielfältige Tätigkeiten und Aufgaben integrieren. Allerdings hat die empirische Erhebung deutlich gemacht, dass die von Multimedia-Agenturen bearbeiteten Projekte nicht zwangsläufig alle beschriebenen Wertaktivitäten von der Beratung bis zur Vermarktung umfassen. Je nach den Anforderungen der Kunden können auch lediglich ausgewählte Aufgaben aus einer einzelnen Wertaktivität Projektbestandteil sein. Das bedeutet, dass auch die Resultate einzelner Wertaktivitäten marktfähige Leistungen darstellen können.

3.2.2 Organisation von Multimedia-Agenturen

a.) Theoretischer Rahmen

Die Wertkette stellt eine Aufteilung der Aktivitäten nach Ressourcen- und Kompetenzschwerpunkten in den einzelnen Phasen der Leistungserstellung dar. Dabei steht der Prozesscharakter der Leistungserstellung im Mittelpunkt. Die aufbau- und ablauforganisatorische Strukturierung der Aufgaben und Aktivitäten in Unternehmen folgt aber nicht zwangsweise dieser prozessualen Gliederung. Allgemein ist eine Aufgabengliederung beziehungsweise Stellen- und Abteilungsbildung nach verschiedenen Dimensionen möglich.[80] Die Struktur von Organisationen kann nicht nur an Prozessen sonden auch an Funktionen, Produkten, Branchen, Key Accounts, Kernkompetenzen oder Regionen ausgerichtet werden. Diese organisatorischen Dimensionen sind in Die Stellen- und Abteilungsbildung in Unternehmen kann sich gleichzeitig an mehreren dieser Dimensionen orientieren. Einen maßgeblichen Einfluss auf die Art und Anzahl der organisatorischen Dimensionen hat die Größe der Unternehmen, da für gewöhnlich der strukturelle Aufwand mit zunehmender Organisationsgröße steigt.

Tab. 3-3 verdeutlicht. Die Prozess-, Funktions-, Produkt- und Kernkompetenzdimensionen sind stark branchenspezifisch und werden mit Ausprägungen für die Multimediabranche genannt. Die übrigen Dimensionen sind eher branchenunspezifisch und deswegen mit eher generischen Ausprägungen gelistet.

Die Stellen- und Abteilungsbildung in Unternehmen kann sich gleichzeitig an mehreren dieser Dimensionen orientieren.[81] Einen maßgeblichen Einfluss auf die Art und Anzahl der

---

[79] Vgl. zum Kooperationsmanagement in Multimedia-Agenturen auch Kap. 5.5 und 6.1.

[80] Vgl. zu den Dimensionen STAEHLE 1999, S. 675 f., FRESE 1998, S. 327 ff., RINGLSTETTER 1997, S. 68 ff., und SCHERTLER 1991, S. 32 ff.

[81] RINGLSTETTER (1997, S. 77 ff.) spricht von einer mehrdimensionalen Konfiguration.

organisatorischen Dimensionen hat die Größe der Unternehmen, da für gewöhnlich der strukturelle Aufwand mit zunehmender Organisationsgröße steigt.[82]

Tab. 3-3: Organisatorische Dimensionen

Organisatorische Dimensionen	
Branchespezifische Ausprägungen	**Branchenunspezifische Ausprägungen**
1. **Prozesse** • Beratung/Akquisition • Konzeption/Realisierung • Betrieb/Pflege • Vermarktung/Optimierung 2. **Funktionen** • Beratung • Redaktion • Kreation • Technik • Vermarktung 3. **Produkte** • Content • Community • Commerce • Collaboration 4. **Kernkompetenzen** • Zentrale Fähigkeiten, die nicht in anderen Dimensionen explizit reflektiert werden	5. **Branchen** • Automobil • Chemie/Pharmazie • Konsumgüter/Handel • Energie/Versorgung • Finanzdienstleistungen • Gesundheitswesen • Information/Telekommunikation • Medien/Unterhaltung • Öffentliche Dienste • Tourismus/Transport 6. **Key Accounts** • Große, langjährige Kunden 7. **Geographie** • Regionen • Länder • Kontinente

Zu den Organisationsstrukturen von Multimedia-Agenturen kann folgendes konstatiert werden: Wie schon gezeigt wurde, müssen selbst die größten Agenturen nach betriebswirtschaftlichen Kriterien noch zu den kleineren und mittleren Unternehmen gezählt werden.[83] Ende 1999 hatten von den circa 2.170 Multimedia-Agenturen in Deutschland lediglich 6,7 % mehr als 100 und 28,9 % mehr als 50 Mitarbeiter.[84] Insofern kann davon ausgegangen werden, dass bei der Mehrheit der Agenturen organisatorische Strukturen nur im geringen Maße ausgeprägt sind. Auf Grund des starken Wachstums der durchschnittlichen Mitarbeiterzahlen von Multimedia-Agenturen gewinnen aber organisatorische Strukturen zunehmend an Bedeutung.[85] Damit verbunden ist ein permanenter organisatorischer Transformationsprozess, da die Organisationsstrukturen mit der Unternehmensgröße Schritt halten müssen.

Die Dynamik des Wandels wird häufig auch durch die Titulierung organisatorischer Einheiten zum Ausdruck gebracht. Statt von Abteilungen oder Geschäftsbereichen wird von

---

82 Vgl. KIESER/KUBICEK 1992, S. 292 ff., und FRESE 1992, S. 116 ff.

83 Vgl. Kap. 3.1.3.

84 Vgl. O. V. 1999f, S. 83.

85 Die Beschäftigtenzahl der 25 größten Multimedia-Agenturen stieg von Ende 1998 bis Ende 1999 durchschnittlich um 115 % (vgl. Kap. 3.1.3). Vgl. auch zur zunehmenden Strukturierung von Multimedia-Agenturen O. V. 1999n, S. 15.

Units gesprochen.[86] Die einzelnen Units tragen keine festen Bezeichnungen, die sich an Phasen, Verrichtungen oder Objekten orientieren, sondern sind lediglich durchnummeriert. So können in den Units dynamisch Ressourcen und Kompetenzen ergänzt oder ausgetauscht werden, um die Organisation kontinuierlich weiterzuentwickeln, ohne dass die Bezeichnung obsolet würde. Diese Art der Transformation kann jedoch nur erfolgreich bewältigt werden, wenn sich die Mitarbeiter flexibel an neue Strukturen anpassen und sie mitgestalten.

b.) Empirische Validierung

In der empirischen Untersuchung wurden die Organisationsstrukturen der befragten Multimedia-Agenturen erhoben. Es zeigt sich, dass sich auch die Organisation der befragten Agenturen an mehreren der genannten Dimensionen orientiert. Durchgängig wird aber eine der Dimensionen von den Interviewpartnern als dominant herausgestellt, weil sie maßgeblich die Organisationsstruktur bestimmt. Innerhalb der Stichprobe überwiegt die Organisation nach Funktionen: 11 der 16 Agenturen sind funktional organisiert. Bei jeweils zwei dominiert die Produktorganisation beziehungsweise die Organisation nach Kernkompetenzen. Nach diesen dominanten Dimensionen werden die Organisationseinheiten gebildet, die in Geschäftsbereichen, Units, in einer Holdingstruktur in einzelnen Tochtergesellschaften oder in Practice Groups angesiedelt werden.[87]

Darüber hinaus konnten in den Gesprächen pro Agentur ein bis vier weitere Organisationsdimensionen identifiziert werden, die eher implizit als sekundäre Strukturen auftreten.[88] Die wichtigste dieser Strukturen ist die Ausrichtung an Prozessen, die bei zwölf Agenturen anzutreffen ist. Außerdem treten informelle Strukturen nach Branchen oder Key Accounts auf. Einige Agenturen sind nicht nur in Deutschland sondern international vertreten, so dass die geographische Strukturierung eine Rolle spielt. Tab. 3-4 stellt die Organisationsstrukturen der untersuchten Multimedia-Agenturen dar.

Tab. 3-4: Organisationsstrukturen der untersuchten Multimedia-Agenturen

	Unternehmen	Struktur	Namen der Einheiten		Dimensionen[89]						
					1	2	3	4	5	6	7
1.	assist newmedia	Linienorganisation	• n. a.								
2.	b.a.s. Gruppe	Holdingstruktur mit Tochtergesellschaften	• b.a.s. dialog • b.a.s. factory	• b.a.s. telemedien		●	◗				
3.	Blueorbit	Units	• k. A.		◗	●			◗		
4.	Concept!	Geschäftsbereiche	• Concept! Media • Concept! Research	• design.house • Concept! Technology	◗	●					

[86] Vgl. WURZER 1999, S. 86, und HACKER 1999b, S. 171 f.

[87] assist new media stellt eine Ausnahme dar, weil es aufgrund seiner geringen Größe bisher lediglich über eine einfache Linienorganisation verfügt.

[88] Vgl. auch zur Multidimensionalität von Organisationsstrukturen Kap. 3, Fn. 81.

[89] Vgl. zu den organisatorischen Dimensionen auch Tab. 3-3.

Tab. 3-4: Organisationsstrukturen der untersuchten Multimedia-Agenturen (Fortsetzung)

	Unternehmen	Struktur	Namen der Einheiten		Dimensionen[90]						
					1	2	3	4	5	6	7
5.	die argonauten	Units + zwei Tochtergesellschaften	• argo_interactive • argo_markendialog • argo_mobile • argo_sales	• argo_startup • argo_strategy • argo_brand • argo_tech	◗	●					
6.	Elephant Seven	Holdingstruktur mit Tochtergesellschaften	• Communications • Entertainment	• Systems		●	◗				
7.	I-D Media	Geschäftsbereiche	• I-D Services • Cycosmos	• ID-TV • Living Screen	◗	◗	●				
8.	iXL Germany	Practice Groups/ Kompetenzzentren	• E-Commerce • Digital Media & Broadband • Online Learning	• CRM • Change Management • Mobile and Wireless • eValueChain	◗			●	◗	◗	◗
9.	Kabel New Media	Holdingstruktur mit Tochtergesellschaften	• Kabel e:consult GmbH • Sports Interactive AG	• Sports Digital Services GmbH		●					◗
10.	marchFIRST	Practice Groups/ Kompetenzzentren	• Strategy • Brand Building • CRM • SCM	• Business Intelligence • Knowledge Management • Core Business Systems • Infrastructure & Hosting	◗			●	◗	◗	◗
11.	Pixelpark	Geschäftsbereiche	• Agentur-Services • Systeme & Technologie	• Strategie-Beratung	◗	●			◗		◗
12.	PopNet Internet	Holdingstruktur mit Tochtergesellschaften	• PopNet Kommunikation • PopNet Agentscape	• PopNet Crossmedia	◗	◗	●				
13.	Razorfish	Units	• k. A.		◗	●			◗		◗
14.	T1 New Media	Units	• k. A.		◗	●	◗				
15.	WWL Internet	Holdingstruktur mit Tochtergesellschaften	• wwl vision2market • wwl vision2product	• wwl vision2capital • trendscouts.com	◗	●	◗				
16.	WYSIWYG	Units + eine Tochtergesellschaft	• Crossmedia		◗	●					
1: Prozesse 2: Funktionen 3: Produkte 4: Kernkompetenzen 5: Branchen 6: Key Accounts 7: Geographie											
●: dominierende Organisationsstruktur ◗: sekundäre Organisationsstruktur											

3.2.3 Positionierung von Multimedia-Agenturen

a.) Theoretischer Rahmen

Das breite Spektrum der multimedialen Anwendungen sowie der für ihre Erstellung notwendigen Aktivitäten, Ressourcen und Kompetenzen deutet schon darauf hin, dass es sich bei Multimedia-Agenturen nicht um eine homogene Gruppe, sondern um sehr heterogene Unternehmen mit unterschiedlichen Leistungsstrukturen handelt. Auch wenn sich einige Agenturen als Full-Service-Anbieter bezeichnen, deckt wohl kaum ein Unternehmen das gesamte Leistungsspektrum ab.[91] Vielmehr setzen die Multimedia-Agenturen in ihrer Arbeit Schwerpunkte. Zur Beschreibung dieser Positionierungsschwerpunkte sind nachfolgend vier Dimensionen dargestellt.

Die Schwerpunkte beziehen sich zunächst auf die Anwendungsfelder, wie sie in Kap. 3.1.1 anhand verschiedener Kriterien vorgestellt und in einem Anwendungsportfolio aggregiert

---

[90] Vgl. zu den organisatorischen Dimensionen auch Tab. 3-3.

[91] Vgl. o. V. 1999h, S. 4 f.

wurden. Multimedia-Agenturen erstellen ein mehr oder weniger breites Spektrum dieser Content-, Community-, Commerce- und Collaboration-Anwendungen. Über dieses Spektrum kann die *Leistungsbreite* von Multimedia-Agenturen und damit deren Positionierung bestimmt werden.

Wie die Darstellung der Wertkette von Multimedia-Agenturen gezeigt hat, erfolgt die Wertschöpfung in Phasen, in denen verschiedene Wertaktivitäten ausgeführt werden. Diese Wertaktivitäten werden in der Regel in Multimedia-Agenturen nicht vollständig abgedeckt. Durch eine Schwerpunktsetzung wird die *Leistungstiefe* gestaltet und darüber eine Positionierung im Markt möglich. Multimedia-Agenturen positionieren sich außerdem in *geographischer Hinsicht* sowie über spezielle Anwendungen für ausgewählte *Branchen und Kunden*.

Auffällig sind die Parallelen zwischen den genannten Positionierungsmöglichkeiten und der Organisation von Multimedia-Agenturen. Letztendlich reflektieren die organisatorischen Strukturen und Prozesse von Multimedia-Agenturen deren Positionierung im Markt. Dieser Zusammenhang wird in Abb. 3-7 zusammenfassend dargestellt.

Abb. 3-7: Positionierungsmöglichkeiten von Multimedia-Agenturen

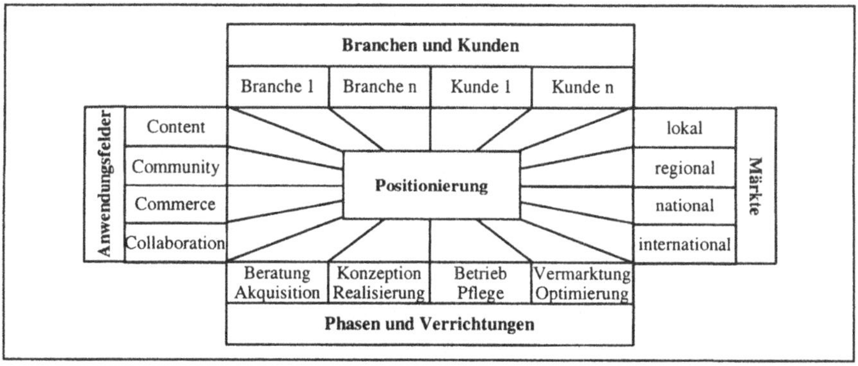

Mit einer solchen Positionierungsmatrix können die Schwerpunkte des Leistungsspektrums sowohl für einzelne Multimedia-Agenturen als auch für die gesamte Branche herausgearbeitet werden.

b.) Empirische Validierung

In der empirischen Untersuchung wurden die Positionierungsschwerpunkte der interviewten Multimedia-Agenturen erhoben. Dabei wurde hinterfragt, welche *Anwendungsfelder* Multimedia-Agenturen besetzen (das heißt wie hoch die Leistungsbreite ist), welche *Wertaktivitäten* sie abdecken (das heißt wie hoch die Leistungstiefe ist), in welchem Ausmaß eine Spezialisierung auf Anwendungen für ausgewählte *Kunden oder Branchen* vorgenommen wird und wie hoch der *Internationalisierungsgrad* der einzelnen Anbieter ist. Die

Ergebnisse dieser Erhebung sind in Tab. 3-5 und Tab. 3-6 dargestellt und werden anschließend diskutiert.

Tab. 3-5: Positionierungsschwerpunkte der untersuchten Multimedia-Agenturen (Teil 1)

Unternehmen	1. Anwendungsfelder				2. Branchenspezialisierung[92]	3. Internationalisierung
	Content	Community	Commerce	Collaboration		
1. assist newmedia	O	O	O	O	O	O
2. b.a.s. Gruppe	O	●	O	O	O	O
3. Blueorbit	●	O	●	●	●	O
4. Concept!	●	O	●	●	O	◗
5. die argonauten	●	O	◗	O	O	O
6. Elephant Seven	●	O	◗	O	O	◗
7. I-D Media	●	●	◗	◗	O	◗
8. iXL Germany	●	●	◗	◗	O	●
9. Kabel New Media	●	●	◗	O	O	O
10. marchFIRST	●	O	●	●	O	●
11. Pixelpark	●	O	●	●	O	◗
12. PopNet Internet	◗	O	●	●	O	O
13. Razorfish	●	O	◗	◗	O	●
14. T1 New Media	●	O	◗	O	●	O
15. WWL Internet	◗	O	●	●	●	◗
16. WYSIWYG	●	O	O	O	O	O
●: Kernaktivität ◗: Randaktivität O: keine Aktivität						

Die erste untersuchte Dimension der Positionierung betrifft die *Anwendungen*, die die untersuchten Agenturen erstellen. In dieser Arbeit wurden vier Anwendungsfelder unterschieden, die als Content-, Community-, Commerce- und Collaboration-Anwendungen bezeichnet wurden.[93] Bezüglich dieser Anwendungsfelder ist die Positionierung der untersuchten Agenturen uneinheitlich:

- *Content-Anwendungen* werden als CD-ROM oder für das WWW konzeptioniert. Im Offline-Bereich umfassen die Content-Angebote Nachschlagewerke und Ratgebertitel (Infotainment), Hausaufgabenhilfen, Sprachlehrgänge und Living Books (Edutainment) sowie spezielle Unternehmensanwendungen wie elektronische Produktkataloge, Bedienungs- und Wartungshandbücher und Computer Based Training.[94] Im Online-Bereich zählen alle Web-Auftritte zu den Content-Angeboten, bei denen die Verbreitung von Inhalten und weniger Kommunikations- und Transaktionsmöglichkeiten im Mittelpunkt stehen. Im Einzelnen können das elektronische Zeitungen und Zeitschriften, Nachrichten- und Informationsdienste sowie Unternehmens- und Produktdarstellungen sein. Für fast alle untersuchten Multimedia-Agenturen stellen Content-Anwendungen den maßgeblichen Schwerpunkt dar.

---

92 Die Legende für die branchenbezogene Spezialisierung lautet: ●: Spezialisierung auf ausgewählte Branchen O: keine Spezialisierung.

93 Vgl. Kap. 3.1.1.

94 Vgl. SCHULZ/ZERFAß 1999, S. 25, und VERBAND DER UNTERHALTUNGSSOFTWARE 2000.

- Bei den *Community-Anwendungen* handelt es sich um Web-Auftritte zum Aufbau von virtuellen Gemeinschaften, die in einigen Fällen von Unternehmen der Stichprobe nicht nur konzeptioniert und implementiert, sondern auch betrieben werden. Im Einzelnen können dies Portale, Homepage Communities, Messaging-Dienste, Diskussionsforen oder Chats sein.[95] Lediglich vier der befragten Agenturen betreiben diese Gemeinschaften in Eigenregie.
- Bei *Commerce-Anwendungen* geht es um die Konzeption und Realisierung von transaktionsorientierten Web-Angeboten. Wenn über Commerce-Angebote Transaktionen direkt abgewickelt werden sollen, wird eine Backend-Integration notwendig, über die eine Verfügbarkeitsprüfung sowie Bestell- und Bezahlvorgänge online abgewickelt werden können.[96] Diese Integration greift in bestehende Systeme und Prozesse ein und ist dadurch mitunter recht aufwendig. Auf Grund der hohen technischen und organisatorischen Kompetenzanforderungen haben von den untersuchten Multimedia-Agenturen bisher erst wenige die Konzeption und Realisierung von Commerce-Angebote als Schwerpunkt in ihr Leistungsspektrum aufgenommen. Einige Agenturen realisieren lediglich das Frontend für Commerce-Angebote, ohne selbst eine Backend-Integration vorzunehmen, so dass noch nicht von einer Schwerpunktsetzung gesprochen werden kann. Allerdings arbeitet die Mehrzahl der Agenturen an der Entwicklung eines Full-Service-Angebotes für Commerce-Anwendungen, so dass sich die Positionierungsschwerpunkte entsprechend entwickeln.
- Schließlich erstellen einige der Agenturen Unternehmensanwendungen für Intranets und Extranets. Bei diesen *Collaboration-Anwendungen* sind in noch stärkerem Ausmaß als bei den Commerce-Anwendungen technologische und organisatorische Kompetenzen erforderlich, da sie tief in interne Prozessabläufe der Unternehmen eingreifen oder diese umgestalten. Auf Grund der hohen Anforderungen sind innerhalb der Stichprobe nur wenige Agenturen in der Lage, diese Leistungen als Schwerpunkt zu besetzen. Einige Agenturen schließen Collaboration-Anwendungen in ihrem Leistungsspektrum explizit aus, da sie außerhalb ihrer Kernkompetenzen liegen.

Die zweite Dimension bezieht sich auf die Branchenzugehörigkeit der Kunden. Mit Ausnahme von drei Anbietern sind die untersuchten Agenturen nicht spezialisiert, sondern bedienen Kunden unterschiedlicher Branchen. Die fehlende Spezialisierung resultiert aus einer opportunistischen Marktbearbeitung, bei der keine fokussierte Auftragsakquisition stattfindet. Insofern kann für die meisten Agenturen kaum von einer bewussten Positionierung

---

[95] *Portale* dienen den Nutzern als Ausgangspunkte im WWW und bieten ihnen Hilfestellung und Orientierung bei der Navigation im dezentral organisierten Internet. Sie bilden sich häufig um Einstiegsseiten von Internetzugangsanbietern und proprietären Online-Diensten sowie aus netzunabhängigen Suchsystemen oder Katalogen. *Homepage Communities* sind thematisch sortierte Ansammlungen privater Web-Seiten, die Interessengemeinschaften bilden. *Messaging-Dienste* sind Web-Angebote, die zwischen verschiedenen Kommunikationsmedien vermitteln, indem sie Medienbrüche zwischen unterschiedlichen Plattformen bzw. zwischen text- und sprachbasierten Medien überbrücken. *Diskussionsforen* (Newsgroups) und *Chats* ermöglichen eine asynchrone bzw. synchrone textbasierte Kommunikation in Interessensgruppen.

innerhalb einer Abnehmerbranche die Rede sein. Dennoch existieren Schwerpunkte, die sich aus der Nachfrageintensität einiger Branchen ergeben. Bei diesen Branchen handelt es sich um die Automobil- und Konsumgüterindustrien, den Handel, Finanzdienstleistungen, Informationstechnologie, Telekommunikation sowie Medien und Unterhaltung.[97]

Die dritte Dimension bezieht sich auf den Internationalisierungsgrad der untersuchten Multimedia-Agenturen. Die Hälfte der Agenturen sind mit einem oder mehreren Büros ausschließlich in Deutschland repräsentiert. Sie bedienen über diese Standorte regionale oder nationale Märkte. Die übrigen Agenturen sind international vertreten. In der Mehrzahl handelt es sich dabei um Unternehmen, die in Deutschland gegründet wurden und im Ausland mindestens eine Niederlassung besitzen. Drei Agenturen haben ihren Firmensitz jedoch im Ausland und erschließen den deutschen Markt über eine nationale Niederlassung. Die geographischen Schwerpunkte aller international vertretenen Agenturen liegen auf Westeuropa und den USA.

Tab. 3-6: Positionierungsschwerpunkte der untersuchten Multimedia-Agenturen (Teil 2)[98]

Unternehmen	**4. Wertaktivitäten**				
	Beratung	**Redaktion**	**Kreation**	**Technik**	**Vermarktung**
1. assist newmedia	●	○	○	○	○
2. b.a.s. Gruppe	◗	◗	◗	●	●
3. Blueorbit	◗	◗	●	●	◗
4. Concept!	◗	◗	●	●	◗
5. die argonauten	◗	◗	●	◗	●
6. Elephant Seven	◗	●	●	◗	◗
7. I-D Media	◗	◗	●	●	◗
8. iXL Germany	◗	◗	●	●	◗
9. Kabel New Media	◗	◗	●	◗	●
10. marchFIRST	●	◗	◗	●	◗
11. Pixelpark	●	◗	●	◗	◗
12. PopNet Internet	●	◗	◗	●	◗
13. Razorfish	◗	◗	●	●	◗
14. T1 New Media	◗	●	◗	●	◗
15. WWL Internet	●	◗	◗	●	◗
16. WYSIWYG	◗	◗	●	◗	●
●: Kernaktivität ◗: Randaktivität ○: keine Aktivität					

Die vierte Dimension betrifft die Wertaktivitäten, die von den befragten Multimedia-Agenturen abgedeckt werden. Die Analyse der Wertketten zeigt, dass sich – mit einer Ausnahme – alle Agenturen als Full-Service-Anbieter definieren und entsprechend das gesamte Spektrum der Wertaktivitäten umfassen. Allerdings ist keine der Agenturen in der

[96] Vgl. zur Backend-Integration Kap. 3, Fn. 62.

[97] Wie in diesem Kapitel schon gezeigt wurde, sind dies auch die Branchen mit der höchsten Affinität zu multimedialen Anwendungen.

[98] Eigene Darstellung. Pro Agentur wurden die zwei bedeutendsten Wertaktivitäten als Kernaktivitäten identifiziert, alle anderen Aktivitäten wurden als Randaktivitäten bezeichnet. Die Bewertung verdeutlicht lediglich die Schwerpunktsetzung *innerhalb* der Agenturen, *zwischen* den Agenturen besteht keine absolute Vergleichbarkeit.

Lage, die gesamte Leistungsbreite mit konstanter Intensität abzudecken. Vielmehr setzen die Agenturen in ihren Wertaktivitäten unterschiedliche Schwerpunkte: Fast alle Agenturen definieren die kreative und/oder technische Konzeption und Realisierung von multimedialen Anwendungen als ihre Kernaktivität. Dies scheint plausibel, da Multimedia-Agenturen zunächst um diese Aktivitätsfelder gegründet wurden und die Kombination der beiden Wertaktivitäten in einem Unternehmen ein Differenzierungsmerkmal gegenüber den eher kreativ orientierten Werbeagenturen und den eher technikorientierten Systemhäusern darstellt. Diese Kernaktivitäten werden fallweise ergänzt um eine ausgeprägte Beratungs-, Inhalte- oder Vermarktungskompetenz.

3.3 Marktstrukturen in der Multimediabranche

Nach der Untersuchung der Produkte und Dienstleistungen sowie der Unternehmen der Multimediabranche wird im Rahmen der Branchenbetrachtung eine Markt- und Wettbewerbsanalyse durchgeführt. Zunächst stehen in diesem Kapitel die Marktstrukturen im Vordergrund. Diese werden über Statistiken zu Angebot und Nachfrage auf dem Markt für multimediale Anwendungen beschrieben.

Die Angebotsseite des Marktes beschreibt Kap. 3.3.1 anhand von Anbieterzahlen, Umsätzen sowie über Produktivitäts- und Rentabilitätskennzahlen. Für die Nachfrageseite unterscheidet Kap. 3.3.2 zunächst zwischen einer originären und einer abgeleiteten Nachfrage. Für beide Konzepte werden dann Umsatzgrößen und weitere für die Nachfrage charakteristische Kennzahlen dargestellt. Aus der Darstellung resultiert ein umfassendes Bild der aktuellen Marktstrukturen.

3.3.1 Angebot

Für die Analyse der Angebotsseite des Marktes für multimediale Anwendungen kommt eine Vielzahl von Größen und Verhältniszahlen in Frage. Theoretisch könnte eine solche Analyse für die einzelnen Positionierungsschwerpunkte von Multimedia-Agenturen Anbieterzahlen, Umsatzgrößen und die entsprechenden Veränderungsraten analysieren. Dieser Detaillierungsgrad ist jedoch nicht abbildbar, da keine konsistente Zahlenbasis existiert. Deswegen wird hier die Analyse der Angebotsseite auf einer höheren Abstraktionsebene betrieben. Der Markt für multimediale Anwendungen wird über die Anzahl und Umsätze *aller* Multimedia-Agenturen im deutschsprachigen Raum sowie Verhältniszahlen zu den durchschnittlichen Umsätzen und Beschäftigten pro Multimedia-Agentur beschrieben. Die Statistiken sind für deutschsprachige Agenturen in Abb. 3-8 überblicksartig zusammengestellt.[99]

[99] Vgl. zu den nachfolgenden Ausführungen o. V. 1999q, S. 14, und o. V. 1999m.

Abb. 3-8: Anzahl, Umsätze und Mitarbeiter deutscher Multimedia-Agenturen[100]

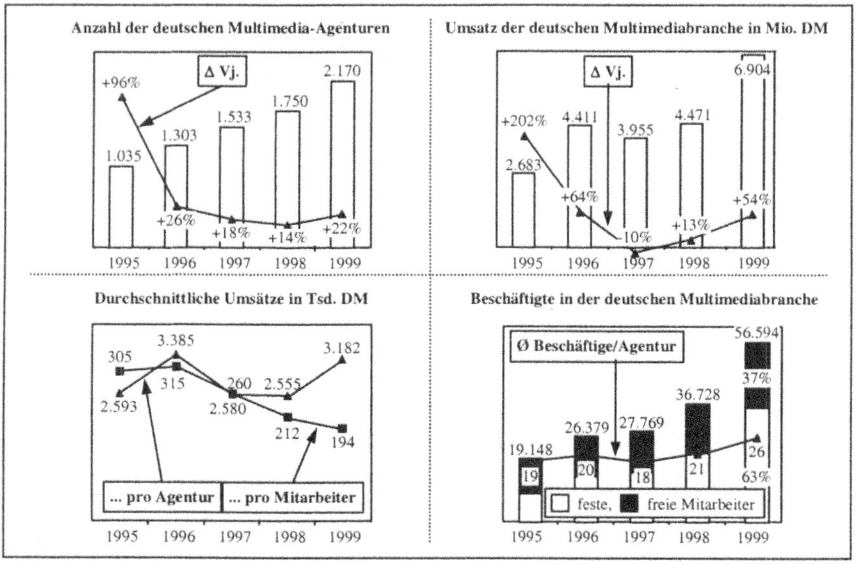

Die Analyse zeigt, dass über den Zeitraum von 1995 bis 1999 im deutschsprachigen Raum die Anzahl der Agenturen, der Branchenumsatz und die Branchenbeschäftigung mit jährlichen durchschnittlichen Wachstumsraten von 20 %, 27 % beziehungsweise 31 % stark gewachsen sind. Auf Grund dieser hohen durchschnittlichen Wachstumsraten kann von einer hohen Branchen- und Marktattraktivität gesprochen werden. Jedoch verlief das Wachstum der drei Größen nicht parallel, so dass sich für die durchschnittlichen Unternehmensumsätze, die Pro-Kopf-Umsätze sowie die Beschäftigtenzahlen pro Unternehmen über den Zeitraum teilweise signifikante Veränderungen ergaben.

Die *Anzahl* der deutschsprachigen Multimedia-Agenturen ist in den letzten Jahren stark, jedoch mit abnehmenden Wachstumsraten auf circa 2.170 in 1999 angestiegen. Auch der *Umsatz* aller deutschsprachigen Agenturen stieg seit Mitte der 90er Jahre – bis auf einen leichten Rückschlag in 1997 – stark an. Bis einschließlich 1996 fiel das Marktwachstum stärker aus als die Zunahme der Anbieterzahlen, was die durchschnittlichen Umsätze pro Multimedia-Agentur auf circa 3,4 Mio. DM ansteigen ließ. In 1997 lag die Anzahl der Neugründungen signifikant über dem Marktwachstum, so dass sich die durchschnittlichen Umsätze pro Agentur auf circa 2,6 Mio. DM reduzierten. Im Folgejahr konnte dieser Wert gehalten werden. In 1999 legten die Umsätze pro Agentur zwar wieder zu, konnten jedoch mit circa 3,2 Mio. DM nicht das Niveau von 1996 erreichen. Betrachtet man die Zeitspanne von

[100] Eigene Darstellung nach o. V. 1999q, S. 14, und o. V. 1999m, S. 1. Die Statistiken für die Anzahl der deutschen Multimedia-Agenturen sowie für die Beschäftigten in der deutschen Multimediabranche stellen

1995 bis 1999, ist der Umsatz pro Agentur um durchschnittliche 5,3 % p. a. gestiegen, da in diesem Zeitraum insgesamt betrachtet die Zahl der Neugründungen hinter dem jährlichen Marktwachstum zurückblieb.

Ähnlich diskontinuierlich wie das Umsatzwachstum hat sich die *Beschäftigung* in der Multimedia-Branche entwickelt. Bis einschließlich 1996 fiel die Umsatzsteigerung stärker aus als die Beschäftigungszunahme. Dies ließ den durchschnittlichen Umsatz pro fest angestelltem Mitarbeiter auf 315 Tsd. DM ansteigen. In den Folgejahren kehrte sich der Trend um, so dass der Pro-Kopf-Umsatz kontinuierlich auf 194 Tsd. DM in 1999 fiel. Als Resultat ergibt sich für die Zeitspanne von 1995 bis 1999 ein durchschnittlicher jährlicher Produktivitätsverlust von circa 11 % p. a. Auch die Entwicklung der durchschnittlichen Mitarbeiterzahlen pro Agentur verlief nicht kontinuierlich. Bis 1996 wuchs die durchschnittliche Beschäftigung auf bis zu 20 freie und fest angestellte Mitarbeiter pro Agentur. In 1997 sank diese Zahl auf 18 Mitarbeiter, da die Zahl der Neugründungen höher war als der Beschäftigungszuwachs der Branche. Im Folgejahr kehrte sich die Entwicklung wieder um und stieg bis Ende 1999 auf durchschnittlich 26 Mitarbeiter pro Agentur.

Die Relation zwischen *fest angestellten und freien Mitarbeitern* hat sich über den Zeitraum von 1995 bis 1999 jährlich geringfügig zu Gunsten der fest angestellten Mitarbeiter verschoben. Besaßen 1995 noch 54 % der Mitarbeiter kein festes Anstellungsverhältnis, so waren dies 1999 nur noch 37 %. Bedenkt man, dass die durchschnittlichen Pro-Kopf-Umsätze zunächst auf der Basis der fest angestellten Mitarbeiter ermittelt wurden, verringert sich diese Größe unter Einbeziehung des hohen Anteils freier Mitarbeiter signifikant. Allerdings variiert der Anteil freier Mitarbeiter zwischen einzelnen Agenturen beträchtlich. Agenturen mit einem hohen Anteil freier Mitarbeiter erzielen Pro-Kopf-Umsätze – bezogen auf die fest angestellten Mitarbeiter – von bis zu einer Mio. DM.[101]

Wenig Informationen gibt es zur *Ertragslage und Rentabilität* der Multimedia-Agenturen. Die hohe Anzahl der Neugründungen in den letzten Jahren legt jedoch die Vermutung nahe, dass sich noch eine beträchtliche Anzahl der deutschsprachigen Multimedia-Agenturen in der Aufbauphase befindet und keine oder nur geringe Gewinne ausweist. Die steigende Anzahl von Multimedia-Agenturen verschärfte zudem die Wettbewerbssituation im deutschsprachigen Raum und führte zu sinkenden Preisen, die sich ab 1997 in fallenden Pro-Kopf-Umsätzen niederschlugen.[102] Durch die Abnahme der Pro-Kopf-Umsätze um knapp 40 % zwischen 1996 und 1999 sanken die Gewinnmargen, so dass sich die Ertragslage im Durchschnitt verschlechtert hat. In der Konsequenz bedeutet dies spätere Break-Even-Zeitpunkte und geringere Renditen.

jeweils Jahresendwerte dar.

101 Vgl. o. V. 1999b, S. 4.

102 Vgl. o. V. 1999a, S. 3.

3.3.2 Nachfrage

Multimediale Anwendungen wurden in Kap. 3.1.1 als Investitionsgüter beschrieben. Ein zentrales Merkmal von Investitionsgütern besteht darin, dass für sie keine originäre, sondern lediglich eine abgeleitete Nachfrage existiert.[103] Dies trifft auch auf die Nachfrage nach multimedialen Anwendungen zu. Eine abgeleitete Nachfrage nach multimedialen Anwendungen ergibt sich aus der Analyse der originären Nachfrage der Letztkonsumenten nach Leistungen, die mit dem Investitionsgut *multimediale Anwendung* erstellt wurden. Der Zusammenhang zwischen originärer und abgeleiteter Nachfrage ist in Abb. 3-9 visualisiert.

Abb. 3-9: Abgeleitete und originäre Nachfrage

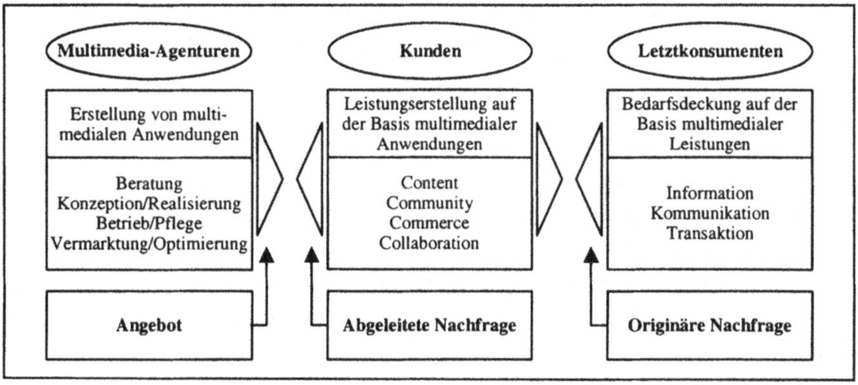

Die originäre Nachfrage nach multimedialen Leistungen manifestiert sich in Umsätzen, die die Kunden von Multimedia-Agenturen auf der Basis multimedialer Anwendungen mit den Letztkonsumenten tätigen. Art und Umfang dieser Umsätze sind jedoch je nach Anwendung recht unterschiedlich:[104]

Zunächst besteht eine originäre Nachfrage nach elektronischen Inhalten. Die Nutzung von *elektronischen Inhalten* im Internet hat sich in den letzten Jahren dynamisch entwickelt und liegt heute auf einem hohen Niveau. Allein im August 2000 konnten die 20 meistbesuchtesten deutschen General-Interest-Angebote im Internet bei circa 350 Mio. Besuchen (Visits) circa 1,6 Mrd. Seitenabrufe (Page Impressions) verbuchen.[105] Im Vergleich zum Januar 1998 haben

[103] Vgl. MEFFERT 1998, S. 1116.

[104] Alle Angaben beziehen sich auf den deutschen Markt.

[105] Eigene Berechnungen nach IVW 2000a. Die INFORMATIONSGEMEINSCHAFT ZUR FESTSTELLUNG DER VERBREITUNG VON WERBETRÄGERN E. V. (IVW) veröffentlicht seit Januar 1998 monatlich die Reichweite der gemeldeten Web-Angebote. Da die Angebote der IVW auf freiwilliger Basis beitreten, erhebt diese Statistik nicht den Anspruch auf Vollständigkeit. Die Reichweitenkontrolle erfolgt nach zwei Kriterien, die von der IVW wie folgt definiert sind: „PageImpressions (PageViews) bezeichnen die Anzahl der Sichtkontakte beliebiger Benutzer mit einer potentiell werbeführenden HTML-Seite. Sie liefern das Maß für die Nutzung einzelner Seiten eines Angebotes. Ein Visit bezeichnet einen zusammenhängenden Nutzungsvorgang (Besuch) eines WWW-Angebots. [...] Als Nutzungsvorgang zählt ein technisch erfolgreicher Seiten-

diese Zahlen um circa den Faktor 15 zugenommen. Für die Special-Interest-Angebote lagen die entsprechenden Zahlen bei 23 beziehungsweise 87 Mio. Jedoch ist die Zahlungsbereitschaft der Letztkonsumenten für elektronische Inhalte bislang gering.[106] Lediglich für Special-Interest-Angebote, die sehr spezielle, hauptsächlich professionelle Rezipientengruppen ansprechen, können Abonnement- oder Nutzungsgebühren erhoben werden.[107] Die geringe Zahlungsbereitschaft für Inhalte schlägt sich in niedrigen Umsätzen nieder. In 1998 wurden lediglich 44 Mio. DM mit elektronischen Inhalten umgesetzt.[108] Auch wenn für die Zeit bis zum Jahr 2001 mit einem durchschnittlichen jährlichen Wachstum von 220 % auf 1,4 Mrd. DM gerechnet wird, bleiben diese Ausgaben im Vergleich zu den für konventionelle Medieninhalte getätigten Ausgaben auf vergleichsweise niedrigem Niveau.[109]

Auch für *elektronische Gemeinschaften*, die sich um Gateways, Portal-Sites, Suchmaschinen, Webkataloge oder Kommunikationsplattformen bilden, besteht eine große originäre Nachfrage. Allein im Januar 1999 konnten die 20 größten Suchmaschinen und Webkataloge bei 58 Mio. Besuchen über 200 Mio. Seitenabrufe verbuchen.[110] Jedoch ist die Zahlungsbereitschaft der Nutzer auch für diese Dienstleistung gering. Die Angebote werden in der Regel unentgeltlich zur Verfügung gestellt und über Werbung und andere Erlösmodelle finanziert.[111]

Neben den Rezipienten von elektronischen Inhalten und den Nutzern von elektronischen Gemeinschaften tritt die werbetreibende Industrie als originärer Nachfrager auf. Sie nutzt die hohe Reichweite von General-Interest-Angeboten sowie den hohen Spezialisierungsgrad von Special-Interest-Angeboten und Communities, um über verschiedene Werbeformen gezielt Kundengruppen anzusprechen. Von den größten 500 werbetreibenden Unternehmen engagierten sich 1998 schon 47 % mit *Werbung* im Internet und gaben dafür im Durchschnitt 200 Tsd. DM aus.[112] Insgesamt investierte die werbetreibende Wirtschaft 1998 50 Mio. DM in

---

zugriff eines Internet-Browsers auf das aktuelle Angebot, wenn er von außerhalb des Angebotes erfolgt." (IVW 2000b)

[106] Vgl. HESS/SCHUMANN 1999, S. 9. Nach FITTKAU & MAAß sind 51,3 % der Internetnutzer nicht bereit, für Inhalte zu zahlen (zit. nach O. V. 1999k, S. 11). Nach BERLECON RESEARCH (zit. nach O. V. 1999g, S. 8) erzielen die Anbieter von Inhalten lediglich 7 % ihrer Umsätze aus Gebühren, die für Inhalte erhoben werden. 44 % der Umsätze resultieren aus Werbung, 10 % aus Content Sponsoring und 20 % aus sonstigen Dienstleistungen wie Hosting und Design.

[107] Vgl. KILLIUS/MUELLER-OERLINGHAUSEN 1999, S. 149.

[108] Eigene Berechnungen nach FORRESTER RESEARCH (zit. nach FOCUS 1999, S. 17 und 19).

[109] Eigene Berechnungen nach FORRESTER RESEARCH (zit. nach FOCUS 1999, S. 17 und 19).

[110] O. V. 1999c, S.11, und eigene Berechnungen.

[111] Neben der Werbung kommen als indirekte Erlösquellen das Sponsoring sowie das Data-Mining in Frage. Beim Sponsoring werden Bereiche von Web-Angeboten wie z. B. einzelne Seiten, Chats oder Diskussionsforen von einem Unternehmen für einen bestimmten Zeitraum exklusiv zu Werbezwecken genutzt. Beim Data-Mining werden in elektronischen Gemeinschaften Kundenprofile generiert, die anschließend an Adressverlage oder Direktmarketing-Agenturen vermarktet werden (vgl. EUROPEAN COMMUNICATION COUNCIL 1999, S. 168 ff. und Kap. 3, Fn. 75).

[112] Vgl. G+J ELECTRONIC MEDIA SERVICE 1998, S. 31 und 36.

Internet-Werbung.[113] Sowohl die Anzahl der werbetreibenden Unternehmen als auch deren Investitionen werden stark wachsen. Es wird damit gerechnet, dass die Werbeinvestitionen bei einer durchschnittlichen jährlichen Wachstumsrate von 140 % auf 700 Mio. DM in 2001 ansteigen werden.[114]

Schließlich besteht eine originäre Nachfrage der Letztkonsumenten nach Möglichkeiten des *elektronischen Handels*. Im B-to-C-Bereich betrug der Umsatz mit Produkten und Dienstleistungen 1998 63 Mio. DM.[115] Im gleichen Jahr tätigten 13,1 % der Internet-Nutzer Einkäufe im Internet.[116] Immerhin 30 % von diesen haben dabei mehr als 1.000 DM ausgegeben.[117] Bis zum Jahr 2001 wird damit gerechnet, dass der Anteil der einkaufenden Internet-Nutzer auf 30 % ansteigen wird und auch die durchschnittlichen jährlich getätigten Umsätze weiter steigen.[118] Im Resultat wächst der Umsatz im B-to-C-Bereich bei einer durchschnittlichen jährlichen Wachstumsrate von 220 % auf 2,1 Mrd. DM.[119] Ähnlich dynamisch wird sich auch der B-to-B-Bereich entwickeln, da eine steigende Anzahl von Unternehmen Transaktionen über das Internet abwickelt. Deren Volumen betrug 1998 326 Mio. DM und soll bei einer jährlichen Wachstumsrate von 330 % auf 26,2 Mrd. DM ansteigen.[120]

Die dynamisch wachsende originäre Nachfrage sorgt im gleichen Ausmaß für einen Anstieg der abgeleiteten Nachfrage nach multimedialen Anwendungen. Eine zunehmende Anzahl von Unternehmen engagiert sich mit eigenen Content-, Community- oder Commerce-Angeboten im Internet. Von den 500 größten werbetreibenden Unternehmen hatten Ende 1998 schon 86 % eine Web-Präsenz, die eine oder mehrere der genannten Anwendungsformen unterstützte.[121] Es ist anzunehmen, dass diese Quote bezogen auf die Gesamtheit der Unternehmen heute noch wesentlich niedriger liegt und auf Grund der großen originären Nachfrage in den nächsten Jahren stark wachsen wird.

Für die Erstellung und den Betrieb von multimedialen Angeboten fallen unterschiedliche Investitionen und Kosten an. Die Höhe der Investitionen hängt von mehreren Faktoren ab. Neben dem Umfang des Web-Auftritts und dem grafischen Anspruch ist vor allem das Ausmaß der geforderten Interaktivität entscheidend für die Investitionshöhe. Web-Angebote, die primär Inhalte bereitstellen und nur eine begrenzte Interaktionsmöglichkeit bieten, sind kostengünstiger zu realisieren als solche, die aufwendige Kommunikations- und Trans-

---

[113] Vgl. G+J ELECTRONIC MEDIA SERVICE 1998, S. 45.

[114] FORRESTER RESEARCH (zit. nach HOHENSEE 1999, S. 167) und eigene Berechnungen. PROGNOS (zit. nach O. V. 1999l, S. 13) rechnet sogar mit einem Wachstum auf 5 Mrd. DM bis zum Jahr 2010.

[115] Eigene Berechnungen nach FORRESTER RESEARCH (zit. nach FOCUS 1999, S. 17 und 19).

[116] Vgl. JUPITER COMMUNICATIONS 1999a.

[117] Vgl. JUPITER COMMUNICATIONS 1999b.

[118] Vgl. JUPITER COMMUNICATIONS 1999b.

[119] Eigene Berechnungen nach FORRESTER RESEARCH (zit. nach FOCUS 1999, S. 17 und 19).

[120] Eigene Berechnungen nach FORRESTER RESEARCH (zit. nach FOCUS 1999, S. 17 und 19).

aktionsmöglichkeiten eröffnen. Insbesondere bei Commerce-Angeboten ist mitunter ein beträchtlicher Aufwand erforderlich, wenn Web-Auftritte über eine Backend-Anbindung in bestehende Systeme und Geschäftsprozesse integriert werden sollen.[122]

Bei der *Erstellung der Angebote* entfallen 20 % der Kosten auf die grafische, inhaltliche und technische Konzeption, 60 % auf die Realisierung und 20 % auf die Implementierung.[123] Für komplexe Anwendungen mit Backend-Integration fallen insbesondere in der Implementierungsphase höhere Kosten an, so dass sich die Aufteilung der Kostenstruktur entsprechend verschieben kann.

Im *Betriebszustand* haben Personal- und sonstige Kosten einen Anteil an den Gesamtkosten von circa 75 %.[124] Personalkosten fallen an für die redaktionelle Betreuung, den technischen Support, die Vermarktung und den Kundendienst. Zu den sonstigen Kosten zählen insbesondere die Telekommunikationskosten und die Kosten für das Hosting. Die verbleibenden 25 % der Gesamtkosten entfallen auf die Weiterentwicklung des Angebots.[125] Auf Grund der dynamischen marktlichen und technologischen Entwicklung ist die Lebensdauer von Web-Angeboten begrenzt. Viele Anbieter überarbeiten kontinuierlich ihre Web-Angebote, so dass auch nach der Erstellungsphase weiterhin Kosten für die Konzeption, Realisierung und Implementierung entstehen.

Viele der Unternehmen, die multimediale Angebote betreiben, besitzen nicht die Kompetenzen und Ressourcen, um diese Angebote selbst zu erstellen. Sie vergeben einen mehr oder weniger großen Teil der Leistungserstellung an Multimedia-Agenturen. In der Erstellungsphase entfallen im Durchschnitt über 50 % des Budgets auf Leistungen, die von Multimedia-Agenturen zugekauft werden. In der Betriebsphase bewegt sich dieser Anteil zwischen 10 % und 50 %.[126] Daraus können sich für Multimedia-Agenturen beträchtliche Budgets ergeben. Diese Honorarvolumina sind nachfolgend für Content- und Commerce-Angebote exemplarisch dargestellt.

Für Content-Angebote liegen die Budgets in den meisten Fällen unter 250 Tsd. DM. Während 30 % der Unternehmen nur bis zu 50 Tsd. DM ausgeben, sind 47 % bereit, zwischen 50 und 250 Tsd. DM zu investieren. Lediglich bei 23 % der Unternehmen liegt das Auftragsvolumen über 250 Tsd. DM.[127] Für Commerce-Angebote sind die durchschnittlichen Budgets wesentlich höher. Sie liegen im ersten Jahr bei 500 Tsd. DM.[128] Da Commerce-Angebote häufig sehr komplex sind und schrittweise realisiert werden, fallen in den

[121] Vgl. G+J ELECTRONIC MEDIA SERVICE 1998, S. 21.

[122] Vgl. auch FALKENSTEIN (1999, S. 50 f.), der Commerce-Angebote als die komplexesten multimedialen Anwendungen einordnet, die das höchste Budget erfordern.

[123] Vgl. JUPITER COMMUNICATIONS 1999a.

[124] Vgl. JUPITER COMMUNICATIONS 1999a.

[125] Vgl. JUPITER COMMUNICATIONS 1999a.

[126] Vgl. JUPITER COMMUNICATIONS 1999a.

[127] Vgl. Internetmonitor Marketing-Entscheider 7/99 (zit. nach O. V. 1999d, S. 3).

[128] Vgl. META GROUP (zit. nach O. V. 1999e, S. 8).

Folgejahren weitere Aufträge an. Diese belaufen sich im Durchschnitt auf 420 Tsd. DM pro Jahr.[129] Jedoch variiert der Aufwand in Abhängigkeit von der Unternehmensgröße beträchtlich. In großen Unternehmen mit mehr als 500 Mitarbeitern liegen die Erstaufträge im Durchschnitt bei 1,2 Mio. DM, die Folgeaufträge bei 940 Tsd. DM.[130]

In den nächsten Jahren wird sich nicht nur das Nachfragevolumen erhöhen, sondern auch das Nachfrageverhalten nach multimedialen Anwendungen verändern.[131] Angetrieben durch die originäre Nachfrage werden immer mehr Unternehmen mit Angeboten im Internet vertreten sein, so dass für Multimedia-Agenturen die Anzahl der Kunden und Aufträge wächst. Gleichzeit sind mehrere Entwicklungstendenzen dafür verantwortlich, dass die durchschnittlichen Auftragsvolumina steigen:

- Unternehmen weiten ihr Engagement im Internet kontinuierlich aus. Angetrieben durch die technologische und marktliche Entwicklung werden die Angebote im Internet immer aufwendiger. Zunächst standen in den letzten Jahren relativ einfache, statische Content-Angebote im Vordergrund. Mittlerweile werden zunehmend interaktive Community- und Commerce-Angebote nachgefragt. Diese sind – im Vergleich zu den Content-Angeboten – aufwendiger zu realisieren, weil sie über eine Backend-Anbindung in Systeme und Prozesse der Unternehmen integriert werden.[132]
- Ein weiteres junges Anwendungsfeld stellen Intra- und Extranets dar. Auch webbasierte Unternehmensanwendungen werden oft in existierende Systeme und Geschäftsprozesse integriert. Außerdem können diese Systeme sehr umfangreich sein, wenn sie von vielen Mitarbeitern im Unternehmen genutzt werden. Auch Intra- und Extranet-Anwendungen erfordern oft einen substanziellen Entwicklungs- und Integrationsaufwand, der sich für Multimedia-Agenturen in entsprechenden Budgets niederschlägt.
- Das Outsourcing von multimedialen Anwendungen gewinnt an Bedeutung. Unternehmen erlangen durch die wiederholte Zusammenarbeit mit Multimedia-Agenturen eine größere Routine im Umgang mit diesen Dienstleistungsunternehmen. Dadurch kann Vertrauen aufgebaut werden, was die Bereitschaft steigert, auch größere Budgets zu vergeben.[133]
- Es werden zunehmend institutionalisierte Verfahren zur Vergabe von Aufträgen eingesetzt, die die Markttransparenz erhöhen.[134] Dadurch wird es für die nachfragenden Unternehmen einfacher, selbst für sehr spezielle oder komplexe Anwendungen einen geeigneten

---

[129] Vgl. META GROUP (zit. nach O. V. 1999e, S. 8).

[130] Vgl. META GROUP (zit. nach O. V. 1999e, S. 8).

[131] Vgl. Kap. 3.5.2.

[132] Vgl. auch Kap. 3, Fn. 122.

[133] In den USA vergeben große Unternehmen an Multimedia-Agenturen Budgets mit mehrjähriger Laufzeit. So hat z. B. die Firma iXL von Delta Airlines einen Auftrag über 100 Mio. DM mit einer Laufzeit von fünf Jahren erhalten (vgl. IXL 2000).

[134] Vgl. Kap. 3, Fn. 61.

Dienstleister zu finden. Leistungen, die in der Vergangenheit auf Grund fehlender Markttransparenz entweder selbst oder gar nicht erstellt wurden, werden verstärkt zugekauft.

Die genannten Entwicklungstendenzen führen dazu, dass zukünftig nicht nur die originäre Nachfrage dynamisch wächst, sondern auch der Markt für multimediale Anwendungen. Insgesamt kann auf Grund der dynamischen Nachfrageentwicklung von einer hohen Marktattraktivität gesprochen werden.

3.4 Wettbewerbsprozesse in der Multimediabranche

Im letzten Kapitel stand die Analyse des Angebots und der Nachfrage auf dem Markt für multimediale Anwendungen im Vordergrund. Ein wesentlicher Bestandteil der Markt- und Wettbewerbsanalyse ist neben der Betrachtung der Marktstrukturen die Analyse von Wettbewerbsprozessen.[135] Wettbewerbsprozesse resultieren aus der in einem Markt existierenden Wettbewerbsintensität sowie den aktuell und zukünftig wirkenden Wettbewerbskräften. Dabei hängt die Wettbewerbsintensität maßgeblich von der Anbieterkonzentration, den Mobilitätsbarrieren und der Marktphase ab.[136] Sie wird mit ihren Einflussgrößen in Kap. 3.4.1 für die Multimediabranche vorgestellt. Die Wettbewerbskräfte hingegen hängen von dem Verhalten der aktuellen und potenziellen Marktteilnehmer ab. In Kap. 3.4.2 werden diese für die Multimediabranche identifiziert und in ihrem Verhalten beschrieben, um Erkenntnisse über die in der Multimediabranche ablaufenden Wettbewerbsprozesse zu erhalten.

3.4.1 Wettbewerbsintensität

Wie schon in Kap. 3.3.1 dargestellt wurde, gab es in Deutschland Ende 1999 mit circa 2.170 Anbietern eine große Anzahl von Multimedia-Agenturen. Man könnte allein auf Grund der hohen Zahl annehmen, dass die Wettbewerbsintensität in diesem Markt hoch ist. Um jedoch zu einem differenzierten Bild zu gelangen, müssen die Angebots- und Nachfrageseite detailliert untersucht werden. Auf der Angebotsseite wird die Wettbewerbsintensität von der Anbieterkonzentration sowie von den existierenden und potenziellen Barrieren für den Marktein- und -austritt beeinflusst.[137] Auf der Nachfrageseite besteht ein Zusammenhang zwischen der Lebenszyklusphase des Marktes und der Wettbewerbsintensität.[138]

---

[135] Vgl. MÜLLER/HOCHREITER 1975, S. 210 ff.

[136] Vgl. zur Relevanz der Unternehmenskonzentration für das Marktverhalten von Unternehmen und damit für Wettbewerbsprozesse MÜLLER/HOCHREITER 1975, S. 82 ff. Vgl. außerdem zu den Auswirkungen von Markteintritts- und -austrittsbarrieren auf Wettbewerbsintensität und -prozesse BAUMOL/PANZAR/WILLIG 1988, BERG 1978, S. 282 ff., und JACQUEMIN 1986, S. 81 ff.

[137] Vgl. zu den angebotsseitigen Determinanten der Wettbewerbsintensität PORTER 1999a S. 35 ff., sowie speziell zu den Marktein- und -austrittsbarrieren KRUSE 1985, S. 6 ff.

[138] Vgl. zur Bedeutung der Branchenlebenszyklusphase für die Wettbewerbsintensität ABERLE 1980, S. 16 f.

Die Anbieterkonzentration wird über Konzentrationsraten gemessen, die das Ausmaß der ökonomischen Ballung beschreiben.[139] Dabei weisen niedrige Konzentrationsraten auf eine hohe Wettbewerbsintensität hin. Je höher die Anzahl der Marktteilnehmer und je gleichmäßiger die Marktanteile auf die Anbieter verteilt sind, desto niedriger ist die absolute beziehungsweise relative Konzentration.[140] Mit circa 2.170 Unternehmen und einem Anteil der größten 25 Anbieter von lediglich 7,4 % am Gesamtmarkt ist die absolute und relative Konzentration 1999 in der Multimedia-Branche sehr niedrig gewesen.[141]

Mobilitätsbarrieren stellen Barrieren für den Markteintritt und -austritt von Wettbewerbern dar.[142] Sie basieren auf Kostenvorteilen, die ein etablierter Anbieter gegenüber einem potenziellen Wettbewerber besitzt.[143] In der Literatur wird folgender Zusammenhang angenommen:[144] Je niedriger die Markteintrittsbarrieren, desto höher ist der Wettbewerbsdruck auf die Marktteilnehmer, da potenzielle Marktteilnehmer leicht in den Markt eintreten können. Je höher die Marktaustrittsbarrieren, desto höher ist die Wettbewerbsintensität, da existierende Marktteilnehmer am Marktaustritt gehindert werden und eine effizienzgeleitete Selektion unterbleibt.[145] KRUSE unterscheidet drei Kategorien von Markteintrittsbarrieren, die er als natürliche, strategische und institutionelle Barrieren bezeichnet.[146] In Tab. 3-7 sind diese Barrieren mit ihrer Relevanz für die deutsche Multimediabranche zusammenfassend dargestellt.[147]

Nachfolgend wird die aktuelle Relevanz der einzelnen Markteintrittsbarrieren und ihre Bewertung für die Multimediabranche eingehend diskutiert:

- *Absolute Kostenvorteile:* Multimedia-Agenturen haben sowohl beim Einkauf von Investitionsgütern als auch bei der Beschaffung von Vorleistungen eine mäßige bis gute

---

[139] Vgl. zum Begriff der ökonomischen Konzentration ARNDT/OLLENBURG 1971, S. 3 ff., und HEINRICH 1994, S. 45.

[140] Der Marktanteil stellt den Anteil des Marktvolumens dar, den ein Unternehmen auf sich vereinigen kann. Vgl. zur Ermittlung des Konzentrationsgrades über die Anzahl der Marktteilnehmer und deren Marktanteile WILLEKE 1980, S. 193 f., und zur absoluten und relativen Konzentration HEINRICH 1994, S. 45.

[141] Eigene Berechnungen nach HIGHTEXT 1999.

[142] Vgl. BERG 1986 und CAVES/PORTER 1977.

[143] Vgl. BAUMOL/PANZAR/WILLIG 1988, S. 282.

[144] Die Wirkung der potenziellen Konkurrenz auf die Wettbewerbsintensität wird ausführlich in der Theorie der bestreitbaren Märkte behandelt (vgl. BAUMOL/PANZAR/WILLIG 1988, BERG 1978 und SCHMIDT/ENGELKE 1989).

[145] Mit effizienzgeleiteter Selektion ist die Auswahl der Marktteilnehmer gemeint, die Produktionsfaktoren im Sinne der volkswirtschaftlichen Allokationstheorie optimal nutzen. Vgl. auch zum Begriff der Effizienz BOHR 1993, Sp. 855 ff.

[146] Vgl. KRUSE 1985, S. 6 ff.

[147] Vgl. auch zu den in der Tabelle genannten Arten von Markteintrittsbarrieren BAIN 1956 und STIGLER 1968, S. 67. Zwischen Markteintritts- und -austrittsbarrieren besteht ein enger Zusammenhang, da einige Eintrittsbarrieren zugleich Austrittsbarrieren darstellen (vgl. EATON/LIPSEY 1980). So repräsentieren z. B. Sunk Costs beide Arten von Barrieren, die durch Investitionen bei einer Überkapazitätsstrategie weiter ausgebaut werden können.

Tab. 3-7: Mobilitätsbarrieren in der deutschen Multimediabranche

Art der Barriere	Beschreibung	Aktuelle Relevanz in der Multimediabranche	Wertung
Natürliche Barrieren	Resultieren exogen aus den marktlichen sowie produkt- und produktionsbezogenen Gegebenheiten		
• Absolute Kostenvorteile	Marktakteure haben exklusiven Zugang zu günstigen Ressourcen	Potenzielle Wettbewerber können die gleichen Ressourcen und Bezugsquellen nutzen, wie angestammte Marktteilnehmer	O
• Größenvorteile/ Lernkurvenvorteile (Economies of Scale)	Marktakteure haben auf Grund degressiver Stückkosten und hoher Ausbringungsmengen Kostenvorteile	Auf Grund der geringen Agenturgröße und des Projektgeschäftes kommen Skalenvorteile heute nur in geringem Maße zum Tragen	O
• Verbundvorteile/ Diversifizierungsvorteile (Economies of Scope)	Marktakteure mit mehreren diversifizierten aber ähnlichen Aktivitäten können Ressourcen effizienter einsetzen	Synergiepotenziale, die sich aus einem breiten Leistungsspektrum ergeben, werden heute nicht vollständig ausgenutzt	◗
• Vorteile aus Sunk Costs[148]	Marktakteure haben hohe irreversible Investitionen getätigt	Spezifische Investitionen in Hardware und Software sind eher gering, in Ausbildung mitunter hoch	◗
Strategische Barrieren	Resultieren aus dem Verhalten der Marktakteure und können gezielt beeinflusst werden		
• Limitpreisstrategie	Marktakteure setzen Preis auf unattraktives Niveau	Das gegenwärtig niedrige Preisniveau stellt eine mäßige Markteintrittsbarriere dar	◗
• Überkapazitätsstrategie	Marktakteure weiten Produktionskapazitäten bis zur Marktsättigung aus	Auf Grund des dynamischen Marktwachstums ist es heute kaum möglich, Überkapazitäten aufzubauen	O
• Differenzierungsstrategie	Marktakteure differenzieren ihre Produkte, um Marktsegmente oder Teilmärkte zu schaffen	Die vielfältigen Differenzierungsmöglichkeiten werden heute teilweise ausgenutzt	◗
Institutionelle Barrieren	Resultieren exogen aus den vom politischen Umfeld vorgegebenen Rahmenbedingungen		
• Legislative/ administrative Rahmenbedingungen	Industrie- oder strukturpolitische Eingriffe oder marktspezifische Regulierungen beeinflussen die Mobilität	Die Industrie- und Strukturpolitik senkt eher die Mobilitätsbarrieren. Die Regulierungsdichte ist bisher gering	O
Legende: ●: hohe Bedeutung ◗: mittlere Bedeutung O: geringe Bedeutung			

Verhandlungsposition, die sich in günstigen Preisen niederschlägt.[149] Allerdings stehen diese Ressourcen und Bezugsquellen nicht nur den etablierten Marktakteuren zur Verfügung, sondern auch potenziellen Wettbewerbern. Günstige Inputs, die jedem potenziellen Wettbewerber zur Verfügung stehen, begründen jedoch keine Kostenvorteile und stellen damit keine Markteintrittsbarriere dar.

- *Größenvorteile:* Multimedia-Agenturen zählen zu den kleinen und mittleren Unternehmen.[150] Insofern ist heute ihre Möglichkeit, Skalenerträge zu erzielen, gering. Da multimediale Anwendungen keine homogenen, sondern eher spezifische Güter sind und zudem in Projekten realisiert werden, sind auch in größeren Agenturen nur begrenzt Lernkurvenvorteile zu realisieren.

---

[148] *Sunk Costs* werden definiert als „Kosten von Investitionen, die über einen langen Zeitraum hinweg Nutzen stiften, aber niemals rückgängig gemacht oder veräußert werden können." (TIROLE 1999, S. 677). Insofern werden sie auch als irreversible Investitionen bezeichnet.

[149] Vgl. auch die eingehende Diskussion des Verhältnisses von Multimedia-Agenturen und Lieferanten in Kap. 3.4.2.

[150] Vgl. Kap. 3.1.3 und 3.3.1.

- *Verbundvorteile:* Viele Multimedia-Agenturen streben eine Positionierung als Full-Service-Anbieter an, decken jedoch heute noch nicht das gesamte mögliche Leistungsspektrum ab.[151] Dadurch schöpfen sie heute die Synergiepotenziale nicht vollständig aus, die in der gemeinsamen Nutzung von Infrastrukturen und Overheads durch mehrere verwandte Leistungsbereiche bestehen.[152] Insofern sind die Diversifizierungsvorteile erst mäßig ausgeprägt und stellen lediglich mittlere Marktbarrieren dar.
- *Vorteile aus Sunk Costs:* Die von Multimedia-Agenturen eingesetzte Hardware und Software ist marktgängig und ließe sich weiter veräußern. Damit sind diese Investitionen reversibel und stellen keine Sunk Costs dar. Anders verhält es sich mit der Qualifizierung von Mitarbeitern. Ein unzureichendes Angebot an Fachkräften führt dazu, dass Multimedia-Agenturen teilweise einen beträchtlichen Ausbildungsaufwand betreiben müssen, um die notwendigen Qualifikationen im Unternehmen aufzubauen.[153] Die Aufwendungen für Qualifizierungsmaßnahmen sind irreversibel, es handelt sich um Sunk Costs.
- *Limitpreisstrategie:* Gegenwärtig ist das Preisniveau in der Multimediabranche niedrig.[154] Allerdings wird das niedrige Preisniveau hier lediglich als mäßige Markteintrittsbarriere gewertet, da es fraglich ist, wie lange dieses Niveau in der Multimediabranche aufrecht gehalten werden kann. Es muss davon ausgegangen werden, dass Multimedia-Agenturen heute auf Grund ihrer geringen Größe nicht die Kapitalkraft aufweisen, um mittel- bis langfristig unter Kostendeckung anzubieten. Börsennotierte Multimedia-Agenturen sind zwar in der Regel kapitalkräftiger. Allerdings kann bei diesen Unternehmen eine Limitpreisstrategie den Erwartungen der Anleger entgegenlaufen, die kurz bis mittelfristig mit wachsenden Gewinnen rechnen. Zudem ist in Deutschland nur ein geringer Anteil aller Multimedia-Agenturen börsennotiert.[155] Diese Gründe sprechen dafür, dass das Preisniveau zukünftig eher steigen als sinken wird.
- *Überkapazitätsstrategie:* In der Multimediabranche, die einen stark wachsenden und zugleich angebotsseitig stark fragmentierten Markt darstellt, ist es für einen einzelnen Anbieter kaum möglich, Überkapazitäten aufzubauen. Eine überproportionale Ausweitung des Angebots würde zwar zu einem Marktanteilsgewinn führen, die gesamte Angebotsmenge würde sich jedoch auf Grund der geringen relativen Größe des einzelnen Anbieters nicht wesentlich erhöhen.[156] Eine Überkapazitätsstrategie, die sich in der Multimedia-

---

[151] Vgl. die Ergebnisse der empirischen Untersuchung zum Leistungsspektrum von Multimedia-Agenturen in Kap. 3.2.3.

[152] Vgl. Kap. 3.6.3 zu den Potenzialen von Differenzierungsstrategien in der Multimediabranche.

[153] Vgl. auch Kap. 3.5.2.

[154] Vgl. zu dem niedrigen Preisniveau Kap. 1.1 und Kap. 3.3.1 sowie die Literatur in Kap. 1, Fn. 11 und Kap. 3, Fn. 101.

[155] Im März 2000 waren von den größten 75 Multimedia-Agenturen neun börsennotiert und weitere 13 planten den Börsengang (vgl. W&V 2000).

[156] Vgl. zur Wachstumsdynamik der Nachfrage nach multimedialen Anwendungen Kap. 3.3.2 sowie zum Verhältnis zwischen Angebot und Nachfrage nachfolgend in diesem Kapitel.

branche nur mit erheblichem gemeinsamem Aufwand aller Marktakteure durchsetzen ließe, ist wenig realistisch.

- *Differenzierungsstrategie:* Der Markt für multimediale Anwendungen bietet vielfältige Differenzierungsmöglichkeiten. Durch Innovationen erweitern Multimedia-Agenturen das Anwendungsspektrum und erschließen dadurch neue Marktsegmente oder Teilmärkte.[157] Das Anwendungsspektrum ist heute in Teilbereichen schon sehr differenziert, bietet aber insgesamt noch weitere Potenziale.[158] Deswegen wird die Marktdifferenzierung als mittlere Markteintrittsbarriere gewertet.
- *Legislative und administrative Rahmenbedingungen:* Viele Wirtschaftsstandorte versprechen sich Impulse von den Wachstumspotenzialen der Multimediabranche. Deswegen wird von Seiten der regionalen Wirtschaftsbehörden eine aktive Ansiedlungspolitik betrieben, die die Markteintrittsbarrieren niedrig hält.[159]

Die Diskussion zeigt, dass in der deutschen Multimediabranche insbesondere die strukturellen und institutionellen Mobilitätsbarrieren heute nur eine geringe bis mittlere Bedeutung haben. Mittlere Markteintrittsbarrieren resultieren lediglich aus einem differenzierten Angebot, welches zu vorteilhaften Kostenpositionen aus Verbundvorteilen sowie zur Erschließung von neuen Marktsegmenten führt, sowie aus irreversiblen Investitionen in die Qualifizierung von Mitarbeitern.

Die niedrigen Konzentrationsraten und Markteintrittsbarrieren charakterisieren lediglich die Angebotsseite des Marktes für multimediale Anwendungen. Um zu einer abschließenden Beurteilung der Wettbewerbsintensität zu kommen, muss in die Analyse die Nachfrageseite und deren Entwicklung miteinbezogen werden. Wie gezeigt wurde, ist bisher erst ein geringer Teil des Nachfragepotenzials ausgeschöpft.[160] Sowohl die Anzahl der Kunden, als auch die Budgets für multimediale Anwendungen wachsen kontinuierlich. Eine Sättigung des Marktes ist noch in weiter Ferne, da zum einen potenziell alle Unternehmen als Abnehmer für multimediale Anwendungen in Frage kommen, zum anderen teilweise erhebliche Folgeinvestitionen anfallen. Dies deutet darauf hin, dass sich der Markt für multimediale Anwendungen noch in einem frühen Entwicklungsstadium befindet. Wie die Abb. 3-10 zeigt, befindet sich der Markt in einem idealtypischen Phasenschema in der frühen Wachstumsphase.

Die Abbildung verdeutlicht schematisch, dass das heutige Angebot auf dem Markt für multimediale Anwendungen auf eine dynamisch wachsende Nachfrage trifft. Insofern bieten sich den Multimedia-Agenturen auf absehbare Zeit Wachstumsmöglichkeiten, ohne dass sie hierfür einen Verdrängungswettbewerb betreiben müssten. Die hohe Aufnahmefähigkeit des

---

[157] Vgl. Kap. 3.6.3, welches für Multimedia-Agenturen u. a. die marktliche Differenzierung als bedeutende strategische Stoßrichtung zur Vergrößerung des Marktpotenzials herausarbeitet.

[158] Vgl. zum Differenzierungsgrad des Anwendungsspektrums Kap. 3.1.1.

[159] Vgl. DIECKMANN 1999, S. 71 ff.

[160] Vgl. Kap. 3.3.2.

Abb. 3-10: Position des Marktes für multimediale Anwendungen im Lebenszyklus[161]

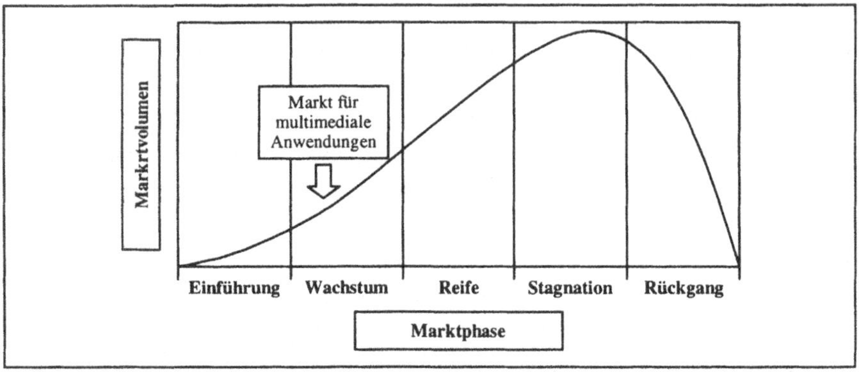

Marktes ist dafür verantwortlich, dass trotz niedriger Konzentrationsraten und Mobilitätsbarrieren die Wettbewerbsintensität als mäßig einzustufen ist. Allerdings steigt mit zunehmender Marktreife die Wettbewerbsintensität, wenn das Nachfragepotenzial zunehmend ausgeschöpft wird.

3.4.2 Wettbewerbskräfte

Um die zukünftige Wettbewerbsintensität und daraus resultierende Wettbewerbsprozesse näher zu betrachten, bietet sich eine Analyse der Wettbewerbskräfte an. Diese Analyse wird hier anhand eines Modells vorgenommen werden, welches von PORTER entwickelt wurde.[162] Das Modell beschreibt die Ursachen und Auswirkungen von Wettbewerbsprozessen anhand von fünf Wettbewerbskräften, die als die Triebkräfte des Branchenwettbewerbs bezeichnet werden.[163] Abb. 3-11 zeigt diese fünf Triebkräfte.

Für die Multimediabranche stellen sich diese Triebkräfte im Einzelnen wie folgt dar:

1. *Verhandlungsstärke der Lieferanten:* Multimedia-Agenturen beziehen von Lieferanten zwei Arten von Leistungen. Die erste Art sind *Investitionsgüter und Dienstleistungen*, die für die Leistungserstellung in Multimedia-Agenturen notwendig sind.[164] Auf Grund der hohen Anzahl von Multimedia-Agenturen bei gleichzeitig geringen Einkaufsvolumina kann davon ausgegangen werden, dass für Lieferanten der Verzicht auf einen Abnehmer

[161] Vgl. zum Konzept des Marktlebenszyklus NISCHLAG/DICHTL/HÖRSCHGEN 1997, S. 896 ff., sowie zum ähnlichen Produktlebenszyklus BECKER 1998, S. 725 ff. Vgl. auch JUPITER COMMUNICATIONS 1999a, die u. a. den deutschen Markt für elektronischen Handel in der frühen Wachstumsphase lokalisieren.

[162] Vgl. PORTER 1999a, S. 33 ff.

[163] Vgl. auch Kap.5.1.1, wo die Triebkräfte des Branchenwettbewerbs noch einmal kurz im Rahmen des marktorientierten Strategieansatzes aufgegriffen werden.

[164] Zu den Investitionsgütern gehören hauptsächlich Netz- und Systemhardware und -software zur Medienproduktion und -integration sowie sonstige Betriebsmittel. Die Dienstleistungen umfassen u. a. Telekommunikationsleistungen, Mitarbeiterschulungen sowie die Systempflege, -wartung und -entwicklung.

Abb. 3-11: Fünf Triebkräfte des Branchenwettbewerbs[165]

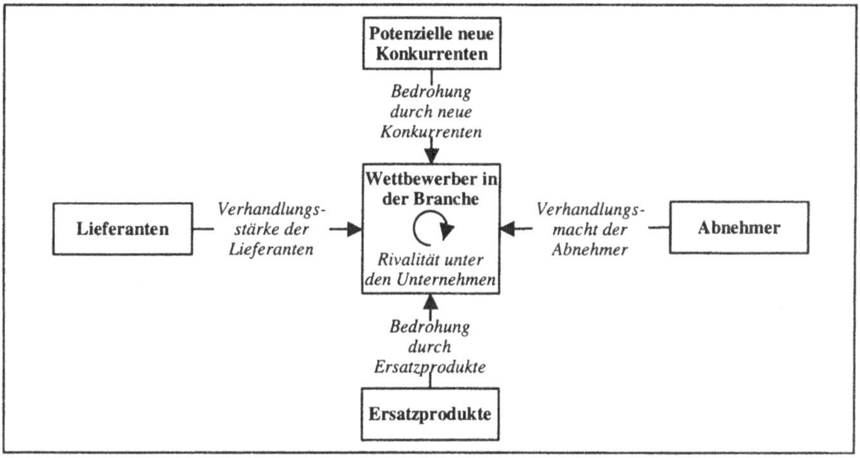

keinen substanziellen Verlust darstellen würde, zumal die meisten der genannten Leistungen von vergleichsweise großen Unternehmen geliefert werden. Andererseits können Multimedia-Agenturen in den meisten Fällen vergleichbare Leistungen von mehreren Anbietern beziehen. Da die wechselseitige Abhängigkeit gering ist, ist auch die Verhandlungsstärke dieser Lieferanten als niedrig einzuschätzen.

Die zweite Art von Leistungen, die von Multimedia-Agenturen bezogen werden, sind *Vorleistungen*, die als Bestandteil in die Anwendungen und Dienstleistungen von Multimedia-Agenturen eingehen oder direkt – nach Aufschlag einer Marge – an die Kunden vermarktet werden.[166] Ein Großteil dieser Vorleistungen wird von kleinen Unternehmen oder sogar freien Mitarbeitern erstellt, die nur eine oder wenige Agenturen als Kunden haben. Da diese Lieferanten zudem in der Regel austauschbar sind, ist deren Verhandlungsposition als schwach einzuschätzen. Außerdem können Multimedia-Agenturen als Vorleistungen standardisierte Anwendungen beziehen, die sie dann im Sinne eines Value Added Reselling an die spezifischen Bedürfnisse ihrer Kunden anpassen.[167] Auch wenn viele dieser Lieferanten als dominierende Unternehmen in einem fragmentierten Markt operieren, bringen sie oft ihre Verhandlungsstärke nicht vollständig zur Geltung, da sie die Zusammenarbeit mit Multimedia-Agenturen als Vertriebspartnerschaft auffassen.

2. *Rivalität unter den Unternehmen:* Wie gezeigt wurde, ist der Markt für multimediale Anwendungen durch eine mäßige Wettbewerbsintensität geprägt, die aus einer starken

---

[165] Vgl. PORTER 1999a, S. 34

[166] Zu diesen Leistungen zählen z. B. die Medienproduktion, die Auftragsprogrammierung von Software oder Vermarktungsdienstleistungen.

[167] Vgl. zum Value Added Reselling Kap. 3, Fn. 68.

Fragmentierung der Nachfrage und einer dynamischen Entwicklung der Abnehmerzahlen resultiert.[168] Die Fragementierung der Nachfrageseite bedeutet, dass Multimedia-Agenturen nicht auf einen oder wenige Kunden angewiesen sind, sondern potenziell mit einer großen Anzahl von Kunden Geschäftsbeziehungen eingehen können. Dieser Umstand sorgt dafür, dass sich – trotz der hohen Anzahl von Multimedia-Agenturen – die Rivalität unter den Unternehmen in Grenzen hält.

3. *Verhandlungsmacht der Abnehmer:* Die Fragmentierung der Nachfrage ist nicht nur für eine begrenzte Rivalität unter Multimedia-Agenturen verantwortlich, sondern stärkt auch deren Verhandlungsmacht gegenüber den Abnehmern. Auf der anderen Seite ist aber auch die Angebotsseite des Marktes für multimediale Anwendungen stark fragmentiert, was sich in den niedrigen absoluten und relativen Konzentrationsraten manifestiert.[169] Unter der Annahme, dass die Angebote austauschbar sind, stehen den Kunden viele potenzielle Lieferanten zur Verfügung, aus denen sie auswählen können. Dies spricht für eine starke Verhandlungsposition der Abnehmer. Im Ergebnis haben Multimedia-Agenturen *und* deren Kunden günstige Verhandlungspositionen.

   Das heute recht ausgeglichene Machtverhältnis zwischen Multimedia-Agenturen und ihren Abnehmern kann sich zukünftig verschieben. Mittel- bis langfristig wird auf dem Markt eine Sättigung auftreten, wenn die Mehrheit der Abnehmer Erstinvestitionen in multimediale Anwendungen getätigt haben. Da die Anzahl und der Umfang der zu vergebenden Aufträge abnimmt, wird die Verhandlungsmacht der Lieferanten gestärkt. Darüber hinaus werden im Zeitverlauf zwischen Multimedia-Agenturen und ihren Kunden langfristige Geschäftsbeziehungen aufgebaut werden, in denen Aufträge für Erweiterungs- oder Ersatzinvestitionen vergeben werden. Für die Agenturen, die nicht in langfristige Geschäftsbeziehungen eingebunden sind, wird sich die Verhandlungsposition verschlechtern. Andererseits ist davon auszugehen, dass mittelfristig auf der Anbieterseite Konzentrationsprozesse stattfinden werden. Mit zunehmender Marktreife schließen sich Multimedia-Agenturen zusammen, um über Größe und Leistungsfähigkeit ihre Verhandlungsposition zu stärken.

4. *Potenzielle neue Konkurrenten:* Die hohe Marktattraktivität und niedrige Markteintrittsbarrieren bewegen viele Akteure zum Markteintritt.[170] Unter den Marktzugängen sind größtenteils *neugegründete Multimedia-Agenturen*, aber auch Unternehmen aus Branchen, die komplementäre Produkte und Dienstleistungen erstellen. Dazu gehören Unternehmens-

---

[168] Vgl. zur Fragmentierung der Nachfrageseite des Marktes für multimediale Anwendungen Kap. 3.4.1.

[169] Vgl. zu den absoluten und relativen Konzentrationsraten auf der Angebotsseite des Marktes für multimediale Anwendungen Kap. 3.4.1.

[170] Vgl. zur hohen Marktattraktivität auch Kap. 3.3.2.

beratungen, Softwareanbieter, Systemintegratoren, Medienunternehmen und Werbeagenturen.[171]

Darüber hinaus stellen die Lieferanten und Abnehmer von Multimedia-Agenturen eine potenzielle Konkurrenz dar. *Lieferanten* können durch Vorwärtsintegration zu Wettbewerbern werden, wenn sie nicht mehr nur Vorleistungen liefern, sondern auch die Erstellung von multimedialen Anwendungen und Dienstleistungen übernehmen. Die Vorwärtsintegration in den Leistungsbereich von Multimedia-Agenturen ist heute schon in einigen Fällen zu beobachten und kann zukünftig zu einer Bedrohung werden.

Abnehmer stellen eine Bedrohung dar, wenn sie über eine Rückwärtsintegration in Konkurrenz zu Multimedia-Agenturen treten. Abnehmer können im Sinne einer Make-or-Buy-Entscheidung darüber entscheiden, ob sie multimediale Anwendungen selbst erstellen oder am Markt zukaufen. Die Unternehmen, die sich für die Eigenerstellung entschließen, bauen Organisationsbereiche auf, in denen sie multimediale Anwendungen erstellen.[172] Auch wenn die Bereiche oftmals nicht am Markt auftreten, sind sie in der Lage, als interner Lieferant das Unternehmen von externen Multimedia-Agenturen unabhängig zu machen. Insofern sind sie als potenzielle Konkurrenten zu werten, die für Multimedia-Agenturen ein Bedrohungspotenzial darstellen.

Für den zukünftigen Wettbewerbsprozess wird es entscheidend sein, welche strategische Bedeutung Abnehmer multimedialen Anwendungen beimessen. Mit zunehmender strategischer Bedeutung kann die Erstellung von multimedialen Anwendungen zur Kernkompetenz werden. Abnehmer werden weniger geneigt sein, diese Vorleistung fremd zu vergeben. In einigen Branchen ist erkennbar, dass auf Grund der strategischen Bedeutung multimedialer Anwendungen Unternehmen bereits jetzt verstärkt die Eigenerstellung betreiben. Wenn sich diese Entwicklung verstärkt, kann sie zu einer ernst zu nehmenden Bedrohung für Multimedia-Agenturen werden. Die Bedrohung kann sich jedoch in Grenzen halten, wenn Anbieter Anwendungen nicht vollständig selbst entwickeln, sondern weiterhin anteilig Leistungen von Multimedia-Agenturen zukaufen.

5. *Bedrohung durch Ersatzprodukte:* Die vergleichsweise jungen multimedialen Anwendungen sind selbst Ersatzprodukte. Sie bedrohen in einigen Anwendungsgebieten klassische Arten der Information, Kommunikation und Transaktion. So können beispielsweise Content-Angebote klassische Medien und Commerce-Angebote den stationären Handel ersetzen. Dieser Substitutionsprozess ist heute noch in den Anfängen; er kann aber mittelfristig signifikant an Bedeutung gewinnen. Da multimediale Anwendungen gerade

---

[171] Insbesondere Unternehmen aus komplementären Branchen, deren Kerngeschäft im Bereich der professionellen Dienstleistungen angesiedelt und als Projektgeschäft organisiert ist, weisen eine hohe Affinität zur Multimediabranche auf. Vgl. auch zu den komplementären Branchen und deren Unternehmen Abb. 3-3.

[172] Oftmals setzen die Aktivitäten in existierenden Organisationsbereichen an, die sich mit Informationssystemen und der internen Datenverarbeitung befassen, da diese Bereiche eine hohe Affinität zu multimedialen Anwendungen aufweisen.

selbst einen Substitutionsprozess einleiten, ist heute kaum absehbar, welche Produkte diese Anwendungen zukünftig einmal ersetzen können. Denkbar ist jedoch, dass von Softwareunternehmen standardisierte Anwendungen entwickelt werden, die mit geringem Aufwand an die Bedürfnisse der Abnehmer angepasst werden können. Wenn diese Anwendungen eine hohe Verbreitung fänden, könnten sie die kundenindividuell entwickelten Anwendungen verdrängen und damit Multimedia-Agenturen die Geschäftsgrundlage entziehen. Aus heutiger Sicht ist eine solche Entwicklung jedoch als wenig wahrscheinlich einzuschätzen, da gerade auf Grund der Heterogenität der Anforderungen die kundenspezifische Leistungserstellung eine wichtige Rolle spielt. Insofern ist für multimediale Anwendungen die Bedrohung durch Ersatzprodukte mittelfristig als gering einzuschätzen.

Zusammenfassend kann festgestellt werden, dass die heute wirkenden Wettbewerbskräfte für Multimedia-Agenturen noch keine signifikante Bedrohung darstellen. Die Verhandlungsposition gegenüber Lieferanten und Abnehmern ist als gut einzuschätzen. Zukünftige Wettbewerbsprozesse werden maßgeblich durch Konzentrationsprozesse unter Multimedia-Agenturen, Marktzutritte aus komplementären Branchen sowie die Tendenzen zur Vorwärts- und Rückwärtsintegration der Lieferanten und Abnehmer geprägt sein. Jedoch ist mit Auswirkungen auf die Wettbewerbsposition von Multimedia-Agenturen erst mittel- bis langfristig zu rechnen.

3.5 Rahmenbedingungen der Multimediabranche

Um die Analyse der marktlichen Entwicklung abzuschließen, stellt dieses Kapitel die technologischen und gesellschaftlichen Rahmenbedingungen der Multimediabranche vor. Während technologische Rahmenbedingungen primär auf der Angebotsseite ansetzen, beeinflussen gesellschaftliche Rahmenbedingungen sowohl die Angebots- als auch die Nachfrageseite des Marktes für multimediale Anwendungen. Auf der Nachfrageseite wirken Rahmenbedingungen überwiegend über die originäre Nachfrage der Letztkonsumenten. Sie haben jedoch indirekt, über die abgeleitete Nachfrage, einen Einfluss auf die Multimediabranche.[173]

Die Rahmenbedingungen können gleichermaßen fördernd wie hemmend wirken. Sie entscheiden maßgeblich darüber, welche Nutzenpotenziale sich kurz-, mittel- oder langfristig für die Anbieter und Nachfrager von multimedialen Anwendungen erschließen lassen. Die Nutzenpotenziale sind wiederum für die Entwicklungs- und Verbreitungsgeschwindigkeit von multimedialen Anwendungen und damit für die Entwicklung der Multimediabranche verantwortlich. Im Folgenden werden die technologischen und gesellschaftlichen Rahmenbedingungen als treibende und hemmende Faktoren in ihrer Relevanz für die Multimediabranche dargestellt.

---

[173] Vgl. zur Definition der originären bzw. abgeleiteten Nachfrage Kap. 3.3.2.

3.5.1 Technologische Rahmenbedingungen

In der Multimediabranche besteht eine enge Wechselwirkung zwischen technologischen Innovationen und der Marktentwicklung. Anbieter entwickeln auf der Basis innovativer Technologien multimediale Anwendungen, die neue Nutzenpotenziale erschließen. Die Nutzenpotenziale schaffen Nachfrage und fördern den Verbreitungsprozess. Eine attraktive Marktentwicklung beschleunigt wiederum die technologische Entwicklung, so dass sich der Kreis schließt.[174] Da Multimedia-Agenturen über innovative Anwendungen den Kreislauf immer wieder von Neuem anstoßen, beeinflussen sie maßgeblich die technologischen Rahmenbedingungen.

In der Multimediabranche sind vielfältige Technologien als Rahmenbedingungen für die Marktentwicklung verantwortlich. Die hier betrachteten Arten von Technologien werden als Basis-, Erweiterungs- und Kommerzialisierungstechnologien bezeichnet:[175]

1. Zu den *Basistechnologien* zählt die Digitalisierung von Inhalten sowie von Übertragungs- und Trägermedien.[176] Medieninhalte, wie Texte, Grafiken, Bilder, Ton und Video werden heute in immer stärkerem Ausmaß unmittelbar digital erstellt oder in einer sehr frühen Stufe des Leistungserstellungsprozesses in ein digitales Format überführt. Das einheitliche digitale Format ermöglicht eine so genannte medienunabhängige Datenhaltung, durch die Medieninhalte mit hoher Effizienz in multimediale Produkte und -dienste aggregiert werden können. Die Digitalisierung bringt nicht nur Vorteile in der Datenhaltung und redaktionellen Aufbereitung, sondern vor allem auch in der Distribution von Medieninhalten. Die digitale Form sichert eine gleich bleibend hohe Qualität bei niedrigen Erstellungs-, Vervielfältigungs- und Verbreitungskosten.
2. Zu den *Erweiterungstechnologien* zählen Verfahren, die neue Medien leistungsfähiger und damit in der Nutzung attraktiver machen. Sie beeinflussen unmittelbar die Bedienbarkeit, Geschwindigkeit und Qualität der Medien.
   - Die *Bedienbarkeit* oder Usability wird durch leistungsfähigere Mensch-Maschine-Schnittstellen, Benutzeroberflächen und Navigationshilfen gesteigert.[177] Zukunftsweisende Technologien zur Steigerung der Bedienbarkeit neuer Medien umfassen Bilderkennungs- beziehungsweise Sprachein- und -ausgabesysteme[178], grafische

---

[174] Das Wechselspiel zwischen technologischer Innovation und Marktentwicklung wird auch als Technology Push und Market Pull bezeichnet (vgl. EUROPEAN COMMUNICATION COUNCIL 1999, S. 146).

[175] Vgl. zu einer ähnliche Differenzierung von Technologien SOMMERLATTE/MAIER-ROTHE/LERNER 1992, S. 101 ff.

[176] Vgl. EUROPEAN COMMUNICATION COUNCIL 1999, S. 140.

[177] Die Bedienbarkeit oder Usability eines Produktes wird von der Internationalen Organisation für Standardisierung definiert „als das Ausmaß, in dem es von einem bestimmten Benutzer verwendet werden kann, um bestimmte Ziele in einem bestimmten Kontext effektiv, effizient und zufriedenstellend zu erreichen." (ISO 9241).

[178] Vgl. REICHWALD 1999a, S. 274 f.

Benzutzeroberflächen mit benutzerabhängigen, kontextsensitiven Menüs sowie intelligente Navigationsagenten. Diese Technologien basieren häufig auf Softwarelösungen mit künstlicher Intelligenz.

- Die *Nutzungsgeschwindigkeit* neuer Medien ist heute weniger durch die kognitiven Fähigkeiten der Rezipienten, als durch die Leistungsfähigkeit von Informations- und Kommunikationstechnologien begrenzt. Sie wird maßgeblich durch innovative Übertragungs- und Verarbeitungstechnologien gesteigert. Zukunftsweisende Technologien zur Erhöhung der Nutzungsgeschwindigkeit neuer Medien umfassen leistungsfähigere Übertragungsmedien, -protokolle und -verfahren zur Ausweitung der Bandbreite von Telekommunikationsnetzen, höher integrierte Rechen- und Speicherchips zur Steigerung der Leistungsfähigkeit von Computern sowie neuartige Kompressionsalgorithmen zur weiteren Reduktion des Datenvolumens.[179]
- Unter *Qualität* der Medien wird hier nicht die inhaltliche, sondern die objektive Abbildungs- und Darstellungsqualität hauptsächlich von Grafik, Bild, Ton und Video verstanden. Die Qualität kann gesteigert werden durch die zuvor besprochenen höheren Verarbeitungs- und Übertragungsleistungen, aber auch durch neuartige Technologien, die die existierenden Bandbreiten und Rechenkapazitäten intelligenter nutzen. Zukunftsweisend sind die so genannten Streaming-Technologien, die die Übertragung von Ton und Video in qualitativ ansprechender Form über existierende Übertragungsmedien möglich machen.

3. *Kommerzialisierungstechnologien* ermöglichen erst die marktliche Verwertung von neuen multimedialen Anwendungen. Zu den Kommerzialisierungstechnologien gehören Systeme zur Sicherstellung von Datenschutz- und -sicherheit (Kryptographie)[180], zur Beschränkung des Zugangs und der Nutzung (Conditional Access und Firewalls)[181], zur Verwaltung von Urheberrechten und redaktionellen Inhalten (Property Rights und Content Management), zur sicheren Abwicklung von Transaktions- und Bezahlvorgängen (Electronic Commerce

[179] Vgl. zur Leistungssteigerung der Übertragungsgeschwindigkeit GEIHS 1995, S. 4, zur Entwicklung der Rechengeschwindigkeit und Speicherleistung PICOT/REICHWALD/WIGAND 1998, S. 137, und zur Leistungsfähigkeit von Kompressionsverfahren BOOZ ALLEN & HAMILTON 1997, S. 82.

[180] „Unter Datensicherheit versteht man den Schutz von Daten gegen unbefugtes Lesen, Verändern oder Löschen sowie den Schutz vor Zerstörung durch technische Fehler. [...] Mit Datenschutz werden die Maßnahmen bezeichnet, die – meist aufgrund gesetzlicher Vorschriften – zum Schutz von persönlichen Daten einzelner Menschen [...] dienen. Es stehen also weniger die Daten im Vordergrund, sondern Persönlichkeitsrechte." (REICHWALD 1999a, S. 271 f., im Original teilweise fett). Mit krypthographischen Verfahren wird sichergestellt, dass beim Datenaustausch über Netzwerke die Dateninhalte nicht durch Unbefugte eingesehen, abgefangen oder verfälscht werden können (vgl. SMITH 1998 und ALPAR 1998, S. 198).

[181] Conditional Access „ist der englische Oberbegriff für einen eingeschränkten, an Bedingungen gekoppelten Zugriff (z. B. auf ein verschlüsseltes TV-Programm). Die Identifizierung/Autorisierung für einen Zugang (Access) erfolgt meist über einen elektronischen Schlüssel in Form einer SmartCard." (DIREKTION TECHNIK UND PRODUKTION DES SÜDWESTRUNDFUNKS 2000). Vgl. zu den Firewall-Systemen Kap. 3, Fn. 35.

und Payment)[182] und zur Echtheitsüberprüfung von Dokumenten und Nachrichten (Elektronische Signatur und Authentisierung).[183]

Die drei Gruppen von Technologien sind gleichermaßen für die Entwicklung des Marktes für multimediale Anwendungen bedeutsam: Basistechnologien sind die Voraussetzung für grundlegend neue Geschäftsmodelle in der Multimediabranche, die Kommerzialisierungstechnologien ermöglichen erst die marktliche Verwertung von multimedialen Anwendungen und Erweiterungstechnologien steigern über die Bedienbarkeit, Geschwindigkeit und Qualität die Attraktivität der Angebote für die Nachfrager. Durch die Weiterentwicklung aller Technologiebereiche werden neue Nutzenpotenziale für Anbieter und Nachfrager erschlossen und Adoptionsbarrieren abgebaut. Markthemmende Kräfte werden in der Multimediabranche durch Technologien nur dann aufgebaut, wenn technologische Entwicklungen unterbleiben oder die Entwicklungsgeschwindigkeit für zentrale Technologien sich verlangsamt. Da dies bisher nicht der Fall ist, sind Technologien eine zentrale treibende Kraft für die Entwicklung des Marktes für multimediale Anwendungen.

3.5.2 Gesellschaftliche Rahmenbedingungen

Auch die gesellschaftlichen Rahmenbedingungen beeinflussen maßgeblich die Multimediabranche. Ihr Einfluss wirkt von zwei Seiten auf Multimedia-Agenturen: zum einen auf der Beschaffungsseite über den Arbeitsmarkt für qualifizierte Fachkräfte, zum anderen auf der Absatzseite über das Nutzungsverhalten der Konsumenten.

Auf der *Beschaffungsseite* ist die Verfügbarkeit von qualifizierten Arbeitskräften eine wesentliche gesellschaftliche Rahmenbedingung. Die Erstellung von multimedialen Anwendungen ist sehr personalintensiv, so dass entsprechend qualifizierte Arbeitskräfte für Agenturen die wichtigste Ressource darstellen.[184] Ein Blick auf den Arbeitsmarkt für Fachkräfte aus den für Multimedia-Agenturen relevanten Qualifikationsfeldern zeigt, dass in den letzten Jahren das Angebot zunehmend hinter der Nachfrage zurückblieb und heute bei personellen Ressourcen ein Engpass besteht.[185] Hinzu kommt, dass viele Berufsbilder, die heute in Agenturen existieren, keine Ausbildungsberufe sind, die im Rahmen einer

---

[182] Vgl. zu Electronic Payment O'MAHONY/PEIRCE/TEWARI 1997.

[183] Die Authentisierung ist ein Verfahren um sicherzustellen, dass „eine Nachricht von dem Sender kommt, von dem sie zu sein vorgibt." (MERZ 1999, S. 129 ff.).

[184] Vgl. DIECKMANN (1999, S. 357), der in einer Analyse regionaler Kompetenzzentren der Multimedia-Industrie feststellt: „So zeigt sich in den empirischen Untersuchungen, daß [...] das Vorhandensein eines ausreichenden Potentials an gut ausgebildeten Arbeitskräften die wesentliche Grundbedingung für die Multimedia-Industrie darstellt. Gerade die hochwertigen Tätigkeiten, die besonders im Mittelpunkt der Bemühungen der Kompetenzzentrumsbildung stehen, sind sehr intensiv an gutausgebildeten Fachkräften. Gleiches gilt zwar für alle High-Tech-Industrien, jedoch sind die Qualifikationsanforderungen in der Multimedia-Industrie nicht nur im Forschungs- und Entwicklungsbereich, sondern auch bei den Produktionstätigkeiten (z. B. Produktion von Web-Pages oder Filmen) [...] sehr hoch."

[185] Dieser personelle Engpass wurde dem Autor von vielen Personalverantwortlichen aus Multimedia-Agenturen bestätigt. Ein anschauliches Beispiel bieten auch die umfangreichen Stellenanzeigen von Multimedia-Agenturen in der Tages- und Fachpresse.

akademischen oder berufsbildenden Maßnahme vermittelt werden.[186] Deswegen kann auch mittelfristig kein ausreichendes Angebot an qualifizierten Arbeitskräften aufgebaut werden. Der Mangel an Fachkräften stellt für die Multimediabranche eine stark hemmende Rahmenbedingung dar.

Auf der *Absatzseite* bilden die Akzeptanz von multimedialen Anwendungen und das Nutzungsverhalten der Konsumenten wesentliche gesellschaftliche Rahmenbedingungen. Diese Rahmenbedingungen manifestieren sich in demographischen, sozioökonomischen und kulturellen Faktoren, die nachfolgend in ihrer Auswirkung auf die Multimediabranche vorgestellt werden.

Unter den *demographischen Faktoren* spielt die Altersstruktur der Gesellschaft, das Ausbildungsniveau und der berufliche Hintergrund für die Verbreitung multimedialer Anwendungen eine große Rolle. Die Entwicklung wird bisher insbesondere von der jüngeren, für die Technik offenen Generation getragen. Diese wächst mit neuen Technologien auf und erlernt den Umgang mit multimedialen Anwendungen auf eine natürliche, spielerische Art. Bei älteren Generationen stoßen neue Anwendungen häufig noch auf Akzeptanzprobleme. Zum einen existieren Widerstände allgemeiner Art gegenüber Innovationen, zum anderen erschließt sich ihnen häufig nicht die Funktionsweise und damit das Nutzenpotenzial multimedialer Anwendungen.

Das Ausbildungsniveau spielt insofern eine Rolle, als die Offenheit für multimediale Anwendungen positiv mit dem Bildungsniveau korreliert. Dies legt die Vermutung nahe, dass die schulische und universitäre Ausbildung maßgeblich für den Aufbau von Medienkompetenz verantwortlich ist, die wiederum die Verbreitung fördert. Die Adoption der Anwendungen steht zudem in Relation zum beruflichen Hintergrund. Insbesondere in wissenschaftlichen und anderen informationsverarbeitenden Berufen ist eine weite Verbreitung zu beobachten, da dort der Umgang mit Informations- und Kommunikationssystemen heutzutage fester Bestandteil der Berufsausübung ist. Es ist davon auszugehen, dass die Verbreitung multimedialer Anwendungen im beruflichen Umfeld auch die private Diffusion fördern wird. Wie die Abb. 3-12 zusammenfassend zeigt, wird das Internet von jungen und gut ausgebildeten Anwendern im Vergleich zum Bevölkerungsdurchschnitt überdurchschnittlich genutzt.

Zu den *sozioökonomischen Faktoren* zählt hauptsächlich die Einkommenshöhe und -verteilung. Die private Annahme neuer Medien korreliert positiv mit der Höhe des verfügbaren Einkommens. Wie die Abb. 3-13 zeigt, ist das Internet in Haushalten mit höherem Einkommen überproportional stark verbreitet. Der Grund hierfür liegt in den noch beträchtlichen finanziellen Eintrittsbarrieren für den Zugang zum Internet. Die Anschaffung der erforderlichen Endgeräte stellt eine Investition dar, die zu keiner anderen Ausgabenposition in einem substitutiven Verhältnis steht. Eine weitere Adoptionsbarriere sind die

[186] Vgl. o. V. 1999o, S. 16.

Abb. 3-12: Altersstruktur und Ausbildungsniveau von Internet-Nutzern[187]

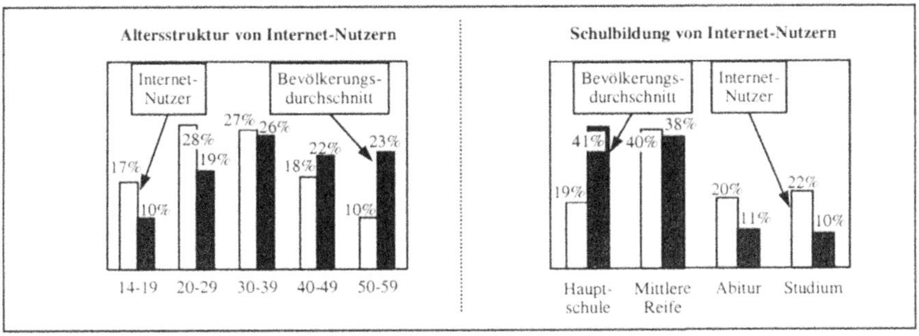

Kommunikations- und Nutzungsgebühren. Die Abb. 3-13 verdeutlicht, dass die zeitliche Nutzung des Internet in Ländern mit niedrigen Nutzungsgebühren tendenziell stärker ausgeprägt ist als in Ländern mit hohen Nutzungsgebühren. Deutschland liegt im europäischen Vergleich sowohl bei den Nutzungsgebühren als auch bei der Nutzungsintensität auf einer mittleren Position. Niedrigere Gebühren werden zukünftig auf die Entwicklung der Internet-Nutzung eine fördernde Wirkung ausüben.[188]

Abb. 3-13: Einkommensverteilung der Internet-Nutzer und Nutzungsgebühren[189]

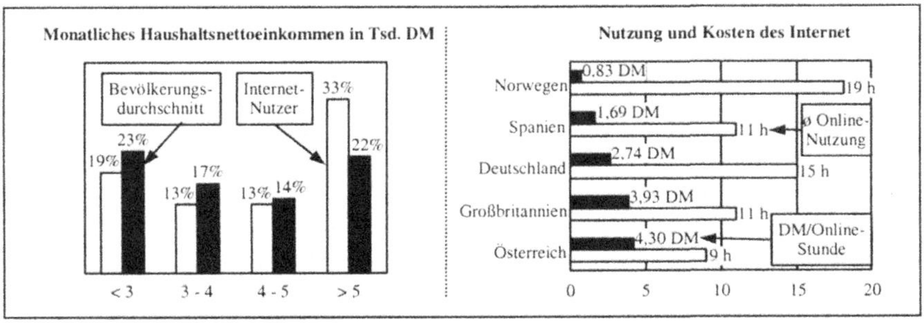

Zu den *kulturellen Faktoren* zählen insbesondere die Einstellung gegenüber Neuerungen, die Risikofreudigkeit sowie Lebens- und Konsumgewohnheiten. Idealtypische Diffusionsmodelle unterscheiden verschiedene Kategorien von Adoptern. Zu den Ersten und für die Marktentwicklung wichtigsten zählen die gegenüber Neuerungen aufgeschlossenen und risikofreudigen Innovatoren und Frühadopter.[190] Diese fungieren häufig durch starke soziale

[187] Vgl. GFK ONLINE-MONITOR 1999

[188] DATAMONITOR (zit. nach O. V. 1999j, S. 6.) prognostiziert, dass die Übertragungskosten für ein Terabyte in Weitverkehrsnetzen („Backbone-Bereich") von 80.900 USD in 1998 exponential um den Faktor 270 auf nur noch 300 USD in 2003 abnehmen wird. Diese Kostensenkung wird sich auch signifikant auf die Preise für den Internet-Zugang von Endverbrauchern auswirken und damit finanzielle Zugangsbarrieren abbauen.

[189] Eigene Darstellung i. A. a. GFK ONLINE-MONITOR 1999 und O. V. 1999i, S. 1.

[190] Vgl. zu *Adoptionsprozessen* und *Diffusionsmodellen* MEFFERT 1998, S. 404 ff.

Kontakte als Meinungsführer und entscheiden maßgeblich über den Diffusionserfolg. Betrachtet man die in Abb. 3-14 dargestellten Adoptionskurven im internationalen Vergleich, stellt man fest, dass für das Internet die Adoptionsgeschwindigkeit in Deutschland nur durchschnittlich ist. Die Verbreitung des Internets kommt in Deutschland gerade in die Adoptionsphase der frühen Mehrheit, die den Massenmarkt für multimediale Anwendungen begründet. Dies kann als Indiz dafür gewertet werden, dass in Deutschland eine gewisse Innovations- und Risikoscheu existiert, die die Verbreitung bisher gehemmt hat.

Abb. 3-14: Adoption des Internets im internationalen Vergleich[191]

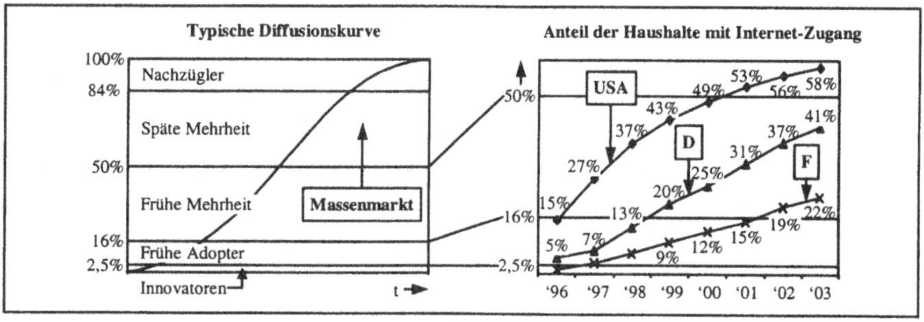

Die Lebens- und Konsumgewohnheiten haben sich in den letzten Jahren substanziell geändert. Berufstätigen steht zunehmend durch höheren Urlaubsanspruch und sinkende Wochenarbeitszeiten mehr Freizeit zur Verfügung, die unter anderem durch intensivere Mediennutzung ausgefüllt wird.[192] Die Individualisierung der Konsumgewohnheiten und die damit einhergehende Fragmentierung der Märkte hat besondere Auswirkungen auf die Gestaltung von Medienprodukten und -diensten.[193] Multimediale Anwendungen ermöglichen die Ansprache kleinster Kundensegmente mit Special-Interest-Angeboten oder personalisierten Inhalten sowie die direkte Interaktion von Anbieter und Nutzer. Insofern fördern die veränderten Lebens- und Konsumgewohnheiten maßgeblich die Nutzungsintensität und den Verbreitungsgrad multimedialer Anwendungen.

Zusammenfassend kann festgestellt werden, dass momentan der Mangel an qualifizierten Arbeitskräften *der* wesentliche hemmende Faktor für die Entwicklung der Multimediabranche ist. Diese Begrenzung kann zudem kurzfristig nicht signifikant abgeschwächt werden. Auf der Absatzseite konnten in einigen Bereichen lediglich schwach hemmende Rahmenbedingungen ausgemacht werden, die sich zukünftig weiter verringern werden: Mittelfristig wird der Preisverfall bei Endgeräten und Nutzungsgebühren finanzielle Adoptionsbarrieren senken. Mit der Verbesserung der Bedienbarkeit multimedialer Anwendungen und der zielgruppen-

[191] Eigene Darstellung i. A. a. JUPITER COMMUNICATION 1999b

[192] Vgl. INSTITUT DER DEUTSCHEN WIRTSCHAFT 1996, S. 30 und MEFFERT 1998, S. 101.

[193] Vgl. zur Individualisierung der Konsumgewohnheiten und Fragmentierung der Märkte MEFFERT 1998, S. 918.

gerechten Ausweitung des Angebots werden neue Nutzenpotenziale und darüber weitere Nutzersegmente erschlossen, so dass der Diffusionsprozess in den nächsten Jahren an Dynamik gewinnen wird.

3.6 Handlungsbedarf und -optionen in der Multimediabranche

In den vergangenen Kapiteln wurde die Multimediabranche mit ihren Unternehmen, Produkten, Marktstrukturen, Wettbewerbsprozessen und Rahmenbedingungen vorgestellt, ohne jedoch die Erkenntnisse der Untersuchung kritisch zu diskutieren. Diese kritische Würdigung folgt in Kap. 3.6.1. Zugleich dient dieses Kapitel – gemeinsam mit dem sich anschließenden Kapitel – einer synoptischen Darstellung der Ergebnisse der Branchenanalyse: Kap. 3.6.2 verdichtet die in der Branchenanalyse vorgestellten Chancen und Risiken der Multimediabranche. Die Chancen-Risiken-Betrachtung bildet die Grundlage für das Kap. 3.6.3, welches für Multimedia-Agenturen mögliche Handlungsansätze identifiziert, die zur Eingrenzung marktlicher Risiken geeignet sind. Die Handlungsansätze werden zu zwei übergeordneten strategischen Stoßrichtungen zusammengefasst. Abschließend wird in Kap. 3.6.4 untersucht, welche organisatorischen Gestaltungsoptionen für Multimedia-Agenturen geeignet sind, die aufgezeigten strategischen Stoßrichtungen zu unterstützen.

3.6.1 Kritische Würdigung

Die Analyse der multimedialen Anwendungen sowie der Wertketten und Positionierungsschwerpunkte in den Kap. 3.1.1, 3.2.1 und 3.2.3 hat gezeigt, dass sich die meisten Multimedia-Agenturen mit einem sehr breiten und tiefen Angebot im Markt positionieren. Diese Leistungstiefe und -breite wird von vielen Agenturen als Full-Service-Angebot bezeichnet. Jedoch ist zu hinterfragen, ob die junge Multimediabranche heute tatsächlich schon in der Lage ist, das beschriebene Full-Service-Angebot in vollem Umfang und in einer akzeptablen Qualität zu erbringen.

Dies ist umso bedeutender, als Multimedia-Agenturen zu einer Vielzahl von etablierten Unternehmen aus den in Kap. 3.1.1 beschriebenen konvergierenden Branchen im Wettbewerb stehen.[194] Auch wenn diese Unternehmen keine zu Multimedia-Agenturen vergleichbare Leistungsbreite und -tiefe bieten, so überschneiden sie sich heute schon in einigen Bereichen. Beispielsweise bieten IT-Beratungsunternehmen in der Regel Systemintegrationsleistungen an, die auch bei einigen Multimedia-Agenturen zum Angebot gehören.

In den sich überschneidenden Leistungsbereichen sind Unternehmen aus den Konvergenzbranchen in der Regel schon länger am Markt vertreten und weisen dadurch einen signifikanten Vorsprung an Ressourcen und Kompetenzen auf. Der in Kap. 3.1.3 aufgezeigte Größenvergleich legt die Vermutung nahe, dass Multimedia-Agenturen heute noch keine kritische Größe erreicht haben. Berücksichtigt man, dass die Unternehmen benachbarter

Branchen (heute noch) spezialisierter aufgestellt sind, lässt sich folgern, dass ein Größenvergleich in isolierten Leistungsbereichen, wie der Systemintegration, der Beratung oder der Vermarktung noch wesentlich stärker zu Ungunsten der Multimedia-Agenturen ausfallen würde.

Der Größenvergleich ist aus Sicht der Multimedia-Agenturen jedoch nur bedingt aussagekräftig, da sie sich in ihrer Positionierung bewusst von den Angeboten der Konvergenzbranchen abgrenzen. Sie stellen nicht – wie die meisten Anbieter benachbarter Branchen – die Stärke in den einzelnen Leistungsbereichen in den Vordergrund, sondern betonen die Fähigkeit, verschiedene Leistungen technisch, inhaltlich, organisatorisch und kommerziell zu integrieren und die Leistungsintegration als Projekt zu managen. Dieses Alleinstellungsmerkmal könnte zukünftig jedoch dadurch an Bedeutung verlieren, dass die genannten etablierten Unternehmen angrenzender Branchen über Konvergenzprozesse eine den Multimedia-Agenturen vergleichbare Positionierung anstreben.

3.6.2 Chancen und Risiken

Der Konvergenzprozess ist eine Entwicklung, die die Multimediabranche in ihrer Abgrenzung und Zusammensetzung potenziell wesentlich verändern kann. Die Vertiefung der Branchenanalyse in den Kap. 3.3 bis 3.5 zeigt jedoch, dass für eine umfassende Bewertung von Chancen und Risiken in der Multimediabranche neben der marktlichen Positionierung von Multimedia-Agenturen sowie der Tendenz zur Branchenkonvergenz noch eine Reihe weiterer Faktoren berücksichtigt werden müssen. Zu diesen Faktoren gehören die angebots- und nachfrageseitigen Marktstrukturen, die Wettbewerbsprozesse sowie die technologischen, regulatorischen und gesellschaftlichen Rahmenbedingungen. Tab. 3-8 fasst die Chancen und Risiken der Multimediabranche anhand der genannten Faktoren zusammen.

Wägt man die Chancen und Risiken gegeneinander ab, kommt man zu dem Schluss, dass kurzfristig in der Multimediabranche die Chancen überwiegen. Insbesondere die hohe Wachstumsrate der Nachfrage sorgt dafür, dass der Markt heute und in der nahen Zukunft aufnahmefähig und dadurch die Wettbewerbsintensität kurz bis mittelfristig als mäßig einzustufen ist. Als Risiken sind heute der Mangel an qualifizierten Arbeitskräften, einige ökonomische und kulturelle Adoptionsbarrieren sowie die fehlende Profitabilität einiger Agenturen zu werten.

Mittelfristig kann die Wettbewerbsintensität in der Multimediabranche und damit das Risikopotenzial für Multimedia-Agenturen durch Marktzutritte aus den Konvergenzbranchen steigen. Die Wettbewerbskräfte werden insbesondere dann stark zunehmen, wenn die Unternehmen der Konvergenzbranchen die Positionierung der Multimedia-Agenturen imitieren und letztere es nicht schaffen, in der Größe zu den Unternehmen der Konvergenzbranchen aufzuschließen. Darüber hinaus stellen langfristig Marktsättigungstendenzen ein

[194] Vgl. zu einer umfassenden Darstellung des Wettbewerbsumfeldes von Multimedia-Agenturen Kap. 3.4.

zusätzliches Risikopotenzial dar.

Tab. 3-8: Chancen und Risiken in der Multimediabranche

Chancen	Risiken
Angebot	
Sowohl der Umsatz der Multimedia-Branche als auch die Anzahl der Multimedia-Agenturen stiegen in den letzten Jahren kontinuierlich an.	Einige Agenturen sind noch nicht profitabel. Sinkende Pro-Kopf-Umsätze schmälern die Gewinnmargen und führen dadurch zu späteren Break-Even-Zeitpunkten.
Nachfrage	
Auf Grund einer dynamischen Entwicklung der originären wie abgeleiteten Nachfrage besteht eine hohe Marktattraktivität. Sowohl die Anzahl der Nachfrager als auch die Höhe der durchschnittlichen Aufträge wachsen kontinuierlich.	Die Professionalisierung der Kundenbeziehungen sorgt für eine zunehmende Markttransparenz und verstärkt dadurch den Wettbewerbsdruck.
Wettbewerbsintensität	
Die hohe Aufnahmefähigkeit des Marktes ist dafür verantwortlich, dass trotz niedriger Konzentrationsraten und Mobilitätsbarrieren die Wettbewerbsintensität als mäßig einzustufen ist.	Mit zunehmender Marktreife steigt die Wettbewerbsintensität, wenn das Nachfragepotenzial ausgeschöpft wird.
Wettbewerbskräfte	
Die heute wirkenden Wettbewerbskräfte für Multimedia-Agenturen stellen noch keine signifikante Bedrohung dar. Die Verhandlungsposition gegenüber Lieferanten und Abnehmern ist als gut einzuschätzen.	Mittelfristig werden durch Konzentrationsprozesse, Marktzutritte aus komplementären Branchen sowie die Tendenzen zur Vorwärts- und Rückwärtsintegration der Lieferanten und Abnehmer die Wettbewerbskräfte zunehmen.
Rahmenbedingungen	
Die Rahmenbedingungen setzen eher treibende als hemmende Kräfte frei. Insbesondere technologische Innovationen sind eine zentrale treibende Kraft für die Entwicklung des Marktes für multimediale Anwendungen.	Hauptsächlich der Mangel an qualifizierten Arbeitskräften, aber auch einige ökonomische und kulturelle Adoptionsbarrieren wirken heute noch hemmend.

3.6.3 Handlungsansätze

In diesem Kapitel wird der Frage nachgegangen, mit welchen Handlungsansätzen Multimedia-Agenturen den aufgezeigten Risiken entgegentreten können. Mit Handlungsansätzen sind Maßnahmen gemeint, die geeignet sind, Risikopotenziale abzuschwächen, zeitlich hinauszuzögern oder sogar gänzlich zu verhindern und dadurch die Entwicklung von marktlichen Chancen fördern. Um geeignete Handlungsansätze zu identifizieren, wurden die Gesprächspartner in der empirischen Erhebung mit den marktlichen Risiken konfrontiert und um eine Stellungnahme gebeten. Die folgende Übersicht stellt exemplarisch Antworten dar, die direkt oder indirekt Handlungsoptionen aufzeigen.

Tab. 3-9: Handlungsansätze: Angebotsseite

Zitate	• „Bei den niedrigen Pro-Kopf-Umsätzen, die viele Anbieter heute haben, ist es schwierig, profitabel zu arbeiten. Die Profitabilität hängt wesentlich von der Auslastung und den Tagessätzen ab. Die Auslastung läßt sich über längerfristige, größere Projekte erhöhen. Attraktive, steigende Tagessätze können wir nur erzielen, wenn wir Preisdumping vermeiden, die Projekte nach unserem Erfahrungshintergrund sorgfältig selektieren und dem Kunden echten Mehrwert bieten." • „Die großen Internet-Dienstleister sind heute von den Kostenstrukturen her „stuck in the middle". Sie können einerseits nicht mehr wie kleine Internet-Boutiquen in flexiblen Strukturen ohne große Overheads arbeiten. Andererseits können sie ihre Overheadkosten noch nicht auf ausreichend Köpfe umlegen."
Handlungs-ansätze	• Ausweitung der Pro-Kopf-Umsätze durch Steigerung der Auslastung und Optimierung der Preise (Tagessätze) • Senkung der Kosten, Verbesserung des Verhältnisses von indirekten zu direkten Kosten

Tab. 3-10: Handlungsansätze: Nachfrageseite

Zitate	• „Unsere Kunden kaufen keine Standardangebote, sondern wollen differenzierte Lösungen ... In vielen Fällen verzichten Kunden auf einen Pitch, wenn es uns schon im Vorgespräch gelungen ist, dem Kunden eine individuelle Lösung aufzuzeigen." • „Wenn wir dem Kunden gedanklich immer einen Schritt voraus sind, gewinnen wir an Glaubwürdigkeit und können darüber meistens auch Anschlussprojekte verkaufen." • „Wenn durch zunehmenden Wettbewerb die Trefferquote in Pitches abnimmt, steigen die durchschnittlichen Akquisitionskosten. Das bedeutet, dass sich Kleinprojekte nicht mehr lohnen. Nur größere Projekte, die eine längerfristige Partnerschaft mit dem Kunden voraussetzen, spielen die Akquisitionskosten ein und lassen sich dadurch rentabel abbilden."
Handlungs-ansätze	• Verstärkung der Differenzierung des Angebots • Ausweitung der Kundenorientierung, um die Neigung zum Lieferantenwechsel zu verringern • Aufbau von vertrauensvollen Kundenbeziehungen

Tab. 3-11: Handlungsansätze: Wettbewerbsintensität

Zitate	• „Ständig kommen neue Angebote auf den Markt. Gestern war es Content Management, heute ist es Mobile Commerce und morgen vielleicht Total Customer Experience. Die Branche ist von Innovationen getrieben. Wenn man in der ersten Liga mitspielen möchte, muss man in der Lage sein, zumindest punktuell diesen Innovationsprozess voranzutreiben." • „Es ist für einen einzelnen Anbieter unmöglich, alle Innovationsbereiche gleichermaßen zu besetzen. Wir definieren Schwerpunkte, in denen wir Leading Edge sein möchten. Auf diese Schwerpunkte konzentrieren wir dann unsere Ressourcen." • „Häufig werden von Anbietern nur Trends aufgegriffen und unter einem neuen Label vermarktet. Aber auch diese Follower-Strategie ist nicht einfach umzusetzen, weil man extrem schnell und flexibel reagieren muss."
Handlungs-ansätze	• Ausweitung des Marktpotenzials durch Innovationen • Erhöhung der Flexibilität und Reaktionsschnelligkeit, um auf Innovationen von Wettbewerbern unmittelbar reagieren zu können

Tab. 3-12: Handlungsansätze: Wettbewerbskräfte

Zitate	• „In unserem Geschäft gibt es so etwas wie eine kritische Größe: Ab einer bestimmten Größe kommt man an große und komplexe Aufträge ran. Außerdem verbessern sich die Kostenstrukturen dramatisch. Die kritische Größe fängt meiner Meinung nach bei einigen hundert Mitarbeitern an. Das bedeutet, dass heute noch fast alle Anbieter unterkritisch sind." • „Die Branche steht vor einer Konsolidierungswelle. Am Ende dieser Entwicklung werden große, internationale Full-Service-Internetdienstleister mit einer starken Marktpositionierung stehen. Nur diese Unternehmen werden den großen Dienstleistern der Old Economy, die sich mittlerweile alle in Richtung Internet ausrichten, Paroli bieten können." • „Die Eintrittsbarrieren sind relativ gering. Eine der bedeutendsten Barrieren ist die Tatsache, dass die Internet-Dienstleister von Anfang an auf das Internet gesetzt haben. Das gibt uns gegenüber den Kunden eine Glaubwürdigkeit, die Wettbewerber aus anderen Branchen nicht haben."
Handlungs-ansätze	• Überproportionales Wachstum, um kritische Größe zu erlangen und dadurch die Marktposition zu verbessern • Mitwirkung an der Erhöhung der Mobilitätsbarrieren

Tab. 3-13: Handlungsansätze: Rahmenbedingungen

Zitate	• „Ich würde nicht von technologischen Rahmenbedingungen sprechen. Das klingt so deterministisch. Wir können die Zukunft unseres Unternehmens maßgeblich selbst gestalten, indem wir neue Technologien schneller als andere entwickeln." • „Die Arbeitsmarktsituation ist insgesamt schwierig. Es fehlen Arbeitskräfte mit mehreren Jahren Internet- und Berufserfahrung. Wo sollen die auch herkommen, wenn nicht aus den eigenen Reihen. Am Ende liegt es an uns, diese Leute auszubilden."
Handlungs-ansätze	• Soweit möglich aktive Beeinflussung der technologischen und gesellschaftlichen Rahmenbedingungen

Analysiert man die aufgezeigten Handlungsansätze, stellt man fest, dass sie sich weitestgehend zu zwei übergeordneten strategischen Stoßrichtungen aggregieren lassen. Die erste strategische Stoßrichtung zielt darauf ab, durch Wachstum eine kritische Größe zu erlangen.[195] Nach Ansicht der interviewten Multimedia-Agenturen können durch Größe substanziell die Marktposition verbessert, die Auslastung und die Tagessätze optimiert sowie die Chance auf langfristige Kundenbeziehungen gesteigert werden. Die zweite strategische Stoßrichtung zielt darauf ab, durch eine hohe kontinuierliche Innovationsrate und eine ausgeprägte Flexibilität den Differenzierungsgrad des Angebotes zu erhöhen. Nach Ansicht der interviewten Multimedia-Agenturen ist eine erhöhte Differenzierung Voraussetzung für ein umfassendes Full-Service-Angebot und die Ausweitung des heutigen Marktpotenzials. Abb. 3-15 stellt die in der Analyse der Interviewergebnisse abgeleiteten Interdependenzen zwischen strategischen Stoßrichtungen und Handlungsansätzen im Überblick dar.

[195] Vgl. auch SCHMIDT (2000, S. 86), die Größe und Internationalität als wesentliche Erfolgsfaktoren in der Multimediabranche herausstellt.

Abb. 3-15: Strategische Stoßrichtungen und Handlungsansätze für Multimedia-Agenturen

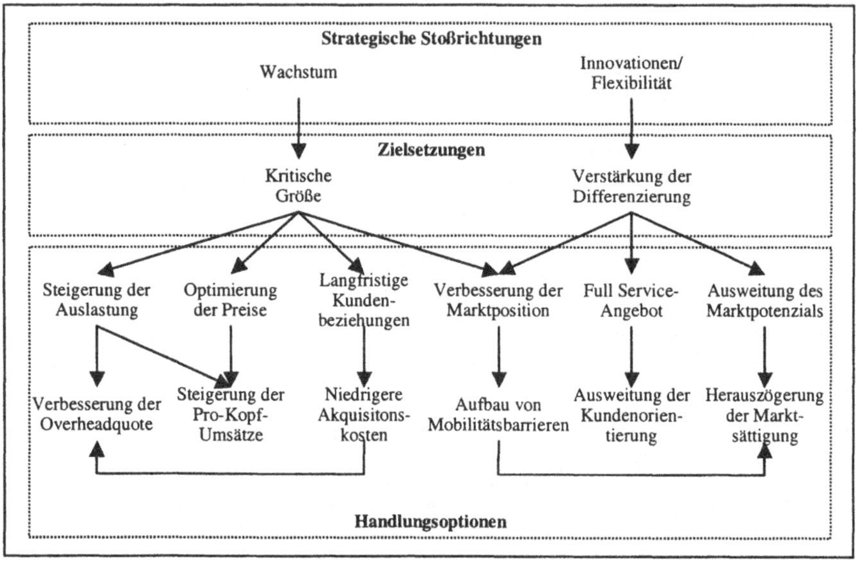

3.6.4 Organisatorische Gestaltungsoptionen

Bisher wurden die in der Branchenanalyse identifizierten Chancen und Risiken zusammengefasst und aus der empirischen Erhebung Handlungsansätze abgeleitet, die geeignet sind, die marktlichen Risiken einzugrenzen. Durch eine Aggregation konnten die verschiedenen Handlungsansätze zu zwei übergeordneten strategischen Stoßrichtungen – Wachstum und Differenzierung – zusammengefasst werden. Im letzten Analyseschritt wird untersucht, welche organisatorischen Maßnahmen für Multimedia-Agenturen geeignet sind, die aufgezeigten strategischen Stoßrichtungen zu unterstützen.

Um den Anforderungen nach einer kritischen Größe und nach ausgeprägter Differenzierung gerecht zu werden, müssen Multimedia-Agenturen über ein adäquates Kompetenz- und Ressourcenspektrum verfügen. Handlungsoptionen bestehen insofern als Multimedia-Agenturen entscheiden können, in welcher Form sie Zugang zu diesen Kompetenzen und Ressourcen erhalten wollen, um auf eine kritische Größe zu wachsen. In dieser Entscheidung ist die Forderung nach Innovationsfähigkeit und Flexibilität zur Erreichung eines hohen Differenzierungsgrades eine wichtige Nebenbedingung. Im Folgenden werden drei Optionen diskutiert, mit denen die Kompetenz- und Ressourcenbasis ausgeweitet werden kann:[196]

[196] Vgl. auch BRONDER/PRITZL 1992, S. 22 f., MÄNNEL 1996, S. 129 ff., JANSEN 2000, S. 95 ff., STAUDT/KRIEGESMANN/BEHRENDT 1996, Sp. 932, und WILDEMANN 2000, S. 224.

1. Unternehmerischer Alleingang: Wählt ein Unternehmen die Option des unternehmerischen Alleingangs, baut es die erforderlichen Kompetenzen und Ressourcen organisch auf. Dazu muss sich das Unternehmen zunächst die erforderlichen finanziellen, personellen, sachlichen oder immateriellen Ressourcen selbst beschaffen. Bevor der eigentliche Leistungserstellungs- und -vermarktungsprozess beginnen kann, müssen in produzierenden Unternehmen Produkte und Dienstleistungen spezifiziert und entwickelt sowie Produktions-, Distributions- und Serviceprozesse und -strukturen aufgebaut werden. In Dienstleistungsunternehmen entfallen einige dieser vorbereitenden Schritte, da der Kaufprozess der Leistungserstellung vorausgeht.[197] Allerdings müssen auch Dienstleistungsunternehmen zunächst ihre Leistungen spezifizieren und Kunden akquirieren. Als Vorteil der Option wird angeführt, dass die unternehmerische Kontrolle vollständig im Unternehmen verbleibt und die Selbstständigkeit des Unternehmens nicht eingeschränkt wird. Als Nachteil wird gewertet, dass der organische Ressourcen- und Kompetenzaufbau sehr zeitintensiv ist und dadurch in dynamischen Branchen unter Umständen marktliche Chancen verpasst werden. Insbesondere der organische Aufbau von Kompetenzen und Fähigkeiten, die zur Erstellung von wissensintensiven Dienstleistungen benötigt werden, nimmt beträchtliche Zeit in Anspruch. Auch kann der Investitionsbedarf substanziell sein, so dass er von kleineren Unternehmen nicht mehr alleine getragen werden kann.[198] Nachteilig ist auch, dass der unternehmerische Alleingang beträchtliche Managementkapazitäten absorbiert, einen hohen internen Koordinationsaufwand erforderlich macht und dadurch die Flexibilität einschränkt. Schließlich ist die Entscheidung für organisches Wachstum auf Grund von Sunk Costs nur begrenzt reversibel.
2. Akquisitionen/Fusionen: Durch Akquisitionen und Fusionen führen mehrere Unternehmen ihre Kompetenz- und Ressourcenbasen vollständig zusammen. Wichtige Voraussetzung für einen derartigen Zusammenschluss ist die Identifikation von geeigneten Unternehmen oder Unternehmensteilen, die über die benötigten Ressourcen und Kompetenzen verfügen. Als wesentlicher Vorteil dieser Option wird unter anderem die schnelle Realisierbarkeit in Verbindung mit dem Erhalt der vollständigen unternehmerischen Kontrolle angeführt. Über Zusammenschlüsse können kurzfristig neue Märkte erschlossen sowie Größen- und Verbundvorteile realisiert werden. Problematisch ist unter Umständen, dass Akquisitionen und Fusionen an rechtliche Restriktionen der Kartellgesetze stoßen können, wenn durch die Zunahme der Marktmacht der beteiligten Akteure der Wettbewerb substanziell eingeschränkt wird.[199] Ein weiterer Nachteil ist, dass nicht nur der Vertragsabschluss sondern gerade auch die Integration der sich zusammenschließenden Unternehmen mit

[197] Ein charakteristisches Merkmal von Dienstleistungen ist deren Immaterialität, aus der die Merkmale der Nichtlagerfähigkeit und Nichttransportfähigkeit resultieren (vgl. MEFFERT 1998, S. 1072). Aufgrund der Nichtlagerfähigkeit kann mit der Leistungserstellung erst nach Abschluss des Kaufprozesses begonnen werden.

[198] Vgl. MÄNNEL 1996, S. 129.

einem hohen Einsatz von Kapital- und Managementressourcen verbunden ist.[200] Durch Unternehmenszusammenschlüsse steigt der Komplexitätsgrad der Organisation und der damit verbundene Koordinationsaufwand, was wiederum die Flexibilität der Organisation einschränkt.[201] Schließlich sind Akquisitionen und Fusionen nur bedingt reversibel, da eine Auflösung in der Regel mit erheblichen finanziellen Verlusten verbunden ist. Auf Grund der aufgezeigten Nachteile verlaufen Unternehmenszusammenschlüsse keineswegs immer erfolgreich.[202] Eine Reihe von empirischen Untersuchungen zeigt, dass die mit Zusammenschlüssen verbundenen Ziele häufig verfehlt werden und die Erfolgsquote – je nach der gewählten Messgröße – bei unter 50 % liegt.[203]

3. Kooperationen: Die dritte Option besteht darin, Zugang zu Ressourcen und Kompetenzen über Kooperationen zu erhalten. Zwischen den kooperierenden Unternehmen findet eine Arbeitsteilung statt, die über Kooperationsbeziehungen enger abgestimmt wird, als dies bei rein marktlichen Transaktionen der Fall wäre. Da die Kompetenzen und Ressourcen nicht vollständig in die Organisation der Kooperationspartner integriert werden, bekommen diese über die Kooperationsbeziehungen lediglich einen indirekten Zugriff. Zu den Vorteilen dieser Option gehören der im Vergleich zum unternehmerischen Alleingang und zu den Zusammenschlüssen niedrige Investitionsbedarf und die damit verbundene hohe Flexibilität und Reversibilität. Kooperationen sind vergleichsweise schnell zu realisieren und können zeitlich befristet sein. Auch der Kooperationsaufwand hält sich in Grenzen, da weder vollständig neue Strukturen und Prozesse aufgebaut, noch in existierende substanziell eingegriffen wird. Als nachteilig kann unter Umständen gewertet werden, dass sich die Ressourcen und Kompetenzen der Kooperationspartner einer vollständigen Kontrolle entziehen. Zudem wird durch Kooperationsbeziehungen die Selbstständigkeit – im Vergleich zum unternehmerischen Alleingang oder zu Akquisitionen und Fusionen – eingeschränkt. Auch wenn es bisher erst wenig empirische Untersuchungen gibt, werden Unternehmensnetzwerke auf Grund der überwiegenden Vorteile von einigen Autoren als die „effizienteste Form, um im zunehmend härteren Wettbewerb bestehen zu können [...]"

[199] Vgl. JANSEN 2000, S. 133 f.

[200] Vgl. MÜLLER-STEWENS 1993, Sp. 4073.

[201] Vgl. JANSEN 2000, S. 163.

[202] Vgl. DICKEN 2000, S. 358.

[203] Vgl. z. B. JANSEN/KÖRNER (2000, S. 7), die zur Messung des Erfolgs von Unternehmenszusammenschlüssen die Erhöhung des Börsenwerts sowie die Steigerung des Umsatzes von fusionierten Unternehmen betrachten: Bei 44 % der Zusammenschlüsse konnte eine Umsatzsteigerung und lediglich bei 24 % eine Börsenwertsteigerung konstatiert werden. Vgl. auch PRICEWATERHOUSECOOPERS (1997) und FELDMAN/SPRATT (2000, S. 34 f.), die in ihrer Untersuchung feststellen, dass wesentliche Fusionsziele (Zutritt zu neuen Märkte, Marktanteilswachstum, Zugang zu neuen Produkten) nur in etwa der Hälfte der Fälle, jedoch untergeordnete Fusionsziele (Reduktion der Wettbewerber, der Zugang zu neuen Marken bzw. Warenzeichen und zu neuen Industrien) in weit mehr als der Hälfte der Fälle erreicht wurden. Vgl. auch JANSEN (2000, S. 148 f.), der Studien über Akquisitionserfolge vergleicht und feststellt, dass die Erfolgswahrscheinlichkeit bei ca. 40 % liegt. Vgl. auch die Untersuchungen von MÖLLER 1983, PORTER 1987, ZENDER 1987 und HOFFMANN 1989.

bezeichnet.[204] Insbesondere unter Time-to-Market-Gesichtspunkten scheinen Kooperationen den anderen Gestaltungsoptionen überlegen zu sein.[205]

Tab. 3-14 stellt die Vor- und Nachteile dieser Optionen noch einmal zusammenfassend dar.

Tab. 3-14: Vor- und Nachteile organisatorischer Optionen[206]

	Unternehmerischer Alleingang	Akquisitionen/Fusionen	Kooperationen
Vorteile	• Unternehmerische Kontrolle • Hohe Selbstständigkeit	• Schnelle Realisierung • Unternehmerische Kontrolle	• Mäßiger Investitionsbedarf • Schnelle Realisierung • Hohe Flexibilität • Begrenzte Komplexität • Mäßiger Koordinationsaufwand • Mögliche Reversibilität
Nachteile	• Hoher Investitionsbedarf • Zeitaufwendige Realisierung • Begrenzte Flexibilität • Hohe Komplexität • Hoher Koordinationsaufwand • Begrenzte Reversibilität	• Rechtliche Restriktionen • Hoher Investitionsbedarf • Niedrige Flexibilität • Hohe Komplexität • Hoher Koordinationsaufwand • Aufgabe der Selbstständigkeit • Irreversibilität	• Begrenzte Kontrollmöglichkeiten • Eingeschränkte Selbstständigkeit

Die Darstellung macht deutlich, dass zwischen dem Alleingang und den Akquisitionen beziehungsweise Fusionen einerseits und den Kooperationen andererseits signifikante Unterschiede bestehen. Die ersten beiden Optionen erschließen Ressourcen und Kompetenzen über Unternehmensstrukturen, die zwar eine weitreichende unternehmerische Kontrolle ermöglichen, jedoch oftmals komplex sind, einen hohen Koordinationsaufwand erfordern und die unternehmerische Flexibilität und Anpassungsfähigkeit begrenzen. Sie sind zudem mit einem hohen Investitionsaufwand verbunden, der zu einer eingeschränkten Reversibilität der Entscheidung führt. Die letzte Option erschließt Ressourcen und Kompetenzen über kooperative Beziehungen. Diese bieten bei einem mäßigen Strukturierungs- und Koordinationsaufwand sowie niedrigerer Komplexität ein höheres Maß an Flexibilität, Reaktionsgeschwindigkeit und Reversibilität. Dafür sind die Kontrollmöglichkeiten sowie die Selbstständigkeit teilweise eingeschränkt.

Auf der Grundlage der angeführten Vor- und Nachteile lässt sich keine allgemeingültige Entscheidung für eine der genannten Handlungsoptionen treffen. In die Auswahl ist vielmehr der unternehmensindividuelle und branchenbezogene Hintergrund miteinzubeziehen. Während eine unternehmensindividuelle Analyse hier nicht geleistet werden soll, interessieren die Auswirkungen des Branchenumfeldes auf die Handlungsoptionen. Die Charakteristika der Branche beeinflussen im Allgemeinen die Verfügbarkeit von Ressourcen sowie die

---

204 Vgl. HINTERHUBER 1992a, S. 82.

205 RASCHE/WOLFRUM (1994, S. 507) konstatieren: Kooperationen gestalten „sich häufig als einzige sinnvolle Alternative, wenn unter Zeitdruck überlebenswichtige Kompetenzen internalisiert werden sollen“.

206 Vgl. zu den Vor- und Nachteilen von Kooperationen die Kooperationsbilanz von KIESEL/KLINK 1998, S. 19, sowie zu den Vor- und Nachteilen von Alleingang bzw. Akquisitionen/Fusionen FONTANARI 1996, S. 193. Vgl. außerdem JANSEN 2000, S. 95 ff. und 163, WILDEMANN 2000, S. 224.

Existenz und Eignung von potenziellen Akquisitions-, Fusions- und Kooperationspartnern und deren Bereitschaft, eine entsprechende Relation einzugehen. Im Folgenden sind für die Multimediabranche die spezifischen Einflüsse auf die drei Handlungsoptionen dargestellt:

1. Unternehmerischer Alleingang: Multimedia-Agenturen, die sich für einen unternehmerischen Alleingang entscheiden, müssen neben finanziellen, sachlichen und immateriellen Ressourcen insbesondere personelle Ressourcen aufbauen. Wie schon in Kap. 3.5.2 dargestellt wurde, sind qualifizierte Mitarbeiter für Multimedia-Agenturen einerseits die wichtigste Ressource, andererseits besteht ein starker Nachfrageüberhang, der die Möglichkeiten der externen Personalakquisition limitiert.[207] Um trotz des Engpasses an branchenspezifischen Fachkräften organisch zu wachsen, werden verfügbare Arbeitskräfte über Schulungsmaßnahmen auf das erforderliche Qualifikationsniveau gebracht. Dieser Kompetenzaufbau erfolgt häufig on-the-job und ist mit einem hohen Aufwand an personellen und finanziellen Ressourcen verbunden.[208] Die Tatsache, dass die größten 25 Multimedia-Agenturen ihren Personalbestand in 1999 mehr als verdoppelt haben, illustriert die Wachstumsgeschwindigkeit und lässt das Ausmaß des erforderlichen Qualifikations- und Integrationsaufwands erahnen.[209] Auch zukünftig will ein Großteil der deutschen Multimedia-Agenturen organisch wachsen.[210] Es zeigt sich jedoch, dass sowohl ein unzureichendes Arbeitskräfteangebot als auch die limitierte Fähigkeit zur Einarbeitung und Integration von neuen Mitarbeitern die Möglichkeiten eines profitablen organischen Wachstums von Multimedia-Agenturen begrenzen.

2. Akquisitionen/Fusionen: Akquisitionen und Fusionen sind ein geeigneter Weg, um die Unternehmensgröße und das Leistungsspektrum auszuweiten.[211] Jedoch wurde in der Multimediabranche in der Vergangenheit von diesem Weg aus zwei Gründen nur selten Gebrauch gemacht. Zum einen waren viele Agenturen auf Selbstständigkeit und Unabhängigkeit bedacht und wollten dementsprechend vermeiden, dass sie zum Ziel von Akquisitionen oder Fusionen werden, bei denen der eigene Entscheidungsbereich eingeengt

---

[207] "Generell bezeichnen die meisten Personalentscheider es als schwierig, neue Multimedia-Spezialisten für ihr Unternehmen zu gewinnen. [...] viele Bewerber verfügen zwar über eine breite Grundkenntnis in vielen Gebieten, doch fehlt es ihnen an beruflicher Praxis, in der sie einzelne Gebiete vertiefen konnten." (o. V. 1999o, S. 16).

[208] „[...] knapp die Hälfte der Personalentscheider [schwören] auf das ‚Training on the job'." o. V. 1999o, S. 16.

[209] 17 der größten 25 Multimedia-Agenturen haben 1999 im Vergleich zum Vorjahr an Produktivität eingebüßt, was nicht zuletzt auf einen hohen Qualifikations- und Integrationsaufwand zurückgeführt werden kann (vgl. Kap. 3.1.3).

[210] In einer Umfrage zu den verfolgten Strategien steht bei der Mehrheit der befragten Multimedia-Agenturen das Wachtum im Vordergrund: 69 % wollen mehr Personal einstellen, 54 % neue Geschäftsfelder erschließen und 23 % neue Units aufbauen (vgl. o. V. 1999s, S. 1).

[211] Vgl. PAUSENBERGER (1993, Sp. 4446), der Unternehmenszusammenschlüsse (also auch Akquisitionen und Fusionen) allgemein als Vorgang des externen Unternehmenswachstums bezeichnet.

wird.[212] Zum anderen fehlte den meisten Agenturen das nötige Kapital, um selbst Akquisitionen zu tätigen.[213]

Beide Argumente für eine geringe Akquisitions- und Fusionsbereitschaft sind durch jüngste Entwicklungen abgeschwächt worden. Zum einen lässt ein steigender Wettbewerbsdruck den Wunsch nach Selbstständigkeit und Unabhängigkeit zunehmend hinter die Notwendigkeit zur Stabilisierung beziehungsweise zum Ausbau der Marktposition zurücktreten. Unternehmenszusammenschlüsse werden dadurch als schnell zu realisierende Option zur Verbesserung der Marktposition in Erwägung gezogen. Zum anderen hat sich in den letzten Jahren die Möglichkeiten der Kapitalbeschaffung über die Börse wesentlich verbessert, wovon einige Multimedia-Agenturen Gebrauch gemacht haben.[214] Die Erlöse des Börsengangs sowie das Aktienkapital können zur Akquisition von Unternehmen eingesetzt werden.

Auch wenn diese beiden Entwicklungen Unternehmenszusammenschlüsse in der Multimediabranche fördern dürften, gibt es Barrieren, die weiterhin bestehen bleiben oder sich sogar noch verschärfen: Das Angebot an geeigneten Akquisitions- oder Fusionszielen nimmt mit zunehmender Konsolidierung der Multimediabranche ab. Viele Agenturen suchen als Akquisitionsziel sehr spezialisierte Anbieter mit einem komplementären Angebot und sich ergänzenden geographischen Standorten. Ein Vorteil dieser Akquisitionsstrategien ist, dass spezialisierte Anbieter sehr schlank organisiert sind und nur wenig Mitarbeiter in indirekten Bereichen beschäftigen. Dadurch können sie vergleichsweise einfach integriert oder verschmolzen werden. Eine geographische Komplementarität ist wünschenswert, da dadurch neue Marktpotenziale erschlossen werden. Allerdings wird es in der Multimediabranche zunehmend schwieriger, Akquisitions- oder Fusionsziele zu identifizieren, die die gewünschten Kriterien erfüllen, da mit zunehmender Branchenkonsolidierung immer weniger Anbieter angebotsseitig oder geographisch spezialisiert sind.

Eine weitere Barriere ist der Integrationsaufwand, den Unternehmenszusammenschlüsse nach sich ziehen. Zwar kann eine Akquisition oder Fusion unter Umständen innerhalb kürzester Zeit eingefädelt werden. Jedoch bedarf es zur vollständigen strukturellen und kulturellen Integration je nach Komplexitätsgrad mehrere Monate oder sogar Jahre, so dass sich evtl. Zeitvorteile gegenüber dem organischen Ressourcenaufbau relativieren.

---

212 Die Gespräche mit Führungskräften von Multimedia-Agenturen im Rahmen der explorativen Untersuchung zeigten, dass viele Agenturen zwar selbst Akquisitionen tätigen, aber nicht als Akquisitionsziel in ein anderes Unternehmen eingebunden werden möchten. STAUDT/KRIEGESMANN/BEHRENDT (1996, Sp. 928 und 931) beschreiben die Einschränkung von Eigenständigkeit als eine Barriere, die insbesondere in eigentümergeführten Unternehmen von Bedeutung ist. Vgl. auch IVENZ/ENGELBACH/DELP (1999, S. 98), die für die klein- und mittelständisch strukturierte Medienindustrie in einer empirischen Erhebung den Wunsch nach Unabhängigkeit herausstellen.

213 Vgl. IVENZ/ENGELBACH/DELP (1999, S. 98), die in ihrer Untersuchung für Mediendienstleister eine für Akquisitionen unzureichende Kapitalausstattung feststellen.

214 Vgl. Kap. 3, Fn. 155.

3. Kooperationen: Kooperationen bieten die Möglichkeit, auf Ressourcen anderer Unternehmen zuzugreifen oder Ressourcen gemeinsam zu nutzen.[215] Die beteiligten Unternehmen behalten ihre rechtliche und eingeschränkt auch ihre wirtschaftliche Selbstständigkeit und sind nicht gezwungen, größere Investitionen zu tätigen.[216] Dies entspricht den Erwartungen der häufig von Gründerunternehmern geführten Unternehmen der Multimediabranche. Zudem sind Kooperationen in der Multimediabranche vergleichsweise einfach einzurichten und zu koordinieren: Unternehmen, die physische Produkte erstellen, müssen in Kooperationen neben Informations- und Kommunikationsprozessen Produktionslinien und Logistikprozesse über Unternehmensgrenzen abstimmen. Hingegen müssen Multimedia-Agenturen auf Grund des nicht physischen Charakters von multimedialen Anwendungen keine physischen Leistungsprozesse, sondern lediglich Informations- und Kommunikationsprozesse koordinieren. Dadurch besteht in Kooperationen von Multimedia-Agenturen im Vergleich zu industriellen Unternehmen ein wesentlich geringerer Integrationsbedarf, was einen positiven Einfluss auf die Realisierungsgeschwindigkeit hat. Auch können Kooperationen in der Multimediabranche aus dem gleichen Grund vergleichsweise einfach verändert oder wieder aufgelöst werden, was für die Flexibilität und Reaktionsschnelligkeit dieser Organisationsform spricht.[217]

Wie die Ausführungen zeigen, stellen in der Multimediabranche das organische Wachstum und Unternehmenszusammenschlüsse Alternativen dar, die zumindest zum heutigen Zeitpunkt an Grenzen stoßen. Hingegen scheinen Kooperationen für Multimedia-Agenturen eine vorteilhafte Option im Sinne der beschriebenen strategischen Stoßrichtungen zu sein: Sie verbinden die Vorteile kleiner Unternehmen, wie Flexibilität, Innovationsfähigkeit und Reaktionsschnelligkeit, mit denen großer Unternehmen, die im Full-Service-Angebot und in der Leistungsfähigkeit begründet liegen.[218] Aus diesem Grund wird diese organisatorische Gestaltungsoption im weiteren Verlauf der Arbeit eingehend untersucht werden. Dabei sollen

---

[215] Vgl. zur Ressourcenzusammenlegung in Kooperationen PICOT/DIETL/FRANCK 1997, S. 123.

[216] Vgl. auch zu einer Definition und Charakterisierung von Kooperationen Kap. 3, Fn. 177.

[217] Vgl. WILDEMANN 1997, S. 418 und Kap. 6, Fn. 2.

[218] Vgl. LORENZONI/ORNATI (1988, S. 41 f.), die für Unternehmensnetzwerke („constellations") die mögliche Kombination von Flexibilität und Größe herausstellen. Dabei machen sie sowohl die Größe als auch die Wachstumsmöglichkeiten nicht an einem einzelnen Unternehmen, sondern an den Zugriffsmöglichkeiten auf Ressourcen in Kooperationsbeziehungen fest. Vgl. auch zur Größe und Leistungsfähigkeit als Kooperationsmotive STAUDT/KRIEGESMANN/BEHRENDT 1996, Sp. 924.

jedoch entsprechend der Themenstellung der vorliegenden Arbeit nicht Kooperationen im Allgemeinen, sondern Unternehmensnetzwerke als eine spezielle Ausprägung von Kooperationen im Mittelpunkt der Betrachtung stehen. Das nächste Kapitel stellt das Konzept der Unternehmensnetzwerke zunächst detailliert vor, um dann weiterführend ihre Relevanz und Gestaltung in der Multimediabranche untersuchen zu können.

4 Definition, Charakterisierung und Abgrenzung von Unternehmensnetzwerken

Dieses Kapitel widmet sich dem *zweiten Forschungsziel* der vorliegenden Arbeit, welches in der Untersuchung der Relevanz und Charakteristik von Unternehmensnetzwerken in der Multimediabranche besteht. Im Kap. 4.1 werden zunächst der Begriff des Unternehmensnetzwerks definiert und wesentliche charakteristische Merkmale herausgearbeitet. Auf der Basis dieser Merkmale wird dann die Struktur des übrigen Kapitels erläutert.

4.1 Definition

a.) Theoretischer Rahmen

Unternehmensnetzwerke sind keine neuen organisatorischen beziehungsweise interorganisatorischen Gebilde. Sie können als organisatorisches Phänomen schon seit längerem beobachtet werden.[1] Neu ist allerdings, dass Unternehmensnetzwerke in der Praxis zunehmend gezielt aufgebaut und gestaltet und entsprechend von der Organisationstheorie sowie verwandten Disziplinen aufgegriffen und konzeptualisiert werden.[2]

Bevor Unternehmensnetzwerke zunächst im Allgemeinen charakterisiert und anschließend speziell in der Multimediabranche einer eingehenden Analyse unterzogen werden, wird eine Definition des Begriffs vorgenommen. Analysiert man die im deutschsprachigen Schrifttum verwendeten Definitionen, stellt man fest, dass vergleichsweise viele Autoren die Definition von SYDOW aufgreifen:[3]

„Ein strategisches Netzwerk stellt eine auf die Realisierung von Wettbewerbsvorteilen zielende, polyzentrische, gleichwohl von einer oder mehreren Unternehmungen *strategisch* geführte Organisationsform ökonomischer Aktivitäten zwischen Markt und Hierarchie dar, die sich durch komplex-reziproke, eher kooperative denn kompetitive und relativ stabile Beziehungen zwischen rechtlich selbständigen, wirtschaftlich jedoch zumeist abhängigen Unternehmungen auszeichnet."[4]

BECKER und MÄNNEL analysieren die Kriterien von insgesamt 14 Definitionen des Netzwerkkonzeptes, darunter auch die von SYDOW.[5] In der Synopsis zeigt sich für die Definition von SYDOW, dass sie

---

1 Vgl. auch SYDOW (1992, S. 54 ff.), der darauf hinweist, dass Unternehmensnetzwerke bereits im Frühkapitalismus anzutreffen sind.

2 Vgl. HAKANSSON/SNEHOTA 1995, S. 6, und SYDOW 1999, S. 301 ff. Vgl. auch SYDOW (1992, S. 62 ff.), der zwischen Netzwerkkonzepten der Managementpraxis bzw. der Managementforschung unterscheidet.

3 Vgl. u. a. BALLING 1998, S. 26, MÄNNEL 1996, S. 26 f., PADBERG 2000, S. 165, RIGGERS 1998, S. 9, und VIER 1996, S. 106.

4 SYDOW 1992, S. 82.

5 Vgl. BECKER 1999, S. 84 ff., und MÄNNEL 1996, S. 26 ff.

- sehr umfassend ist, da sie zu allen von den Autoren herausgearbeiteten Definitionskriterien Stellung bezieht;[6]
- in keinem wesentlichen Punkt im Widerspruch steht zu den Begriffsdefinitionen anderer Autoren.[7]

Insofern soll auch in dieser Arbeit dieser Definition gefolgt werden. Die Definition spricht – neben den Akteuren und Beziehungen als konstituierenden Elementen von Unternehmensnetzwerken – Vernetzungsinhalte und -formen an und charakterisiert Unternehmensnetzwerke über eine Reihe von strukturellen Dimensionen. Nachfolgend werden in Tab. 4-1 die aus der Definition abgeleiteten charakteristischen Merkmale dargestellt. Um zu einer weiterführenden Präzisierung und Operationalisierung des Begriffs *Unternehmensnetzwerke* zu gelangen, werden die Merkmale in den folgenden Kap. 4.2 und 4.3 anhand der aufgeworfenen Analyse leitenden Fragestellungen eingehend untersucht.

Tab. 4-1: Strukturelle Merkmale von Unternehmensnetzwerken

Kap.	Merkmale	Definitorischer Bezug	Analyse leitende Fragestellung
4.2	*Elemente und Inhalte von UNs*		
4.2.1	Akteure und Beziehungen	UNs stellen eine Organisationsform dar, die sich durch Beziehungen zwischen Unternehmen auszeichnet	Welche Akteurgruppen organisieren sich in Unternehmensnetzwerken?
4.2.2	Beziehungen	UNs zeichnen sich durch Beziehungen zwischen Unternehmen aus	Welche Arten von Beziehungen gibt es zwischen den Akteuren?
4.2.3	Vernetzungs-inhalte	In UNs werden ökonomische Aktivitäten koordiniert	Welche Kompetenzen und Ressourcen werden in Beziehungen getauscht?
4.2.4	Vernetzungsfelder	UNs zeichnen sich durch komplex-reziproke Beziehungen aus	Zwischen welchen Unternehmens-funktionen bestehen Beziehungen?
4.3	*Statische Dimensionen*		
4.3.1	Autonomie vs. Interdependenz	In UNs sind Unternehmen rechtlich selbst-ständig, wirtschaftlich jedoch zumeist abhängig	Wie können Unternehmensnetzwerke innerhalb der Dichotome angesiedelt werden? Welchen Einfluss haben die strukturellen Dimensionen auf die Konstitution von UNs?
4.3.2	Monozentrismus vs. Polyzentrismus	UNs sind polyzentrisch organisiert, können jedoch strategisch geführt werden	
4.3.3	Markt vs. Hierarchie	UNs sind eine Organisationsform zwischen Markt und Hierarchie	
4.3.4	Kooperation vs. Wettbewerb	UNs zeichnen sich durch eher kooperative denn kompetitive Beziehungen aus	

Die Analyse der angeführten Merkmale wird ein detailliertes Bild der statischen Strukturen von Unternehmensnetzwerken formen. Da im Kontext dieser Arbeit nicht allein statische Strukturen interessieren, werden die aus der Definition abgeleiteten Merkmale um solche ergänzt, die dynamische Prozesse von Unternehmensnetzwerken und deren Gestaltung beschreiben. Dazu gehören zum einen Merkmale, die die Bildung, Entwicklung und

---

6 Vgl. BECKER 1999, S. 101, und MÄNNEL 1996, S. 51.

7 Lediglich in einem Punkt fallen die Definitionen uneinheitlich aus: Die Autoren sind sich nicht einig, ob eine zentrale oder eine kollektive Führung charakteristisch für Unternehmensnetzwerke ist (vgl. BECKER 1999, S. 101). Dieses Spannungsfeld wird in Kap. 4.5.3 eingehend diskutiert werden.

Anpassung von Unternehmensnetzwerken beschreiben. Zum anderen solche, die geeignet sind, die aus den Prozessen resultierenden Typen von Unternehmensnetzwerken zu beschreiben und gegen verwandte Kooperationsformen abzugrenzen. Tab. 4-2 stellt entsprechende prozessuale Merkmale von Unternehmensnetzwerken dar. Ausgehend von den Analyse leitenden Fragestellungen werden – im Anschluss an die strukturellen Merkmale – prozessuale Merkmale in den Kap. 4.4 bis 4.6 näher betrachtet.

Tab. 4-2: Prozessuale Merkmale von Unternehmensnetzwerken

Kap.	Merkmale	Analyse leitende Fragestellung
4.4	*Dynamische Dimensionen*	
4.4.1	Internalisierung vs. Externalisierung	Wie können UNs innerhalb der Dichotome angesiedelt werden?
4.4.2	Eigendynamik vs. umweltinduzierte Dynamik	
4.4.3	Selbstorganisation vs. Fremdorganisation	Welchen Einfluss haben die prozessualen Dimensionen auf die Gestaltung von UNs?
4.4.4	Flexibilität vs. Stabilität	
4.5	*Typen von UNs*	
4.5.1	Entwicklungsstufen	Welche Entwicklungsstufen durchlaufen UNs?
4.5.2	Vernetzungsrichtung	In welche Richtungen werden Beziehungen aufgebaut?
4.5.3	Führungsformen	Wie werden UNs geführt?
4.5.4	Reichweite	Welche Grenzen haben UNs?
4.6	*Abgrenzung*	
	Wertschöpfungspartnerschaften	Wie können UNs zu verwandten Organisationsformen abgegrenzt werden?
	Strategische Allianzen	
	Joint Ventures	
	Konsortien	
	Kartelle	
	Virtuelle Unternehmen	

b.) Empirische Beobachtungen

Es stellt sich die Frage, ob und inwieweit die skizzierte Begriffsdefinition der Forschung auch in der Unternehmenspraxis verbreitet ist. Auffällig ist, dass in den geführten Interviews durch die Gesprächspartner der Begriff Unternehmensnetzwerk nur selten genannt wurde. Statt von Unternehmensnetzwerken wurde in den meisten Fällen von Allianzen, Kooperationen oder Partnerschaften gesprochen, obwohl die beschriebenen Beziehungskonstellationen den Begriff des Unternehmensnetzwerkes gerechtfertigt hätten. Dies lässt zumindest für die Multimediabranche darauf schließen, dass sich der Begriff Unternehmensnetzwerke – trotz seiner empirischen Relevanz – im Sprachgebrauch und Bewusstsein der Unternehmenspraktiker noch nicht etabliert hat.[8] Dieser terminologischen Divergenz wird im Folgenden

---

[8] Vgl. auch PRANGE (1999, S. 198 ff.), die in Bezug auf Unternehmensnetzwerke die Unterschiede zwischen den in der Theorie entwickelten und den in der Unternehmenspraxis verbreiteten Begriffen und Konzepten herausarbeitet. Sie kommt zu dem Schluss, dass „the label of ‚business networks' has largely remained a terminological artifact; managers talk about joint ventures, or alliances whereas the multiplexity of relations implied with the concept of business networks has not entered managerial consciousness." (PRANGE 1999, S. 285).

insofern Rechnung getragen, als der Begriff des Unternehmensnetzwerkes nur für die Gesamtheit der Netzwerkbeziehungen verwendet werden wird. Bei dyadischen Beziehungen in Unternehmensnetzwerken wird – in Anlehnung an den Sprachgebrauch der Gesprächspartner – von Partnerschaften oder Kooperationen gesprochen werden.

4.2 Elemente und Inhalte von Unternehmensnetzwerken

In diesem Kapitel werden die grundlegenden strukturellen Elemente und Inhalte von Unternehmensnetzwerken vorgestellt. Netzwerke bestehen allgemein aus Knoten oder Positionen und Kanten oder Linien.[9] Dabei repräsentieren die Knoten Akteure und die Kanten Beziehungen im Netzwerk. Im Kontext dieser Arbeit werden jedoch nicht Netzwerke im Allgemeinen, sondern Unternehmensnetzwerke als spezielle Form organisatorischer Netzwerke betrachtet.[10] Bezogen auf Unternehmensnetzwerke können die Akteure Individuen, Teileinheiten von Unternehmen, ganze Unternehmen oder auch Populationen von Unternehmen darstellen. Die Beziehungen können im Unternehmensnetzwerk als Informations-, Vertrauens-, Transaktions- und Machtbeziehungen charakterisiert werden. Die Kap. 4.2.1 und 4.2.2 stellen die Akteure und Beziehungen von Unternehmensnetzwerken im Einzelnen dar.

Anschließend werden in Kap. 4.2.3 die Inhalte von Netzwerkbeziehungen vorgestellt, wobei der Schwerpunkt der Darstellung auf Informationen sowie personelle, finanzielle und physische Ressourcen gelegt wird, die in ökonomischen Transaktions- und Austauschbeziehungen übertragen werden. Abschließend zeigt Kap. 4.2.4 mit den Vernetzungsfeldern die Wertaktivitäten auf, die über Netzwerkbeziehungen zwischen den Akteuren verbunden werden können. Dabei werden die folgenden Analyse leitenden Fragestellungen beantwortet:

- Welche Akteurgruppen organisieren sich in Unternehmensnetzwerken?
- Welche Arten von Beziehungen gibt es zwischen den Akteuren?
- Welche Kompetenzen und Ressourcen werden in Netzwerkbeziehungen getauscht?
- Zwischen welchen Unternehmensfunktionen bestehen Netzwerkbeziehungen?

4.2.1 Netzwerkakteure

a.) Theoretischer Rahmen

Das erste konstituierende Element von Netzwerken sind die Akteure. Netzwerke bestehen aus einer endlichen Zahl von Akteuren, jedoch sind mehr als zwei Akteure für die Konstitution eines Netzwerkes erforderlich. In Unternehmensnetzwerken können Akteure auf vier

---

[9] Vgl. MITCHELL 1962, S. 16, und LINCOLN 1982, S. 3.

[10] *Unternehmen* sind charakterisiert durch eine relative Autonomie in der Leistungserstellung und -verwertung und die weitgehende Abwesenheit von Fremdbestimmung durch andere Unternehmen (vgl. GROCHLA 1993, Sp. 380 ff.).

Analyseebenen unterschieden werden, die jeweils spezifische Netzwerktypen begründen.[11] Individuen bilden untereinander personale beziehungsweise informelle Netzwerke, Teileinheiten von Unternehmen intraorganisationale Netzwerke, gesamte Unternehmen interorganisationale Netzwerke und Populationen von Unternehmen Branchen- oder Industrienetzwerke aus.[12] Trotz dieser Interdependenz soll hier eine inhaltliche Fokussierung vorgenommen werden. Den Untersuchungsgegenstand dieser Arbeit bilden die ökonomischen Transaktions- und Austauschbeziehungen zwischen Unternehmen. Entsprechend wird der Schwerpunkt der Betrachtung auf die interorganisationale Ebene von Unternehmensnetzwerken gelegt. Jedoch werden Netzwerke immer von Individuen aufgebaut und weiterentwickelt. Insofern kann von den personalen und intraorganisationalen Ebenen von Unternehmensnetzwerken, auf denen stärker soziale als ökonomische Beziehungen verankert sind, nicht vollständig abstrahiert werden.

Tab. 4-3 stellt die Betrachtungsebenen mit den jeweiligen Akteurgruppen und den dazugehörenden Netzwerktypen dar.

Die einzelnen Ebenen können zwar analytisch getrennt werden. Unternehmensnetzwerke umfassen aber in der Realität immer Akteure verschiedener Ebenen. Netzwerke einer übergeordneten Ebene setzen immer Netzwerke auf einer untergeordneten Ebene voraus: ohne personale können keine intraorganisationalen Netzwerke, ohne intraorganisationale keine interorganisationalen Netzwerke, ohne interorganisationale keine Branchennetzwerke begründet werden.[13] Untereinander sind die Netzwerkebenen eng miteinander verwoben und beeinflussen sich wechselseitig.

Trotz dieser Interdependenz soll hier eine inhaltliche Fokussierung vorgenommen werden. Den Untersuchungsgegenstand dieser Arbeit bilden die ökonomischen Transaktions- und Austauschbeziehungen zwischen Unternehmen. Entsprechend wird der Schwerpunkt der Betrachtung auf die interorganisationale Ebene von Unternehmensnetzwerken gelegt. Jedoch werden Netzwerke immer von Individuen aufgebaut und weiterentwickelt. Insofern kann von den personalen und intraorganisationalen Ebenen von Unternehmensnetzwerken, auf denen stärker soziale als ökonomische Beziehungen verankert sind, nicht vollständig abstrahiert werden.

---

[11] Die Organisationstheorie unterscheidet im Allgemeinen mehrere Analyseebenen: Auf der Mikro-Ebene werden das Verhalten und Handeln von Organisationsmitgliedern, auf der Meso-Ebene Strukturen und Prozesse von Unternehmen und Unternehmensteilen, auf der Makro-Ebene Beziehungen zwischen Unternehmen und auf der Meta-Ebene Markt-, Branchen- und Wettbewerbsstrukturen untersucht (vgl. BELLMANN/HIPPE 1996, S. 34 ff., RENZ 1998, S. 24 ff., SCHERER 1999, S. 2, SYDOW 1992, S. 75, und SYDOW/WINDELER 1994, S. 12). Hier werden jedoch nicht Netzwerke von Organisationen im Allgemeinen, sondern nur solche von Unternehmen betrachtet.

[12] Vgl. TICHY 1981.

[13] Vgl. SYDOW 1992, S. 75.

Tab. 4-3: Organisatorische Ebenen und Netzwerktypen

Ebene	Akteure	Ausprägungen	Netzwerktypen
Mikro	Individuen	• Führungskräfte • Mitarbeiter aus den direkten Funktionen • Mitarbeiter aus den indirekten Funktionen	personale/informelle Netzwerke
Meso	Teileinheiten	• Arbeitsgruppen/Projektteams • Abteilungen • Geschäftsbereiche/Center-Konzeptionen • Spin-offs, Ventures	intraorganisationale Netzwerke
Makro	Gesamtorganisationen	• Unternehmen • staatliche Institutionen • wissenschaftliche Einrichtungen • Verbände • Gewerkschaften	interorganisationale Netzwerke
Meta	Population von Unternehmen	• strategische Gruppen/Familien • Branchen/Industrien • Märkte	Branchen-/Industrienetzwerke

b.) Empirische Beobachtungen

In der empirischen Untersuchung konnte für die Stichprobe konstatiert werden, dass alle untersuchten Multimedia-Agenturen in Netzwerke eingebunden sind. Auffällig war, dass die Gesprächspartner durchaus verschiedene Netzwerkebenen unterschieden. Große Bedeutung wird den personalen Netzwerken beigemessen. Sie wurden sogar von einigen Gesprächspartnern als zentrale Erfolgsfaktoren bezeichnet, da im Systemgeschäft die personale Interaktion mit Zulieferern, Abnehmern und Kooperationspartnern von großer Bedeutung sei. Auch intraorganisationale Netzwerke wurden thematisiert. Insbesondere die Agenturen, die sich in flexiblen Units konfiguriert haben, stellen die Bedeutung der Vernetzung zum Austausch von Ressourcen und Kompetenzen zwischen den einzelnen Einheiten heraus. Darüber hinaus betonten alle interviewten Multimedia-Agenturen, dass sie in interorganisationale Netzwerke, die nicht nur Individuen, sondern ganze Organisationen verbinden, eingebettet sind. In der Sprache der Unternehmenspraktiker wurden diese Unternehmensnetzwerke als Allianzen, Kooperationen oder Partnerschaften bezeichnet. Schließlich erwähnten einige Gesprächspartner, dass sie in ein loses Netzwerk einer Unternehmenspopulation einbezogen sind, welches sich durch die Konsistenz der verfolgten Markt- und Wettbewerbsstrategien auszeichnet. Insofern konnten alle vier beschriebenen Netzwerkebenen in der Praxis der Multimediabranche beobachtet werden.

Tab. 4-4: Zitate: Netzwerkakteure

„Persönliche Netzwerke sind ein wesentlicher Erfolgsfaktor. Ein Großteil der Auftrags- und Mitarbeiterakquisition läuft über unser Netzwerk. Auch Partnerschaften werden über persönliche Netzwerke eingefädelt."

„Wir haben zunehmend Kooperationen, bei denen sich nicht nur die Geschäftsführer unterhalten, sondern bei denen im eingeschwungenen Zustand ein Großteil der Kontakte über die Arbeitsebene läuft."

4.2.2 Netzwerkbeziehungen

a.) Theoretischer Rahmen

Das zweite konstituierende Elemente von Unternehmensnetzwerken sind die Beziehungen zwischen den Akteuren. Beziehungen zwischen zwei Akteuren stellen die kleinste Einheit eines Netzwerkes dar. Solche Beziehungen können kooperativen Charakter haben und werden auch als Dyaden bezeichnet.[14] Bevor jedoch von Unternehmensnetzwerken gesprochen werden kann, muss eine kritische Masse von Beziehungen in Anzahl und Intensität etabliert werden.[15] Werden Beziehungen zwischen mehr als zwei Akteuren aufgebaut, begründet dies noch kein Netzwerk. Dieses entsteht erst, wenn die Akteure einen gemeinsamen Zweck verfolgen und damit ihre Interessensphäre über die dyadische Beziehung hinaus ausdehnen, das heißt wenn aus bilateralen multilaterale Beziehungen werden.[16] In diesem Sinne sind Unternehmensnetzwerke mehr als die Summe der zu Grunde liegenden dyadischen Beziehungen.

Wie schon für die Akteure, können auch für die Beziehungen verschiedene Analyseebenen betrachtet werden, die wiederum unterschiedliche Netzwerktypen begründen. In Anlehnung an KUTSCHKER/SCHMID werden hier vier Arten von Netzwerkbeziehungen unterschieden, die als (1) Informations- oder Kommunikationsnetzwerke, (2) Netzwerke kognitiver Orientierung beziehungsweise Vertrauens- und Konsensnetzwerke, (3) Transaktions- oder Austausch-netzwerke sowie (4) Macht- und Einflussnetzwerke bezeichnet werden.[17] Diese Netzwerk-ebenen sind in Abb. 4-1 veranschaulicht.

Abb. 4-1: Zentrale Betrachtungsebenen für Netzwerkbeziehungen[18]

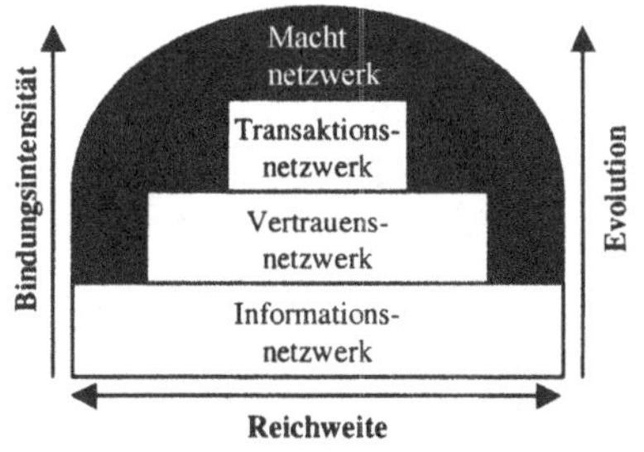

Die Abbildung macht deutlich, dass die verschiedenen Beziehungsebenen eine unter-schiedliche Reichweite und Bindungsintensität aufweisen und der Aufbau von Netzwerk-

---

[14] Vgl. Anderson/Hakansson/Johanson 1994 und Van de Ven/Walker/Liston 1979.

[15] Vgl. THORELLI 1986, S. 39.

[16] Vgl. RIGGERS 1998, S 186 ff.

[17] Vgl. KUTSCHKER/SCHMID 1995, S. 4. RENZ (1998, S. 266), der den Ansatz rezipiert und weiterentwickelt, spricht zur Vereinfachung von Informations-, Vertrauens-, Transaktions- und Machtnetzwerk.

beziehungen als evolutorischer Prozess verläuft.[19] Diese Zusammenhänge werden von KUTSCHKER/SCHMID anschaulich beschrieben. Sie „gehen davon aus, dass Unternehmungen vielfach alle vier Arten von Beziehungen gleichzeitig unterhalten, die unterschiedlichen Beziehungen aber zeitlich versetzt aufbauen und entwickeln. Es scheint plausibel, zunächst Informationsbeziehungen zu etablieren, die dann in Kommunikationsbeziehungen münden. Informationsbeziehungen und Kommunikationsbeziehungen drücken die schwächste Form der Bindung aus. Information und Kommunikation können unter Umständen zur Ko-orientierung führen, was bereits stärkere Formen der Bindung impliziert. Ko-orientierung entsteht, wenn Aktoren hinsichtlich ihrer Grundannahmen, ihrer Werte und Normen ähnlich eingestellt sind. Ko-orientierung schließlich lässt sich weiter steigern zu Konsens und Vertrauen. Zu Transaktionsbeziehungen [...] kommt es häufig erst vor dem Hintergrund der Gesamtheit der Beziehungen. Gleichzeitig existieren Beziehungen der Macht und des Einflusses, die wiederum Information, Kommunikation, Ko-orientierung, Konsens, Vertrauen sowie Transaktionen beeinflussen."[20]

Die Beschreibung der vier Ebenen der Netzwerkbeziehungen zeigt, dass neben den ökonomischen Transaktions- und Austauschbeziehungen soziale und kulturelle Beziehungen in Unternehmensnetzwerken von hoher Bedeutung sind.[21] Unternehmensnetzwerke weisen – wie alle sozialen Systeme – eine Oberflächen- und eine Tiefenstruktur auf.[22] Die Oberflächenstruktur umfasst alle Merkmale eines Unternehmensnetzwerkes, die unmittelbar beobachtet und beschrieben werden können. Die Tiefenstruktur umfasst Merkmale, die sich nicht unmittelbar erschließen, sondern nur von den Akteuren des Netzwerkes empfunden und wahrgenommen werden können. Danach lassen sich die Informations-, Kommunikations-, Transaktions- und Austauschbeziehungen der Oberflächenstruktur, Vertrauens- und Machtbeziehungen der Tiefenstruktur von Unternehmensnetzwerken zurechnen.[23] Zwischen der Oberflächen- und der Tiefenstruktur besteht eine starke Interdependenz. Zwar können die verschiedenen Beziehungsnetzwerke analytisch getrennt werden, aber in den Bereichen, in denen sie sich überschneiden, beeinflussen sie sich wechselseitig.[24]

---

18 Eigene Darstellung i. A. a. RENZ 1998, S. 274.

19 Der Begriff Bindungsintensität wird von KÜTING (1983, S. 2) definiert als „Maßstab oder Grad [...], in welchem Umfang die Kooperationspartner ihre wirtschaftliche Selbständigkeit einschränken oder gänzlich aufgeben, bis hin zum Verlust auch der rechtlichen Selbständigkeit." Vgl. auch SCHUBERT/KÜTING 1981, S. 8 f., und MÜLLER-STEWENS 1993, Sp. 4068.

20 KUTSCHKER/SCHMID 1995, S. 18.

21 Vgl. auch zur Bedeutung der zwischenmenschlichen Vernetzung für den Erfolg von Unternehmensnetzwerken REICHWALD/HÖFER/WEICHSELBAUMER 1996, S. 40 ff.

22 Vgl. KUTSCHKER/SCHMID 1995, S. 19.

23 Vgl. KUTSCHKER/SCHMID 1995, S. 19.

24 Vgl. RENZ 1998, S. 266 ff. Insbesondere die Machtbeziehungen sind eng mit den anderen Beziehungsarten verknüpft, da alle Beziehungen Machtbeziehungen und alle Netzwerke Machtnetzwerke darstellen (vgl. RENZ 1998, S. 273).

Trotz dieser Interdependenz soll hier – ähnlich wie schon bei der Darstellung der Akteurgruppen – eine inhaltliche Fokussierung vorgenommen werden. In Hinblick auf die Schwerpunktsetzung dieser Arbeit stehen die ökonomischen Austausch- und Transaktionsnetzwerke im Mittelpunkt der Darstellungen. Auf Grund der Interdependenz können aber die zu Grunde liegenden Vertrauens-, Informations- und Machtnetzwerke nicht vollständig vernachlässigt werden. Denn bei ökonomischen Austauschbeziehungen in Unternehmensnetzwerken handelt es sich „immer auch um soziale Beziehungen, in denen zum Beispiel *Macht und Vertrauen* ein große Rolle spielen."[25]

b.) Empirische Beobachtungen

Die empirische Untersuchung zeigte, dass die Netzwerkbeziehungen von Multimedia-Agenturen in einigen Fällen rein dyadischen Charakter haben, ohne dass Wechselwirkungen mit anderen Kooperationsbeziehungen der jeweiligen Agenturen bestehen. Diese rein bilateralen Beziehungen sind nicht konstitutiv für Unternehmensnetzwerke, so dass sie hier nicht weiter betrachtet werden. In der Mehrzahl der untersuchten Fälle konnten jedoch interdependente Beziehungsstrukturen beobachtet werden, die neben den befragten Agenturen mindestens zwei weitere Akteure umfassten. Insofern besitzt das Phänomen der Unternehmensnetzwerke im Sinne der zuvor beschriebenen konstitutiven Elemente eine Relevanz in der Multimediabranche.

In den Gesprächen wurde deutlich, dass es entsprechend der dargestellten Betrachtungsebenen verschiedene Arten von Beziehungen gibt. Auch wenn die Gesprächspartner betonten, dass das Ziel von Netzwerkbeziehungen der Austausch oder die gemeinsame Erstellung von Leistungen ist, wurden in den Gesprächen auch Informations-, Vertrauens- und Machtbeziehungen thematisiert. Dabei wurde die Abfolge der einzelnen Beziehungsebenen beim Aufbau von Unternehmensnetzwerken bestätigt: Informationsbeziehungen in personalen Netzwerken bilden den Ausgangspunkt für den Aufbau von Vertrauen, dem die Gesprächspartner große Bedeutung beimessen. Erst wenn Vertrauen zwischen den Akteuren etabliert ist, wird mit dem Austausch von Leistungen begonnen. Die Bedeutung von Machtbeziehungen in diesem Prozess wurde uneinheitlich bewertet und hängt offensichtlich stärker als die anderen Beziehungsstrukturen von den individuellen Netzwerkkonstellationen ab.

Tab. 4-5: Zitate: Netzwerkbeziehungen

„Es versteht sich von selbst, dass man zum Kooperationspartner Vertrauen haben muss, bevor eine Zusammenarbeit vereinbart wird. [...] Zum Aufbau von Vertrauen haben sich ‚Offsites' bewährt, bei denen wir uns mit dem Management-Team des Partners ein Wochenende in ungezwungener Atmosphäre austauschen."
„Macht an sich hat für mich keine Bedeutung. Aber: Wir wollen unsere Marktposition ausbauen und da kann Macht ein Mittel zum Zweck sein, das wir dosiert in Allianzen einsetzen."

[25] Vgl. SYDOW 1992, S. 89, und die dort zit. Literatur.

4.2.3 Vernetzungsinhalte

a.) Theoretischer Rahmen

Unternehmen bauen Netzwerke mit der Zielsetzung auf, in Netzwerkbeziehungen ökonomische Aktivitäten zu koordinieren. Dazu werden Kompetenzen und Ressourcen ausgetauscht, übertragen oder gemeinsam genutzt. Nur wenn die Beziehungen diesen Zweck erfüllen, sind die beteiligten Akteure potenziell in der Lage, einen Vorteil aus der Zusammenarbeit zu ziehen. Konkret handelt es sich bei den Vernetzungsinhalten um Informationen sowie personelle, finanzielle und physische Ressourcen.[26] Diese Vernetzungsinhalte sind in Abb. 4-2 dargestellt und nachfolgend in ihrer Bedeutung für Netzwerkbeziehungen beschrieben.

Abb. 4-2: Inhalte von Transaktions- und Austauschbeziehungen[27]

Informationen	**Personelle Ressourcen**	**Finanzielle Ressourcen**	**Physische Ressourcen**
• Personale Kommunikation • Interorganisationale IuK-Systeme	• Mehrfachmandate • Personalaustausch • Projektarbeit	• Beteiligungen • Gemeinschaftsunternehmen • Vorfinanzierung • Gemeinschaftsinvestitionen	• Austausch • Übertragung • Gemeinschaftliche Nutzung

Informationen: Informationen werden zwischen Akteuren im Netzwerk ausgetauscht.[28] Sie dienen der Vermittlung von Wissen und Know-how, um eine Annäherung des Wissensstandes der Akteure zu erreichen und Kompetenzen aufzubauen.[29] Da Wissen häufig an Personen gebunden ist, führt der Informationsaustausch zur personalen Vernetzung. Der interorganisatorische, persönliche Informationsaustausch kann durch IuK-Technologien unterstützt und in

[26] Vgl. zu der Differenzierung nach den Vernetzungsinhalten WILDEMANN 1996a, S. 14 f. Vgl. auch HAKANSSON/SNEHOTA (1995, S. 13 ff.), die nach technologischen, kompetenzbasierten, sozialen, administrativen und legalen Beziehungen unterscheiden. SYDOW (1992, S. 79 f. und 87 f.) differenziert auf zwei Ebenen: Zum einen unterscheidet er die personell-organisatorische und die technisch-organisatorische Strukturierung von Netzwerken, wobei er betont, dass es auf Kapitalbeziehungen zwischen den Netzwerkakteuren nicht ankommt. Zum anderen differenziert er nach Gütern, Dienstleistungen, Informationen, Personal, Technik, Finanzmitteln, Erwartungen, Einfluss, Kontrolle und Affekt.

[27] Eigene Darstellung i. A. a. WILDEMANN 1996a, S. 14, und MÄNNEL 1996, S. 156.

[28] Unter *Information* wird zweckorientiertes, also auf die Vorbereitung zielgerichteter Aktivitäten gerichtetes Wissen verstanden (vgl. REICHWALD 1999a, S. 227). Der wechselseitige Informationsaustausch, d. h. die Kommunikation, kann zwischen zwei Individuen, zwischen zwei Maschinen oder zwischen einem Individuum und einer Maschine stattfinden (vgl. REICHWALD 1993, Sp. 2174). Alle Kommunikationsformen werden nicht nur im intraorganisationalen, sondern auch im interorganisationalen Bereich angewendet. REICHWALD (1999a, S. 224) betont: „Ohne Informationsaustausch ist kein Leistungsaustausch möglich, weder innerhalb einer Organisation noch über Organisationsgrenzen hinweg."

[29] Vgl. KREBS 1998.

einigen Bereichen sogar ersetzt werden.[30] Die Technologien haben sich in Form von E- und Voice-Mail-Systemen, Video-Conferencing-Einrichtungen sowie Intra- und Extranets in den letzten Jahren rasant weiterentwickelt. „Die neuen technischen Lösungen für die Unterstützung von Kooperationsprozessen sind zunehmend so angelegt, daß mediengestützte Lösungen sowohl zu einer Optimierung gut strukturierter Geschäftsprozesse als auch zur Unterstützung schlecht strukturierter Kooperations- und Führungsprozesse beitragen."[31] Dadurch eröffnen IuK-Technologien neue Möglichkeiten für eine effiziente und flexible interorganisationale Zusammenarbeit, da durch ihren Einsatz die Organisation und Koordination von Transaktionen vereinfacht und Koordinationskosten gesenkt werden.

Personelle Ressourcen: Beziehungen werden von Individuen aufgebaut, gepflegt und genutzt. Unternehmensnetzwerke bauen entsprechend auf persönlichen sozialen Netzwerken von Individuen auf. In personalen Beziehungen kann sich Ko-orientierung und Vertrauen entwickeln, die die Basis für eine weiter gehende langfristige Zusammenarbeit bilden. In ihnen findet die Koordination von Schnittstellen, der Austausch von Wissen und die Steuerung und Kontrolle des Leistungsaustausches statt. Nur durch die Kreativität, die Innovations- und Lernfähigkeit der beteiligten Individuen werden evolutorische Veränderungen herbeigeführt.[32] Für die Entwicklung sozialer Beziehungen kann der Austausch von personellen Ressourcen eine große Rolle spielen. Dieser findet statt, wenn beispielsweise Mitarbeiter temporär in anderen Netzwerkunternehmen arbeiten, gemeinsame Projekte realisieren oder über Mehrfachmandate in mehrere Netzwerkunternehmen eingebunden sind.[33]

Finanzielle Ressourcen: Beziehungen zwischen Netzwerkunternehmen können sich über finanzielle Verflechtungen manifestieren. Dabei ist zu unterscheiden zwischen einer einseitigen und einer wechselseitigen finanziellen Beteiligung, der Gründung von Beteiligungsgesellschaften und der Gründung von Gemeinschaftsunternehmen (Joint Ventures).[34] Durch finanzielle Beteiligungen werden Eigentumsrechte von einem Unternehmen auf ein anderes übertragen. Dies erhöht die Bindungsintensität und zeugt von einem langfristigen Interesse, führt aber nicht zwangsläufig zu einer Stabilisierung der Beziehung. In einseitigen Beteiligungen und Beteiligungsgesellschaften kommt es durch die finanzielle Beteiligung zu einem Ungleichgewicht: Durch die Beteiligung erhöht sich einerseits die Einflussmöglichkeit des Kapitalgebers, andererseits die Abhängigkeit des Beteiligungsnehmers. Durch wechselseitige Beteiligungen und paritätische Gemeinschaftsunternehmen kann ein

[30] Unter IuK-Technologien sind alle Verfahren und Einrichtungen zu verstehen, die der Erfassung, Übermittlung, Be- und Verarbeitung, dem Transport sowie der Speicherung von Informationen dienen (vgl. REICHWALD/RUPPRECHT 1992, S. 418). Vgl. zur Bedeutung von IuK-Technologien für die zwischenbetriebliche Zusammenarbeit REICHWALD/HÖFER/WEICHSELBAUMER 1996, S. 41 f.

[31] Vgl. REICHWALD/MÖSLEIN 1999, S. 715.

[32] Vgl. GOMEZ/ZIMMERMANN 1993, S. 138 ff.

[33] Vgl. WILDEMANN 1996a, S. 14 f.

[34] Vgl. SCHUBERT/KÜTING 1981, S. 70 ff.

Gleichgewichtszustand erreicht werden, der einen Interessenausgleich und damit eine langfristige Zusammenarbeit fördert.

Physische Ressourcen: Auf Sachmittelebene können Beziehungen über den Austausch, die Übertragung oder die gemeinsame Nutzung von Gebäuden, Anlagen sowie Roh-, Hilfs- und Betriebsstoffen aufgebaut werden.[35] In Lieferanten-Abnehmer-Beziehungen findet ein Austausch, durch In- oder Outsourcing eine Übertragung und in Gemeinschaftsunternehmen eine gemeinschaftliche Nutzung statt. Während der Austausch von physischen Ressourcen für die verarbeitende Industrie eine große Rolle spielen kann, ist er für Dienstleistungsunternehmen eher von nachrangiger Bedeutung.

b.) Empirische Beobachtungen

Die empirische Untersuchung hat gezeigt, dass die vier beschriebenen Vernetzungsinhalte für Unternehmensnetzwerke von Multimedia-Agenturen relevant sind. Die Bedeutung des Informationsaustauschs in personalen Netzwerken wurde schon im Kontext der Netzwerkbeziehungen in Kap. 4.2.2 gewürdigt. Darüber hinaus gehend bestätigten die Interviewpartner, dass der Einsatz von interorganisationalen IuK-Systemen eine große Rolle spielt. Zur Kommunikation mit Netzwerkpartnern werden neben E-Mail auch Video-Conferencing-Anwendungen und Extranets eingesetzt. Letzteres Kommunikationsmittel gewinnt nach Aussagen der Gesprächspartner in der Projektarbeit zum Austausch von Daten zwischen den beteiligten Akteuren rapide an Bedeutung.

Auch der Austausch personeller Ressourcen konnte in verschiedenen Ausprägungsformen beobachtet werden. Viele Multimedia-Agenturen gaben an, mit mehreren Netzwerkpartnern an Projekten zusammenzuarbeiten. Dabei erstreckt sich die Teamarbeit nicht nur auf die eigentliche Leistungserstellung, sondern insbesondere auch auf Forschungs- und Entwicklungsaktivitäten. Ebenso ist der Austausch von Personal verbreitet. Eine Job-Rotation zwischen den Netzwerkpartnern dient vor allem der Weiterbildung von Mitarbeitern der Multimedia-Agenturen bei Herstellern von Standardsoftware-Anwendungen. Nicht erwähnt wurden die Mehrfachmandate oder der Austausch von Führungskräften.

Wenig Informationen stellten die Interviewpartner zu den finanziellen Austauschbeziehungen zur Verfügung. In den Gesprächen ergab sich kein konsistentes Bild zu Kapitalbeteiligungen der befragten Multimedia-Agenturen. Offensichtlich handelt es sich hierbei um einen sensitiven Bereich, der Außenstehenden nicht offen gelegt werden soll. Allerdings wurde in den Gesprächen deutlich, dass sich einige Agenturen gerade in einem Prozess der Reorganisation hin zu einer Holdingstruktur befanden. Ziel dieser Agenturen ist es, über eine Finanzbeteiligungsgesellschaft operative Geschäftseinheiten zu führen. In dieser Konstellation ist eine Beteiligung der Dachgesellschaft an Netzwerkpartnern leicht vorstellbar.

---

[35] Vgl. WILDEMANN 1996a, S. 15.

Der Austausch von physischen Ressourcen ist – wie schon erwähnt wurde – im Dienstleistungsgeschäft der Multimedia-Agenturen von geringer Bedeutung. Lediglich die gemeinschaftliche Nutzung von sehr spezialisierten Produktionsmitteln, wie Hochleistungsrechner oder Arbeitsplätze zur Bearbeitung von audiovisuellen Inhalten, wurde hier erwähnt.

Tab. 4-6: Zitate: Vernetzungsinhalte

„Die Kommunikationstechnologien, die wir mit unseren Partnern einsetzen, sind ‚State of the Art': Live what you preach!"
„Mit Softwareherstellern tauschen wir Personal aus, damit wir deren Produkte und die unsere Dienstleistungen kennenlernen."

4.2.4 Vernetzungsfelder

a.) Theoretischer Rahmen

In der Literatur zu Unternehmenskooperationen werden verschiedene Kooperationsfelder beschreiben.[36] Diese sind nicht nur in Kooperationen sondern auch in multilateralen Unternehmensnetzwerken anzutreffen. Eine netzwerkartige Beziehung kann sich prinzipiell auf jede betriebliche Teilaufgabe und jeden Unternehmensbereich erstrecken.[37] Deswegen kann eine Aufzählung möglicher Vernetzungsbereiche kaum einen Anspruch auf Vollständigkeit erheben.[38] Netzwerkartige Beziehungen werden nicht zwischen allen, sondern nur zwischen einem oder einer begrenzten Anzahl von Unternehmensbereichen aufgebaut.[39] Zur Systematisierung möglicher Vernetzungsfelder eignet sich die in Kap. 3.2.1 vorgestellte Wertkette. Tab. 4-7 zeigt einen Überblick über die primären und unterstützenden Wertaktivitäten unter beispielhafter Nennung möglicher Vernetzungsfelder.
Die Verknüpfung der Wertaktivitäten kann zwei globalen Zielen dienen:[40] Die *Stärkenkombination* lässt Unternehmen in Wertaktivitäten zusammenarbeiten, in denen beide eine starke Wettbewerbsposition haben, um durch die Kooperation eine noch stärkere Position zu erlangen. Der *Stärken-Schwächen-Ausgleich* führt Unternehmen zusammen, die in unterschiedlichen Wertaktivitäten Stärken aufweisen. Durch die Kooperation kompensieren die beteiligten Unternehmen wechselseitig Wertaktivitäten mit schwacher Wettbewerbsposition durch solche mit starker Wettbewerbsposition. Die Stärkenkombination und der Stärken-Schwächen-Ausgleich kann sich in Wertsystemen auf Unternehmen der gleichen

---

36 Sie werden auch als Kooperationsfunktionen, -gegenstand, -bereiche, -sektoren oder -gebiete bezeichnet (vgl. BLOHM 1980, Sp. 1113, BRONDER/PRITZL 1992, S. 32 f., SCHUBERT/KÜTING 1981, S. 130 ff., STAUDT/KRIEGESMANN/BEHRENDT 1996, Sp. 925 ff., und TRÖNDLE 1987, S. 44 ff.)

37 Vgl. BLOHM 1980, Sp. 1113, und STAUDT/KRIEGESMANN/BEHRENDT 1996, Sp. 925.

38 Vgl. SCHUBERT/KÜTING 1981, S. 130, und TRÖNDLE 1987, S. 44.

39 Vgl. BALLING 1998, S. 45.

40 Vgl. GAHL 1991, S. 9 f., BACKHAUS/PILTZ 1990, S. 2, und IHRIG 1991, S. 29.

Wertschöpfungsstufe, aber auch auf solche von vor- und nachgelagerten Wertschöpfungsstufen beziehen.

Tab. 4-7: Mögliche Vernetzungsfelder[41]

Primäre Aktivitäten	Unterstützende Aktivitäten
1. Beschaffung • Gemeinschaftlicher Einkauf **2. Leistungserstellung** • Gemeinschaftliche Nutzung von Produktionskapazitäten und -ressourcen **3. Marketing und Vertrieb** • Gemeinsame Markt- und Wettbewerbsanalysen • Gemeinschaftliche Werbung und PR • Gemeinschaftlicher Verkauf **4. Kundendienst** • Zusammenarbeit bei Betrieb, Wartung und Instandsetzung • Gemeinschaftlicher Pre- und After-Sales-Service	**5. Unternehmensinfrastruktur** • Zusammenarbeit im Rechnungswesen und Inkasso • Zusammenarbeit in der Finanzierung • Gemeinschaftliche IuK-technische Einrichtungen **6. Personalwirtschaft** • Zusammenarbeit in der Personalakquisition • Zusammenarbeit in der Aus- und Fortbildung **7. Forschung & Entwicklung** • Zusammenarbeit in der Entwicklung von Produkten, Dienstleistungen und Verfahren • Zusammenarbeit bei der Normung und Typung **8. Logistik** • Transport- und Lagergemeinschaften

b.) Empirische Beobachtungen

Im Folgenden werden die Vernetzungsfelder für die interviewten Unternehmen analysiert. Dazu wird nicht die generische Wertkette, sondern die in Kap. 3.2.1 für die Multimediabranche identifizierte Wertkette mit den Wertaktivitäten Beratung, Inhalte, Kreation, Technik und Vermarktung verwendet. In der Analyse der Vernetzungsfelder zeigt sich, dass für die untersuchten Multimedia-Agenturen sowohl der Stärken-Schwächen-Ausgleich als auch die Stärkenkombination eine Bedeutung hat. Im Einzelnen stellen sich die Kooperationen in den Vernetzungsbereichen wie folgt dar:

- *Beratung:* Einige Multimedia-Agenturen kooperieren mit Unternehmensberatungen. Unternehmensberatungen verfügen oft über keine oder nur eine beschränkte inhaltliche, kreative und technische Implementierungskompetenz. Genau in diesen Kompetenzbereichen haben jedoch die meisten Multimedia-Agenturen ihre Schwerpunkte. Insofern bietet sich eine Zusammenarbeit im Sinne eines Stärken-Schwächen-Ausgleichs an. Diese Kooperationen sind für die untersuchten Multimedia-Agenturen überwiegend auf die Dauer eines Projektes begrenzt. Auch wenn bei den Unternehmensberatungen in einigen Fällen die Bereitschaft zu einer längerfristigen Bindung existiert, lehnen dies die befragten Agenturen durchweg ab, um ihre Unabhängigkeit zu wahren.
- *Inhalte:* Multimedia-Agenturen kooperieren in einigen Fällen mit Medienunternehmen und anderen Anbietern von redaktionellen Inhalten. Insbesondere solche Agenturen, die eigene Community- und Content-Angebote im Internet betreiben oder CD-ROMs erstellen, sind auf Inhalte angewiesen. Da abgesehen von wenigen Ausnahmen die Inhalte nicht von den

---

[41] Vgl. die ähnliche Listung möglicher Kooperationsbereiche bei SCHUBERT/KÜTING 1981, S. 130 ff., sowie die dortige Beschreibung.

Agenturen selbst erstellt werden, müssen sie extern beschafft werden. Üblich sind entweder Lizenzgeschäfte, in denen die Agenturen selbst oder im Auftrag des Kunden die Verwertungsrechte an den Inhalten erwerben. Oder es werden Tauschgeschäfte durchgeführt, bei denen Medieninhalte gegen Agenturleistungen oder Umsatzbeteiligungen ausgetauscht werden. Auch wenn die Inhaltsbeschaffung in vielen Fällen als Markttransaktion abzuwickeln wäre, unterhalten die untersuchten Agenturen überwiegend langfristige Beziehungen zu Inhaltsanbietern.

- *Kreation:* Die kreative Konzeption und Realisierung gehört zu den ursprünglichen Kernkompetenzen von Multimedia-Agenturen. Insofern sind die meisten untersuchten Agenturen in diesem Bereich autark. Jedoch gibt es innerhalb der Stichprobe Ausnahmen. Einige Agenturen sind auf die technische Konzeption und Realisierung von Web-Angeboten spezialisiert und kooperieren bei Bedarf mit komplementären Anbietern, die Stärken im kreativen Bereich aufweisen. Die Arbeitsteilung zwischen den Kooperationspartnern gestaltet sich häufig so, dass der kreativ orientierte Anbieter das Frontend und der eher technikorientierte Anbieter das Backend eines Web-Angebots erstellt. Bisher werden diese Kooperationen für die Dauer eines Projektes eingegangen. Die befragten Agenturen mit einem Schwerpunkt in der technischen Konzeption und Realisierung schließen jedoch nicht aus, dass sich die Projektkooperationen durch wiederholte Zusammenarbeit zu längerfristigen Beziehungen entwickeln können. Dies ist umso wahrscheinlicher, als diese Agenturen die Kreation nicht zu ihren Kernkompetenzen zählen.
- *Technik:* Obwohl die Mehrheit der untersuchten Multimedia-Agenturen die technische Konzeption und Realisierung von Angeboten zu ihren Kernaktivitäten rechnen, ist dennoch die Kooperationsintensität in diesem Bereich sehr hoch. Alle Agenturen unterhalten Kooperationen zur Erschließung von technischen Produktionskapazitäten und Know-how. Dabei können vier Arten von Kooperationen unterschieden werden:
  - Eine angespannte Arbeitsmarktsituation für entsprechend qualifizierte Mitarbeiter begrenzt die personellen Wachstumsmöglichkeiten in den technischen Bereichen. Deswegen gibt es in vielen Agenturen bei den technischen Kapazitäten Engpässe. Wenn im Projektgeschäft Auslastungsspitzen auftreten, sind Agenturen oft nur in der Lage, die Aufträge zu realisieren, wenn sie ein kapazitätsorientiertes Outsourcing an Systemhäuser und Programmierer betreiben. Über die Zeit können sich feste Kooperationsbeziehungen mit diesen Unterauftragnehmern etablieren, in denen Agenturen dynamisch über technische Kapazitäten verfügen.
  - Nicht nur kapazitätsorientiertes, sondern auch kompetenzorientiertes Outsourcing veranlasst Multimedia-Agenturen Kooperationen im Bereich der Technik einzugehen. Insbesondere für den Betrieb von multimedialen Anwendungen sind einige Kompetenzen erforderlich, die außerhalb der Kernkompetenzen von Multimedia-Agenturen liegen. Dazu gehören die technische Systemintegration und -betreuung, Hosting- und Server-Housing-Dienstleistungen sowie die Bereitstellung von Netzkapazitäten und

-zugängen. Einige Multimedia-Agenturen beziehen diese Leistungen von Kooperationspartnern und reichen sie zur Ergänzung der eigenen Leistungen im Sinne eines Full-Service-Angebotes an Kunden weiter.

- In der Multimediabranche basieren Innovationen überwiegend auf neuen Technologien. Um sich über technologische Innovationen zu differenzieren, ist es notwendig, dass Multimedia-Agenturen kontinuierlich entsprechende Forschungs- und Entwicklungsmaßnahmen betreiben. Oft sind einzelne Agenturen auf Grund ihrer begrenzten Größe nicht in der Lage, diese Entwicklungen alleine zu tragen. Deswegen gehen viele Agenturen F&E-Kooperationen mit Softwareunternehmen, Systemhäusern und Equipmentherstellern ein. Diese sind in der Regel als langfristige Partnerschaften angelegt, da sie nicht nur für den Entwicklungs-, sondern auch für den Vermarktungsprozess Bestand haben.
- Neben Eigenentwicklungen gewinnen zunehmend standardisierte Softwareanwendungen an Bedeutung, die von Multimedia-Agenturen an die spezifischen Bedürfnisse der Kunden angepasst werden.[42] Bei den Softwareanwendungen handelt es sich unter anderem um Datenbank- und Zugangssoftware sowie um die beschriebenen Kommerzialisierungsanwendungen.[43] Fast alle untersuchten Multimedia-Agenturen unterhalten langfristige Kooperationen mit entsprechenden Softwareanbietern, für deren Produkte sie Anpassungs- und Implementierungsleistungen erbringen.

• *Vermarktung:* Neben den technologieorientierten Kooperationen spielen die Kooperationen zur Vermarktung von Anwendungen eine wichtige Rolle.[44] In diesem Bereich kooperieren die untersuchten Multimedia-Agenturen mit Werbe-, Media- und Direktmarketing-Agenturen sowie mit Medienunternehmen. In der Zusammenarbeit mit Werbeagenturen werden integrierte Kommunikationsstrategien entwickelt, die sowohl die klassischen Medien als auch die Online-Medien umfassen. Diese Strategien werden mit Media-Agenturen umgesetzt, indem entsprechende Werbeschaltungen in den Online-Medien platziert werden. Häufig existieren auch Partnerschaften mit Vermarktungsunternehmen, die auf Werbeschaltungen im Online-Bereich spezialisiert sind. Über Kooperationen mit Direktmarketing-Agenturen, die sowohl über Call-Center als auch über Systeme zum Data-Mining und Database-Marketing verfügen, wird zum einen die Kundenansprache im Sinne eines Customer-Response-Management verbessert, zum anderen können eine Reichweitenkontrolle und eine Nutzeranalyse durchgeführt werden, um die Angebote zu optimieren. Alle beschriebenen Kooperationen zielen darauf ab, den Kunden von Multimedia-Agenturen in der Vermarktung ein umfassendes Angebot zu bieten. Darüber hinaus unterhalten einige Multimedia-Agenturen auch Kooperationen mit Medienunter-

[42] Vgl. Kap. 3.4.2 und Kap. 3, Fn. 68.

[43] Vgl. auch Kap. 3.5.1 und Kap. 3, Fn. 183.

nehmen und anderen Unternehmen, die dem Betrieb von gemeinsamen Web-Angeboten dienen.

Tab. 4-8: Zitate: Vernetzungsfelder

„Als Kooperationspartner kommen für uns insbesondere Unternehmensberatungen, Content-Provider und in Ausnahmefällen auch Systemhäuser in Frage."

„Wir kooperieren in Bereichen, in denen unsere Kapazitäten temporär nicht ausreichen oder in denen uns technisches Know-how fehlt."

„Die Kreation und Vermarktung gehören nicht zu unserem Kerngeschäft. Deswegen arbeiten wir in beiden Bereichen mit Partnern zusammen."

4.3 Statische Dimensionen von Unternehmensnetzwerken

Bisher wurden aufbauend auf der Definition von Unternehmensnetzwerken deren Akteure und Beziehungen sowie Vernetzungsinhalte und -formen beschrieben, um ein erstes Verständnis für die Organisationsform zu entwickeln. Um dieses Verständnis zu vertiefen, werden in diesem Kapitel die Strukturen von Unternehmensnetzwerken analysiert. Dies geschieht anhand der in Kap. 4.1 aus der Definition abgeleiteten Dichotome Autonomie vs. Interdependenz, Monozentrismus vs. Polyzentrismus, Markt vs. Hierarchie sowie Kooperation vs. Wettbewerb. Dabei sollen die folgenden Analyse leitenden Fragestellungen beantwortet werden:

- Wie können Unternehmensnetzwerke innerhalb der genannten Dichotome angesiedelt werden?
- Welchen Einfluss haben die strukturellen Dimensionen auf die Konstitution von Unternehmensnetzwerken?

4.3.1 Autonomie vs. Interdependenz

a.) Theoretischer Rahmen

In der Definition wurden die rechtliche Selbstständigkeit und die wirtschaftliche Abhängigkeit der Akteure als konstitutive Merkmale von Unternehmensnetzwerken herausgestellt.[45] Diese Merkmale werden in diesem Kapitel vor dem Hintergrund der Autonomie und Interdependenz der Netzwerkakteure eingehender betrachtet.

In Unternehmensnetzwerken sind die Akteure rechtlich selbstständig, das heißt sie behalten auch nach dem Beitritt ihre eigene Rechtspersönlichkeit. Jedoch wird mit zunehmender vertragsrechtlicher Institutionalisierung ein Abhängigkeitsverhältnis aufgebaut. Ähnliches gilt für die wirtschaftliche Abhängigkeit. Vor dem Beitritt zum Netzwerk besitzen

[44] Die Vermarktung betrifft die multimedialen Angebote der Kunden gegenüber den Letztkonsumenten. Vgl. auch Kap. 3, Fn. 72.

die Akteure eine relative Autonomie in der Leistungserstellung und -verwertung.[46] In Unternehmensnetzwerken begeben sie sich in eine Abhängigkeit, die mit Zunahme der wirtschaftlichen Transaktions- und Austauschbeziehungen größer wird.[47] Je stärker die vertragsrechtliche und wirtschaftliche Interdependenz der Netzwerkunternehmen ist, desto höher ist auch die Bindungsintensität im Netzwerk. Das bedeutet jedoch auch, dass Netzwerkunternehmen über die Gestaltung der vertragsrechtlichen und ökonomischen Beziehungen das Ausmaß der Interdependenz beeinflussen können.

Von Netzwerkunternehmen wird eine gewisse Einschränkung des wirtschaftlichen Handlungsspielraums durch Interdependenz in Kauf genommen, da sich gleichzeitig neue Freiheitsgrade eröffnen. Diese liegen in der Erschließung von Flexibilitäts- und Ressourcenpotenzialen, in der Verbesserung der Wettbewerbsposition sowie in der Ausweitung der Einflusssphäre.[48] Die gleichzeitige Einengung und Ausweitung der Handlungsmöglichkeiten durch Kooperationen wird von BOETTCHER als „Paradoxon der Kooperation" bezeichnet.[49] Dieses Paradoxon wird überwunden, wenn für alle Akteure der Nutzen und die Potenziale der Kooperation deren Nachteile und Kosten überkompensieren und dadurch ein positives Anreiz-Beitrags-Gleichgewicht entsteht.[50] Nur in diesem Fall werden Unternehmen freiwillig bereit sein, für den Beitritt zu einem Netzwerk ihre relative Autonomie einzuschränken.

Nicht nur das Anreiz-Beitrags-Gleichgewicht, sondern auch die Ausgeglichenheit der Abhängigkeitsbeziehung ist ein maßgebliches Kriterium für die Entstehung von Unternehmensnetzwerken. In Unternehmensnetzwerken können sowohl wechselseitige, ausgeglichene als auch einseitige, unausgeglichene Abhängigkeitsbeziehungen bestehen. Wechselseitige, ausgeglichene Abhängigkeitsbeziehungen ergeben sich auf Grund von Reziprozität. Die Reziprozitätsnorm besagt, dass in sozialen Systemen jede Leistung zu einer Gegenleistung führt.[51] Diese Norm gilt nicht nur für personale, sondern auch für organisationale Netzwerke und führt in diesen zum Ausgleich der unternehmerischen Beiträge durch eine gegenseitige Verpflichtung. Wenn die Netzwerkunternehmen die Reziprozitätsnorm erfüllen, sorgt dies für Stabilität und Vertrauen. Anders verhält es sich bei einseitigen, unausge-

45 Vgl. Kap. 4.

46 Geht man davon aus, dass Unternehmen Vernetzungen freiwillig eingehen, so ist die relative Autonomie zumindest zu Beginn der Zusammenarbeit gegeben. Lediglich für den Fall, dass die Zusammenarbeit aus einer existenten Abhängigkeit heraus (erzwungenermaßen) entsteht, ist sie von vornherein eingeschränkt (vgl. SYDOW 1992, S. 92). PAUSENBERGER (1993, Sp. 4439) weist darauf hin, dass ein Unternehmen nur in einem theoretischen Grenzfall vollständig autonom ist, nämlich wenn sämtliche Austauschbeziehungen über spontane Markttransaktionen realisiert werden.

47 MÜLLER-STEWENS 1993, Sp. 4064.

48 BELLMANN/HIPPE 1996, S. 28 und JOHANSON/MATTSSON 1988.

49 BOETTCHER 1974, S. 42.

50 Vgl. zu Bedingungen für das Zustandekommen von Kooperationen TRÖNDLE 1987, S. 17 f., und zu der Rolle des Anreiz-Beitrags-Gleichgewicht in Kooperationen BACKHAUS/MEYER 1993, S. 333, BLEEKE/BULL-LARSEN/ERNST 1992, S. 116, sowie JARILLO 1988, S. 37 f.

51 Vgl. GOULDNER 1984, S. 79, und SEMLINGER 1993, S. 333 ff.

glichenen Abhängigkeitsverhältnissen. Diese entstehen häufig aus asymmetrischen Machtkonstellationen. Machtasymmetrien können entweder zu Instabilität oder sogar zur Auflösung von Netzwerkbeziehungen führen, weil das Anreiz-Beitrags-Gleichgewicht nicht mehr ausgeglichen ist. Oder sie führen zum Verlust der rechtlichen Selbstständigkeit, wenn die wirtschaftliche Abhängigkeit einseitig erhöht wird.[52] Für diesen Fall kann nicht mehr von einem Unternehmensnetzwerk gesprochen werden, da dieses immer eine gewisse Mindestautonomie der beteiligten Unternehmen voraussetzt, die sich in der Kündbarkeit der Zusammenarbeit niederschlägt.[53]

b.) Empirische Beobachtungen

Die rechtliche Selbstständigkeit und wirtschaftliche Abhängigkeit der Netzwerkakteure wurde als ein konstitutives Merkmal in der Definition von Unternehmensnetzwerken herausgearbeitet. Entsprechend konzentrierte sich die Befragung der Multimedia-Agenturen – unabhängig von der Existenz anderer Formen der Zusammenarbeit – ausschließlich auf Kooperationen, die die genannten Kriterien erfüllen. Jedoch spannt sich zwischen den Gegenpolen Autonomie und Interdependenz ein Kontinuum auf. Deswegen war es das Ziel der ersten Fragestellung, insbesondere den Grad der Abhängigkeit beziehungsweise Unabhängigkeit der Multimedia-Agenturen von ihren Netzwerkpartnern zu analysieren. Die Gesprächspartner schätzen die Abhängigkeit von Kooperationspartnern mit wenigen Ausnahmen eher niedrig ein. Einige gehen sogar soweit, dass sie ihre Partner für austauschbar halten. Ein Widerspruch ergibt sich aus der Tatsache, dass einige Agenturen lediglich eine geringe Abhängigkeit vom Partner einräumen, andererseits ihrem Unternehmensnetzwerk eine hohe strategische Bedeutung beimessen. Dies könnte darin begründet sein, dass Agenturen die strategische Bedeutung ihrer Kooperationen eher über- und ihre Abhängigkeit von den Partnern eher unterschätzen.

Eine weitere Fragestellung zielte auf die Richtung beziehungsweise Ausgeglichenheit der Abhängigkeitsbeziehung ab: Die meisten Multimedia-Agenturen beschreiben ihre Beziehung zu ihren Netzwerkpartnern als gleichberechtigt. Als Gründe für diese Balance werden ausgeglichene Größenverhältnisse, Win-win-Situationen oder aber auch ein wechselseitiger Leistungsaustausch in Tausch- oder Kompensationsgeschäften genannt. Nur wenige Agenturen nehmen für sich in Anspruch, überwiegend in der Rolle eines Generalunternehmers mit Unterauftragnehmern zusammenzuarbeiten und dadurch eine vorteilhafte Position zu besitzen. Unausgeglichene Machtverhältnisse zu Lasten von Multimedia-Agenturen spielen in der Stichprobe keine Rolle.

---

52 Vgl. KÜTING 1983, S. 2, und SEMLINGER 1993, S. 347 f.

53 Vgl. TRÖNDLE 1987, S. 24 ff., und KALUZA/BLECKER 1996, S. 10.

Tab. 4-9: Zitate: Autonomie vs. Interdependenz

„Für eine langfristige Zusammenarbeit ist ein ausgeglichenes, partnerschaftliches Verhältnis wichtig."
„Wir versuchen, uns im Netzwerk unserer Partner als Lead-Agentur zu positionieren."

4.3.2 Monozentrismus vs. Polyzentrismus

a.) Theoretischer Rahmen

Das beschriebene Spannungsfeld zwischen Autonomie und Interdependenz der Netzwerkunternehmen hat Auswirkungen auf das heterarchische beziehungsweise hierarchische Verhältnis der Akteure zueinander.[54] Autonomie fördert im Unternehmensnetzwerk die Ausbildung mehrerer Aktions-, Entscheidungs- oder Machtzentren (AEM-Zentren) und führt zu mehrgipfligen, polyzentrischen oder heterarchischen Führungsstrukturen mit einer dezentralen Kompetenzallokation.[55] Eine starke, einseitige, unausgeglichene Interdependenz der Netzwerkakteure kann die Ausbildung einer eingipfligen, monozentrischen oder hierarchischen Führungsstruktur mit einer zentralen Kompetenzallokation fördern.[56]

Polyzentrische Strukturen bieten im Gegensatz zu monozentrischen Strukturen einige wichtige Grundvoraussetzungen für Unternehmensnetzwerke. Zum einen machen polyzentrische Strukturen erst die Komplexität des Unternehmensnetzwerkes handhabbar, welche auf Grund der hohen Anzahl von Akteuren mit mehr oder weniger eigenen Interessenlagen besteht.[57] Zum anderen sichern sie die Stabilität des Unternehmensnetzwerkes, da das Netzwerk auch bei Ausscheiden einzelner Akteure seine Identität wahren und fortbestehen kann.[58]

Dennoch sind Unternehmensnetzwerke keine rein polyzentrischen Gebilde. Sie sind vielmehr auf einem Kontinuum zwischen monozentrischen und polyzentrischen Strukturen angesiedelt.[59] In welchem Ausmaß die eine oder andere Ausprägung für Unternehmensnetzwerke konstitutiv ist, ist in der Literatur umstritten.[60]

OBRING geht davon aus, „dass verschiedene Aktionszentren (oder Entscheidungs- und Machtzentren) existieren, die zwar einerseits in spezifischer [...] Weise interdependent (oder vernetzt oder miteinander verflochten oder aneinander gekoppelt) sind, andererseits jedoch

---

54 Vgl. zum Begriff der *Heterarchie* PROBST 1987, S. 81, HEDLUND 1994 und SCHREYÖGG/NOSS 1994.

55 Vgl. OBRING 1992, S 3.

56 Vgl. SCHOPPE u. a. (1995, S. 246), die „unter Monolithik eine einheitliche Strukturierung um ein eindeutig identifizierbares Zentrum herum [...], unter Polyzentrik eine Vielzahl lokaler Zentren der Organisation mit teilweise unterschiedlicher Struktur" verstehen. Vgl. auch WILDEMANN (1997, S. 423 ff.), der in diesem Zusammenhang von polyzentrischen und hierarchisch-pyramidalen Netzwerken spricht.

57 Vgl. SCHOPPE u. a. 1995, S. 247.

58 Vgl. SYDOW 1992, S. 80.

59 Dies gilt für alle in Kap. 4.2.1 definierten Netzwerktypen.

60 Vgl. zur Diskussion des Polyzentrismus-Begriffs in der Literatur VIER 1996, S. 114 ff., und SCHOPPE u. a. 1995, S. 246.

nicht in einem hierarchischen Verhältnis zueinander stehen. Der Begriff des Polyzentrismus beinhaltet somit, dass die „klassische Vorstellung der Organisationstheorie aufgegeben werden soll, nach der an der Spitze betriebswirtschaftlicher Organisationen stets *ein* Entscheidungszentrum steht, von dem durch ein steuerndes und lenkendes Eingreifen die Geschicke beziehungsweise der Erfolg des Unternehmens bestimmt wird. Stattdessen wird die Möglichkeit der Existenz mehrgipfliger Führungsstrukturen eingeräumt. Solche mehrgipfligen Führungsstrukturen sind geprägt durch wechselseitige Vernetzungen und oftmals nicht unmittelbar durchschaubare vielfältige Abstimmungsprozesse zwischen verschiedenen (qua rechtlich und/oder wirtschaftlicher Selbständigkeit) relativ autonomen „Partialzentren", von denen realiter keines einen alleinigen Führungs- oder Steuerungsanspruch geltend machen (oder einlösen) kann."[61] Nach OBRING bedarf es also in polyzentrischen Netzwerken keiner zentralen, hierarchisch übergeordneten Instanz, sondern die Akteure koordinieren sich untereinander dezentral.

SYDOW hingegen spezifiziert insbesondere für strategische Unternehmensnetzwerke, „daß sie von einer oder mehreren fokalen Unternehmung(en) *strategisch geführt* werden. [...] Die hierarchische Struktur strategischer Netzwerke wird durch die für eine dezentrale Konzeption der Unternehmensführung typische Zuweisung von Autonomie ebenso wenig überwunden wie die hierarchische Struktur von Unternehmungen durch die Einführung (teil-) autonomer Arbeitsgruppen."[62] Dennoch definiert auch er auf Grund der relativen Autonomie der Netzwerkakteure Unternehmensnetzwerke als heterarchische oder polyzentrische Systeme.[63] In dieser Arbeit wird der Auffassung SYDOWS gefolgt, nach der Netzwerke zwar polyzentrische Gebilde mit mehreren AEM-Zentren sind, diese aber insbesondere in ihrer strategischen Ausprägung durchaus hierarchische Strukturen aufweisen, welche sich in der Existenz eines oder mehrerer fokaler Unternehmen manifestieren können.[64]

b.) Empirische Beobachtungen

Zuvor wurde aufgezeigt, dass polyzentrische Netzwerkstrukturen durch ein eher heterarchisches und monozentrische Strukturen durch ein eher hierarchisches Verhältnis der Akteure geprägt sind. In heterarchischen Netzwerkstrukturen sind die Abhängigkeiten eher ausgeglichen, in hierarchischen eher einseitig unausgeglichen. Insofern kann die von der Mehrheit der Gesprächspartner geäußerte Ausgeglichenheit der Abhängigkeitsbeziehungen als Indiz für die Existenz von polyzentrischen Unternehmensnetzwerken in der Multimediabranche gewertet werden.[65] Eine Ausnahme stellen die Unternehmensnetzwerke der befragten Agenturen dar, die nach eigenen Aussagen die Rolle eines Generalunternehmers

---

[61] OBRING 1992, S 3.

[62] SYDOW 1992, S. 81 und 103.

[63] Vgl. SYDOW 1992, S. 80.

[64] Vgl. zu den strategischen Unternehmensnetzwerken Kap. 4.5.3.

[65] Vgl. zur Ausgeglichenheit der Abhängigkeitsbeziehungen auch Kap. 4.3.1.

wahrnehmen. Diese Unternehmensnetzwerke werden von einer Multimedia-Agentur als fokalem Unternehmen geführt. Damit handelt es sich nicht um rein polyzentrische Unternehmensnetzwerke, sondern um solche, die in Form des fokalen Unternehmens durchaus auch hierarchische Strukturen aufweisen.

Tab. 4-10: Zitate: Monozentrismus vs. Polyzentrismus

„Ich könnte jetzt nicht sagen, wer in unserem Partnernetzwerk eine Führungsfunktion übernimmt. Wir stimmen uns gegenseitig ab. Außerdem kann das von Projekt zu Projekt variieren."

„Wenn wir kooperieren, achten wir darauf, dass wir im ‚Driver Seat' sind".

4.3.3 Markt vs. Hierarchie

a.) Theoretischer Rahmen

Ein Unternehmensnetzwerk ist ein polyzentrisches Gebilde mehr oder weniger autonomer Netzwerkunternehmen, welches jedoch durchaus auch hierarchische Strukturen umfasst. Auf Grund der relativen Autonomie der Netzwerkunternehmen sowie der eher schwach ausgeprägten hierarchischen Strukturen, stellt sich die Frage, wie die Aktivitäten zwischen den Akteuren im Netzwerk gesteuert werden und ablaufen. Ein theoretischer Ansatz, der hier einen Erklärungsbeitrag leisten kann, ist die Transaktionskostentheorie. Diese unterscheidet allgemein zur Koordination wirtschaftlicher Aktivitäten die Konstrukte *Markt* und *Hierarchie*.[66] Die idealtypischen Definitionen der beiden diametralen Koordinationsmechanismen sind in Tab. 4-11 gegenübergestellt.

Tab. 4-11: Merkmale der Koordinationsmechanismen Markt und Hierarchie[67]

Merkmal	Markt	Hierarchie
Wie werden die Aktivitäten koordiniert?	dezentral über Preis	zentral über Pläne und Weisungen
Für welche Leistungen ist der Koordinationsmechanismus geeignet?	unspezifische, homogene Leistungen	spezifische, inhomogene Leistungen
Wieviele Akteure können koordiniert werden?	unbegrenzte Anzahl gleichgeordneter Akteure	begrenzte Anzahl hierarchisch über- und untergeordneter
Welche Beziehungen bestehen zwischen den Akteuren?	flüchtige, kompetitive Beziehungen	dauerhafte, kooperative Beziehungen
Welches Handeln setzen die Koordinationsmechanismen voraus?	unabhängiges, spontanes Handeln	abhängiges, autoritäres Handeln

Jedoch erfasst die von der Transaktionskostentheorie vertretene Markt-Hierarchie-Dichotomie nicht die ökonomische Wirklichkeit.[68] Selbst in einer idealisierten Betrachtung sind Märkte immer mit hierarchischen Elementen und Hierarchien mit marktlichen Elementen durchsetzt, was in der Tab. 4-12 dargestellt wird.

---

66 Vgl. COASE 1937 und COASE 1960.

67 Eigene Darstellung i. A. a. SYDOW 1992, S. 83 ff.

68 Vgl. PERROW 1993, S. 255, und HAKANSSON 1987, S. 13.

Tab. 4-12: Marktliche Elemente von Hierarchien und hierarchische Elemente von Märkten[69]

Marktliche Elemente von Hierarchien	**Hierarchische Elemente von Märkten**
• interne Arbeitsmärkte • interne Verrechnungspreise • dezentrale Entscheidungszentren	• persönliche Beziehungen in sozialen Systemen • kulturell vermittelte Verpflichtungen und Erwartungen • von Unternehmen bzw. deren Management geschaffen und oft hierarchisch organisiert

Gibt man die dichotome Betrachtung zugunsten eines Spektrums von Koordinationsmechanismen zwischen Markt und Hierarchie auf, können Unternehmensnetzwerke zu den beiden Alternativen in Beziehung gesetzt werden. Unternehmensnetzwerke werden als intermediäre, hybride oder symbiotische Organisationsform auf einem Kontinuum zwischen Markt und Hierarchie angesiedelt.[70] Auch wenn Unternehmensnetzwerken häufig ein eigener Koordinationsmechanismus zugeschrieben wird, nämlich die Koordination durch Kooperation oder Interaktion, stellen sie keine eigenständige Form zwischen Markt und Hierarchie dar.[71] Sie vereinen vielmehr hierarchische und marktliche Koordinationselemente.[72] Darüber hinaus spielt die Koordination durch Kooperation beziehungsweise Interaktion auch in Märkten und Hierarchien eine Rolle – nur in weitaus geringerem Umfang als in Unternehmensnetzwerken. Betrachtet man insbesondere die Beziehungen zwischen Individuen auf der Mikro-Ebene, sind diese auch in Märkten und Hierarchien überwiegend kooperativer Natur, so dass in diesem Sinne auch Märkte und Hierarchien als Netzwerke konzeptualisiert werden können.[73] Sydow stellt entsprechend fest: „Im Ergebnis handelt es sich bei Markt, Hierarchie *und* Netzwerk aus organisationstheoretischer Perspektive um *sozio-ökonomische Institutionen*, die im Prinzip ähnliche Instrumente zur Koordination ökonomischer Aktivitäten einsetzen, wenn auch in unterschiedlichem Ausmaß und in unterschiedlicher Kombination. [...] Eine grundsätzlich neue zusätzliche Qualität des Koordinationsmechanismus von Netzwerken ist nicht zu erkennen."[74]

Wenn Unternehmensnetzwerke auf einem Spektrum zwischen Markt und Hierarchie angesiedelt sind und als Koordinationsinstrumente sowohl marktliche als auch hierarchische Elemente zum Einsatz kommen, dann stellt sich die Frage, in welchen Formen diese Koordinationsmechanismen vertragsrechtlich institutionalisiert werden. In Netzwerken können zwischen den Akteuren eine Vielzahl von Vertragsformen unterschiedlicher Bindungsintensität auftreten. Das vertragliche Spektrum reicht von formlosen Verträgen über

---

69 Vgl. SYDOW 1992, S. 99 f.

70 Vgl. zum Begriff der intermediären Organisationsform KREBS/ROCK 1994, der hybriden Arrangements GERYBADZE 1995, S. 125 ff., sowie der symbiotischen Arrangements PICOT/REICHWALD/WIGAND 1998, S. 263 ff.

71 Vgl. zur Koordination durch Kooperation bzw. Interaktion SYDOW 1992, S. 217.

72 Vgl. WILDEMANN 1997, S. 420 f.

73 Vgl. hierzu insbesondere den interaktionsorientierten Netzwerkansatz in Kap. 5.4. Letztendlich ist die Konzeptualisierung von Märkten und Hierarchien als Netzwerke auch eine Frage der Grenzziehung zwischen Netzwerk und Umwelt, die stark vom jeweiligen Erkenntnisinteresse geleitet ist.

74 SYDOW 1992, S. 100 und 102.

einfache Austauschvertragsformen und Verträge mit gesellschaftsrechtlich relevantem Inhalt bis hin zu Verträgen, die die Rechtspersönlichkeit der Akteure betreffen. Während Erstere Vertragsformen darstellen, die keine oder nur geringe Auswirkungen auf die Organisationsstruktur der beteiligen Akteure haben, sind Letztere Vertragsformen, die von starken institutionellen Veränderungen begleitet sind.[75] Insofern bestimmt die Vertragsform maßgeblich die institutionelle Ausprägung von Unternehmensnetzwerken. Das vertragliche und institutionellen Spektrum ist in aufsteigender Bindungsintensität in Tab. 4-13 dargestellt.

Tab. 4-13: Vertragliche und institutionelle Bindungsintensität[76]

1. Nichtvertragliche Abmachungen Abgestimmtes Verhalten Stillschweigende Kooperation **2. Einfache Austauschvertragsformen** Langfristige Lieferverträge, Subcontracting Konsortial- und Koproduktionsverträge Systemverträge Handelsverträge und OEM-Vereinbarungen Verträge über Kompensationsgeschäfte Lizenzverträge Pacht-, Überlassungs- und Leasingverträge Franchisingverträge	**3. Verträge mit gesellschaftsrechtlich relevantem Inhalt** Management- und Beherrschungsverträge Gewinnabführungsverträge Beteiligungsverträge Konzernverträge Kartellverträge **4. Verträge, die die Rechtspersönlichkeit betreffen** Joint-Venture-Verträge Insourcing-/Outsourcing-Verträge Eingliederungsverträge Verschmelzungsverträge Übernahmeverträge

Mit zunehmender vertraglicher und institutioneller Bindungsintensität steigt tendenziell die Stabilität und Langfristigkeit des Engagements, der Leistungs-, Ressourcen- und Know-how-Austausch wird intensiviert und das unternehmerische Risiko gleichmäßiger verteilt.[77] Andererseits verfügen die Netzwerkakteure bei niedriger vertraglicher und institutioneller Bindungsintensität über ein höheres Maß an Flexibilität und Unabhängigkeit.

Jedoch sind nicht alle vertragsrechtlichen Bindungsintensitäten gleichermaßen konstitutiv für Unternehmensnetzwerke. Begreift man einerseits die rechtliche Selbstständigkeit als definitorisches Merkmal von Unternehmensnetzwerken, dann sind die vertraglichen und institutionellen Arrangements hoher Bindungsintensität für Unternehmensnetzwerke auszuschließen. Setzt man andererseits ein gewisses Ausmaß an Bindungsintensität für Unternehmensnetzwerke voraus, dann sind die eher losen Arrangements ebenso auszuschließen. Dieser Ausgrenzung soll aber hier nicht zu streng gefolgt werden. In dieser Arbeit wird davon ausgegangen, dass Unternehmensnetzwerke *überwiegend* vertragliche und institutionelle Arrangements *mittlerer* Bindungsintensität (Relational Contracting) umfassen,

---

75 Vgl. MÄNNEL 1996, S. 180 f.

76 Vgl. u. a. SYDOW 1992, S. 62 und 103 f., SCHUBERT/KÜRTING 1981, S. 10 f., sowie SCHOPPE u. a. 1995, S. 159.

77 Grenzen werden den vertragsrechtlichen und institutionellen Vernetzungen durch das Gesetz gegen Wettbewerbsbeschränkungen (GWB) gesetzt, welches Kooperationen aller Bindungsintensitäten betreffen kann.

realistischerweise die beiden Endpunkte des Kontinuums aber nicht gänzlich ausgeschlossen werden.[78]

Abschließend soll die Parallelität zwischen dem vertragsrechtlichen Spektrum und der Bandbreite der Koordinationsmechanismen verdeutlicht werden: Nichtvertragliche Abmachungen stehen für eine niedrige Bindungsintensität und stellen Vertragsformen dar, die marktlichen Koordinationsmechanismen, wie vor allem der Koordination über Preise, entsprechen. Einfache Austauschvertragsformen oder Verträge mit gesellschaftsrechtlich relevantem Inhalt repräsentieren eine mittlere Bindungsintensität und sind konstitutiv für Unternehmensnetzwerke. Eine Koordination wirtschaftlicher Aktivitäten findet über Zielvereinbarungen, Vertrauen, Monitoring und Zielvorgaben statt. Verträge, die die Rechtspersönlichkeit betreffen, weisen auf hierarchische Koordination durch Weisungen hin. Diese Parallelität zwischen Vertragsformen und Koordinationsmechanismen ist in Abb. 4-3 dargestellt.

Abb. 4-3: Netzwerke als hybrides Arrangement zwischen Markt und Hierarchie[79]

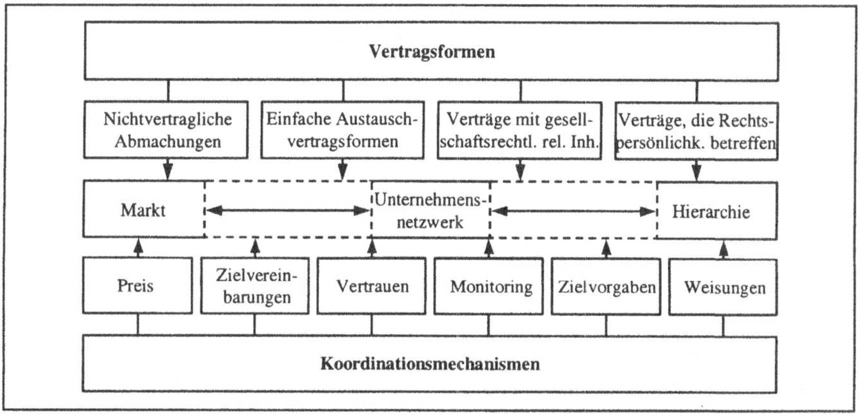

b.) Empirische Beobachtungen

In der theoretischen Betrachtung wurde gezeigt, dass in Unternehmensnetzwerken sowohl marktliche als auch hierarchische Koordinationselemente in unterschiedlichem Ausmaß eingesetzt werden. Die Befragung bestätigte diesen Dualismus, machte aber zugleich deutlich, dass in Abhängigkeit von der Art der Zusammenarbeit das eine oder andere Koordinationselement stärker ausgeprägt sein kann. Die unterschiedliche Gewichtung konkretisierte sich in den Gesprächen anhand von zwei Netzwerkarten:

---

78 Vgl. zum *Relational Contracting* MACNEIL 1985 und SZYPERSKI/KLEIN 1993, S. 199.

79 Vgl. WILDEMANN 1996b, S. 344, und SYDOW 1992, S. 104. Vgl. auch zu den Koordinationsmechanismen PICOT/REICHWALD 1999, S. 136 ff.

Dienen die Unternehmensnetzwerke aus Sicht der Multimedia-Agenturen zur Beschaffung von Vorleistungen, sind die Beziehungen zu den Netzwerkpartnern eher durch marktliche Koordinationsmechanismen, wie Preise, Zielvereinbarungen und Vertrauen, geprägt. Trotz der Dominanz marktlicher Koordinationsmechanismen gibt es in diesen Partnerschaften auch hierarchische Elemente, die sich beispielsweise in der Bildung temporärer Teams zur Leistungsspezifikation oder im Austausch von Personal zu Schulungszwecken manifestieren können. Die schwachen, hierarchischen Elemente unterscheiden diese Netzwerkbeziehungen von den reinen Zulieferer-Abnehmer-Beziehungen, die den Anforderungen an Netzwerkbeziehungen nicht genügen würden.

Entwickeln Multimedia-Agenturen in Unternehmensnetzwerken gemeinsam mit Partnerunternehmen neue Anwendungen oder Technologien oder erstellen sie mit Netzwerkpartnern für gemeinsame Kunden vermarktbare Leistungen, sind die Beziehungen im Netzwerk eher durch hierarchische Koordinationsmechanismen, wie Weisungen, Zielvorgaben oder Monitoring, geprägt. Die hierarchischen Strukturen entstehen in diesen Unternehmensnetzwerken, weil die Akteure zur gemeinsamen Leistungserstellung insbesondere personelle Ressourcen zusammenlegen, die in einer Projektorganisation geführt werden.

Abschließend sollen für die Unternehmen der Stichprobe die Bindungsintensitäten und die vertragsrechtliche Institutionalisierung diskutiert werden. Entsprechend der vorgenommenen Abgrenzung sind definitionsgemäß insbesondere solche Beziehungen für Unternehmensnetzwerke relevant, die durch eine mittlere Bindungsintensität charakterisiert sind. Auch wenn die untersuchten Multimedia-Agenturen teilweise über Absprachen losere Kopplungen und über Joint Ventures oder Beteiligungen festere Kopplungen zu Partnerunternehmen unterhalten, weisen alle untersuchten Multimedia-Agenturen auch Beziehungen mit einer mittleren Bindungsintensität auf.[80] Die untersuchten Multimedia-Agenturen schließen mit ihren Netzwerkpartnern überwiegend Liefer-, Koproduktions-, Lizenz-, System- und Outsourcing-Verträge ab. Diese Vertragsarten stehen für eine mittlere Bindungsintensität.

Tab. 4-14: Zitate: Markt vs. Hierarchie

„Zu einer Partnerschaft gehört mehr als der Einkauf von Technologien und Dienstleistungen. Wir arbeiten mit unseren Partnern zum Beispiel bei der Schulung unserer Mitarbeiter oder bei der Spezifikation neuer Anwendungen eng zusammen.“

„Eine Projektkooperation funktioniert eigentlich wie ein Joint Venture auf Zeit: Wir stellen mit unseren Partnern ein Team und eine Führungsmannschaft zusammen. Die Gruppe ist dann allen Partnern gleichermaßen zur Rechenschaft verpflichtet.“

[80] Vgl. zum Konzept der losen Kopplung WEIK 1976, S. 21 ff.

4.3.4 Kooperation vs. Wettbewerb

a.) Theoretischer Rahmen

Kooperative Beziehungen zwischen mehreren Akteuren wurden als konstitutives Element von Unternehmensnetzwerken beschrieben.[81] Beziehungen können aber nicht nur kooperativer sondern auch kompetitiver Natur sein. Dies ist abhängig von der Symmetrie beziehungsweise Asymmetrie der von den Akteuren verfolgten Ziele:[82] Symmetrische Ziele werden auf identische oder deckungsgleiche und asymmetrische Ziele auf komplementäre, neutrale beziehungsweise kompetitive oder konfliktäre Interessenlagen zurückgeführt. Komplementäre Interessen haben eine gemeinsame Ausrichtung, sind aber durch eine unterschiedliche Schwerpunktsetzung gekennzeichnet. Neutrale Interessen sind voneinander unabhängig und haben keinerlei Wechselwirkungen. Konfliktäre oder kompetitive Interessen schließen sich gegenseitig aus oder behindern sich bei ihrer Durchsetzung wechselseitig.

In der Zielhierarchie von potenziellen Netzwerkunternehmen können gleichzeitig identische, komplementäre, neutrale und konfliktäre Partialziele vertreten sein. Ein Netzwerk wird nur dann gebildet werden, wenn die beteiligten Akteure ein Ziel gemeinsam effizienter und effektiver erreichen können als das bei autonomem Vorgehen der Fall wäre. Dies wird am ehesten möglich sein, wenn die Partialziele der Akteure weitestgehend identisch sind, mit Einschränkungen, wenn sie sich komplementär oder neutral verhalten.[83] Dennoch wird es zwischen den Netzwerkakteuren im begrenzten Umfang immer auch konfliktäre oder kompetitive Partialziele geben. Insofern sind Kooperation *und* Wettbewerb in Abhängigkeit von den verfolgten Interessenlagen in Unternehmensnetzwerken immer koexistent. Folgende Fälle können unterschieden werden:[84]

- Sind die Partialziele der potenziellen Netzwerkakteure für einen oder einige Funktions- oder Produkt-Markt-Bereich(e) identisch, können sich Netzwerke ausbilden, in denen die Akteure bezüglich anderer Funktions- oder Produkt-Markt-Bereiche kompetitive Partialziele verfolgen.
- Gibt es identische Partialziele mit Lieferanten, können diese in ein Unternehmensnetzwerk einbezogen werden, auch wenn sie mit anderen Leistungen am Markt zu anderen Netzwerkunternehmen weiterhin in Wettbewerb stehen.
- Die Zielsetzungen der Netzwerkunternehmen können sich im Laufe der Zeit ändern. Identische können sich auf Grund geänderter Interessenlagen zu kompetitiven Partialzielen entwickeln, so dass es zunehmend schwieriger wird, das Netzwerk aufrecht zu halten.

---

[81] Vgl. Kap. 3.4.

[82] Vgl. BIDLINGMAIER 1968, S. 33, und 44 ff., HEINEN 1971, S. 94 ff., sowie DAUB 1994, S. 75 ff.

[83] Vgl. FONTANARI 1996, S. 158.

[84] Ähnlich bei SYDOW 1992, S. 94.

- Da unabhängig von der Symmetrie beziehungsweise Asymmetrie der Partialziele jeder Akteur mit einem möglichst geringen Einsatz einen möglichst hohen Nutzen erzielen möchte, besteht bei der Distribution des Kooperationserfolges in Netzwerken immer ein kompetitives Verhältnis.

Zusammenfassend kann festgehalten werden: Unternehmensnetzwerke werden auf Grund einer Kooperationsstrategie der Akteure gebildet und stellen zugleich eine Wettbewerbsstrategie dar, die der Verbesserung der Wettbewerbsposition einzelner Akteure beziehungsweise des gesamten Netzwerks dient. Insofern schließen sich in Unternehmensnetzwerken Kooperations- und Wettbewerbsstrategien nicht aus, sondern bedingen sich wechselseitig.

b.) Empirische Beobachtungen

In den Interviews wurden die Gesprächspartner mit dem zuvor beschriebenen Spannungsfeld zwischen Kooperation und Wettbewerb konfrontiert. Die befragten Multimedia-Agenturen sind in der Regel nicht exklusiv an einen Partner gebunden. Es ist möglich, dass sowohl die Agenturen als auch deren Partner Kooperationen mit Wettbewerbern der jeweils anderen Partei unterhalten. Dies ist einerseits der Fall, wenn zum Beispiel Multimedia-Agenturen in der Vermarktung mit Unternehmen zusammenarbeiten, die weitere Kooperationen mit anderen Agenturen unterhalten. Andererseits, wenn beispielsweise Agenturen in mehreren Partnerschaften vergleichbare Vorleistungen beziehen und die Lieferanten im Wettbewerb zueinander stehen. Zudem erwähnten einige Multimedia-Agenturen, dass sie in Leistungsbereichen zu ihren Partnern im Wettbewerb stehen, die nicht von der Kooperation betroffen sind. Diese Konstellation ist zu beobachten, wenn etwa Multimedia-Agenturen von Medienunternehmen redaktionelle Inhalte beziehen und diese vermarkten. Die beschriebenen Beispiele machen deutlich, dass in den untersuchten Unternehmensnetzwerken Kooperation und Wettbewerb koexistieren.

Tab. 4-15: Zitate: Kooperation vs. Wettbewerb

„Wir kooperieren mit einem Web-Vermarkter, der auch mit anderen Agenturen zusammenarbeitet. Das ist absolut üblich, weil sich der Vermarkter ja nicht exklusiv an uns binden kann.“
„Wir haben keine Berührungsängste, auch mal mit Wettbewerbern zusammen zu arbeiten. Das ist aber in unserer Branche eher die Ausnahme als die Regel.“

4.4 Dynamische Dimensionen von Unternehmensnetzwerken

Bisher lag der Schwerpunkt der Ausführungen auf einer Beschreibung der Strukturen von Unternehmensnetzwerken. Unternehmensnetzwerke weisen aber eine hohe Dynamik auf, die wie folgt umschrieben werden kann: Interorganisatorische Beziehungen entstehen durch Prozesse in denen Ressourcen und Kompetenzen durch eine lose Kopplung über eine Quasi-Internalisierung oder -Externalisierung an das Unternehmen gebunden werden. Über diese

Beziehungen können Netzwerkunternehmen dynamisch ihre Leistungstiefe und -breite gestalten. Auf Grund von dynamischen Entwicklungen, die sich aus dem Netzwerk selbst, aber auch aus dessen Umwelt ergeben können, werden kontinuierlich Anpassungs- und Transformationsprozesse notwendig. Jedoch ist es in einem dynamischen Umfeld für das Netzwerkmanagement nur bedingt möglich, intendiert steuernd Veränderungsprozesse einzuleiten. Ein nicht zu unterschätzender Teil der organisatorischen Anpassungen resultiert aus einer Selbstorganisation der Netzwerkmitglieder. Sind die Transformationsprozesse Zeichen einer hohen Flexibilität von Netzwerkstrukturen, so zielen sie letztendlich auf Interorganisationsbeziehungen, die durch Stabilität geprägt sind. Insofern bedingen sich Flexibilität und Stabilität wechselseitig.

Wie diese Ausführungen deutlich gemacht haben, ist die Dynamik in Unternehmensnetzwerken durch eine Reihe von interdependenten Faktoren charakterisiert. Im Folgenden wird anhand der vier prozessualen Dimensionen Internalisierung vs. Externalisierung, Eigendynamik vs. umweltinduzierte Dynamik, Selbstorganisation vs. Fremdorganisation sowie Flexibilität vs. Stabilität die Bildung, Entwicklung, Anpassung und Gestaltung von Unternehmensnetzwerken analysiert. Wie schon bei den strukturellen Dimensionen werden wiederum die folgenden Analyse leitenden Fragestellungen beantwortet werden:

- Wie können Unternehmensnetzwerke innerhalb der genannten Dichotome angesiedelt werden?
- Welchen Einfluss haben die prozessualen Dimensionen auf die Konstitution von Unternehmensnetzwerken?

4.4.1 Internalisierung vs. Externalisierung

a.) Theoretischer Rahmen

Unternehmensnetzwerke wurden als intermediäre, hybride oder symbiotische Organisationsform auf einem Kontinuum zwischen Markt und Hierarchie beschrieben. Dies enthält bereits den Hinweis, dass Unternehmensnetzwerke durch die Intensivierung der marktlichen oder durch die Reduktion der hierarchischen Beziehungsintensität entstehen können. SYDOW bezeichnet diese Prozesse als Quasi-Internalisierung beziehungsweise Quasi-Externalisierung.[85] Bei der Quasi-Internalisierung werden im Gegensatz zur Internalisierung die Austauschbeziehungen nicht vollständig hierarchisch, sondern eher in loser Kopplung organisiert. Bei der Quasi-Externalisierung werden im Gegensatz zur Externalisierung die Austauschbeziehungen aufrecht erhalten und nicht vollständig dem Markt überlassen.[86]

---

[85] Vgl. SYDOW 1992, S. 105, SCHREYÖGG 1996, S. 388, und BOYLE 1993, S. 23 ff. Statt Internalisierung wird auch der Begriff der Integration verwendet (vgl. z. B. BLOIS 1972 und 1980).

[86] Synonym zur Externalisierung werden in der Literatur die Begriffe Disaggregation (MILES/SNOW 1986b), Desintegration (KREIKEN 1980) oder Ausgliederung (ABELS 1980) verwendet. Bestimmte Formen der Externalisierung beschreiben die Begriffe Ausgründung (BÜHNER 1986), Contracting out (PFEFFER/BARON 1988), Outsourcing und Desinvestition (vgl. SYDOW 1992, S. 106).

(Quasi-) Internalisierung beziehungsweise -Externalisierung sind Maßnahmen zur Gestaltung der Leistungstiefe und -breite. Die Leistungstiefe bestimmt das Ausmaß der vertikalen Integration in Abgrenzung zu den Leistungen der Lieferanten und Abnehmer, die Leistungsbreite das Ausmaß der horizontalen Integration in Abgrenzung zu den Leistungen der Wettbewerber. Die Leistungstiefe und -breite haben wesentliche Auswirkungen auf die Ressourcen-, Kosten- und Risikostrukturen von Unternehmen und damit auf deren Wettbewerbsposition. Durch (Quasi-) Internalisierung wird die Leistungstiefe beziehungsweise -breite erhöht, durch (Quasi-) Externalisierung gesenkt. Beide Mechanismen stellen eine Alternative zu der dichotomen Entscheidung zwischen Eigenerstellung und Fremdbezug dar.[87]

Eine *Quasi-Externalisierung* erfolgt durch die Reduktion der Beziehungsintensität und dient der Erhöhung der organisatorischen Flexibilität und/oder Rationalisierung betrieblicher Leistungsprozesse. Unterschieden werden die Ausgliederung von direkten und indirekten Leistungsbereichen und -funktionen sowie die Lockerung der administrativen, zeitlichen und örtlichen Bindung von Arbeitskräften an das Unternehmen.[88] Beide Aktivitäten finden ihre Grenzen in der Bewahrung der Kernkompetenzen, die die Basis gegenwärtigen und zukünftigen Erfolgs darstellen. Außerdem begrenzen gesetzliche Vorschriften und gegenläufige Interessen von Anspruchsgruppen, wie Arbeitnehmer, Gewerkschaften, politische Institutionen etc., die Möglichkeiten der Quasi-Externalisierung.

Eine *Quasi-Internalisierung* findet durch den Aufbau oder die Intensivierung von Netzwerkbeziehungen statt und dient der Erzielung von Synergie- und Innovationspotenzialen. Die Quasi-Internalisierung ist – verglichen mit der Quasi-Externalisierung – ein ungleich aufwendiger und zeitintensiver Prozess und kann ihre Grenzen in einer reduzierten Flexibilität, einer erhöhten Komplexität und in gesetzlichen Vorschriften finden.

b.) Empirische Beobachtungen

In den theoretischen Ausführungen wurde gezeigt, dass Unternehmensnetzwerke durch Prozesse der Quasi-Internalisierung und -Externalisierung entstehen können. Die Befragung machte deutlich, dass in der Multimediabranche die Quasi-Internalisierung eine größere Rolle spielt. Die Intensivierung von bestehenden Beziehungen, also der Prozess der Quasi-Internalisierung, ist nach Ansicht der Gesprächspartner ein geeigneter Ansatz, um gemeinsam mit Partnern eine kritische Größe zu erlangen und das Angebot stärker zu differenzieren. Damit können über die Quasi-Internalisierung wesentliche Zielsetzungen von Multimedia-Agenturen realisiert werden.[89] Die größere Bedeutung der Internalisierung gegenüber der Externalisierung wird auch dadurch verdeutlicht, dass die Gesprächspartner intuitiv die

[87] Vgl. SYDOW 1992, S. 105 und 106.

[88] Z. B. durch Teilzeitarbeit, Leiharbeit und zeitlich befristete Arbeitsverträge.

[89] Vgl. auch Kap. 3.6.3 zu den strategischen Stoßrichtungen von Multimedia-Agenturen.

Entstehung von netzwerkartigen Beziehungen über Internalisierungsprozesse beschreiben. Auf Nachfrage gaben jedoch einige der Agenturen an, auch durch Externalisierung kooperative Beziehungen aufzubauen. Als Beispiel wurde insbesondere die Ausgründung von innovativen Geschäftsideen in Spin-offs genannt.

Tab. 4-16: Zitate: Internalisierung vs. Externalisierung

„Durch ein Netzwerk von Kooperationen weiten wir unsere Leistungsfähigkeit stark aus. Ob das unsere eigene Leistungsfähigkeit oder die unserer Partner ist, ist für unsere Kunden letztendlich irrelevant."
„Wir haben ein Team mit einer guten Geschäftsidee in ein Spin-off überführt."

4.4.2 Eigendynamik vs. umweltinduzierte Dynamik

a.) Theoretischer Rahmen

Unternehmensnetzwerke sind zum einen externen, umweltinduzierten Kräften ausgesetzt, zum anderen entwickelt sich in Netzwerken eine Eigendynamik.[90] In der Folge sind Netzwerkunternehmen permanent herausgefordert, die Leistungstiefe und -breite durch Quasi-Internalisierung und -Externalisierung zu optimieren. Jedes Optimum ist – sofern es überhaupt identifiziert und erreicht werden kann – auf Grund der hohen Dynamik sozialer Prozesse und des Netzwerkumfeldes nur von begrenzter Dauer. Dadurch besteht die Notwendigkeit, Beziehungen in Unternehmensnetzwerken kontinuierlich aufzubauen, zu verändern und aufzulösen. Die Beziehungen in Netzwerken sind insofern einem permanenten Wandel unterworfen.[91]

Die Ursachen und Wirkungszusammenhänge dieser organisatorischen Adaptions- und Transformationsprozesse sind sehr komplex und nicht allgemein gültig analysierbar.[92] In Erklärungsansätzen wird häufig – auf einem sehr hohen Abstraktionsniveau – die Konsistenz und Kontingenz von Organisationen als Ziel beziehungsweise Inkonsistenz und Inkontingenz als Auslöser organisatorischer Transformationen dargestellt.[93] *Konsistenz beschreibt eine Stimmigkeit struktureller und kultureller Parameter in Organisationen.* Die Konsistenz-Effizienz-Hypothese geht davon aus, dass die interne Stimmigkeit dieser Parameter positiv mit der Effizienz von Organisationen korreliert.[94] *Kontingenz hingegen beschreibt die Abhängigkeit struktureller und kultureller Parameter von organisationsexternen Situations-*

---

90 Vgl. SYDOW 1992, S. 281 ff.

91 Vgl. VIER 1996, S. 15 ff.

92 Vgl. auch zur Rolle von Adaptionsprozessen in Kooperationen STAUDT/KRIEGESMANN/BEHRENDT 1996, Sp. 933, und BRONDER/PRITZL 1991, S. 52-53, sowie in Unternehmensnetzwerken AMIN/COHENDET 1999. Die Adaptions- und Transformationsprozesse zwischen Netzwerkunternehmen können sich nicht nur auf organisatorische Strukturen, sondern auch auf technische, administrative, wissensmäßige oder finanzielle Gegebenheiten beziehen (vgl. HALLÉN/JOHANSON/SEYED-MOHAMED 1991, S. 29 ff.).

93 Vgl. zum situativen bzw. Kontingenzansatz und zum Konsistenzansatz STAEHLE 1999, S. 48 ff. und 60 ff.

94 Vgl. KHANDWALLA 1973.

variablen (Kontingenzfaktoren).[95] In der Kongruenz-Effizienz-Hypothese wird davon ausgegangen, dass eine Übereinstimmung zwischen Situationsvariablen sowie strukturellen und kulturellen Parametern in Organisationen positiv mit der Effizienz von Organisationen korreliert.[96] MINTZBERG betont, dass für die Effizienz von Organisationen Konsistenz wie Kontingenz gleichermaßen von Bedeutung sind.[97] Konsistenz und Kontingenz sind keine Determinismen; sie zeigen lediglich organisatorische Gestaltungsmöglichkeiten auf, die vom Management genutzt werden können. Dabei können Konsistenzen und Kontingenzen temporär unvereinbar sein und erst durch eine tief greifende organisatorische Transformation, einen Quantum-Change, wieder zueinander in ein harmonisches Verhältnis treten.[98] Häufig werden auch Unternehmensnetzwerke als Ergebnis eines solchen Quantum-Changes gesehen.

In Unternehmensnetzwerken bestehen die beschriebenen Spannungsfelder zwischen Autonomie und Interdependenz, Monozentrismus und Polyzentrismus, Markt und Hierarchie sowie Kooperation und Wettbewerb. Ein Unternehmensnetzwerk ist stabil, wenn zwischen diesen Gegenpolen eine konsistente Konfiguration gefunden werden kann. Aus den Spannungsfeldern erwächst *Eigendynamik*, die im Idealfall konsistente Konfigurationen und damit Stabilität hervorbringt, in ungünstigen Fällen auch zum Zerfall des Unternehmensnetzwerkes führen kann. Nachfolgend werden die Wechselwirkungen zwischen Eigendynamik und Konsistenz anhand von Internalisierungs- und Externalisierungsprozessen für die genannten Spannungsfelder beschrieben:

Am Anfang von Quasi-Internalisierung und -Externalisierung stehen häufig informelle Beziehungen, die sich aus marktlichen Austauschprozessen oder Kontakten zu potenziellen Netzwerkunternehmen und Organisationsgründern ergeben. Diese können sich zunehmend formalisieren und in eine ausgeprägte Interorganisationsstruktur und -kultur münden.[99] Zunehmende Stabilität erlangen die Interorganisationsbeziehungen durch den Aufbau von Ko-orientierung und Vertrauen sowie Investitionen in eine wechselseitige Anpassung der Netzwerkunternehmen.

In Internalisierungsprozessen geben die Netzwerkunternehmen einen Teil ihrer Selbstständigkeit auf und geraten in das *Spannungsfeld zwischen Autonomie und Interdependenz*. Gelingt es den Netzwerkunternehmen, diesen Konflikt nachhaltig zu lösen, kann die Netzwerkbeziehung längerfristig bestand haben. Gleichen sich die beteiligten Akteure

---

[95] LUHMANN (1984, S. 152) definiert Kontingenz als etwas, „was weder notwendig ist noch unmöglich ist; was also so, wie es ist (war, sein wird), sein kann, aber auch anders möglich ist." Kontingenzen sind also zugleich Bedingungen und Möglichkeiten.

[96] STAEHLE 1999, S. 60.

[97] „Effective structuring requires a consistency among the design parameters and contingency factors" (MINTZBERG 1979, S. 220).

[98] MÖSLEIN (1999, S. 78) betont, dass diese Restrukturierungen regelmäßig notwendig werden: „Organisatorische Umbauaktivitäten [...] sind von Zeit zu Zeit notwendig, wenn sich der Bezugsrahmen organisatorischer Leistungserstellung verschiebt und die hergebrachten Strukturen nicht länger adäquat erscheinen lässt."

[99] Vgl. auch die Ausführungen zum Aufbau von Beziehungen in Kap. 4.2.2 sowie die verschiedenen Formalisierungsformen in 4.3.3, die die Bindungsintensität der Quasi-Internalisierung widerspiegeln.

zunehmend an, kann die Quasi-Integration zu einer vollständigen Integration oder in eine wettbewerbliche Beziehung führen. In Externalisierungsprozessen gewinnen die Netzwerkunternehmen Selbstständigkeit und geraten dadurch wiederum in das Spannungsfeld zwischen Autonomie und Interdependenz. Auch hier ist die Konfliktlösung Voraussetzung für eine dauerhafte Netzwerkbeziehung.

Ähnliches gilt für das *Spannungsfeld zwischen monozentrischen und polyzentrischen Strukturen.* Durch Internalisierungs- und Externalisierungsprozesse entstehen polyzentrische Strukturen. Diese sind im Verlauf des Vernetzungsprozesses einer Eigendynamik unterworfen, mit der einzelne Akteure darauf abzielen, zur Erhöhung der eigenen Autonomie verhältnisse zu verschieben und die Einflusssphäre auszuweiten. Voraussetzung für dauerhafte Netzwerkbeziehungen ist, dass die immer vorhandenen Machtasymmetrien ein für alle Akteure erträgliches Ausmaß nicht überschreiten.

Internalisierungs- und Externalisierungsprozesse werden von Zielsymmetrien der beteiligten Akteure getragen. Auch wenn kooperative Elemente im Sinne symmetrischer Partialziele zu Beginn der Vernetzung überwiegen, können sich im Zeitablauf kompetitive oder konfliktäre Ziele zwischen den Akteuren bilden. Das Unternehmensnetzwerk gerät in das *Spannungsfeld zwischen Kooperation und Wettbewerb.* Voraussetzung für dauerhafte Netzwerkbeziehungen sind weitgehend deckungsgleiche Interessenlagen.

Kann keine für die beteiligten Netzwerkakteure akzeptable Balance zwischen Autonomie und Interdependenz, Monozentrismus und Polyzentrismus sowie Kooperation und Wettbewerb gefunden werden, droht der Zerfall der Netzwerkbeziehung, also die (erneute) Externalisierung. Da Unternehmensnetzwerke aus einer Vielzahl von Beziehungen bestehen, bedeutet die Auflösung einer Beziehung nicht zugleich den Zerfall des gesamten Netzwerkes. Sind im Netzwerk redundante Beziehungen vorhanden, kann der Verlust eines oder mehrerer Akteure möglicherweise aufgefangen werden. Dennoch ist auf Grund der beschriebenen Eigendynamik das Netzwerk, „wenn auch nicht als Ganzes, so doch in Teilen ständig von einem Verfall in marktliche oder von einer Erstarrung in hierarchische Beziehungen bedroht.“[100] Es befindet sich im *Spannungsfeld zwischen Markt und Hierarchie.*

Im Gegensatz zu Konsistenzbestrebungen von Unternehmensnetzwerken, die Eigendynamik hervorrufen, sind Kontingenzen verantwortlich für eine *umweltinduzierte Dynamik.* Durch eine permanente, diskontinuierliche Veränderung der Umwelt entstehen neue Möglichkeiten und Bedingungen – eben Kontingenzen – für Unternehmensnetzwerke. Diese Kontingenzen können sich in der globalen Umwelt aus politischen, gesetzlichen und infrastrukturellen Rahmenbedingungen sowie in der Branchenumwelt aus den Markt- und Wettbewerbsstrukturen beziehungsweise den technologischen Rahmenbedingungen ergeben.

---

[100] SYDOW 1992, S. 304.

Die Tab. 4-17 stellt diese Kontingenzen mit ihren Wirkungen auf Unternehmensnetzwerke dar.[101]

Tab. 4-17: Kontingenzfaktoren für die Transformation von Unternehmensnetzwerken[102]

Ebene	Kontingenz	Wirkung auf Unternehmensnetzwerke
Globale Umwelt	Kooperations- und Technologiepolitik	Direkte und indirekte Förderung von Kooperationen sowie von gemeinsamen Forschungs- und Entwicklungsvorhaben stimuliert Entstehung von UN.
	Wettbewerbspolitik	Gesetze gegen die Unternehmenskonzentration begrenzen die Internalisierungsmöglichkeiten und fördern dadurch Kooperationen.
	Kapitalmarkt und staatliche Finanzpolitik	Kapitalknappheit kann Unternehmen veranlassen, Aktivitäten zu externalisieren oder sie davon abhalten, Aktivitäten vollständig zu internalisieren.
	Infrastruktur	Leistungsfähige verkehrs- und kommunikationstechn. Infrastrukturen eröffnen neue Möglichkeiten zum Aufbau von Beziehungen und fördern dadurch UN.
	Arbeitsmarktstrukturen	Die Existenz oder Entstehung von dualen Arbeitsmärkten fördert die (Quasi-) Externalisierung von Aktivitäten.
	Nationale Kultur	Die historisch gewachsene, nationale Kultur beeinflusst maßgeblich die Offenheit gegenüber Kooperationen.
Branchenumwelt	Entwicklungsstadium einer Branche	UN bieten in frühen und in späten Entwicklungsphasen eine Alternative zur vollständigen Integration, da sie das unternehmerische Risiko begrenzen.
	Technologieintensität	Bei hoher Technologieintensität kann ein Bezug von Komplementärtechnologien im Netzwerk zu Zeit- und Kostenvorteilen führen.
	Technologische Unsicherheit	Bei hohen technologischen Unsicherheiten hilft eine gemeinschaftliche Forschung und Entwicklung im UN, Risiken und Aufwendungen zu teilen.
	Marktliche Unsicherheit	Bei marktlichen Unsicherheiten kann eine kapazitäts- und kompetenzorientierte Funktionsexternalisierung die Stabilität und Flexibilität erhöhen.
	Wettbewerbsintensität	Bei hoher Wettbewerbsintensität bieten sich UN zum Aufbau von Markteintrittsbarrieren an. Gleichzeitig ermöglichen UN auch den Marktzutritt.
	Kultur einer Branche	In Branchen kann es eine spezifische Kultur geben, die die Ausbildung von netzwerkartigen Arrangements positiv beeinflusst.

b.) Empirische Beobachtungen

Die Ausführungen haben deutlich gemacht, dass Unternehmensnetzwerke durch interne und externe Faktoren einem permanenten Anpassungsdruck unterworfen sind. Eigen- wie umweltinduzierte Dynamik konnten deutlich anhand der Stichprobe für die Multimediabranche beobachtet werden. Alle interviewten Agenturen haben in den letzten zwölf Monaten netzwerkartige Beziehungen aufgebaut, verändert oder aufgelöst. Die Gesprächspartner gaben an, dass der Aufbau und die Anpassung von interorganisationalen Beziehungen eine wichtige Aufgabe ist, die einen substanziellen Zeitaufwand auf der ersten und zweiten Führungsebene erforderlich macht. Außerdem bestätigten sie, dass auch in langfristig angelegten Kooperationsbeziehungen mit großer Regelmäßigkeit Anpassungsmaßnahmen notwendig werden. Zu den wesentlichen Initiierungs- und Anpassungsaufgaben gehört nach Aussagen der Interviewpartner der Aufbau von Vertrauen, die Anpassung von Strukturen und Abläufen sowie die Lösung von Konflikten mit dem Ziel, eine strukturelle und kulturelle Übereinstim-

[101] In der Tabelle werden die Kontingenzen als treibende Größen dargestellt, d. h. als Bedingungen, die die Entwicklung und Transformation von Unternehmensnetzwerken fördern. Die gleichen Kontingenzen können bei umgekehrter Ausprägung jedoch auch eine hemmende Wirkung ausüben.

mung zwischen den Netzwerkakteuren herzustellen. Die Unternehmenspraktiker beschrieben neben diesen netzwerkinternen Konsistenzbestrebungen auch Anpassungsprozesse an netzwerkexterne Kontingenzen. Mit Verweis auf die hohe Änderungsdynamik der Branche allgemein sowie der technologischen und marktlichen Unsicherheiten, der Wettbewerbsprozesse und der Arbeitsmarktstrukturen im Einzelnen führen sie Kontingenzen an, die ihrer Meinung nach die Ausbildung von Unternehmensnetzwerken fördern.

Tab. 4-18: Zitate: Eigendynamik vs. umweltinduzierte Dynamik

„Unser Unternehmen, aber auch unsere Partner, verändern sich mit hoher Geschwindigkeit. Das hat natürlich auch Auswirkungen auf die Art der Zusammenarbeit.“
„Da sich der Markt und die Technologien ständig verändern, sind auch unsere Kooperationen immer im Fluss.“

4.4.3 Selbstorganisation vs. Fremdorganisation

a.) Theoretischer Rahmen

Wie gezeigt wurde, können sich sowohl die Konsistenzbestrebungen in Organisationen als auch die Kontingenzen der Unternehmensumwelt in einem organisatorischen Veränderungsdruck artikulieren und zu strukturellen und kulturellen Transformationen führen. Transformationsprozesse sind jedoch kein Automatismus, sie bedürfen vielmehr einer Organisation. Es stellt sich die Frage, wie diese Prozesse in Unternehmensnetzwerken gesteuert werden können. Einerseits können Transformationsprozesse durch ein Management (strategisch) geplant und intendiert herbeigeführt werden, das heißt das Resultat einer Fremdorganisation sein.[103] Andererseits können sie eher evolutorisch aus der Organisation heraus entstehen als Folge einer Selbstorganisation der Organisationsmitglieder.[104]

In strategischen Planungsprozessen wird davon ausgegangen, dass Anpassungs- und Transformationsprozesse bewusst gestaltet und beherrscht werden können, das heißt dass sie also das voluntaristische Ergebnis einer Fremdorganisation sind. Vor dem Hintergrund zunehmender Dynamik, Komplexität und Unsicherheit der Unternehmensumwelt muss jedoch davon ausgegangen werden, dass intendiertes Handeln zunehmend an seine Grenzen stößt. Emergente Prozesse, die aus der Eigendynamik von Unternehmensnetzwerken

[102] Eigene Darstellung i. A. a. SYDOW 1992, S. 284-295.

[103] Die Rolle der strategischen Planung und Führung in Unternehmensnetzwerken wird eingehend in Kap. 4.5.3 beschrieben.

[104] Häufig werden für Organisationen drei Abstimmungs- oder Koordinationsformen unterschieden: SCHREYÖGG (1996, S. 151 ff.) unterscheidet die Abstimmung durch Hierarchien, durch Programme und Pläne sowie die Selbstabstimmung. MÖSLEIN (1999, S. 119 ff.) unterscheidet die Fremd-, Markt- und Selbstkoordination. Hier wird die Abstimmung durch Hierarchien sowie Programme und Pläne zur Fremdorganisation zusammengefasst, da sich bei beiden Abstimmungsformen die ausführenden Stellen nicht auf horizontaler Ebene selbstorganisieren, sondern durch übergeordnete Stellen geführt werden. Die marktliche Koordination wurde schon als Gegenpol zur hierarchischen Koordination in Kap. 4.3.3 betrachtet. Vgl. auch zur Selbstabstimmung in Organisationen SCHOPPE u. a. 1995, S. 259 ff., SCHREYÖGG 1996, S. 169 ff., und ZAHN/DILLERUP 1995, S. 46 ff.

entstehen und sich weniger in planerischen, als in selbstorganisatorischen Maßnahmen manifestieren, gewinnen an Bedeutung. Selbstorganisatorische Maßnahmen ergeben sich eher evolutionär aus den existierenden Interorganisationsstrukturen und -kulturen. MINTZBERG/WATERS greifen die Koexistenz von Fremd- und Selbstorganisation auf, indem sie realisierte Strategien als das Ergebnis intendierter *und* emergenter Strategien beschreiben. Dieser Zusammenhang ist in Abb. 4-4 dargestellt.

Abb. 4-4: Intendierte vs. realisierte Strategie[105]

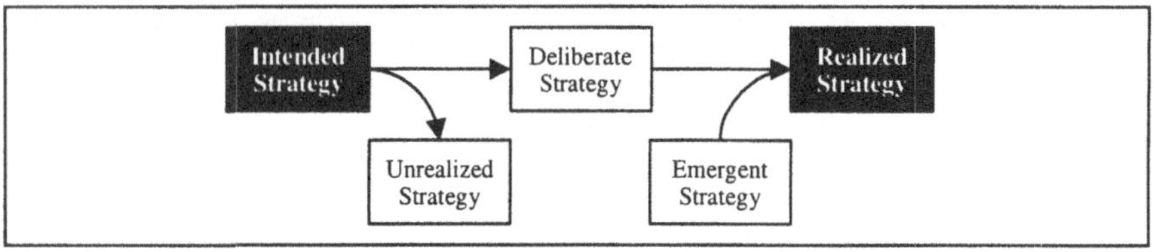

Im Spannungsfeld zwischen Selbst- und Fremdorganisation ergeben sich realistischerweise zumeist hybride Strategien, die sowohl intendierte als auch emergente Komponenten enthalten.[106] Emergente und intendierte Komponenten können in Unternehmensnetzwerken unterschiedlich stark ausgeprägt sein. Für strategische Unternehmensnetzwerke geht SYDOW davon aus, dass sie in einem größeren Ausmaß als andere Unternehmensnetzwerke Ergebnis intendierter Handlungen sind, ohne dadurch die emergente Komponente vollständig zu vernachlässigen.[107]

Strategien stehen in engem Zusammenhang mit Organisationsstrukturen und -mechanismen: Fremdorganisation (Allopoiesis), die auf intendierten Strategien fußt, ist die in Hierarchien vorherrschende Organisationsform;[108] Selbstorganisation (Autopoiesis), die aus emergenten Strategien resultiert, ist die auf Märkten verbreitete Organisationsform.[109] In Unternehmensnetzwerken werden hybride Strategien zwischen Voluntarismus und Determinismus verfolgt, die über Fremd- und Selbstorganisation umgesetzt werden. Fremdorganisation durch das Netzwerkmanagement schafft einen Rahmen, innerhalb dessen sich die Selbstorganisation der Netzwerkakteure entfalten kann. Dabei prägen die Strategien der Akteure die Strukturen des Netzwerkes, die dann wiederum deren Strategien beeinflussen.[110] Zwischen Fremd- und Selbstorganisation sowie Strategie- und Strukturentwicklung

---

[105] MINTZBERG/WATERS 1985, S. 258.

[106] Vgl. MINTZBERG/WATERS 1985, S. 258 f.

[107] Vgl. SYDOW 1992, S. 82. Vgl. auch zu strategischen Unternehmensnetzwerken Kap. 4.5.3.

[108] KIRSCH/KNYPHAUSEN (1991) weisen darauf hin, dass auch in Unternehmen (Hierarchien) Selbstorganisation eine Rolle spielt.

[109] Vgl. HAYEK 1968, S.10.

[110] GIDDENS (1988) arbeitet in seiner Strukturierungstheorie ein Konzept der Dualität von Struktur und Handeln aus: „Strukturen, auch Organisationsstrukturen, sind Produkte menschlichen Handelns – und damit von Strategie –, gleichzeitig aber auch Medium menschlichen Handelns und ermöglichen als solche Strategie.“ (SYDOW 1992, S. 238).

bestehen doppelte Kontingenzen, das heißt sie bedingen sich wechselseitig und müssen deswegen parallel verfolgt werden.[111]

b.) Empirische Beobachtungen

Zuvor wurde gezeigt, dass Transformations- und Anpassungsprozesse, die zur Herstellung von netzwerkinterner Konsistenz und umweltbezogener Kontingenz notwendig werden, durch Netzwerkmitglieder gestartet und umgesetzt werden müssen. Dabei kann die Initiative von fokalen Unternehmen oder von den übrigen Netzwerkunternehmen ausgehen. Werden Transformationsprozesse maßgeblich von fokalen Unternehmen initiiert, deutet dies auf eine Fremdorganisation hin, werden sie eher von den sonstigen Netzwerkunternehmen eingeleitet, überwiegt die Selbstorganisation. Die Interviews haben gezeigt, dass sich die Mehrheit der Multimedia-Agenturen innerhalb der Stichprobe in wechselseitigen, ausgeglichenen Netzwerkbeziehungen eher durch Selbstorganisation koordinieren. Veränderungsprozesse werden von mehreren Akteuren gemeinsam eingeleitet und durchgeführt. Indizien für eine Dominanz der Fremdorganisation konnten lediglich in wenigen Unternehmensnetzwerken ausgemacht werden. Diese gaben an, sie seien gegenüber anderen Netzwerkakteuren in einer vorteilhaften Position und könnten aus dieser Position andere Unternehmen im Sinne einer Fremdorganisation steuern. Eine weiterführende Frage sollte das Ausmaß an intendierten beziehungsweise emergenten Veränderungen klären. Die Gesprächspartner machten deutlich, dass insbesondere die Zusammensetzung der Unternehmensnetzwerke stark durch emergente Prozesse beeinflusst wird. Häufig resultieren neue Netzwerkbeziehungen opportunistisch aus informellen Kontakten, die innerhalb der Branche oder auch über Branchengrenzen hinweg bestehen. Auch die Veränderung existierender Beziehungen ist stark durch emergente Prozesse geprägt. Nach Angaben der Gesprächspartner finden solche Transformationen oft kurzfristig als Reaktion auf geänderte externe Kontingenzen statt. Da sie nicht proaktiv geplant werden, ist diesen Anpassungsmaßnahmen eher ein emergenter als ein intendierter Charakter zuzuschreiben.

Tab. 4-19: Zitate: Selbstorganisation vs. Fremdorganisation

„Es ist falsch zu glauben, dass man in der Zusammenarbeit mit anderen immer alles steuern kann. Die Kooperationspartner haben ihre eigene Agenda, die man vielleicht zu Beginn der Zusammenarbeit gar nicht richtig kennt und die dazu führt, dass Kooperationen immer wieder für Überraschungen gut sind. Im positiven wie im negativen Sinne.“
„Unsere Partnerschaften entwickeln sich ständig weiter. Gerade am Anfang der Zusammenarbeit gibt es große Verbesserungspotenziale. Die meisten Verbesserungspotenziale werden auf der Arbeitsebene identifiziert und umgesetzt.“

[111] Vgl. SYDOW 1992, S. 247.

4.4.4 Flexibilität vs. Stabilität

a.) Theoretischer Rahmen

Fremdorganisation steht eher für eine Koordination durch Weisungen und Pläne in Hierarchien und damit für Stabilität. Selbstorganisation verkörpert eine Koordination durch Interaktionen und marktliche Elemente und damit Flexibilität. Während stabile Organisationsstrukturen für Kontinuität sorgen und Unternehmensnetzwerke vor einer Auflösung bewahren, sorgen flexible Prozesse für „Handlungsspielräume zur Begegnung von Risiken und Wahrnehmung von Chancen."[112] Zwischen Stabilität und Flexibilität besteht ein Gegensatz, der sich an den entgegengesetzten Koordinationsmechanismen Markt und Hierarchie festmachen lässt. Unternehmensnetzwerke sind in der Lage, diesen Gegensatz aufzuheben.[113]

In Unternehmensnetzwerken beziehen sich Stabilität und Flexibilität auf *interorganisationale* Strukturen und Prozesse und werden über die Bindungsintensität zwischen den Akteuren beeinflusst.[114] Dabei werden Maßnahmen zur Steigerung der Flexibilität und solche zur Vermeidung von Inflexibilität unterschieden. Die Flexibilität wird durch (Quasi-) Externalisierungsprozesse erhöht, die Inflexibilität durch Quasi-Integration statt Integration vermieden.[115] Entscheidend ist, das durch Externalisierungs- und Internalisierungsprozesse auf dem Kontinuum zwischen loser und enger Kopplung ein Gleichgewicht gefunden wird, welches Stabilität mit Flexibilität verbindet. Gelingt die Symbiose der scheinbar konkurrierenden Eigenschaften, sind Unternehmensnetzwerke marktlichen oder hierarchischen Organisationsformen überlegen. Die Voraussetzungen und Ansatzpunkte für interorganisationale Stabilität und Flexibilität sind in Tab. 4-20 zusammengefasst.

Tab. 4-20: Voraussetzungen für interorganisationale Stabilität und Flexibilität[116]

Stabilität	Flexibilität
• ausgeprägte Oberflächen- und Tiefenstruktur	• schwache Oberflächen und Tiefenstruktur
• hohe vertragliche Bindungsintensität	• geringe vertragliche Bindungsintensität
• intensive Interaktion, die zu Adaptions- und Transformationsprozessen führt	• hohes Ausmaß an Slack und Redundanz
• hohe Ein- und Austrittsbarrieren für Netzwerkakteure	• niedrige Ein- und Austrittsbarrieren für Netzwerkakteure

Die Stabilität von Unternehmensnetzwerken wird durch intensive Interaktionen und Investitionen gefördert. Über Interaktionen werden interorganisationale Beziehungen

---

112 MEFFERT 1985, S. 122.

113 Vgl. KNETSCH 1996, S. 17 f.

114 Vgl. zur Bedeutung von Flexibilität in Unternehmensnetzwerken COBB 1997, S. 30 ff.

115 Vgl. zur (Quasi-) Internalisierung und (Quasi-) Externalisierung Kap. 4.4.1.

116 Eigene Darstellung i. A. a. SYDOW 1992, S. 116.

aufgebaut.[117] Sie dienen einerseits der Abstimmung der Aktivitäten und der Entscheidungsfindung, andererseits dem Austausch von Informationen, Leistungen und sozialen Handlungen.[118] Der Aufbau von Austauschbeziehungen und die damit verbundenen Adaptionsprozesse sind von Investitionen begleitet.[119] Interaktionen und Investitionen erhöhen die Austrittsbarrieren und damit die Bindungsintensität zwischen den Netzwerkunternehmen.[120] Mit zunehmender Bindungsintensität steigt auch die Abhängigkeit der Akteure. Kommt es zu einem Konflikt, werden Unstimmigkeiten – auf Grund der Abhängigkeit – eher durch Verhandlungen (Voice-Lösung) als durch den Austritt eines oder mehrerer Netzwerkakteure (Exit-Lösung) aufgelöst.[121] Insofern steigt mit der Bindungsintensität die Stabilität des Netzwerkes. Wird dennoch von der Exit-Lösung Gebrauch gemacht, kann auch dies einen Beitrag zur Stabilität leisten, wenn das Unternehmensnetzwerk anschließend zu einem neuen Gleichgewicht findet.

Auch die Flexibilität von Unternehmensnetzwerken wird durch intensive Interaktionen erhöht. Über Interaktionen können Anpassungs- und Transformationsprozesse realisiert werden, die die organisatorische Flexibilität fördern. Andererseits sind die Anpassungs- und Transformationsprozesse wiederum Voraussetzung für die Kontingenz und Konsistenz von Unternehmensnetzwerken und damit für deren Stabilität. Insofern besteht zwischen Flexibilität und Stabilität in Unternehmensnetzwerken eine komplexe, zirkuläre Wechselwirkung.

b.) Empirische Beobachtungen

Es wurde schon festgestellt, dass die befragten Multimedia-Agenturen überwiegend Beziehungen mit einer mittleren Bindungsintensität unterhalten und in diesen gleichermaßen marktliche und hierarchische Koordinationsmechanismen einsetzen.[122] Damit scheinen die Unternehmen der Stichprobe darauf bedacht zu sein, in ihren Netzwerkbeziehungen auf dem Kontinuum zwischen loser und enger Kopplung eine mittlere Position einzunehmen, welche Stabilität mit Flexibilität verbindet. Die Interviewpartner unterstreichen die Bedeutung von Flexibilität für ihr Unternehmen, indem sie konstatieren, dass sie sich in einigen Fällen bewusst für eine kooperative Form der Zusammenarbeit, also für eine Quasi-Internalisierung, entschieden haben, anstatt eine stärkere Integration anzustreben. Gegenüber einer vollstän-

---

[117] Interaktionen werden dabei als wechselseitige agierende und reagierende Handlungen verstanden, über die sich Akteure in Beziehungen koordinieren und austauschen (vgl. RENZ 1998, S. 21).

[118] Vgl. RENZ 1998, S. 21, und BELLMANN/HIPPE 1996, S. 28.

[119] Neben Investitionen in tangible Ressourcen spielen dabei Investitionen in intangible Ressourcen wie Wissen, Vertrauen und Ko-Orientierung eine große Rolle.

[120] Vgl. BELLMANN/HIPPE 1996, S. 28.

[121] Vgl. zum Exit-Voice-Konzept HIRSCHMANN 1974. In der deutschen Übersetzung ist von Abwanderung und Widerspruch die Rede. Vgl. auch BELLMANN/HIPPE 1996, S. 29 f., POWELL 1990, S. 303, und MACMILLAN/FARMER 1979, S. 283.

[122] Vgl. Kap. 4.3.3.

digen Internalisierung erlaubt die Quasi-Internalisierung den beteiligten Akteuren ein höheres Maß an Flexibilität.

Einige Gesprächspartner gaben an, netzwerkartige Beziehungen zeitlich befristet einzugehen, um spezifische Vorleistungen zu beziehen oder klar abgegrenzte Aufgaben zu bearbeiten. In diesen Fällen entscheiden sich die Netzwerkpartner bewusst zugunsten der Flexibilität, die Kooperationen jederzeit oder mit Eintreten eines bestimmten Ereignisses beenden zu können. Zugleich wird aber von einigen Gesprächspartnern die unzureichende Stabilität netzwerkartiger Arrangements als nachteilig genannt: Durch die hohe Branchendynamik machen sich ändernde Markt- und Wettbewerbsbedingungen eine permanente kritische Überprüfung der existierenden Netzwerkbeziehungen notwendig.[123] Sobald die Netzwerkkonstellationen nicht mehr den externen Anforderungen entsprechen, kommt es nach Aussagen der Gesprächspartner vor, dass sich Akteure für eine Auflösung der Beziehung entscheiden, anstatt gemeinsam über einen Transformationsprozess zu einer neuen, adäquateren Konstellation zu gelangen. Damit wird in diesen Kooperationen die Exit- der Voice-Lösung vorgezogen.[124]

Wie die Gespräche gezeigt haben, gibt es aber auch längerfristige, stabile Kooperationen in der Multimediabranche. Sie bestehen zwischen Partnerunternehmen, die beispielsweise gemeinsam neue Anwendungen oder Technologien entwickeln. Diese Aufgaben erfordern ein hohes Maß an Interaktion zwischen den Netzwerkpartnern, wodurch die Voraussetzungen für einen kontinuierlichen Anpassungsprozess und damit für Stabilität gegeben sind. Außerdem können Entwicklungspartnerschaften mit signifikanten Investitionen verbunden sein. Diese Investitionen stellen für die Netzwerkakteure in Form von Sunk Costs eine Austrittsbarriere dar und erhöhen damit die Stabilität des Arrangements.

Tab. 4-21: Zitate: Flexibilität vs. Stabilität

„Wir sind nicht unbedingt an Beteiligungen interessiert. Kooperationen geben uns mehr Flexibilität und die Möglichkeit, den Partner ‚unverbindlicher' kennenzulernen."

„Eins darf man allerdings nicht vergessen: Nicht nur wir können Allianzen auflösen, auch der Partner kann das. Ob uns das recht ist oder nicht."

„Als ‚stabil' würde ich unsere Kooperationen mit Technologiepartnern bezeichnen."

4.5 Typen von Unternehmensnetzwerken

Nachdem die konstituierenden Elemente, die Inhalte und Formen, die statischen Strukturen und dynamischen Prozesse von Unternehmensnetzwerken vorgestellt wurden, interessieren in

[123] Vgl. auch Kap. 4.4.2.

[124] GAHL (1991, S. 59) nennt als zentrales Kriterium für die Exit-Entscheidung: „Der Austritt aus der Allianz ist [...] dann vorteilhaft, wenn die erwartete Verbesserung der Wettbewerbsposition außerhalb der Allianz die Nachteile des Austritts überwiegt."

diesem Kapitel Typen von Unternehmensnetzwerken, wie sie in der Theorie beschrieben werden beziehungsweise in der Praxis beobachtet werden können. Auch die Netzwerktypen werden wieder anhand verschiedener Merkmale identifiziert und beschrieben. Diese Merkmale sind mit den Analyse leitenden Fragestellungen und entsprechenden Netzwerktypen in Tab. 4-22 dargestellt.

Tab. 4-22: Typen von Unternehmensnetzwerken

Merkmale	Analyse leitende Fragestellung	Netzwerktypen
Entwicklungsstufen	Welche Entwicklungsstufen durchlaufen UNs?	Interne, stabile, dynamische und sphärische UNs
Vernetzungsrichtung	In welche Richtungen werden Beziehungen aufgebaut?	Horizontale, vertikale, diagonale UNs
Führungsformen	Wie werden UNs geführt?	Strategische und operative UNs
Reichweite	Welche Grenzen haben UNs?	Regionale, nationale und internationale UNs

4.5.1 Entwicklungsstufen

a.) Theoretischer Rahmen

Unternehmensnetzwerke sind Organisationsformen, die von bestehenden Unternehmen aufgebaut werden. Während die Akteure zunächst autonom sind, bauen sie über Interaktionen interorganisatorische Beziehungen auf, die Unternehmensnetzwerke begründen können. Unternehmensnetzwerke sind, nachdem die interorganisatorischen Beziehungen etabliert wurden, keine statischen Gebilde. Sie sind auf Grund von Transformations- und Anpassungsprozessen, die von umweltinduzierten und unternehmensinternen Bedingungen initiiert werden, einer permanenten Entwicklung unterworfen.

Die Entwicklung von Organisationsformen im Allgemeinen und Unternehmen im Speziellen wird in der Literatur anhand von Modellen beschrieben.[125] Diese gehen von Gesetzmäßigkeiten aus und skizzieren die Entwicklung von Organisationen als Lebenszyklus, der in mehreren Phasen abläuft.[126] Die einzelnen Lebenszyklusphasen repräsentieren idealisierend aufbau- und ablauforganisatorische Konstellationen. Der Übergang von einer Phase zur nächsten wird in den Modellen teils auf exogene, teils auf endogene Faktoren zurückgeführt und ist damit von der Entwicklung der Organisationsumwelt beziehungsweise von organisationsinternen Bedingungen abhängig.[127] Außerdem wird der Phasenübergang als

---

[125] Vgl. auch zur lebenszyklischen Unternehmensentwicklung GLESTI 1995, KORALLUS 1988 und PÜMPIN/PRANGE 1991.

[126] Die Modelle stellen die Realität idealisierend dar und können bei der Einordnung konkreter Organisationen in der Praxis zu Schwierigkeiten führen. Im Gegensatz zu den biologischen Lebenszyklen, die unveränderlichen Naturgesetzen folgen, folgt die Entwicklung von Organisationen keinen rigiden Gesetzen. In Organisationen kann intendiert steuernd eingegriffen und dadurch deren Entwicklung beeinflusst werden.

[127] Die Entwicklung kann durch unternehmensinterne Konsistenzbestrebungen oder durch Kontingenzen der Umwelt ausgelöst und beeinflusst werden (vgl. auch Kap. 4.4.2). Die Phasenabgrenzung kann entsprechend über endogene und exogene Kriterien vorgenommen werden. Zu den endogenen Faktoren zählen u. a. das Alter, die Größe, der Führungsstil sowie Verhaltensweisen und Einstellungen der Organisationsmitglieder, zu

evolutionärer Vorgang, also durch eine gleitende Entwicklung der Strukturen und Prozesse, oder aber als revolutionärer Vorgang, der durch eine Krise hervorgerufen wird, beschrieben.[128]

Für die Entwicklung von Unternehmensnetzwerken sind zwei Arten von Modellen zu unterscheiden. Zum einen gibt es Modelle, die die Unternehmensentwicklung beschreiben und Unternehmensnetzwerke als weitere Entwicklungsstufe von Unternehmen begreifen.[129] Diese Modelle sehen beispielsweise Unternehmensnetzwerke als vorläufigen Endpunkt einer Organisationsentwicklung an, die angetrieben durch umweltinduzierte Anpassungsprozesse von funktionalen Strukturen, über divisionale und Matrix-Organisationen zu Netzwerken führt.[130] Zum anderen gibt es Modelle, die die Entwicklung von Unternehmensnetzwerken selbst in mehreren Stufen beschreiben.[131] Diese Modelle versprechen Erkenntnisse über die dynamischen Veränderungsprozesse, die in Unternehmensnetzwerken stattfinden. Exemplarisch wird hier das Modell von MILES/SNOW vorgestellt, das die in Abb. 4-5 dargestellten vier Typen von Unternehmensnetzwerken unterscheidet.[132]

Abb. 4-5: Entwicklungsstufen von Unternehmensnetzwerken[133]

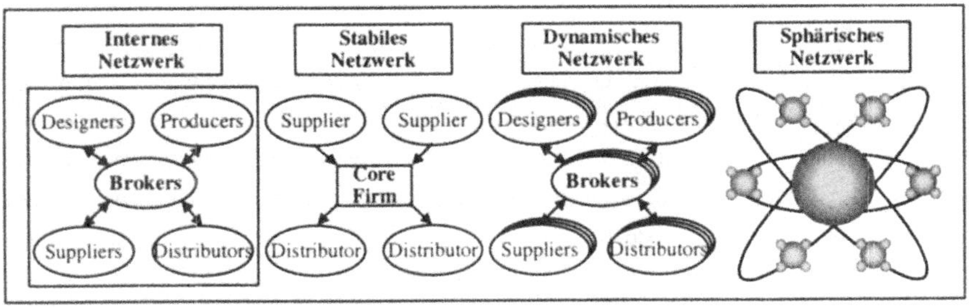

Das *interne Unternehmensnetzwerk* basiert auf einer unternehmensinternen Vernetzung der Aktivitäten, ohne dass durch Quasi-Internalisierung oder -Externalisierung lose Kopplungen eingegangen werden. Die Vernetzung im Inneren des Unternehmens beruht auf dem Einsatz der Leistungsverrechnung zu Marktpreisen statt zu künstlichen internen Verrechnungs-

den exogenen Faktoren der Reifegrad von Märkten, Produkten und Technologien sowie andere Rahmenbedingungen (vgl. GLESTI 1995, S. 22 ff.).

128 Vgl. zur evolutionären und revolutionären Entwicklung von Organisationen GREINER 1972.

129 Vgl. BÜHNER 1996, S. 102 ff., MILES/SNOW 1992 sowie CHANDLER 1995.

130 Vgl. MEYER 1995, S. 124 ff. Vgl. auch BLEICHER (1999, S. 516 ff.), für den sich an die interne Unternehmensentwicklung Phasen der externen Entwicklung anschließen. In diesem Zusammenhang werden auch kooperative Arrangements, d. h. auch Unternehmensnetzwerke, als eine Entwicklungsphase gesehen.

131 Vgl. BECKER 1999, S. 109 ff. und 143 ff.

132 Vgl. zu den nachfolgenden Ausführungen MILES/SNOW 1986a und 1995. Vgl. auch das Modell von LORENZONI/ORNATI (1998, S. 48 f.), die drei Entwicklungsstufen unterscheiden.

133 Eigene Darstellung i. A. a. MILES/SNOW 1992, S. 56, MILES/SNOW 1992, S. 12, und MILES/SNOW 1995, S. 6. Vgl. auch RENZ 1998, S. 194.

preisen.[134] Marktliche Mechanismen ersetzen hierarchische Weisungsstrukturen. Die Teileinheiten sind angehalten, ihre Leistungen nicht nur an unternehmensinterne, sondern auch an unternehmensexterne Abnehmer zu vermarkten. Dadurch ist jederzeit der so genannte Markttest auf jede einzelne Einheit anwendbar, der sie zu kontinuierlichen Innovationen anhält und so ihre Wettbewerbsfähigkeit sicherstellt. Außerdem verringern marktliche Koordinationsmechanismen in internen Unternehmensnetzwerken eine Fehlallokation von Ressourcen.

Werden Beziehungen zu anderen Unternehmen aufgebaut, können *stabile Unternehmensnetzwerke* entstehen. Stabile Unternehmensnetzwerke basieren auf einer partiellen Quasi-Internalisierung und -Externalisierung von Aktivitäten, die überwiegend in vertikaler Richtung stattfindet. Häufig werden stabile Unternehmensnetzwerke durch ein größeres fokales Unternehmen geführt. Durch externe Vernetzung werden externe Synergie- und Innovationspotenziale erschlossen und Risiken zwischen den Netzwerkunternehmen geteilt. Ein solches Netzwerk kann ein hohes Ausmaß an Stabilität erreichen, ist aber auch durch gegenseitige Abhängigkeiten geprägt.

Durch die zunehmende Intensivierung der Transaktions- und Austauschbeziehungen bei gleichzeitiger Konzentration auf die Kernkompetenzen können *dynamische Unternehmensnetzwerke* entstehen.[135] Dynamische Unternehmensnetzwerke sind durch starke Quasi-Internalisierung und -Externalisierung gekennzeichnet. Die Aktivitäten werden von unterschiedlichen Unternehmen stark dezentral durchgeführt, wodurch eine hohe Flexibilität erreicht wird. Ein oder mehrere fokale Unternehmen koordinieren die Leistungserstellung über marktliche Koordinationsmechanismen wie Verträge und leistungsabhängige Bezahlung. Stabilität wird im dynamischen Netzwerk dadurch erzielt, dass die Netzwerkakteure und die von ihnen übernommenen Aktivitäten im Zeitablauf relativ konstant sind. Leistungsfähige IuK-Systeme sichern einen zeitnahen und umfassenden Informationsaustausch.

Das *sphärische Unternehmensnetzwerk*[136] geht noch einen Schritt weiter, indem zusätzlich zur starken Quasi-Internalisierung und -Externalisierung eine dynamische Funktions- und Rollenverteilung eingeführt wird. Die Unternehmen bewegen sich mit ihren Ressourcen in einer Sphäre. Diese stellt einen eher lose gekoppelten freiwilligen Interessenverbund von unabhängigen Unternehmen dar. Ein Statut legt allgemeine Verfahrensregeln, beispielsweise zum Ein- und Austritt, zur Auftragsvergabe, zur Entscheidungsfindung, zur Überkreuzbeteiligung etc. fest. Die Koordination der Aktivitäten erfolgt fallweise über Verträge. Identifiziert ein Unternehmen eine Geschäftschance, kombiniert es als fokales Unternehmen die benötigten Ressourcen. Dabei werden explizit Ressourcen von sphäreninternen und -externen

---

[134] „Als Verrechnungspreise werden solche Wertansätze bezeichnet, die in funktionaler Sicht das unternehmungsinterne Äquivalent externer Marktpreise darstellen." (FRESE 1998, S. 217). Vgl. auch BÜHNER 1996, S. 174 ff.

[135] Vgl. zu den nachfolgenden Ausführungen MILES/SNOW 1986a und 1995.

[136] MILES/SNOW 1995, S. 5 ff.

Unternehmen zusammengeführt. Bevor sphärenexterne Leistungen bezogen werden, müssen diese mit einem Angebot eines sphäreninternen Unternehmens verglichen werden. Durch die Einbeziehung externer Projektpartner wird kontinuierlich Innovationspotenzial in die Sphäre eingebracht. Das sphärische Netzwerk kann parallel in mehrere Projekte involviert sein. Bei jedem neuen Projekt rotiert die Sphäre weiter, so dass immer eine optimale Ressourcenallokation gewährleistet ist. Durch die permanente Anpassung und Transformation der Netzwerkstrukturen wird ein hohes Ausmaß an Stabilität und Flexibilität erreicht.

Das interne und das sphärische Netzwerk können als Endpunkte eines Kontinuums alternativer Netzwerktypen aufgefasst werden. Dabei wird die Entwicklung nach SNOW/MILES maßgeblich durch externe Bedingungen vorangetrieben. Die Netzwerkumwelt, die in ihrem Modell durch einen Branchenlebenszyklus beschrieben wird, stellt unterschiedliche Anforderungen an die Flexibilität und Leistungsfähigkeit von Unternehmensnetzwerken. Während das sphärische Netzwerk in jungen dynamischen Branchen eine adäquate Organisationsform darstellt, ist die dynamische und stabile Form in wachsenden und reifen Branchen und das interne Unternehmensnetzwerk in stagnierenden und rückläufigen Branchen von Vorteil.

Auch wenn die dargestellte Konzeption einigen Erklärungsgehalt in Bezug auf die Entwicklung von Unternehmensnetzwerken bietet, sind einige Punkte kritisch anzumerken:

Die Entwicklung von Unternehmensnetzwerken folgt keinem deterministischen Schema. Dies macht schon die Tatsache deutlich, dass Unternehmensnetzwerke durch Internalisierungs- *und* Externalisierungsprozesse entstehen können. Die Entwicklung kann einerseits durch Externalisierung vom internen zum sphärischen Unternehmensnetzwerk verlaufen, andererseits durch Internalisierung in umgekehrter Richtung. Auch kann sich die Entwicklungsrichtung auf jeder Stufe wieder umkehren.

Es ist nicht plausibel, warum in reifen, stagnierenden Branchen hierarchienähere Netzwerkformen adäquat sein sollen. Es kann entgegengesetzt argumentiert werden, dass gerade diese Branchen durch flexiblere, marktnähere Netzwerkformen wiederbelebt werden können. Ebenso können hierarchische Unternehmen durch Externalisierungsprozesse an Flexibilität gewinnen, um in jungen Branchen erfolgreich zu sein, auch wenn die lose Kopplung der Netzwerkunternehmen nicht an die eines sphärischen Unternehmensnetzwerkes heranreicht.

Damit wird deutlich, dass die Entwicklung von Unternehmensnetzwerken nicht allein deterministisch in Abhängigkeit der Netzwerkumwelt erfolgt. Netzwerktypen definieren sich auch durch die Kombination ihrer Ressourcen und Aktivitäten aus sich heraus und beeinflussen dadurch ihre Umwelt. In diesem Sinne relativieren auch MILES/SNOW ihr Modell, indem sie einräumen, dass „the new form is both a cause and a result of today's competitive environment."[137]

---

[137] MILES/SNOW 1986a, S. 53.

b.) Empirische Beobachtungen

Zuvor wurde für die Entwicklung von Unternehmensnetzwerken exemplarisch das Modell von MILES/SNOW vorgestellt. Im Folgenden soll der Frage nachgegangen werden, in welcher Ausprägung die aufgezeigten Entwicklungsstufen in der Netzwerkpraxis der Multimediabranche beobachtet werden können.[138]

Für *stabile Unternehmensnetzwerke* ist die überwiegend vertikale Quasi-Internalisierung und -Externalisierung der Aktivitäten in stabilen Beziehungen konstitutiv. In ihrer idealtypischen Form wurde diese Netzwerkform in der Stichprobe kaum angetroffen. Dies liegt zum einen daran, dass Multimedia-Agenturen in den meisten Fällen ihre Leistungen nicht über Distributionspartner vertreiben, sondern direkt mit den Kunden interagieren. Deswegen konnten in der Stichprobe keine netzwerkartigen Beziehungen zu Distributionspartnern beobachtet werden. Allerdings unterhalten einige Agenturen zu ihren Kunden Beziehungen, die über reine Zulieferer-Abnehmer-Relationen hinausgehen und dem Charakter nach eher netzwerkartige sind. Auf der Beschaffungsseite sind einige der interviewten Multimedia-Agenturen in Netzwerke eingebunden. Beispiele hierfür sind die Zusammenarbeit mit Content-Lieferanten zum Bezug von Medieninhalten oder mit Softwareherstellern, für die Multimedia-Agenturen als Value Added Reseller auftreten. Allerdings ist die Stabilität dieser Beziehungen, die neben der überwiegend vertikalen Ausrichtung der Beziehungen ein weiteres konstitutives Merkmal für stabile Unternehmensnetzwerke ist, von den Gesprächspartnern nicht durchgängig als hoch eingestuft worden.

Dynamische Unternehmensnetzwerke sind durch die Konzentration auf Kernkompetenzen mittels starker Quasi-Internalisierung und -Externalisierung, durch die Existenz von fokalen Unternehmen sowie durch eine relative Konstanz der Beziehungen gekennzeichnet. Legt man diese Kriterien an die in der Stichprobe enthaltenen Unternehmensnetzwerke an, kann Folgendes festgestellt werden: Die Multimedia-Agenturen der Stichprobe definieren sich zwar überwiegend als Full-Service-Anbieter; sie sind aber dennoch heute auf Kernkompetenzen konzentriert. Diese Kernkompetenzen reflektieren sich marktseitig in den in Kap. 3.2.3 aufgezeigten Positionierungsschwerpunkten. Komplementärkompetenzen, wie Beratungs-, Inhalte- oder Vermarktungskompetenzen, werden von den Unternehmen der Stichprobe unter anderem über netzwerkartige Beziehungen erschlossen.[139] Insofern konnte in der Stichprobe eine starke Quasi-Internalisierung beobachtet werden. Das zweite Kriterium – die Existenz von fokalen Unternehmen – konnte zumindest für die Netzwerke bestätigt werden, in denen Multimedia-Agenturen als Generalunternehmer auftreten.[140] Was die Konstanz der Beziehungen angeht, wurde von den Interviewpartnern einerseits konstatiert, dass die

[138] Von einer Betrachtung der ersten Entwicklungsstufe, der internen Unternehmensnetzwerke, wird abgesehen, da sie keine interorganisationalen Beziehungen umfassen und damit außerhalb des Betrachtungsbereichs dieser Arbeit liegen.

[139] Vgl. Kap. 4.2.4.

[140] Vgl. Kap. 4.3.1.

Aktivitätsverteilung sehr konstant ist, andererseits, dass die Bindungsdauer und -intensität nicht in allen Fällen hoch ist. Auch wenn die Kriterien nicht von allen betrachteten Unternehmensnetzwerken vollständig erfüllt werden, kann resümierend festgehalten werden, dass dynamische Unternehmensnetzwerke in der Multimediabranche durchaus relevant sind.

Sphärische Unternehmensnetzwerke sind durch eine dynamische Funktions- und Aufgabenverteilung auf der Basis eines Statuts in einem eher lose gekoppelten Interessenverbund gekennzeichnet. Bezogen auf die Multimedia-Agenturen der Stichprobe wurde Folgendes beobachtet: Zwar sind in der Multimediabranche durchaus Netzwerkbeziehungen mit niedriger Bindungsintensität zu beobachten. Jedoch konnte nicht festgestellt werden, dass ganze Netzwerke als lose gekoppelter Interessenverbund konfiguriert waren. Darüber hinaus koordinieren sich die Agenturen in ihren Netzwerken über bilaterale Verträge; ein Statut, welches Verfahrensregeln für eine größere Anzahl von Netzwerkakteuren regelt, konnte nicht identifiziert werden. Auch die projektweise Neuverteilung der Kompetenzen und Zuständigkeiten im Netzwerk, das heißt die Rotation der Sphäre, konnte nicht beobachtet werden. Zwar gaben viele Agenturen an, multilaterale Projektkooperationen zu unterhalten. Allerdings bleibt die Verteilung der Wertaktivitäten in diesen Netzwerken auch bei wiederholter Zusammenarbeit konstant.[141] Damit scheint die Entwicklungsstufe der sphärischen Unternehmensnetzwerke in der Stichprobe (noch) keine Rolle zu spielen.

Tab. 4-23: Zitate: Entwicklungsstufen

„Unsere Kooperationen verändern sich häufig. Ich würde die Intensität der Zusammenarbeit nicht bei allen unseren Partnerschaften als hoch bezeichnen."

„Obwohl wir uns als Full-Service-Dienstleister positionieren, sind wir auf Kernkompetenzen konzentriert: Alles was nichts mit der kreativen und technischen Konzeption und Realisierung zutun hat, machen unsere Kooperationspartner."

„Im Netzwerk variiert zwar die Bedeutung der einzelnen Partner über die Zeit, die Rollen sind jedoch relativ konstant."

4.5.2 Vernetzungsrichtung

a.) Theoretischer Rahmen

Unternehmensnetzwerke können nicht nur nach Entwicklungsstadien, sondern auch nach der Vernetzungsrichtung typologisiert werden.[142] Die Vernetzungsrichtung gibt das Verhältnis an, in dem die Netzwerkunternehmen im Leistungserstellungsprozess zueinander stehen. Um die Relationen zu verdeutlichen, können die Wertketten der Akteure in einem Wertsystem

[141] Die Betonung liegt hier auf der Konstanz der Verteilung der *Funktionen und Aufgaben*. Die Verteilung der *Rollen* in Unternehmensnetzwerken der Multimediabranche ist nicht zwingend konstant. So kann im Zeitablauf z. B. die Rolle des fokalen Unternehmens von verschiedenen Akteuren wahrgenommen werden (vgl. auch Kap. 4.5.2).

[142] Vgl. PICOT/REICHWALD/WIGAND 1998, S. 281.

angesiedelt werden.[143] In diesem Wertsystem sind die Wertaktivitäten mehrerer Unternehmen miteinander vernetzt. Insgesamt werden drei Vernetzungsrichtungen unterschieden:[144]

Horizontale Vernetzungen umfassen Unternehmen der gleichen Branche sowie der gleichen Wertschöpfungsstufe und beziehen sich auf eine oder mehrere Wertaktivitäten.[145] Die Netzwerkakteure tauschen Ressourcen und Kompetenzen aus. Zwischen den Netzwerkunternehmen besteht in dem Sinne eine substitutive Beziehung, als sie identische Leistungen erstellen. Wird zwischen konkurrierenden Unternehmen eine Netzwerkbeziehung aufgebaut, bleiben Leistungsbreite und- tiefe konstant.[146] Es steigt lediglich die Ausbringungsmenge durch die Kombination der Marktanteile der beteiligten Unternehmen, was mitunter wettbewerbsrechtlich problematisch sein kann. Horizontale Vernetzungen dienen der Verbesserung der Wettbewerbs- und Ressourcenposition.

Vertikale Vernetzungen umfassen Unternehmen auf verschiedenen Wertschöpfungsstufen, die der gleichen Branche angehören.[147] Die beteiligten Netzwerkunternehmen stehen entsprechend in einem Lieferanten-Abnehmer-Verhältnis und tauschen Vorleistungen aus.[148] Es werden keine Wertaktivitäten, sondern Wertschöpfungsstufen miteinander vernetzt. Aus der Perspektive eines fokalen Unternehmens kann sich die Vernetzung auf vorgelagerte und/oder nachgelagerte Wertschöpfungsstufen beziehen. Vernetzungen mit Lieferanten werden als Rückwärts- oder Upstream-Vernetzungen, solche mit Abnehmern als Vorwärts- oder Downstream-Vernetzungen bezeichnet.[149] Die beteiligten Unternehmen können den verschiedenen Produktions- und Handelsstufen angehören. Wird das Netzwerk durch Quasi-Externalisierung begründet, bedeutet dies eine Verringerung, im Falle der Quasi-Internalisierung eine Erhöhung der Leistungstiefe des fokalen Unternehmens. Die Leistungsbreite bleibt idealtypisch unberührt. Vertikale Vernetzungen dienen der Optimierung der Leistungstiefe.

Diagonale, konglomerate oder laterale Vernetzungen umfassen Vernetzungen von Unternehmen verschiedener Branchen.[150] Die Netzwerkakteure tauschen Ressourcen, Kompetenzen oder Leistungen aus. Zwischen den Netzwerkunternehmen besteht eine komplementäre Beziehung im Sinne sich ergänzender Leistungen. Wird zwischen komple-

---

143 Vgl. zum Begriff des Wertsystems PORTER (1999b, S. 63 f.), nach dessen Definition Wertsysteme auch Lieferanten, Abnehmer, Wettbewerber und Komplementoren umfassen. Die Begriffswahl macht deutlich, dass zur Erzielung von Wettbewerbsvorteilen nicht nur die Wertaktivitäten eines isolierten Unternehmens, sondern auch die Aktivitäten anderer Unternehmen des Wertsystems entscheidend sein können.

144 Vgl. u. a. PICOT/DIETL/FRANCK 1997, S.126, BACKHAUS 1997, S. 258, SCHUBERT/KÜTING 1981, S. 21 ff., und BALLING 1998, S. 42.

145 Vgl. STAUDT/KRIEGESMANN/BEHRENDT 1996, Sp. 927, und BRONDER/PRITZL 1991, S. 46.

146 Vgl. PAUSENBERGER 1993, Sp. 4438.

147 Vgl. STAUDT/KRIEGESMANN/BEHRENDT 1996, Sp. 927.

148 Vgl. BERG 1981, S. 73 f.

149 Vgl. zu den Begriffen der Rückwärts- und Vorwärtsvernetzung PAUSENBERGER 1993, Sp. 4438, sowie zur Upstream- und Downstream-Vernetzung GERYBADZE 1995, S. 210 ff.

150 PAUSENBERGER (1993, Sp. 4438) definiert diagonale Formen der Zusammenarbeit über die unterschiedlichen Produkt-Markt-Felder der Akteure.

mentären Unternehmen eine Netzwerkbeziehung aufgebaut, steigt die Leistungsbreite bei unveränderter Leistungstiefe. In der Regel ist diese Form der Vernetzung wettbewerbsrechtlich unbedenklich.[151] Diagonale Vernetzungen dienen der Erstellung komplementärer oder grundlegend neuer Leistungen. Insofern verschieben sie existierende Branchengrenzen, führen Branchen zusammen (Branchenkonvergenz) oder begründen neue Branchen.

Mit der Wahl der Vernetzungsrichtung ist eine bestimmte Zielsetzung verbunden, die über die Stärkenkombination und den Stärken-Schwächen-Ausgleich hinausgeht. Während die horizontale Vernetzung direkt auf eine Verbesserung der Marktposition abzielt, verfolgt die vertikale und diagonale Vernetzung dieses Ziel indirekt über die Optimierung der Leistungstiefe beziehungsweise -breite. Trotz der Unterschiede werden die drei Vernetzungsformen über die gleichen Mechanismen der Quasi-Internalisierung und -Externalisierung realisiert.

b.) Empirische Beobachtungen

In den theoretischen Ausführung wurden je nach Ausrichtung der Netzwerkbeziehungen in Relation zum fokalen Unternehmen horizontale, vertikale und diagonale Vernetzungen unterschieden. Nachfolgend wird untersucht, welche der genannten Vernetzungsrichtungen für die Multimedia-Agenturen der Stichprobe von Bedeutung sind:

Von *horizontalen Vernetzungen* wird gesprochen, wenn Unternehmen der gleichen Branche sowie der gleichen Wertschöpfungsstufe zusammenarbeiten. Entsprechend ist die Zusammenarbeit zwischen zwei Multimedia-Agenturen eine horizontale Vernetzung. Diese Kooperationen wurden von den Unternehmen der Stichprobe nur in einigen Fällen für eine begrenzte Zeitdauer eingegangen, um komplementäre Ressourcen zu nutzen und kurzfristig die Kapazitäten zu erhöhen. Die meisten Agenturen schließen jedoch eine horizontale Kooperation aus, da sie auf ihre Unabhängigkeit großen Wert legen.

Im Gegensatz zur horizontalen Vernetzung sind die *vertikalen und diagonalen Vernetzungen* in der Multimediabranche nicht klar abgrenzbar. Der Grund hierfür ist die in Kap. 3.1.1 beschriebene Branchenkonvergenz, die dazu führt, dass Branchengrenzen nicht mehr trennscharf gezogen werden können. Folgt man der Branchenabgrenzung dieser Arbeit, so gehören alle Unternehmen, die in Kap. 4.2.4 als potenzielle Kooperationspartner von Multimedia-Agenturen beschrieben wurden, nicht zur Multimediabranche. Insofern würde es sich bei einer Zusammenarbeit um diagonale Vernetzungen handeln. Andererseits werden die komplementären Leistungen nicht unabhängig voneinander angeboten, sondern in einigen untersuchten Fällen in der Kooperation zu komplexen Systemlösungen integriert. Insofern bestehen in diesen Kooperationen Lieferanten-Abnehmer-Beziehungen, die wiederum konstitutiv sind für vertikale Vernetzungen. Dies macht deutlich, dass durch die Vernetzung der Leistungserstellung Branchengrenzen aufgehoben werden, so dass eine Unterscheidung zwischen diagonaler und vertikaler Zusammenarbeit nicht mehr möglich ist.

---

[151] Vgl. SCHUBERT/KÜTING 1981, S. 33 ff.

Auch die Unterscheidung, wer in einem Netzwerk in der Multimedia-Branche die Rolle des Lieferanten und wer die des Abnehmers übernimmt, ist nicht immer eindeutig. Wie beschrieben wurde, ist die Leistungserstellung in der Multimediabranche ein Projektgeschäft.[152] Werden die Projekte in längerfristigen Kooperationen abgewickelt, dann kann die Richtung des Leistungsaustausches und damit die Verteilung der Rollen fallweise variieren. Entscheidend für die Rollenverteilung ist, welcher der Netzwerkpartner den Kontakt zum Kunden, der die gemeinsam erbrachte Leistung abnimmt, aufbaut und unterhält. Liegt die Kundenbeziehung bei der Multimedia-Agentur, fungieren die Netzwerkpartner als Lieferanten und die Agentur als deren Abnehmer. Liegt der Kontakt bei einem der Netzwerkpartner, ist die Rollenverteilung umgekehrt. Schließlich gibt es noch den Fall, dass der Kunde als Bindeglied zwischen der Multimedia-Agentur und den Netzwerkpartnern auftritt. In diesem Fall findet zwar zwischen den Unternehmen – gegebenenfalls über den Kunden – eine Koordination der Leistungserstellung, aber kein Leistungsaustausch statt. Obwohl alle drei Konstellationen in der Stichprobe gleichermaßen vertreten sind, streben die Agenturen in der Regel eine Generalunternehmerschaft an, bei der sie die Kundenbeziehung unterhalten und die Netzwerkpartner als Lieferanten fungieren.

Tab. 4-24: Zitate: Vernetzungsrichtung

„Eine Zusammenarbeit mit Wettbewerbern würde ich für unser Unternehmen ausschließen."
„Für uns sind als Partner hauptsächlich Unternehmen interessant, die unsere Leistungspalette ergänzen. Dazu gehören vor allem Content-Provider, Vermarkter und Technologieanbieter."
„In unserem Netzwerk ist es nicht einfach zu definieren, wer Lieferant und wer Abnehmer ist. Wir arbeiten mit unseren Kooperationspartnern gemeinsam für Kunden. Da kann in unterschiedlichen Projekten oder Projektphasen jeder mal den Lead übernehmen."

4.5.3 Führungsformen

a.) Theoretischer Rahmen

Unternehmensnetzwerke können in Abhängigkeit von den kollektiv verfolgten Zielsetzungen auf unterschiedliche Arten geführt werden. In der Literatur wird in Bezug auf die Zielsetzungen und Führungsformen zwischen strategischen und operativen Unternehmensnetzwerken unterschieden.[153]

[152] Vgl. Kap. 3.1.1.

[153] Unter *Unternehmensführung* wird die Willensbildung und -durchsetzung durch geeignete Entscheidungs-, Planungs-, Steuerungs-, Implementierungs- und Kontrollprozesse verstanden (vgl. HAHN 1999a, S. 32 f.). Im Allgemeinen zielt Unternehmensführung auf die Suche, den Aufbau, die Realisierung und die Erhaltung von Erfolgspotenzialen unter Sicherung der laufenden Liquidität (vgl. GÄLWEILER 1990, S. 28). *Erfolgspotenziale* sind alle erfolgsrelevanten Voraussetzungen, die spätestens dann bestehen müssen, wenn es um die Erfolgsrealisierung geht. Dazu zählen vor allem Ressourcen- und Wettbewerbspotenziale, die langfristig aufgebaut werden müssen. Die *operative Führung* zielt auf die „bestmögliche *Realisierung* des in der Nahperiode bestehenden Erfolgspotentials [...] sowie die Sicherung der laufenden Liquidität." (GÄLWEILER 1990, S. 28). Die *strategische Führung* zielt auf „die *Suche*, den *Aufbau* und die *Erhaltung* hinreichend hoher

Strategische Unternehmensnetzwerke werden von Akteuren aufgebaut, die für sich Erfolgspotenziale erschließen und nachhaltig ihre Wettbewerbsposition verbessern wollen. Sie dienen also zunächst der Verfolgung der individuellen strategischen Zielsetzungen. Die strategische Bedeutung des Unternehmensnetzwerkes für die Akteure artikuliert sich in explizit formulierten Zielen, der Langfristigkeit der Bindung, der Intensität der Zusammenarbeit, der formalen Struktur und Rollenzuweisung, der gemeinsamen Identität, dem Bezug zum Kerngeschäft und den Auswirkungen auf die Vermögens- und Ertragslage.[154] Damit das Unternehmensnetzwerk als Ganzes erfolgreich sein kann, müssen jedoch die individuellen Zielsetzungen im Sinne einer kollektiven Strategie des Unternehmensnetzwerks auf einer Metaebene koordiniert werden.[155] Diese kollektive Strategiedefinition und die sich anschließende strategische Führung des Unternehmensnetzwerkes kann auf verschiedene Arten erfolgen.

In kleinen, einfach strukturierten Netzwerken kann die strategische Koordination der Aktivitäten zwischen den Akteuren in dyadischen Beziehungen erfolgen.[156] Insbesondere in solchen Netzwerken, in denen zwischen den Akteuren ein weitgehendes Machtgleichgewicht besteht und die individuellen Zielsetzungen der Akteure beinahe deckungsgleich sind, können Koordinationsmaßnahmen auf bilateraler Ebene ausreichen. Symmetrische strategische Zielsetzungen der Netzwerkpartner und ausgeglichene Machtverhältnisse fördern den Aufbau von Beziehungen, da alle Netzwerkunternehmen die Zusammenarbeit mit der gleichen Intensität verfolgen.[157] Mit zunehmender Größe wird jedoch die kollektive strategische Abstimmung in einem solchen polyzentrischen Netzwerk schwierig. Mit der Größe steigt die Anzahl der bilateral zu koordinierenden Interaktionsbeziehungen und damit die Komplexität

---

und sicherer Erfolgspotentiale unter Berücksichtigung der damit verbundenen langfristigen Liquiditätswirkungen." (GÄLWEILER 1990, S. 28). Die strategische Führung findet ihren Ausdruck in *Unternehmensstrategien*, die zukunftsorientiert unter Bezugnahme auf die Technologie-, Umwelt-, Wettbewerbs- und Ressourcenposition die unternehmerischen Aktivitätsfelder für das gesamte Geschäft festlegt. Damit prägen sie nachhaltig die Vermögens- und Ertragslage des Unternehmens (vgl. STEINMANN/SCHREYÖGG 1997, S. 152).

[154] Vgl. SYDOW 1992, S. 80 f.

[155] Vgl. BRESSER 1989 und LIMERICK/CUNNINGTON 1993, S. 159 ff. BRESSER (1989, S. 545) definiert kollektive Unternehmensstrategien als „systematische Vorgehensweise, die von mehreren Organisationen gemeinschaftlich entwickelt und implementiert werden; sie dienen der Stabilisierung und Beherrschung interdependenter Aufgabenumwelten." Vgl. auch zur Wechselwirkung der individuellen Kooperationsziele HEßHAUS 1977, S. 187 ff.

[156] Vgl. auch EVERS (1998, S. 322), der für mittelständische Unternehmensnetzwerke (MUNW) konstatiert: „Als zentrales führungsrelevantes Merkmal erwies sich, dass MUNW keine ‚strategische Spitze' aufweisen. Da sich MUNW ausschließlich aus mittelständischen Unternehmen konfigurieren, ist keines der Netzwerkmitglieder den anderen von der [...] Ressourcenausstattung her fundamental überlegen. MUNW weisen prinzipiell keinen ‚Mächtigen' auf, der das Netzwerk gemäß seinen Intentionen dominant zu prägen in der Lage wäre. Vielmehr besteht eine annähernde Gleichgewichtigkeit aller Mitglieder im Netzwerk, die eine Mehrgipfligkeit in den Führungsstrukturen bedeutet. Der Schwerpunkt der Betrachtung der Strategischen Führung verschiebt sich damit von der vertikalen Ebene (‚hierarchische Führung') auf die horizontale Ebene (‚gemeinsame Führung')."

[157] Vgl. MÄNNEL 1996, S. 43.

der Führung exponentiell an. Die Komplexität erhöht Konfliktpotenziale und Entscheidungskosten, die den Nutzen der Kooperation relativieren können.[158]

In großen Unternehmensnetzwerken kann die Komplexität reduziert werden, indem die strategische Führung zentralisiert durch ein oder mehrere fokale Unternehmen (Hub Firms) wahrgenommen wird.[159] Fokale Unternehmen beeinflussen den Prozess der kollektiven Strategiefindung und -implementierung, der Rollen-, Aufgaben-, Ressourcen- und Erfolgsverteilung sowie der Adaption und Transformation des Netzwerkes. Die Netzwerkpartner können mehr oder weniger stark in diesen Prozess einbezogen werden. Dadurch bleibt auch in strategischen Unternehmensnetzwerken der polyzentrische Charakter grundsätzlich erhalten.[160] Jedoch geben die Netzwerkunternehmen im Sinne einer subsidiären Vorgehensweise freiwillig einen Teil ihrer Autonomie auf, um im Gegenzug die Vorteile des Netzwerkes zu nutzen.[161] Die Autonomie der Netzwerkunternehmen wird nur in den Bereichen eingeschränkt, in denen individuelle Strategien konträr zu kollektiven Strategien sind. In allen anderen Bereichen können die Netzwerkunternehmen autonom ihre individuelle Strategie verfolgen.

Neben der Komplexität der Führungsaufgabe sind in großen Unternehmensnetzwerken häufig asymmetrische Machtverhältnisse und divergierende individuelle Zielsetzungen für die Ausprägung einer zentralen strategischen Führungsinstanz verantwortlich.[162] In Unternehmensnetzwerken liegen selten symmetrische Machtverhältnisse und damit rein polyzentrische Strukturen vor.[163] Schon bei der Gründung von Unternehmensnetzwerken können Machtasymmetrien auf Grund von Größenunterschieden oder unterschiedlicher Ressourcenausstattung bestehen, die sich im Zeitablauf verstärken. Diese Machtasymmetrien begrenzen polyzentrische Führungsstrukturen und fördern die kollektive strategische Führung durch fokale Unternehmen.

Operative Unternehmensnetzwerke dienen der Realisierung kollektiver Erfolgspotenziale.[164] Sie erfüllen eher eine bestimmte Funktion, als dass sie bestimmte Ziele verfolgen. So können zum Beispiel operative Unternehmensnetzwerke gleichsam einer Arbeitsgemeinschaft zur Abwicklung eines gemeinsamen Projektes für eine begrenzte Zeitdauer eingegangen werden, wenn das Projekt für keinen der Beteiligten strategische Bedeutung besitzt. Operative Unternehmensnetzwerke sind jedoch nicht allein durch eine kurze Bindungsdauer gekennzeichnet. Beispielsweise können Zuliefernetzwerke längerfristig Bestand haben, aber lediglich operativer Natur sein, falls die ausgetauschten Leistungen für die beteiligten Unternehmen

---

[158] Vgl. MÄNNEL 1996, S. 44, und die dort angegebene Literatur.

[159] Vgl. JARILLO/RICART 1987, S. 84.

[160] SYDOW 1992, S. 81.

[161] Vgl. zur Übertragung des Subsidiaritätsprinzips auf Unternehmensnetzwerke VIER 1996, S. 143, und REISS 1996, S. 199.

[162] Vgl. RENZ 1998, S. 286 ff.

[163] Vgl. Kap. 4.3.2.

keine Erfolgspotenziale erschließen. Auf Grund der geringeren Bedeutung, die die Akteure operativen Netzwerken beimessen, sind die Bindungsintensität und die formalen Strukturen eher schwach ausgeprägt. Dadurch sind die einzelnen Netzwerkakteure leichter austauschbar.

b.) Empirische Beobachtungen

Zuvor wurden in Abhängigkeit von der Führungsform strategische und operative Unternehmensnetzwerke unterschieden. In den Gesprächen wurde deutlich, dass die Gesprächspartner nicht oder nur wenig trennscharf zwischen operativen und strategischen Kooperationsformen unterscheiden. Es gibt offensichtlich in der Unternehmenspraxis zur Abgrenzung der beiden Konzepte kein allgemeingültiges Verständnis. Das führt dazu, dass die Unternehmenspraktiker zunächst tendenziell allen Arten der Zusammenarbeit eine strategische Bedeutung beimessen, auch wenn bei näherer Betrachtung wesentliche Kriterien nicht erfüllt sind. In den Interviews wurde der Versuch unternommen, durch ein kritisches Hinterfragen für die betrachteten Netzwerkbeziehungen die Führungsformen trennscharf herauszuarbeiten. Die Bedeutung der beiden Führungsformen für die Multimedia-Agenturen der Stichprobe ist nachfolgend dargestellt:

Für *strategische Unternehmensnetzwerke* wurden explizit formulierte Ziele, langfristige, intensive Beziehungen, eine strukturelle und kulturelle Anpassung, der Bezug zum Kerngeschäft sowie eine signifikante Auswirkung auf die Vermögens- und Ertragslage als konstitutiv bezeichnet. Eine Überprüfung der Stichprobe anhand dieser Kriterien kommt zu dem folgenden Ergebnis: Wie schon in Kap. 4.4.4 gezeigt wurde, unterhalten einige Multimedia-Agenturen der Stichprobe längerfristige und stabile Kooperationen – zum Beispiel mit dem Ziel, im Netzwerkverbund neue Anwendungen oder Technologien zu entwickeln. Diese Beziehungen sind nach Aussagen der Interviewpartner durch eine intensive Zusammenarbeit geprägt und führen zumindest in den betroffenen Funktionsbereichen zu einer strukturellen und kulturellen Annäherung. Uneinheitlich ist jedoch in der Stichprobe der Bezug zum Kerngeschäft ausgeprägt: Einige Agenturen gaben an, dass sie durch die Zusammenarbeit in Unternehmensnetzwerken existierende Geschäftsfelder ausbauen, andere, dass sie über Partnerschaften neue Geschäftsfelder erschließen. Beide Zielsetzungen haben nach Meinung der Gesprächspartner signifikante Auswirkungen auf die Vermögens- und Ertragslage.

Operative Unternehmensnetzwerke wurden durch eine stärkere Funktions- als Zielorientierung, schwache Bindungsintensitäten sowie eine geringe strukturelle und kulturelle Anpassung charakterisiert. Die Multimedia-Agenturen der Stichprobe sind wesentlich häufiger in operative Unternehmensnetzwerke als in solche mit strategischer Ausrichtung eingebunden. Dies kann darauf zurückgeführt werden, dass die Anforderungen an operative Formen der Zusammenarbeit niedriger sind und deswegen mehr Kooperationen diesen

[164] Vgl. zur operativen Unternehmensführung und deren Zielsetzung GÄLWEILER 1990, S. 28.

entsprechen. Beispielsweise sind solche Beschaffungsnetzwerke in der Stichprobe weit verbreitet, die für die beteiligten Akteure keine strategische Bedeutung haben, jedoch durchaus den Kriterien einer operativen Vernetzung genügen. Die Beziehungen in Beschaffungsnetzwerken sind funktionsbezogen und erfordern nach Aussagen der Gesprächspartner kaum strukturellen und kulturellen Integrationsaufwand. Darüber hinaus spielen Projektkooperationen in der Stichprobe eine große Rolle. Sie haben überwiegend operativen Charakter, weil sie weniger auf den Aufbau als auf die Erschließung von Erfolgspotenzialen zielen.

Tab. 4-25: Zitate: Führungsformen

„Wir sind in einigen langfristigen Kooperationen engagiert, denen ich durchaus strategischen Charakter beimessen würde. Insbesondere, weil sie für die mittel- bis langfristige Entwicklung unseres Unternehmens von großer Bedeutung sind."

„Wenn man die Zusammenarbeit in Projekten als operativ bezeichnet, dann haben wir überwiegend operative Kooperationen."

4.5.4 Reichweite

a.) Theoretischer Rahmen

Unternehmensnetzwerke können nach ihrer Reichweite unterschieden werden. Die Reichweite wird durch die Grenzziehung zwischen Netzwerk und Netzwerkumwelt bestimmt. Während die klassische mikroökonomische Sichtweise die Bestimmung der Grenzen von Organisationen an der eigentumsrechtlichen, vertraglichen und hierarchischen Kontrolle von Ressourcen festmacht, bestehen in einer systemtheoretischen Sichtweise vielfältige Beziehungen zwischen Organisationen und ihrer Umwelt.[165] Diese lassen eine Bestimmung organisationaler Grenzen kaum zu.[166]

Das Beziehungsgeflecht in Netzwerken führt dazu, dass Unternehmen einerseits über die Ressourcen von Netzwerkpartnern verfügen, andererseits zu Gunsten der Netzwerkpartner einen Teil der Kontrolle über die eigenen Ressourcen aufgeben.[167] Dadurch bestehen zwischen den Unternehmen im Netzwerk eher verschwommene als eindeutige Grenzen, die sich häufig auch verschieben oder vollständig auflösen können.[168]

Auch die Grenzen zwischen Unternehmensnetzwerken und ihrer Umwelt können kaum eindeutig festgestellt werden. Zum einen werden Unternehmens-, Netzwerk- und Branchen-

---

[165] Vgl. SYDOW 1992, S. 96.

[166] Systemtheoretische Ansätze konzeptionalisieren Unternehmensnetzwerke als hyperoffene Systeme, in denen die Mitgliedschaft der Akteure nur vage definiert werden kann.

[167] Vgl. HAKANSSON/SNEHOTA 1989, S. 193 f.

[168] BADARACCO (1988) prägt den Ausdruck der *blurred boundaries*. Vgl. auch zur Grenzverschiebung und -öffnung ORTMANN/SYDOW 1999, S. 205 ff.

grenzen abhängig vom Erkenntnisinteresse subjektiv definiert. Zum anderen sind sie in Abhängigkeit von der kognitiven Orientierung der Netzwerkmitglieder sozial konstruiert.[169]

Interaktionstheoretische Ansätze gehen teilweise so weit, dass sie die Existenz von Unternehmens- oder Netzwerkgrenzen vollständig negieren. Sie konzipieren nicht nur Unternehmen, sondern auch deren Umwelt und Märkte als Netzwerk.[170] Die klassische Trennung zwischen Unternehmen und deren Umwelt beziehungsweise Innen- und Außenperspektive wird aufgehoben.[171] Unternehmensgrenzen werden immer weiter in die Umwelt verlagert, so dass schon von grenzenlosen Unternehmen die Rede ist.[172]

Auch wenn die Bestimmung von Unternehmens-, Netzwerk- und Branchengrenzen und damit die Bestimmung der jeweiligen Reichweite schwierig ist, können dennoch geographische Reichweiten unterschieden werden. Je nach der geographischen Ansiedlung der Netzwerkakteure werden regionale, nationale und internationale Netzwerke unterschieden.[173] So können etwa in vertikalen Netzwerken Lieferanten-Abnehmer-Beziehungen mit den genannten vier Reichweiten bestehen.[174] Hierbei handelt es sich um externe Netzwerke, die mehrere, relativ autonome Unternehmen umfassen.

Aber auch für interne Unternehmensnetzwerke gelten verschiedene geographische Reichweiten. So können beispielsweise international oder national tätige Unternehmen als Netzwerk konzipiert werden.[175] Nach dem traditionellen hierarchischen Modell sind in vielen Unternehmen inländische und ausländische Niederlassungen oder Tochterunternehmen einseitig von der Zentrale abhängig. Entscheidungen werden zentral getroffen und hierarchisch durchgesetzt. Das Resultat ist häufig eine beschränkte Innovationsfähigkeit und Flexibilität in Hinblick auf die unterschiedlichen Markt- und Umweltgegebenheiten. Durch die Konzeption von nationalen oder internationalen Unternehmen als interne Netzwerke werden die Ressourcen und Fähigkeiten aller Niederlassungen und Tochterunternehmen in wechselseitigen marktlichen Beziehungen ausgetauscht. Dadurch können die Netzwerkakteure den jeweiligen Markt- und Umweltgegebenheiten besser gerecht werden und eigenständig Adaptions- und Transformationsprozesse einleiten.

---

169 Vgl. VIER 1996, S. 111.

170 Im Rahmen der interaktionsorientierten Netzwerkansätze wird auch von *markets as networks* gesprochen (vgl. EASTON/HAKANSSON 1996). Vgl. auch Kap. 5.4.

171 Vgl. RENZ 1998, S. 22 f.

172 Vgl. BLEICHER 1996, S. 62 f., sowie PICOT/REICHWALD/WIGAND 1998, S. 263 f. und 275 f.

173 Regionale Netzwerke zeichnen sich durch eine räumliche Agglomeration der Netzwerkunternehmen innerhalb einer Stadt, eines Landkreises oder eines Bundeslandes aus. Nationale Netzwerke beziehen sich auf das Gebiet eines Staates, innerhalb dessen Grenzen mehrere Unternehmen zusammenarbeiten. In internationalen Netzwerken arbeiten Unternehmen über Staatsgrenzen hinweg (vgl. FRIESE 1998, S. 148).

174 Je nach geographischer Reichweite wird beim Bezug von Vorleistungen von *Local* oder *Global Sourcing* gesprochen.

175 Vgl. die idealtypische Organisationsform des transnationalen Unternehmens nach BARTLETT/GHOSHAL 1990, S. 84 f., und BARTLETT 1986, S. 441-446. Vgl. auch zur Bedeutung von Netzwerkstrukturen für Internationalisierungsstrategien deutscher Unternehmen KOLLER/RAITHEL/WAGNER 1996, S. 192 f.

b.) Empirische Beobachtungen

Zuvor wurden die Probleme beschrieben, die auftreten, wenn man zur Bestimmung der Reichweite von Unternehmensnetzwerken deren Grenzen operationalisieren möchte. Als ein Kriterium, welches vergleichsweise einfach zu handhaben ist, wurde die geographische Reichweite von Unternehmensnetzwerken vorgestellt. Die Multimedia-Agenturen der Stichprobe sind mit überwiegender Mehrheit in Unternehmensnetzwerke eingebunden, deren Akteure in Deutschland ansässig sind. Bei einem Großteil handelt es sich um Unternehmen, die ihren Hauptsitz in Deutschland haben, bei einer Minderheit um deutsche Niederlassung von ausländischen Unternehmen. Insofern dominieren innerhalb der Stichprobe deutlich rein nationale Unternehmensnetzwerke. In einigen wenigen Fällen sind an Unternehmensnetzwerken unmittelbar ausländische Unternehmen beteiligt, die aus Westeuropa oder den USA kommen.[176]

Darüber hinaus konnte anhand der beobachteten Unternehmensnetzwerke festgestellt werden, dass in fast allen Netzwerken auf regionaler Ebene Konzentrationen auftreten. Insbesondere bei Agenturen aus der Stichprobe, die aus den Ballungsräumen Berlin, Hamburg und München kommen, war eine Ballung der Netzwerkakteure an den jeweiligen Standorten zu beobachten.

Tab. 4-26: Zitate: Reichweite

„Trotz Internet und anderer moderner Kommunikationsmöglichkeiten spielt die räumliche Nähe für Partnerschaften eine große Rolle. Wenn wir im Tagesgeschäft mit anderen Firmen zusammen arbeiten, ist die Nähe schon aus Zeit- und Kostengründen einfach unerläßlich."
„Das Gros unserer Kooperationspartner sitzt in Deutschland. Allerdings haben wir auch Partner im Silicon Valley und an anderen High-Tech-Standorten. Diese Firmen sind weltweit führend in speziellen Technologien, wie zum Beispiel Broadband. Wenn wir den Zugang zu diesen Technologien haben wollen, müssen wir international kooperieren."

4.6 Abgrenzung zu verwandten Kooperationsformen

Unternehmensnetzwerke bauen auf kooperativen Beziehungen zwischen mehreren Akteuren auf. Damit sind Kooperationen einerseits konstitutiver Bestandteil von Unternehmensnetzwerken. Andererseits repräsentieren Unternehmensnetzwerke selbst eine Form der Kooperation.[177] Neben den Unternehmensnetzwerken werden in der Literatur und Unternehmenspraxis eine Vielzahl anderer Kooperationsformen diskutiert. Begriffsverwen-

---

[176] Vgl. auch SCHMIDT 2000, S. 81.

[177] Kooperationen werden definiert als „eine auf stillschweigenden oder vertraglichen Vereinbarungen beruhende Zusammenarbeit zwischen rechtlich selbständigen und in den nicht von der Kooperation betroffenen Bereichen auch wirtschaftlich nicht voneinander abhängigen Unternehmungen", die zu einem gemeinsamen Zweck freiwillig und bewusst eingegangen werden (BLOHM 1980, Sp. 1112). Der Koopera-

dung und -abgrenzung der einzelnen Kooperationsformen erfolgen nicht immer trennscharf. Deswegen werden hier verbreitete Kooperationsformen kurz vorgestellt und ihre Unterschiede und Überschneidungen herausgearbeitet, um sie gegenüber Unternehmensnetzwerken abzugrenzen.

Wertschöpfungspartnerschaften sind eine strategische Kooperationsform zwischen Unternehmen auf aufeinanderfolgenden Stufen der Wertkette.[178] Sie gehen über den bloßen Leistungsaustausch hinaus, indem in einer engen, vertrauensvollen Zusammenarbeit zwischen den Partnern die Leistungserstellung koordiniert wird. Die Partner konzentrieren sich auf ihre Kernkompetenzen innerhalb einzelner Wertschöpfungsbereiche, treten nach außen jedoch als geschlossene Wettbewerbseinheit auf.[179] Durch diese Form der Kooperation werden Koordinations- und Skalenvorteile von Großunternehmen mit den Innovations- und Flexibilitätsvorteilen kleinerer Unternehmen kombiniert und dadurch Wettbewerbsvorteile realisiert.[180] Wertschöpfungspartnerschaften sind damit in der Art der Kooperation Unternehmensnetzwerken sehr ähnlich. Wenn sie mehr als zwei Unternehmen umfassen, können sie als Unternehmensnetzwerk konzeptionalisiert werden.

Strategische Allianzen werden definiert als „eine Form der Unternehmenskooperation[...], in der die Partner zur Erzielung von Wettbewerbsvorteilen bzw. strategischen Stärken eine oder mehrere ihrer jeweiligen Wertschöpfungsaktivitäten miteinander verknüpfen."[181] Synonym werden auch die Begriffe *Strategisches Bündnis*, *Strategische Koalition* und *Strategische Partnerschaft* verwendet.[182] Strategische Allianzen können horizontale, vertikale und diagonale Kooperationen umfassen.[183] Durch die Kooperation in ausgewählten Wertaktivitäten wollen die Partner einen Stärken-Schwächen-Ausgleich herbeiführen. Eine Stärkenkombination ist seltener die Zielsetzung von Strategischen Allianzen. Sie bleibt Unternehmensnetzwerken vorbehalten. Eine weiteres Differenzierungsmerkmal gegenüber Unternehmensnetzwerken ist die zeitliche Befristung so wie die – zumindest in der Unternehmenspraxis beobachtete – Beschränkung auf zwei Unternehmen.[184]

---

tionsbegriff wird in der Literatur sehr unterschiedlich definiert (vgl. die Literatur bei FRIESE 1998, S. 57 ff., und SCHUBERT/KÜTING 1981, S. 118 f.).

[178] Der Begriff der *Wertschöpfungspartnerschaft* (value-adding partnership) wurde von JOHNSTON/LAWRENCE (1988) eingeführt.

[179] Vgl. JOHNSTON/LAWRENCE 1988, S. 95 ff.

[180] Vgl. JOHNSTON/LAWRENCE 1988, S. 99.

[181] Vgl. HÖFER 1997, S. 32. Unter dem Begriff der *Strategischen Allianz* fand ab den 80er Jahren die Kooperation als Organisationsform weite Verbreitung.

[182] Vgl. SYDOW 1992, S. 63.

[183] Vgl. BRONDER/PRITZL 1992, S. 30 ff. Entgegen dieser Auffassung schränken einige Autoren den Begriff auf horizontale Kooperationen (vgl. z. B. BACKHAUS/MEYER 1993, S. 330) oder vertikale Kooperationen (vgl. z. B. MÜLLER 1994, S. 34) ein.

[184] Nach MÜLLER-STEWENS (1993, Sp. 4064) sind strategische Allianzen auf Zielerreichung und nicht auf Dauer angelegt.

Joint Ventures sind rechtlich selbstständige und wirtschaftlich abhängige Gemeinschaftsunternehmen, welche durch mindestens zwei rechtlich voneinander unabhängige Muttergesellschaften gegründet oder erworben werden.[185] Weitere spezifische Merkmale von Joint Ventures sind die Teilung der Führungsverantwortung, der Erträge und des unternehmerischen Risikos zwischen den Muttergesellschaften. Durch die eigene Rechtspersönlichkeit des Gemeinschaftsunternehmens kann dieses auch eigene Ziele verfolgen, die zu den Zielen der Muttergesellschaften nicht unbedingt symmetrisch, sondern durchaus komplementär oder sogar konfliktär sein können.[186] Joint Ventures unterscheiden sich von Unternehmensnetzwerken, außer durch die stark institutionalisierte Form der Zusammenarbeit, durch die fehlende Eigenschaft der Polyzentriertheit. Während Unternehmensnetzwerke den Austritt von Akteuren durch ihre polyzentrische Veranlagung problemlos bewältigen, kann dies bei Joint Ventures zur Auflösung führen.[187] Joint Ventures können Bestandteil eines Netzwerkes sein, sind aber für sich genommen keines.

Konsortien sind Kooperationen auf vertraglicher Basis, deren Mitglieder rechtlich und wirtschaftlich selbstständig bleiben.[188] Sie werden zur Durchführung genau abgegrenzter Projekte häufig in Form einer Gesellschaft des bürgerlichen Rechts gebildet und nach der Aufgabenerfüllung wieder aufgelöst. Die Konsortialpartner verfolgen durch ihren gemeinsamen Marktauftritt das Ziel der Erlangung von Wettbewerbsvorteilen. Konsortien werden zur Risikoteilung oder Ressourcenbündelung gebildet und ermöglichen dadurch häufig erst die Abwicklung von Großprojekten beispielsweise im Großanlagenbau, im Baugewerbe und der Finanzwirtschaft.[189] Konsortien umfassen, ähnlich den Unternehmensnetzwerken, in der Regel mehr als zwei Partnerunternehmen, die durch einen Konsortialführer koordiniert werden. Durch die hohe vertragliche Formalisierung der Kooperation ist im Konsortium, anders als in Unternehmensnetzwerken, eine Fluktuation der Akteure kaum möglich. Zudem beschränkt sie die unternehmerische Flexibilität und Handlungsfähigkeit auf die Durchführung eines bestimmten Projektes, wohingegen Unternehmensnetzwerke durch ihren niedrigeren Formalisierungsgrad Adaptions- und Transformationsprozesse und damit ein langfristiges Bestehen ermöglichen. Konsortien können auf Grund der genannten signifikanten Unterschiede keine Unternehmensnetzwerke begründen.

---

[185] Vgl. BLEICHER/HERRMANN 1991, S. 14, SCHUBERT/KÜTING 1981, S. 219, und PAUSENBERGER 1989, S. 624. Diese enge Begriffsauslegung entspricht dem *Equity Joint Venture*, bei dem die Muttergesellschaften das Gesellschaftskapital in Form einer Direktinvestition in das Unternehmen einbringen. Equity Joint Ventures sind durch ihre eigenständige Rechtsform und ihr vergleichsweise hohes Organisationsniveau eine Sonderform der Kooperation. Eine weite Begriffsfassung bezieht auch eine rein vertragliche Kooperation in Form eines *Contractual Joint Ventures* mit ein, wobei die spezifischen Merkmale des Joint Ventures vorliegen müssen (vgl. WEDER 1989, S. 36 f.). Die Abgrenzung zwischen Contractual Joint Ventures und Strategischen Allianzen ist dennoch unscharf. Häufig werden die Begriffe synonym verwendet.

[186] Vgl. ENGELHARDT/SEIBERT 1981, S. 429.

[187] Vgl. MÄNNEL 1996, S. 61.

[188] Vgl. WÖHE/DÖRING 2000, S. 327 f.

[189] Vgl. WÖHE/DÖRING 2000, S. 327 f.

Kartelle sind vertragliche Absprachen, bei denen die rechtliche und wirtschaftliche Selbstständigkeit der beteiligten Betriebe nicht berührt wird. Durch ausschließlich horizontale Kooperationen beschränken oder beseitigen Kartelle den Wettbewerb und führen zu einer marktbeherrschenden Stellung. Auf Grund dieser wettbewerbspolitisch unerwünschten Zielsetzung sind Kartelle im Gesetz gegen Wettbewerbsbeschränkungen (GWB) grundsätzlich verboten.[190] Einige wettbewerbspolitisch weniger bedenkliche Formen müssen angemeldet oder genehmigt werden und sind somit zulässig.[191] Kartelle unterscheiden sich von Unternehmensnetzwerken durch ihre ausschließlich horizontale Kooperationsrichtung mit dem Ziel der Marktbeherrschung. Unternehmensnetzwerke können auch vertikale und laterale Kooperationen umfassen und zielen auf eine Verbesserung der Ressourcen- und Wettbewerbsposition ohne zwangsläufig eine marktbeherrschende Stellung anzustreben. Während in Unternehmensnetzwerken durch eine dynamische Art der Kooperation die Erschließung von Potenzialen verfolgt wird, sind Kartelle auf die Bewahrung eines Zustands ausgerichtet.[192] Auf Grund der unterschiedlichen Zielsetzung können Kartelle keine Unternehmensnetzwerke begründen.

Virtuelle Unternehmen sind heterarchische, zunächst auf die Ausnutzung einer temporären Marktchance ausgerichtete Unternehmensnetzwerke, die durch Informations- und Kommunikationstechnologien verbunden gemeinsam einen Teil ihrer Ressourcen nutzen.[193] Im Vergleich mit den bisher beschriebenen Kooperationsformen weisen virtuelle Unternehmen den geringsten strukturellen und vertraglichen Formalisierungsgrad auf, da sie nur für die Zeitdauer eines gemeinsamen Projektes auf Grund von nichtvertraglichen Abmachungen oder einfachen Austauschverträgen bestehen.[194] Virtuelle Unternehmen sind polyzentrisch organisiert und werden nicht durch ein fokales Unternehmen geführt.[195] Neben dem Projektcharakter und der fehlenden fokalen Führung unterscheiden sich virtuelle Unternehmen von Unternehmensnetzwerken durch den starken Einsatz von Informations- und Kommunikationstechnologien.[196] Virtuelle Unternehmen und Unternehmensnetzwerke sind

---

[190] §1 Abs. 1 GWB.

[191] Vgl. GWB.

[192] Vgl. MÄNNEL 1996, S. 57.

[193] Vgl. BALLING 1998, S. 27, BYRNE 1993, S. 36, DAVIDOW/MALONE 1993, S. 5, MERTENS 1994, S. 169, OLBRICH 1994, S. 28, SCHRÄDER 1996, S. 36, und WEBER/WALSH 1994, S 24 f.

[194] SCHOLZ (1996, S. 208) spricht von „punktuellen Vertragsverhältnissen".

[195] KONRADT (1999, S. 105) stellt heraus, dass die Führungsaufgabe „gemeinschaftlich sowie zeit- und ortsunabhängig ausgeübt" wird.

[196] PICOT/REICHWALD (1999, S. 133) stellen den temporären Charakter von virtuellen Unternehmen heraus, indem sie darauf verweisen, dass „die individuelle Aufgabe [...] jeweils die Struktur der virtuellen Organisation" determiniert. DAVIDOW/MALONE (1993, S. 16) betonen die Bedeutung von IuK-Technologien in virtuellen Unternehmen: Das virtuelle Unternehmen „braucht ein hocheffizientes System zur Nutzung von Markt- und Kundendaten, muß dieses mit den neuesten Entwicklungsmethoden und einer rechnergesteuerten Fertigung verbinden und schließlich die daraus resultierenden Betriebsabläufe mit qualifizierten Mitarbeitern so betreiben, daß auch die Zulieferer, die Abnehmer im Groß- und Einzelhandel sowie die Endverbraucher in das Netz eingebunden werden."

verwandte Konzepte, die sich auf Grund unterschiedlicher Schwerpunkte aber nur bedingt überschneiden.[197]

Die Gegenüberstellung zeigt, dass es verschiedene Verwandtschaftsformen zwischen den Kooperationsarten gibt. Um die Beziehungen noch einmal zu verdeutlichen werden die Begriffe und Konzepte abschließend in Relation zu einander gesetzt. Zum Oberbegriff der Kooperation gibt es untergeordnete, nebengeordnete und ergänzende Begriffe.[198] Wertschöpfungspartnerschaften sind eine mögliche Ausprägung von Unternehmensnetzwerken. Der Begriff deckt einen ähnlichen Sachverhalt ab. Es handelt sich um einen *untergeordneten Begriff.* Strategische Allianzen, Joint Ventures und virtuelle Unternehmen können Bestandteile von Unternehmensnetzwerken sein, diese jedoch nicht begründen. Insofern decken die Begriffe einen Teil des mit dem Terminus Unternehmensnetzwerke angesprochenen Sachverhalts ab, umfassen aber gleichzeitig auch noch andere Sachverhalte. Es handelt sich um *ergänzende Begriffe.* Konsortien und Kartelle stellen nicht oder nur in Ausnahmefällen Bestandteile eines Unternehmensnetzwerkes dar. Da sie andere Sachverhalte beschreiben, handelt es sich um *nebengeordnete Begriffe.* In Tab. 4-27 sind die verschiedenen Kooperationsformen zusammenfassend anhand einiger wichtiger Kriterien gegenübergestellt.

Tab. 4-27: Abgrenzung verwandter Kooperationsformen

Kooperationsform	**Unternehmensnetzwerke**	**Wertschöpfungspartnerschaft**	**Strategische Allianz**	**Joint Venture**	**Virtuelle Unternehmen**	**Konsortien**	**Kartelle**
Rechtliche Selbstständigkeit	●	●	●	●	●	●	●
Wirtschaftliche Selbstständigkeit	○	○	○	●	●	●	●
Vertragliche Abmachung	◗	●	◗	●	◗	●	●
Kapitalbeteiligung	◗	◗	◗	●	○	○	○
Eigene Rechtspersönlichkeit	○	○	○	●	○	●	●
IuK-technische Verbindung	◗	◗	◗	◗	●	◗	◗
Mehr als zwei Partner	●	◗	○	◗	●	◗	◗
Zeitliche Befristung	◗	◗	◗	○	●	●	◗
Horizontale Kooperationsform	◗	○	◗	◗	◗	◗	●
Vertikale Kooperationsform	◗	●	◗	◗	◗	◗	○

[197] Vgl. auch REICHWALD/MÖSLEIN (2000, S. 118), die virtuelle Organisationen und Unternehmensnetzwerke als adäquate Organisationsform unter Bedingungen hoher Marktunsicherheit beschreiben, wobei jedoch die virtuelle Organisation besser geeignet sei, gleichzeitig mit einer hohen Produktkomplexität umzugehen.

[198] Vgl. GERPOTT (1993, S. 36), der die Formen von Begriffsverwandtschaften für Unternehmensakquisitionen herausarbeitet.

Tab. 4-27: Abgrenzung verwandter Kooperationsformen (Fortsetzung)

Kooperationsform	Unternehmensnetzwerke	Wertschöpfungspartnerschaft	Strategische Allianz	Joint Venture	Virtuelle Unternehmen	Konsortien	Kartelle
Gemeinsamer Marktauftritt	◗	●	◗	◗	●	●	○
Wettbewerbsbeschränkung	◗	◗	◗	◗	◗	◗	●
Strategische Ausrichtung	◗	●	●	◗	◗	◗	◗
Operative Ausrichtung	◗	○	○	◗	◗	◗	◗
●: konstituierendes Merkmal ◗: mögliches Merkmal ○: ausgeschlossenes Merkmal							

4.7 Zusammenfassung

Abschließend werden die wesentlichen Erkenntnisse des Kapitels zusammengefasst. Dazu sind die Eingangs vorgestellten strukturellen und prozessualen Merkmale mit den aus der Theorie abgeleiteten Erkenntnisse und den empirischen Beobachtungen, die aus der explorativen Untersuchung in der Multimediabranche gewonnen wurden, in Tab. 4-28 und Tab. 4-29 kontrastiert.

Tab. 4-28: Zusammenfassung: Strukturelle Merkmale von Unternehmensnetzwerken

Kap.	Merkmale	Theoretischer Rahmen	Empirische Beobachtungen in der Multimediabranche
4.2	*Elemente und Inhalte von UNs*		
4.2.1	Akteure	In UNs können Individuen, Teileinheiten von Unternehmen, Unternehmen oder Populationen von Unternehmen als Akteure auftreten.	Alle untersuchten Multimedia-Agenturen sind in interorganisationale Netzwerke eingebunden.
4.2.2	Beziehungen	In UNs existieren Informations-, Vertrauens-, Transaktions- und Machtbeziehungen, die auch in dieser Reihenfolge aufgebaut werden.	Die Abfolge der einzelnen Beziehungsebenen beim Aufbau von UNs wird bestätigt. Uneinheitlich wird die Relevanz von Machtbeziehungen beurteilt.
4.2.3	Vernetzungsinhalte	In Transaktionsbeziehungen werden Informationen sowie personelle, finanzielle und physische Ressourcen ausgetauscht oder gemeinsam genutzt.	Der Austausch personeller Ressourcen sowie von Informationen hat hohe, der Austausch physischer Ressourcen eher niedrige Bedeutung.
4.2.4	Vernetzungsfelder	Eine netzwerkartige Beziehung kann sich prinzipiell auf jede betriebliche Teilaufgabe und jeden Unternehmensbereich erstrecken.	Multimedia-Agenturen vernetzen u. a. die Wertaktivitäten Beratung, Inhalte, Kreation, Technik und Vermarktung.
4.3	Statische Dimensionen		
4.3.1	Autonomie vs. Interdependenz	In UNs sind Unternehmen rechtlich selbstständig, wirtschaftlich jedoch zumeist abhängig.	Die Netzwerkbeziehungen sind überwiegend durch eine niedrige, wechselseitig ausgeglichene Abhängigkeit charakterisiert.
4.3.2	Monozentrismus vs. Polyzentrismus	Uns sind zwar polyzentr. Gebilde mit mehreren AEM-Zentren, die jedoch insb. In ihrer strat. Ausprägung auch hierarchische Strukturen umfassen.	Die Netzwerkbeziehungen sind überwiegend polyzentrisch in heterarchischen Strukturen organisiert.

Tab. 4-28: Zusammenfassung: Strukturelle Merkmale von Unternehmensnetzwerken (Fortsetzung)

Kap.	Merkmale	Theoretischer Rahmen	Empirische Beobachtungen in der Multimediabranche
4.3.3	Markt vs. Hierarchie	UNs sind kein eigenst. Koordinationsmechanismus. Sie vereinen hierarchische und marktliche Koordinationselemente.	Die Gewichtung der hierarchischen und marktlichen Koordinationselemente in Netzwerkbeziehungen ist sehr unterschiedlich.
4.3.4	Kooperation vs. Wettbewerb	In UNs schließen sich Kooperations- und Wettbewerbsstrategien nicht aus, sondern bedingen sich wechselseitig.	Kooperation und Wettbewerb können, müssen aber nicht in Netzwerkbeziehungen koexistieren.

Tab. 4-29: Zusammenfassung: Prozessuale Merkmale von Unternehmensnetzwerken

Kap.	Merkmale	Theoretischer Rahmen	Empirische Beobachtungen in der Multimediabranche
4.4	*Dynamische Dimensionen*		
4.4.1	Internalisierung vs. Externalisierung	Durch Prozesse der Quasi-Internalisierung bzw. -Externalisierung entstehen Beziehungen mittlerer Bindungsintensität, die für UNs konstitutiv sind.	Für die Entstehung von UNs ist die Quasi-Internalisierung die Regel, die Quasi-Externalisierung eine Ausnahmeerscheinung.
4.4.2	Eigendynamik vs. Umwelt-induzierte Dynamik	Eigendynamik entsteht aus dem netzwerkinternen Bestreben nach Konsistenz, umweltinduzierte Dynamik aus dem Bestreben nach Kongruenz.	UNs befinden sich regelmäßig in Anpassungsprozessen, da jeder durch Konsistenz und Kongruenz geprägte Gleichgewichtszustand in einer dynamischen Umwelt nur von begrenzter Dauer ist.
4.4.3	Selbstorganisation vs. Fremdorganisation	Fremdorganisation durch das Netzwerkmanagement schafft einen Rahmen, innerhalb dessen sich die Selbstorganisation der Netzwerkakteure entfalten kann.	Die Selbstorganisation der Netzwerkakteure dominiert: Aufbau und Anpassung von Netzwerkbeziehungen ist stark durch emergente Prozesse geprägt.
4.4.4	Flexibilität vs. Stabilität	In UNs bestehen Strukturen, die gleichermaßen Flexibilität und Stabilität ermöglichen. Die mittlere Bindungsintensität der Akteure ermöglicht flexible Anpassungsprozesse, die Stabilität fördern.	Die Flexibilität netzwerkartiger Arrangements wird einheitlich als hoch, die Stabilität uneinheitlich bewertet.
4.5	Typen von UNs		
4.5.1	Entwicklungsstufen	UNs durchlaufen in Abhängigkeit der Netzwerkumwelt verschiedene Entwicklungsstufen, die z. B. als internes, stabiles, dynamisches und sphärisches UNs bezeichnet werden können.	Die UNs der Multimediabranche entsprechen am ehesten den dynamischen Netzwerken. Mit stabilen oder sphärischen UNs haben sie wenig Gemeinsamkeiten.
4.5.2	Vernetzungsrichtung	In Abhängigkeit vom Verhältnis, in dem die Netzwerkunternehmen im Wertschöpfungsprozess zueinander stehen, werden horizontale, vertikale und diagonale UNs unterschieden.	Vertikale und diagonale Vernetzungen spielen eine große Rolle, sind aber wegen der Branchenkonvergenz nicht klar abgrenzbar. Horizontale Vernetzungen werden überwiegend ausgeschlossen.
4.5.3	Führungsformen	Abhängig von den Zielsetzungen und Führungsformen wird zwischen strategischen und operativen UNs unterschieden.	Operative UNs sind in Form von Beschaffungs- oder Projektnetzwerken weit verbreitet. Strategische UNs existieren z. B. zur Entwicklung von Technologien, sind aber weniger verbreitet.
4.5.4	Reichweite	In Abhängigkeit von der geographischen Reichweite werden regionale, nationale und internationale UNs unterschieden.	Es überwiegen nationale UNs mit regionaler Konzentration. Internationale UNs sind erst in Ansätzen zu beobachten.

5 Theorien zur Erklärung von Unternehmensnetzwerken

In diesem Kapitel werden Theorien zur Erklärung von Unternehmensnetzwerken vorgestellt und ihr netzwerkspezifischer Erklärungsgehalt untersucht und kritisch gewürdigt. Damit baut dieses Kapitel auf der Definition und Charakterisierung von Unternehmensnetzwerken in Kap. 4.1 auf und bildet die Grundlage für einen theoretischen Bezugsrahmen, der in Kap. 6 entwickelt und zur Untersuchung des Gestaltungsprozesses von Unternehmensnetzwerken in der Multimediabranche verwendet wird.

Die in diesem Kapitel vorgestellten Theorien erklären verschiedene Aspekte von Unternehmensnetzwerken. Dabei ist es bedeutend, dass es zwar viele theoretische Ansätze gibt, die einen Beitrag zur Analyse der Entstehung und Gestaltung von Unternehmensnetzwerken leisten. Jedoch gibt es keine umfassende Theorie, die Unternehmensnetzwerke in ihren vielfältigen Facetten untersucht.[1] Um dennoch zu einem weit reichenden Erklärungsbeitrag zu gelangen, werden in vielen Arbeiten mehrere theoretische Ansätze mit unterschiedlichen Erklärungsschwerpunkten nebeneinander gestellt.[2] Ein solcher multiparadigmatischer Forschungsansatz wird auch in dieser Arbeit verfolgt.[3]

Auf Grund ihrer Fülle ist es kaum möglich, auch nur annähernd alle möglicherweise relevanten theoretischen Ansätze zur Erklärung von Unternehmensnetzwerken zu berücksichtigen. Deswegen muss eine Auswahl getroffen werden, die unter forschungspragmatischen Gesichtspunkten erfolgt und die zentralen Analyse leitenden Fragestellungen reflektiert. Da diese Arbeit als zentrale Fragestellung den Gestaltungsaspekt von Unternehmensnetzwerken aufgreift, sind insbesondere solche Ansätze auszuwählen, die Erkenntnisse für die Planung, den Aufbau und die Entwicklung von Unternehmensnetzwerken versprechen. Die nachfolgende Auswahl der Ansätze greift insoweit auf die detaillierte Darstellung der theoretischen Ansätze vor, als dies für die Argumentation erforderlich ist.

Der Ausgangspunkt des theoretischen Spektrums ist der marktorientierte Strategieansatz, auf den schon Kap. 3 der vorliegenden Arbeit maßgeblich aufbaute: Die Analyse der Wettbewerbsintensität und -kräfte im Rahmen der Branchenstrukturanalyse, die Untersuchung von Wertketten sowie die Formulierung von Wettbewerbsstrategien stellen Kernelemente des marktorientierten Strategieansatzes dar. Insofern ist dieser präskriptive Ansatz geeignet, einen Planungsprozess für die Gründung oder Erweiterung von Unter-

---

[1] Vgl. SYDOW 1992, S. 129.

[2] Vgl. u. a. BALLING 1998, BECKER 1999, MÄNNEL 1996, MEYER 1995, PADBERG 2000, PRANGE 1999, RENZ 1998, RIGGERS 1998, SYDOW 1992 und VIER 1995.

[3] Ein Paradigma beschreibt „die Gesamtheit der Aussagen oder Problemlösungsmuster, die in einer bestimmten ‚wissenschaftlichen' Gemeinschaft Geltung haben." (NAGEL/ERBEN/PILLER 1999, S. 6). Ein multi-paradigmatischer Forschungsansatz rezipiert demnach mehrere dieser Aussagengebäude oder Problemlösungsmuster, um zu neuen Erkenntnissen zu gelangen.

nehmensnetzwerken bis zur Entscheidung über die organisatorischen Handlungssoptionen zu begleiten.

Für den Aufbau und die Entwicklung von Unternehmensnetzwerken bietet der marktorientierte Strategieansatz jedoch kaum Erkenntnisse.[4] Er weist hier Defizite auf, die durch andere, komplementäre Ansätze kompensiert werden. Die Defizite des marktorientierten Strategieansatzes, sowie komplementäre Erklärungsansätze, die diese Defizite zumindest teilweise kompensieren können, sind in der Abb. 5-1 dargestellt.

Abb. 5-1: Theoretisches Spektrum der Arbeit[5]

Ausgangsbasis: Der marktorientierte Strategieansatz			**Erweiterung der Ausgangsbasis: Erklärungsansätze für Unternehmensnetzwerke**
(+) Verfolgt mit der Wettbewerbsposition eine Außenperspektive	(−) Vernachlässigt die erfolgsrelevanten internen Bedingungen	▷	**Ressourcenorient. Strategieansatz:** Erklärt Bedeutung von Ressourcenpositionen und deren Entwicklung durch Kooperationen
(+) Stellt Wettbewerbsstrategien dar	(−) Vernachlässigt Kooperationsstrategien	▷	**Spieltheorie:** Erklärt Vorteilhaftigkeit von Kooperationsstrategien
(+) Branchenstrukturanalyse zur Ermittlung der Wettbewerbsintensität	(−) Polarisiert zwischen Unternehmen und Umwelt	▷	**Interaktionsorientierter Netzwerkansatz:** Betonen Beziehungen zwischen Unternehmen und Umwelt
(+) Präskriptiver Ansatz	(−) Keine Darstellung des Gestaltungsprozesses	▷	**Phasenansatz der Kooperationsgestaltung** Stellen Prozess der Kooperationsgestaltung dar

Die Abbildung zeigt, dass der Ressourcenansatz komplementär zum marktorientierten Strategieansatz ist, da er Unternehmen aus einer Innen- statt Außensicht betrachtet, die Spieltheorie, weil sie Kooperations- statt Wettbewerbsstrategien thematisiert, der interaktionsorientierte Netzwerkansatz, weil er Unternehmen und Umwelt nicht antagonistisch, sondern aufeinander bezogen darstellt und der Phasenansatz der Kooperationsgestaltung, weil er nicht nur einzelne Methoden, sondern einen gesamten Prozess beschreibt. Im Folgenden werden die fünf genannten theoretischen Ansätze detailliert vorgestellt, auf ihren netzwerkspezifischen Erklärungsgehalt überprüft und kritisch gewürdigt. Damit bereitet dieses Kapitel die Grundlagen für das *dritte Forschungsziel* – die Erstellung eines theoretischen Bezugsrahmens zur Untersuchung des Gestaltungsprozesses von Unternehmensnetzwerken.

---

[4] Vgl. auch zu den Erklärungsdefiziten des marktorientierten Strategieansatzes in Bezug auf Unternehmensnetzwerke das Kap. 5.1.3 sowie die dort zitierte Literatur.

[5] Eigene Darstellung. Vgl. auch zum Erklärungsgehalt sowie zur Kritik der Ansätze die folgenden Kapitel 5.1 bis 5.5.

5.1 Industrieökonomik und marktorientierter Strategieansatz

Seit den 60er Jahren wurde von den frühen Protagonisten des Strategischen Managements ein Ansatz zur Strategieformulierung entwickelt, der neben den Werten der Manager und allgemeinen Anforderungen der gesellschaftlichen Umwelt vor allem die Chancen und Risiken der Unternehmensumwelt (Opportunities and Threats) sowie die Stärken und Schwächen (Strengths and Weaknesses) von Unternehmen analysierte.[6] Ziel des Strategischen Managements ist der Aufbau und die Erhaltung von Wettbewerbsvorteilen.

Anfang der 80er Jahre wurde aufbauend auf dem Structure-Conduct-Performance-Paradigma der Industrieökonomik die Strategieforschung durch die Analyse der Chancen und Risiken dominiert.[7] Das Ergebnis dieser Forschung ist der marktorientierte Strategieansatz, der Wettbewerbsvorteile insbesondere aus der Branchenattraktivität ableitet.[8] Die mit dem marktorientierten Strategieansatz zwangsläufig einhergehende Konzentration auf die Unternehmensumwelt wurde erst Ende der 80er Jahre relativiert. In Rückbesinnung auf die frühen Werke der Strategielehre wurden neben den Chancen und Risiken verstärkt die Stärken und Schwächen von Unternehmen in die Strategieformulierung einbezogen.[9]

5.1.1 Zentrale Konzepte

Das Hauptanliegen der Industrieökonomik ist die Analyse und Erklärung von Markt- und Wettbewerbsstrukturen, deren Auswirkungen auf das Verhalten von Unternehmen sowie das erzielte Ergebnis.[10] Die Industrieökonomik stellt stark wohlfahrtstheoretische Interessen in den Vordergrund, indem sie wirksame Wettbewerbsstrukturen (Workable Competition) fordert.[11] Im Gegensatz zum neoklassischen Modell der vollständigen Konkurrenz, geht die Industrieökonomik davon aus, dass wirksamer Wettbewerb auch in oligopolistischen Wettbewerbsumfeldern möglich ist.[12]

Zentrales Konzept der Industrieökonomik ist das maßgeblich von BAIN Ende der 50er Jahre entwickelte Structure-Conduct-Performance-Paradigma.[13] Dieses geht davon aus, dass die Markt- und Wettbewerbsstrukturen einer relevanten Branche das Verhalten der

---

6 Vgl. ANSOFF 1966, S. 111, und ANDREWS 1971.

7 Vgl. KNYPHAUSEN 1993, S. 771 f.

8 Vgl. PORTER 1981.

9 Ergebnis dieses Forschungszweiges ist der ressourcenorientierte Ansatz (Resource-based View), der Wettbewerbsvorteile aus einer überlegenen Kombination von Unternehmensressourcen ableitet (BARNEY 1991, S. 99 f.). Dieser wird in Kap. 5.2 vorgestellt.

10 Vgl. JACQUEMIN 1986, S. 9.

11 Vgl. zum Konzept des *workable competition* Clark 1940. Wirksame Wettbewerbsstrukturen stellen auf gesamtwirtschaftliche Wohlfahrtsaspekte ab. Sie werden operationalisiert „durch die Ergebnisnormen der allokativen und produktiven Effizienz (gemessen durch die Gewinnrate der Unternehmen), des technischen Fortschritts, der Vollbeschäftigung und der gerechten Einkommensverteilung." (MINDERLEIN 1993, S. 169).

12 Vgl. PFÄHLER 1996, Sp. 695. Vgl. zu der Funktionsfähigkeit von Wettbewerbsstrukturen KANTZENBACH 1967.

Unternehmen in dieser Branche und damit deren Ergebnis beeinflussen.[14] Diese Abfolge ist mit den entsprechenden Kriterien in Abb. 5-2 dargestellt.

Abb. 5-2: Structure-Conduct-Performance-Paradigma[15]

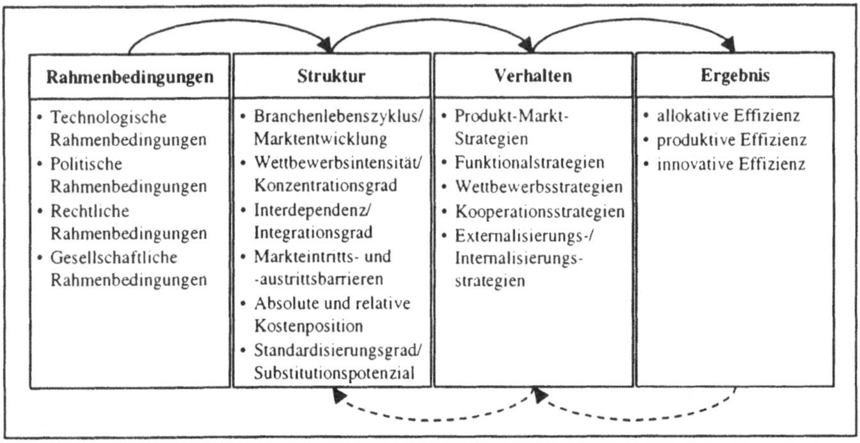

In der ursprünglichen Fassung des Ansatzes wurde von einem deterministischen, monokausalen Zusammenhang zwischen Struktur, Verhalten und Ergebnis ausgegangen, der in Abb. 5-2 durch die durchgezogenen Pfeile dargestellt ist. Diese deterministische Konzeption wurde vielfach kritisiert, da sie letztendlich unterstellt, dass Unternehmen ihre Strategien an Marktstrukturen anpassen müssen und entsprechend nicht in der Lage sind, durch eine Strategiewahl das Unternehmensergebnis zu beeinflussen.[16] In einer überarbeiteten Form des Structure-Conduct-Performance-Paradigmas wird von reziproken Abhängigkeiten (in Abb. 5-2 dargestellt durch die gestrichelten Pfeile) ausgegangen, die eine Wechselwirkung zwischen Ergebnis und Verhalten beziehungsweise Verhalten und Struktur zugestehen.[17] Konkret bedeutet dies, dass Markt- und Wettbewerbsstrukturen maßgeblich von Unternehmensstrategien (Verhalten) beeinflusst werden, die von erzielten und erzielbaren Ergebnisgrößen abhängen.[18]

---

[13] Vgl. BAIN 1956 und 1959.

[14] In der deutschen Übersetzung wird häufig von *Marktstruktur*, *Marktverhalten* und *Marktergebnis* gesprochen. Insbesondere der Begriff *Marktverhalten* scheint ungeeignet, da es nicht um das Verhalten des Marktes, sondern um das Verhalten von Unternehmen geht, welches sich in deren Strategien artikuliert. Der Begriff *Marktergebnis* ist insofern angemessen, als die Industrieökonomik wohlfahrtstheoretische Aspekte untersucht, die als allokative, produktive und innovative Effizienz gemessen werden. Im Kontext des strategischen Managements steht dagegen stärker das *Unternehmensergebnis* im Vordergrund.

[15] Eigene Darstellung i. A. a. SCHERER/ROSS 1990, S. 5, SHEPHERD 1990, S. 6, und PFÄHLER 1996, Sp.691 f.

[16] Vgl. PORTER 1981, S. 611, und PFÄHLER 1996, Sp. 690.

[17] Vgl. PORTER 1981, S. 616, und SHEPHERD 1990, S. 8.

[18] PFÄHLER (1996, Sp. 690 und 694) spricht in diesem Zusammenhang auch von der Endogenisierung der Marktstruktur.

Eine wesentliche Erweiterung erfuhr das klassische Konzept der Industrieökonomik in den 80er Jahren durch PORTER, der es mit Ansätzen des strategischen Managements anreicherte.[19] In seiner Konzeption sind neben den Strukturbedingungen die Wettbewerbsstrategien der Unternehmen erfolgsentscheidend. Wettbewerbsstrategien sind nicht nur das Ergebnis, sondern auch Bedingungen von Markt- und Wettbewerbsstrukturen. Im Vordergrund stehen nicht mehr wohlfahrtstheoretische Interessen, sondern die Anstrengungen der Unternehmen, nachhaltige Wettbewerbsvorteile zu erringen, indem sie die Wettbewerbskräfte beeinflussen oder sich gegen diese abschirmen. Insofern verfolgt der marktorientierte Strategieansatz eine grundlegend andere Zielsetzung als die Industrieökonomik.

Grundannahme PORTERS ist, dass die Branchenstruktur und die Wettbewerbsposition wesentlich die aktuellen und zukünftigen Erfolgspotenziale von Unternehmen bestimmen.[20] Während die Branchenstruktur eine exogene Größe ist, die durch einzelne Unternehmen kaum beeinflusst werden kann, können Unternehmen durch Strategien ihre Wettbewerbsposition und damit ihre Erfolgspotenziale beeinflussen. PORTERS Ansatz umfasst drei zentrale Komponenten, die der strategischen Ausrichtung von Unternehmen im Wettbewerb dienen.

- Die *Branchenstrukturanalyse* dient der Identifikation von aktuellen und zukünftigen Wettbewerbskräften sowie dem Verständnis der zu Grunde liegenden Wettbewerbsmechanismen, um auf die Attraktivität einer Branche zu schließen. Nach PORTER wird die Branchenattraktivität maßgeblich durch fünf Triebkräfte des Wettbewerbes beeinflusst. Das Konzept der Triebkräfte des Wettbewerbs wurde schon in Kap. 3.4.2 beschrieben und auf die Multimediabranche angewendet.[21]
- Unternehmen können sich, unter Berücksichtigung der Triebkräfte des Branchenwettbewerbs, durch die Auswahl und Implementierung geeigneter *Wettbewerbsstrategien* so positionieren, dass sie Wettbewerbsvorteile erlangen. Porter schlägt hierzu generische Strategietypen vor, die je nach Wettbewerbsvorteil (niedrige Kosten vs. Differenzierung) und Wettbewerbsfeld (branchenweit vs. segmentspezifisch) als Kostenführerschaft, Differenzierung, Kostenschwerpunkt und Differenzierungsschwerpunkt bezeichnet werden.[22]
- Zur Identifikation der Quellen von Wettbewerbsvorteilen zerlegt Porter den unternehmerischen Wertschöpfungsprozess, den er als *Wertkette* bezeichnet, in einzelne wertschöpfende Aktivitäten. Diese werden entsprechend der gewählten generischen Strategie so ausgerichtet, dass die angestrebten Wettbewerbsvorteile realisiert werden.[23] Das Konzept der

---

[19] Vgl. die beiden Grundlagenwerke PORTER 1999a und PORTER 1999b.

[20] Vgl. PORTER 1999a, S. 25.

[21] Vgl. Abb. 3-11. Die Triebkräfte des Wettbewerbs verdeutlichen PORTERS Nähe zur Industrieökonomik (vgl. auch Abb. 5-2).

[22] Vgl. PORTER 1999b, S. 37 ff.

[23] Vgl. PORTER 1999b, S. 64 ff.

Wertkette wurde schon in Kap. 3.2.1 eingeführt und auf Multimedia-Agenturen angewendet.

5.1.2 Vernetzungsspezifischer Erklärungsgehalt

Die Industrieökonomik sowie der marktorientierte Strategieansatz betrachten Kooperations- und Vernetzungsstrategien nur am Rande. In der Industrieökonomik finden Kooperationsstrategien lediglich dann Beachtung, wenn sie das Marktergebnis aus wohlfahrtstheoretischer Perspektive beeinträchtigen. Der marktorientierte Strategieansatz konzeptualisiert Kooperationsstrategien als ein Mittel zum Zweck: Kooperationen sind ein Mittel, um die Wettbewerbsposition der beteiligten Unternehmen zu verbessern.

Im Rahmen des marktorientierten Strategieansatzes werden von dem breiten Spektrum an Kooperationsformen vor allem Joint Ventures und strategische Allianzen untersucht.[24] Netzwerkartige Arrangements werden von PORTER lediglich im Kontext einer „Horizontalstrategie“ als materielle und immaterielle Verflechtungen zwischen Unternehmenseinheiten konzipiert.[25] Dabei handelt es sich um unternehmensinterne Netzwerke, die Aktivitäten verschiedener strategischer Geschäftseinheiten verbinden. Darüber hinaus haben Prozesse der Quasi-Internalisierung und -Externalisierung bisher nur wenig Beachtung gefunden.[26]

Eine stärkere Auseinandersetzung findet hingegen mit Prozessen statt, die auf die vollständige Integration von Aktivitäten zielen. Insbesondere die vertikale Integration ist Gegenstand zahlreicher Untersuchungen.[27] Ausführlich werden die Gründe für Integrationsprozesse sowie deren Vor- und Nachteile diskutiert, wobei diese – entsprechend der Konzeption der Ansätze – immer wieder auf die Zielsetzung der Verbesserung der Wettbewerbsposition zurückgeführt werden.[28]

5.1.3 Kritische Würdigung

Der Erklärungsgehalt der Industrieökonomik sowie von marktorientierten Ansätzen in Bezug auf Unternehmensnetzwerke wird durch den Determinismus der Ansätze und die Konzeption des Unternehmens als Black Box stark eingeschränkt.[29] Im Einzelnen werden die folgenden Kritikpunkte vorgetragen:

---

[24] Vgl. zu Joint Ventures HARRIGAN 1985, 1986 und 1988 und zu strategischen Allianzen PORTER/FULLER 1986.

[25] Vgl. PORTER 1999b, S. 464-485. Vgl. auch die Ausführung zur Implementierung von *Verflechtungen*, die eher intra- als interorganisationalen Unternehmensnetzwerken entsprechen, bei PORTER 1999b, S. 486-526.

[26] Vgl. SYDOW 1992, S. 175. Vgl. aber PORTER 1999a S. 403 f.

[27] Vgl. HARRIGAN 1983 und 1986 sowie PORTER 1999a, S. 379-406.

[28] Vgl. u. a. PORTER 1999a, S. 379 ff., und PORTER/FULLER 1986, S. 375 ff.

[29] Vgl. auch HIPPE (1997, S. 157), der der Industrieökonomik einen geringen Erklärungsbeitrag zur Existenz und Evolution von Unternehmensnetzwerken beimisst.

- Die Industrieökonomik stellt zwar mit ihrem Structure-Conduct-Performance-Paradigma eine Heuristik zur Verfügung, die einen hohen praktischen Nutzen zur Analyse von Branchen- und Markstrukturen sowie Wettbewerbsprozessen bietet.[30] Sie bietet jedoch keine theoretischen Ansatzpunkte, welche die Organisation und das Management von Unternehmensnetzwerken erklären könnten. Die Industrieökonomik verfolgt gesamtgesellschaftliche wohlfahrtsoptimierende Zielsetzungen, die auf einer anderen Ebene angesiedelt sind als die Zielsetzungen des Netzwerkmanagements.
- Der marktorientierte Strategieansatz nimmt bei der Betrachtung von Unternehmen eine Außensicht ein.[31] Er konzipiert Unternehmen als monolithische Einheiten, die bestrebt sind, ihre Wettbewerbsposition zu verbessern. Kooperationsstrategien werden zwar als Mittel zur Verbesserung der Wettbewerbsposition beschrieben. Jedoch findet die konkrete Gestaltung von Intra- und Interorganisationsbeziehungen und deren soziale und kulturelle Einbettung kaum Beachtung.[32]
- Die Grenzen von Unternehmen, Märkten und Branchen werden – entgegen dem Netzwerkkonzept – relativ klar abgegrenzt. Entsprechend werden auf dem Kontinuum zwischen Markt und Hierarchie die beiden Endpunkte stärker konzeptualisiert als das Spektrum zwischen diesen, welches die Unternehmensnetzwerke umfasst. Integration und Desintegration werden thematisiert, Quasi-Internalisierung und -Externalisierung hingegen weniger, obwohl gerade hierfür der marktorientierte Strategieansatz einigen Erklärungsgehalt bieten könnte.
- Der von der Industrieökonomik vorgegebene Determinismus zwischen Markt- und Wettbewerbsstruktur einerseits und Unternehmensstrategien andererseits wird durch den marktorientierten Strategieansatz nur partiell aufgelöst. Kooperationsstrategien werden auch vom marktorientierten Strategieansatz als durch die Branchenstruktur bedingt angesehen.[33]
- Der marktorientierte Strategieansatz geht davon aus, dass die Unternehmen einer Branche beziehungsweise einer strategischen Gruppe homogen sind und sich lediglich in ihrer Größe unterscheiden.[34] Spezifische Unternehmensgegebenheiten, wie eine unterschiedliche Ressourcen- und Know-how-Ausstattung, werden kaum analysiert. Auch wenn PORTER mit der Wertkette ein Konzept einführte, welches in Ansätzen eine Innensicht einnimmt, so können damit Unternehmensressourcen nur auf einer sehr hohen Abstraktionsebene analysiert werden. Es wird angenommen, dass sich die Unternehmen mit wettbewerbsrelevanten Ressourcen effizient und zu gleichen Bedingungen auf den Faktormärkten

---

[30] Vgl. SENNEWALD 1998, S. 44 und 51.

[31] Es wird auch von Außen-Innen- oder Outside-In-Perspektive gesprochen (vgl. STEINMANN/SCHREYÖGG 1997, S. 187, und RENZ 1998, S. 30).

[32] Vgl. SYDOW 1992, S. 175 ff.

[33] Vgl. BALLING 1998, S. 55.

versorgen können. Die Ressourcen werden insofern als nahezu austauschbar angesehen und sind deswegen nicht geeignet, Wettbewerbsvorteile aufzubauen. Motive für Kooperationsstrategien, die aus unterschiedlichen Ressourcenausstattungen und Fähigkeiten von Unternehmen resultieren, werden folglich unterschlagen.[35]

5.2 Ressourcenorientierter Strategieansatz

Der marktorientierte Strategieansatz vernachlässigt durch seine Außenorientierung die Bedeutung von Unternehmensressourcen und -kompetenzen für die Erzielung von Wettbewerbsvorteilen. Mit dieser Einschränkung ist er auch nur bedingt in der Lage, die Entstehungsgründe von Unternehmenskooperationen in ihren vielfältigen Ausprägungen zu untersuchen. Der ressourcenorientierte Ansatz stellt – wie die Bezeichnung deutlich macht – Unternehmensressourcen in den Mittelpunkt der Betrachtung. Durch seine Innenorientierung kann er einen Erklärungsbeitrag zur Entstehung und zum Management von Unternehmenskooperationen leisten, der den des marktorientierten Strategieansatzes ergänzt.

5.2.1 Zentrale Konzepte

Der Grundstein des ressourcenorientierten Strategieansatzes wurde Ende der 60er Jahre von PENROSE gelegt.[36] Seit Mitte der 80er Jahre wurde der Ansatz verstärkt rezipiert und weiter entwickelt. Zielsetzung des ressourcenorientierten Ansatzes ist es, Erfolgsunterschiede und nachhaltige Wettbewerbsvorteile von Unternehmen einer Branche aus der Kombination und Eigenschaft der eingesetzten Ressourcen zu erklären.[37] Anders als beim marktorientierten Strategieansatz wird der Unternehmenserfolg nicht exogen aus der Wettbewerbsposition, sondern endogen aus der Ressourcenposition des Unternehmens abgeleitet. Nicht die Branchenstruktur, sondern die Art und Zusammensetzung der Ressourcen entscheiden über den Unternehmenserfolg. In Anlehnung an das Structure-Conduct-Performance-Paradigma der Industrieökonomik wird im ressourcenorientierten Ansatz auch von einem Resource-Conduct-Performance-Paradigma gesprochen.[38] Indem der ressourcenorientierte Ansatz Branchen- und Wettbewerbsstrukturen nicht als exogene, sondern als endogene Größe begreift, ist er in der Lage, Erfolgsunterschiede zwischen Unternehmen der gleichen Branche zu erklären.[39]

---

[34] Vgl. BARNEY 1991, S. 100.

[35] Vgl. den Resource-based View, der eine entgegengesetzte Position einnimmt. Vgl. auch BARNEY 1991, S. 103 ff., MAHONEY/PANDIAN 1992, S. 374, und PETERAF 1993, S. 180 ff.

[36] Vgl. PENROSE 1959.

[37] Vgl. BAMBERGER/WRONA 1996, S. 130.

[38] Vgl. RASCHE/WOLFRUM 1994, S. 502.

[39] Vgl. PETERAF 1993, S. 186.

Der Begriff der Ressource wird von den Vertretern des ressourcenorientierten Ansatzes nicht näher definiert.[40] Jedoch gibt es eine Reihe von Typologien, die verschiedene Formen von Ressourcen aufzählen.[41] Die in Abb. 5-3 dargestellte Typologie von RING umfasst zum Beispiel alle allgemeinen und spezialisierten Vermögensgegenstände, codifiziertes beziehungsweise stilles Wissen und Fähigkeiten sowie firmen- und verfassungsbasierte Legitimität.

Abb. 5-3: Typologie von Ressourcen[42]

Vermögensgegenstände	**Fähigkeiten und Wissen**	**Legitimität**
Allgemeine Vermögensgegenstände: • Grundstücke und Bauten • Finanzielle Ressourcen Spezialisierte Vermögensgegenstände: • Technische Anlagen • Systeme • Spezialmaschinen	Stille(s) Fähigkeiten/Wissen: • Unternehmenskultur • Organisationale Wissensbasis • Personale Beziehungen • Interorganisationale Netzwerke Codifizierte(s) Fähigkeiten/Wissen: • Patente, Lizenzen, Marken • Marktforschung • Unternehmensgeschichte	Firmenbasierte Legitimität: • Reputation und Bekanntheit • Kundenbasis und -loyalität • Gemeinsame Vision Verfassungsbasierte Legitimität: • Verfügungsrechte • Kooptation • Haftungsbeschränkung • Fortwährende Existenz

Dem ressourcenorientierten Ansatz zufolge sind insbesondere solche Ressourcen zum Aufbau von nachhaltigen Wettbewerbsvorteilen geeignet, für die keine oder nur unvollkommene Faktormärkte bestehen.[43] Denn einzigartige Ressourcen oder Ressourcenkombinationen können nur Bestand haben, wenn diese nicht oder nur unvollständig gehandelt werden können. Am ehesten trifft diese Bedingung auf alle immateriellen Vermögensgegenstände, Wissen und Fähigkeiten sowie die firmen- und verfassungsbasierte Legitimität zu.[44] Neben dieser zentralen Voraussetzung werden im ressourcenorientierten Ansatz eine Vielzahl von Bedingungen für Ressourcen herausgearbeitet, die Voraussetzung für den Aufbau einer nachhaltigen Wettbewerbsposition sind. Nachfolgend wird der Ansatz von PETERAF vorgestellt, die diese Bedingungen zu vier zentralen Eckpfeilern aggregiert.[45] Diese Eckpfeiler sind die Heterogenität und Immobilität von Ressourcen sowie Ex-ante- und Ex-post-Markimperfektionen.

---

[40] Vgl. PADBERG 2000, S. 80. An der unklaren Terminologie setzt auch ein zentraler Kritikpunkt an: Sie behindert die Operationalisierung und damit die empirische Überprüfung des ressourcenorientierten Ansatzes (vgl. RASCHE 1994, S. 148 ff., und MADHOK 1997, S. 56).

[41] Vgl. u. a. die Typologie von HOOLEY/BRODERICK/MÖLLER 1998, S. 101, und BAMBERGER/WRONA 1996, S. 133.

[42] Eigene Darstellung i. A. a. RING 1996, S. 31.

[43] Vgl. BARNEY 1986.

[44] Vgl. PADBERG 2000, S. 83 f.

[45] Vgl. PETERAF 1993. Vgl. auch den ähnlichen Ansatz von AMIT/SHOEMAKER 1993, S. 37 ff., sowie den von COLLIS/MONTGOMERY 1996, S. 49, aufgestellten Test zur Überprüfung der Nachhaltigkeit der Ressourcenposition.

Abb. 5-4: Eckpfeiler von ressourcenorientierten Wettbewerbsvorteilen[46]

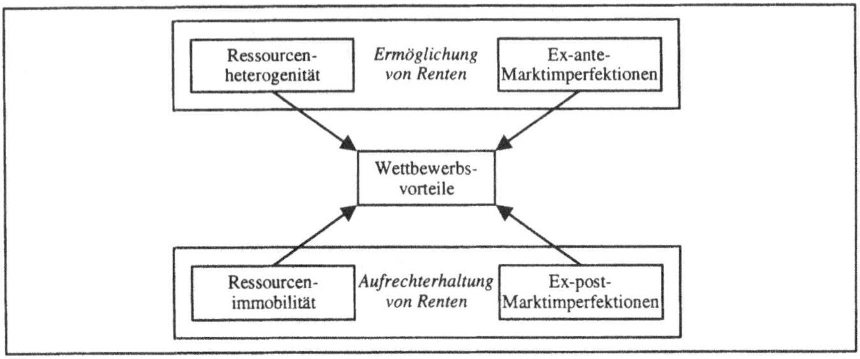

Ressourcenheterogenität gilt als zentrale Prämisse für die Erzielung von Wettbewerbsvorteilen.[47] Sie besagt, dass Unternehmen über unterschiedliche Ressourcenausstattungen verfügen. Neben der Ressourcenheterogenität ist die *Knappheit* und *Werthaltigkeit* von Ressourcen implizite Voraussetzungen für den Aufbau von Wettbewerbsvorteilen.[48] Eine heterogene Ressourcenausstattung ist nur auf der Grundlage knapper Ressourcen möglich. Denn wenn Ressourcen unbegrenzt zur Verfügung stehen, kann sie jedes Unternehmen nutzen. Die Heterogenität und damit die Möglichkeit, Renten zu generieren, wäre hinfällig. Weiterhin dienen nur heterogene Ressourcen durch eine Verbesserung der Effizienz oder Effektivität dem Aufbau von Wettbewerbsvorteilen und damit der Erzielung von Renten. Deswegen können nur heterogene Ressourcen ökonomischen Wert oder Nutzen stiften.[49]

Ex-ante-Marktimperfektionen beziehen sich auf die Möglichkeit einer asymmetrischen Ressourcenallokation beim Erwerb von Ressourcen.[50] Einzigartige Ressourcen werden nicht nur im Unternehmen erstellt, sondern auch auf Faktormärkten erworben. Wenn mehrere Unternehmen erkennen, dass durch den Erwerb bestimmter, knapper Ressourcen eine vorteilhafte Wettbewerbsposition aufgebaut werden kann, dann kommt es zu einem Wettbewerbsprozess um diese Ressourcen. Die erzielbaren Renten werden bereits ex-ante vermindert, weil sie im Preis der Ressourcen antizipiert werden. Renten können nur erzielt werden, wenn Ex-ante-Marktimperfektionen im Sinne einer unvollständigen Konkurrenz vorliegen, die auf unterschiedlichen Erwartungshaltungen bezüglich des Wertes einer Ressource basieren.[51]

---

[46] Eigene Darstellung i. A. a. PETERAF 1993, S. 186.

[47] Vgl. BÜRKI 1996, S. 76 und 183, sowie RASCHE/WOLFRUM 1994, S. 503

[48] Vgl. BARNEY 1991, S. 106 f.

[49] Vgl. AMIT/SCHOEMAKER 1993, S. 37 f., BARNEY 1991, S. 100, MAHONEY/PANDIAN 1992, S. 370, und PETERAF 1993, S. 180.

[50] Vgl. PETERAF 1993, S. 185.

[51] Vgl. BARNEY 1986, RUMELT 1987.

Ressourcenimmobilität gilt als wichtige Voraussetzung dafür, dass die Wettbewerbsvorteile im Unternehmen verbleiben. Die Wettbewerbsvorteile können nur im Unternehmen gehalten werden, wenn die zu Grunde liegenden Ressourcen vollständig oder bedingt immobil sind, also nicht oder nur unter großem Aufwand gehandelt oder transferiert werden können. Dies ist der Fall, wenn die Ressourcen eng mit einem Unternehmen verbunden sind und/oder keine oder nur unvollkommene Faktormärkte für diese Ressourcen existieren.[52] Bedingt mobil oder immobil sind Ressourcen,

- deren Verfügungsrechte nur schlecht definiert und die dadurch nicht oder nur unvollständig bewertet werden können,[53]
- die keinen oder weniger Wert in einem anderen Unternehmen haben,[54]
- die in Verbindung mit anderen Ressourcen genutzt werden müssen (Cospecialized Assets),[55]
- bei deren Übergang hohe Switching Costs (Sunk Costs, Nonrecoverable Costs) anfallen,[56]
- bei deren Übergang hohe Transaktionskosten anfallen.[57]

Ex-post-Marktimperfektionen beziehen sich auf die Möglichkeit der Erhaltung asymmetrischer Ressourcenausstattungen.[58] Wettbewerbsvorteile eines Unternehmens können trotz der Immobilität von Ressourcen relativiert werden, wenn die Ressourcen imitierbar oder substituierbar sind. Wenn Ressourcen nur unvollständig imitiert beziehungsweise substituiert werden können, liegen *Ex-post-Marktimperfektionen* vor, die die Wettbewerbsposition nachhaltig sichern. Während die Substituierbarkeit von Ressourcen nur schwer ausgeschlossen werden kann, gibt es einige Merkmale, die für eine nur unvollständige Imitierbarkeit sprechen. Ressourcen sind nur unvollständig imitierbar, wenn[59]

- sie durch einen Entwicklungspfad entstanden sind, der auf Grund der Unternehmensgegebenheiten einzigartig und nicht reproduzierbar ist (Pfadabhängigkeit und Historizität),
- deren Entstehungsgründe und Wirkungsmechanismen nicht nur für Außenstehende, sondern für das Unternehmen selbst unklar sind (kausale Ambiguität),

---

[52] Vgl. zur Übertragbarkeit von Ressourcen GRANT 1991, S. 126, und zur Unvollkommenheit von Faktormärkten WILLIAMSON 1975, S. 20 ff.

[53] Vgl. DIERICKX/COOL 1989.

[54] Diese Ressourcen werden auch als firmenspezifische Ressourcen bezeichnet (vgl. GRANT 1991, S. 126).

[55] Vgl. TEECE 1986.

[56] Vgl. MONTGOMERY/WERNERFELD 1988.

[57] Vgl. RUMELT 1987 und WILLIAMSON 1975.

[58] Vgl. PETERAF 1993, S. 182 f.

[59] Vgl. RASCHE/WOLFRUM 1994, S. 503 ff., BARNEY 1991, S. 107 ff., und GRANT (1991, S. 127), der von Replizierbarkeit (replicability) spricht.

- sie im Wesentlichen aus sozialen Elementen bestehen, die sich beispielsweise in informellen Beziehungen, kollektiven Lernprozessen, organisationalen Fähigkeiten etc. artikulieren (soziale Komplexität).

5.2.2 Vernetzungsspezifischer Erklärungsgehalt

Nach dem ressourcenorientierten Ansatz führen die vier zentralen Bedingungen Ressourcenheterogenität, Ex-ante-Marktimperfektionen, Ressourcenimmobilität und Ex-post-Marktimperfektionen zu nachhaltigen Wettbewerbsvorteilen, die sich in der Erzielung von Renten niederschlagen. Am ehesten treffen diese Bedingungen auf immaterielle Ressourcen zu, die in der Tiefenstruktur von Unternehmen verankert sind. Dazu zählen vor allem Wissen und Fähigkeiten sowie die firmen- und verfassungsbasierte Legitimität. Für diese Ressourcen bestehen keine oder nur unvollkommene Faktormärkte.[60] Anders als homogene, mobile Produktionsfaktoren können diese Ressourcen nicht einfach am Markt beschafft werden. Damit stehen Unternehmen, die ihre Ressourcenposition verbessern wollen, nur zwei Möglichkeiten offen:

Unternehmen können zur Verbesserung ihrer Ressourcenposition personale und organisationale Lern- und Entwicklungsprozesse einleiten, um Wissen, Fähigkeiten und Legitimität selbst zu generieren.[61] Für strategische Ressourcen wird dies insofern schwierig sein, als sie aus den zuvor beschriebenen Gründen der Historizität, kausalen Ambiguität und sozialen Komplexität nur schwer imitierbar sind. Folgt man dem ressourcenorientierten Ansatz, ist ein Aufbau von strategischen Ressourcen nur möglich, wenn dabei ein eigener Weg beschritten wird, der zu einer einmaligen Ressourcenkombination führt. Es muss davon ausgegangen werden, dass die Eigenentwicklung von Ressourcen, die in der Tiefenstruktur von Unternehmen verankert sind, ein eher langfristiger Prozess ist.

Der Lern- und Entwicklungsprozess wird verkürzt oder vollständig umgangen, wenn Unternehmen Kooperationen eingehen.[62] Durch Kooperationen können komplementäre Ressourcenbasen zusammengebracht werden. Im Idealfall sind die Ressourcen derart komplementär, dass ohne Anpassungsprozesse eine neue, einmalige Ressourcenposition entsteht. Häufig wird jedoch ein wechselseitiger Lern- und Entwicklungsprozess notwendig sein, der schneller ablaufen kann, als ein Ressourcenaufbau im Alleingang.[63] Kooperationen sind also eine interessante Alternative zum Aufbau von einmaligen Ressourcenpositionen und damit von nachhaltigen Wettbewerbsvorteilen.

---

[60] Vgl. BARNEY 1986.

[61] Vgl. zum interorganisationalen Lernen sowie zum Aufbau von Wissen in Unternehmensnetzwerken KREBS 1998, S. 254.

[62] RASCHE/WOLFRUM (1994, S. 507) bezeichnen diesen interorganisationalen Lernprozess als „Inter-Partner-Learning".

[63] Vgl. RASCHE/WOLFRUM 1994, S. 507.

Wenn Kooperationen eine wichtige Rolle für den Aufbau von Ressourcenpositionen spielen, dann liegt es nahe, die Beziehungen, die Kooperationen begründen, selbst als wertvolle Ressourcen zu begreifen.[64] Kooperationsbeziehungen als Ressourcen erfüllen die vier Bedingungen, die zu nachhaltigen Wettbewerbsvorteilen führen:[65]

- Kooperationsbeziehungen sind immer in einen sozialen Kontext eingebettet. Dadurch werden zwei Kooperationen nie identisch sein. Insofern sind sie heterogen.
- Während Unternehmensanteile bewertbar und dadurch handelbar sind, besteht für Kooperationsbeziehungen kein Markt und damit auch kein Preis. Insofern sind die Ex-ante-Marktimperfektionen unendlich hoch. Potenzielle Renten können im Vorfeld der Beziehung nicht über den Preis wegkonkurriert werden.
- Kooperationsbeziehungen sind immobil, da sie in der Tiefenstruktur der beteiligten Unternehmen verankert sind. Da keine Verfügungsrechte für Beziehungen definiert werden können, können sie nicht transferiert werden.
- Ex-post- Marktimperfektionen liegen für Kooperationsbeziehungen vor, da sie nicht oder nur unvollständig imitiert werden können. Die Imitierbarkeit ist beschränkt, da Beziehungen auf Grund der starken sozialen Komponente den Bedingungen der Historizität, kausalen Ambiguität und sozialen Komplexität unterliegen.

Die Bedeutung von Kooperationsbeziehungen als strategische Ressource geht noch einen Schritt weiter. Nicht nur die Kooperationsbeziehungen, sondern auch das Wissen und die Fähigkeiten zum Aufbau von Beziehungen sind eine wertvolle Ressource.[66] Diese Kompetenz erfüllt aus ähnlichen Gründen ebenso die vier Bedingungen für strategisch bedeutsame Ressourcen. Damit ist davon auszugehen, dass das Beziehungs-Know-how von Unternehmen unterschiedlich stark ausgeprägt ist und als Quelle von Wettbewerbsvorteilen dienen kann.

Bisher bezog sich die Betrachtung auf die kooperationsspezifische Bedeutung von Ressourcen. Unternehmensnetzwerke bestehen aus mehreren Beziehungen. Dadurch müssen die Ressourcen und Beziehungsressourcen zwischen mehr als zwei Unternehmen koordiniert werden. Es liegt nahe, dass dieser Prozess komplexer ist, als in einer Beziehung mit zwei Unternehmen. Gelingt es einer Anzahl von Netzwerkakteuren, diesen Prozess erfolgreich zu gestalten, wird die Ressourcenposition gegenüber einer einfachen Kooperation aus zwei Gründen potenziell verbessert: Zum einen kann durch die höhere Anzahl an beteiligten Unternehmen eine heterogenere Ressourcenposition herausgebildet werden. Zum anderen ist die Fähigkeit des Managements von Unternehmensnetzwerken als Ressource höher einzuschätzen als die von einfachen Kooperationen. Damit sind – zumindest aus einer theoretischen Perspektive – Unternehmensnetzwerke besser noch als Kooperationen geeignet,

---

64 Vgl. HAKANSSON 1987, S. 10.

65 Vgl. RENZ 1998, S. 34 f.

66 Diese Fähigkeit bezeichnet RITTER (1998, S. 52 ff.) auch als Netzwerkkompetenz.

einmalige Ressourcenpositionen aufzubauen und damit nachhaltige Wettbewerbsvorteile zu erzielen.

5.2.3 Kritische Würdigung

Der ressourcenorientierte Ansatz erklärt nachhaltige Wettbewerbsvorteile aus einmaligen Ressourcenkonstellationen heraus. Damit betrachtet er Unternehmen aus einer Innensicht, die die Unternehmensumwelt – von Faktormärkten einmal abgesehen – als Black Box konzipiert. Auch wenn der Ansatz einigen Erklärungsgehalt in Bezug auf Unternehmensnetzwerke bietet, gibt es Kritikpunkte:

- Komplementär zu den Defiziten des marktorientierten Strategieansatzes vernachlässigt der ressourcenorientierte Ansatz die Unternehmensumwelt, Branchenstruktur und Wettbewerbsposition als Motive für Netzwerkstrategien zur Erzielung von Wettbewerbsvorteilen.
- Ähnlich dem marktorientierten Strategieansatz konzipiert auch der ressourcenorientierte Ansatz Unternehmen als monolithische Einheiten, mit dem Unterschied, dass Letzterer nicht die Wettbewerbs-, sondern die Ressourcenposition in den Mittelpunkt der Betrachtung stellt. Im Kontext von Unternehmenskooperationen und -netzwerken wird der ressourcenorientierte Ansatz bisher nur selten rezipiert.[67] In den meisten Veröffentlichungen zum ressourcenorientierten Ansatz wird von einer klaren Grenzziehung zwischen den Ressourcen eines Unternehmens und denen der Umwelt ausgegangen. Damit erschließt der ressourcenorientierte Ansatz (noch) nicht das Erklärungspotenzial, welches er besitzt. Wie in Kap. 5.2.2 ausgeführt wurde, ist der ressourcenorientierte Ansatz in der Lage, die Vorteilhaftigkeit von Netzwerkstrategien gegenüber Strategien monolithischer Unternehmen aus dem Prozess der Ressourcenallokation in Beziehungsnetzwerken zu erklären. Dadurch kann er potenziell einen Beitrag zur Analyse der Motive und Erfolgsfaktoren von Unternehmensnetzwerken leisten.[68]
- Der ressourcenorientierte Ansatz beschreibt, welche Ressourcen zur Erzielung von nachhaltigen Wettbewerbsvorteilen geeignet sind. Dazu gehören insbesondere die immateriellen Ressourcen, wie Wissen und Fähigkeiten, sowie die firmen- und verfassungsbasierte Legitimität. In der Literatur zum ressourcenorientierten Ansatz wird jedoch kaum erläutert wie diese Ressourcen im Unternehmensnetzwerk allokiert werden.[69] Theoretische Ansätze des organisationalen Lernens, der Organisationsentwicklung und des Wissensmanagements könnten den ressourcenorientierten Ansatz in diesem Aspekt ergänzen, was bislang jedoch noch kaum Anwendung findet. Damit stellt der ressourcenorientierte Ansatz

---

[67] Zu den wenigen Ausnahmen gehören PADBERG 2000, RASCHE/WOLFRUM 1994, RENZ 1998, S. 31 ff., und RING 1996.

[68] Nach Wissen des Autors liegt hierfür jedoch noch keine empirische Evidenz vor.

[69] RASCHE/WOLFRUM (1994, S. 512) resümieren: „Insgesamt muß aber die Diskussion der der Entwicklung von erfolgsdeterminierenden Ressourcen zugrundeliegenden Lern- und Evolutionsprozesse in der vorliegenden Literatur als zu oberflächlich und fragmentarisch bezeichnet werden."

– ähnlich dem marktorientierten Ansatz – keinen theoretischen Rahmen zur Verfügung, der die Organisation und das Management von Unternehmensnetzwerken erklären könnte.

- Der ressourcenorientierte Ansatz konzeptionalisiert Beziehungen und Beziehungskompetenz als Ressourcen und erkennt damit die soziale und kulturelle Einbettung von Interorganisationsbeziehungen an. Aber auch hier gilt, dass bisher lediglich der Zusammenhang beschrieben, ein theoretischer Rahmen für die konkrete Gestaltung ausgehend vom ressourcenorientierten Ansatz jedoch noch nicht entwickelt wurde. Damit steht noch kein konkreter ressourcenorientierter Ansatz zur Entwicklung von Interorganisationsbeziehungen zur Verfügung

5.3 Spieltheorie

Die Grundlagen der Spieltheorie wurden Ende der 20er Jahre von VON NEUMANN gelegt, wobei eine stärkere Auseinandersetzung mit der Theorie erst durch das 1943 erschienene Grundlagenwerk von VON NEUMANN/MORGENSTERN begann.[70] Die mathematischen Analyseansätze der Spieltheorie werden heute in vielen Wissenschaftsdisziplinen verwandt. Unter anderem finden sie in der Betriebswirtschaftslehre und dort insbesondere im Bereich des strategischen Managements Anwendung. Die Theorie der strategischen Spiele analysiert Konfliktsituationen zwischen entscheidungsfähigen Einheiten, wie Individuen, Gruppen oder Organisationen, wobei das Resultat der Entscheidungen von mehreren Entscheidungsträgern abhängt. Damit analysiert sie Problemstellungen, die wesentlicher Bestandteil des strategischen Managements im Allgemeinen und des Managements strategischer Unternehmensnetzwerke im Besonderen sind.

5.3.1 Zentrale Konzepte

Die Spieltheorie geht davon aus, dass Entscheidungsträger bewusst handeln und eigene Interessen zielgerichtet verfolgen. Sie können ihre Interessen nicht unabhängig voneinander realisieren, da ihre Entscheidungen interdependent sind. Die Beteiligten wissen um die Abhängigkeit ihrer Entscheidungen und beziehen die Aktionen und Reaktionen der anderen in ihr Kalkül ein. Da nur ein Teil der Entscheidungsgrößen im Einflussbereich eines Entscheidungsträgers liegt, handelt es sich nicht um ein reines Optimierungsproblem, bei dem die vollständige Kontrolle der Einflussgrößen eine optimale Zielerreichung ermöglicht.[71]

Die Spieltheorie stellt damit eine Denk- und Orientierungshilfe für konfliktartig strukturierte Problemstellungen dar, die zum einen das Spielverhalten der Akteure erforscht (deskriptive Spieltheorie), zum anderen der Festlegung Erfolg versprechender Strategien dient

---

[70] Vgl. VON NEUMANN 1928 und VON NEUMANN/MORGENSTERN 1973, S. V.

[71] Vgl. HÖFER 1997, S. 113.

(präskriptive Spieltheorie).[72] Eine strategische Entscheidungssituation wird durch mehrere Parameter modelltheoretisch exakt beschrieben. Dazu gehören[73]

- die am konfliktären Entscheidungsprozess beteiligten Entscheidungsträger (Spieler).[74] Die Akteure können Individuen, Organisationen oder Gruppen von Organisationen sein.
- die möglichen Strategien der Akteure (Züge). Der Begriff der Strategie beschreibt in der Spieltheorie „einen aggregierten Handlungsplan, durch den ein Spieler sein Verhalten für jede potenziell eintretende Entscheidungssituation innerhalb einer möglichen Realisierung des Spiels vorsieht.“[75]
- die möglichen Konsequenzen der Strategien in Form von Erlösen oder Nutzenzuwächsen (Auszahlungsfunktion). Die Spieltheorie stellt nicht die Kosten, sondern die Erlös- oder Nutzenseite einer Strategie in den Vordergrund der Betrachtung.[76]
- die Rahmenbedingungen der Entscheidung (Spielregeln).[77] Die Spielregeln legen unter anderem die Anzahl der Spieler, deren Informationsstand, Kooperationsmöglichkeiten, Art und Aufeinanderfolge möglicher Züge und den Auszahlungsraum fest.[78]

Je nach Ausprägungen der Parameter können verschiedene Klassen strategischer Spiele unterschieden werden. Diese sind in Tab. 5-1 als morphologischer Kasten dargestellt.

Tab. 5-1: Klassifikationsmöglichkeiten strategischer Spiele[79]

Merkmale	**Mögliche Ausprägungen**	
Anzahl der Spieler	2 Akteure	mehrere Akteure
Wiederholbarkeit	ein Zug	mehrere Züge
Mögliche Strategien	2 mögliche Strategien pro Zug	mehrere mögliche Strategien pro Zug
Auszahlungshöhe	Nullsummen	Nicht-Nullsummen
Auszahlungsdynamik	Konstantsummen	Nicht-Konstantsummen
Kommunikationsmöglichkeit	ohne Kommunikation	mit Kommunikation
Informationsbedingungen	vollständige Information	unvollständige Information

Für das strategische Management sind diese Merkmale von unterschiedlicher Bedeutung. Nachfolgend werden die Merkmale in Bezug auf die Realitätsnähe der genannten Ausprägungen untersucht:

- Eine Unternehmensstrategie, die auf die Verbesserung der Wettbewerbsposition zielt, wird nach ihrer Implementierung Reaktionen des Wettbewerbsumfeldes hervorrufen. Das Wettbewerbsumfeld wird durch mehrere Triebkräfte repräsentiert, hinter denen sich

[72] Vgl. BEUERMANN 1993, Sp. 3930, und FRIESE 1998, S. 74.

[73] Vgl. auch BITZ 1999, S. 4.

[74] Vgl. BEUERMANN 1993, Sp. 3929.

[75] HÖFER 1997, S. 119.

[76] Vgl. SYDOW 1992, S. 169.

[77] Vgl. SZYPERSKI/WINAND 1975, S. 425.

[78] Vgl. HÖFER 1997, S. 121.

[79] Eigene Darstellung i. A. a. SZYPERSKI/WINAND 1975, S. 426 f., und BITZ 1999, S. 4 f.

Akteure verbergen.[80] Insofern ist es plausibel, dass jedes Spiel, welches ein Akteur durch die Realisierung einer Strategie beginnt, nicht nur einen weiteren, sondern *mehrere Akteure* auf den Plan ruft.

- Die Wiederholbarkeit eines Spiels ist ein wichtiges Merkmal, weil sie den Ausgang des Spiels wesentlich beeinflussen kann. Zum einen kann bei wiederholter Interaktion Vertrauen aufgebaut werden, zum anderen finden Lern- und Anpassungsprozesse statt, die den Nutzen des Spiels für die beteiligten Akteure erhöhen können. Die Interaktion mit dem Wettbewerbsumfeld wird nur dann beendet werden, falls sich ein Unternehmen aus diesem zurückzieht, das heißt das Spiel verlässt. Solange ein Unternehmen mitspielt, wird es wiederholt Strategien verfolgen, so dass das Spiel *mehrere Züge* umfasst.
- In Planungsprozessen erarbeiten Unternehmen strategische Optionen. Diese Optionen werden bewertet, um eine Auswahl treffen zu können. Bei diesem Vorgehen stellt sich nicht nur die Frage, ob eine Strategie verfolgt wird oder nicht, sondern auch welche Strategie verfolgt werden soll. Insofern stehen Unternehmen realistischerweise *mehrere mögliche Strategien* zur Verfügung.
- Wettbewerbsstrategien haben Auswirkungen auf die Erlössituation (Nutzensituation) von Unternehmen. Betrachtet man die kumulierten Erlöse (Nutzen) aller beteiligten Akteure eines Spiels, so sind nach der Realisierung einer Strategie zwei Auswirkungen denkbar. Im Falle der Nullsummenspiele realisiert ein Akteur einen Nutzenvorteil zu Lasten eines anderen Akteurs, das heißt der Gesamtnutzen der Strategie ist gleich Null.[81] Im Falle der Nicht-Nullsummenspiele verhalten sich die Nutzen der Akteure nicht umgekehrt proportional, das heißt der Gesamtnutzen der Strategie ist ungleich Null. In der Praxis werden Unternehmen, aus Gründen, die noch weiter unten dargelegt werden, Strategien verfolgen, die einen positiven Gesamtnutzen erzeugen. Es werden *Nicht-Nullsummenspiele* gespielt.
- Wenn Unternehmen wiederholt wechselseitig Strategien verfolgen, stellt sich die Frage, wie sich die Summe der Erlöse über die Zeit entwickelt. Handelt es sich um Konstantsummenspiele, wird angenommen, dass die Gesamterlöse aller Spieler für jeden Zug identisch sind, sich jedoch die Verteilung in Abhängigkeit der gewählten Strategieoptionen ändern kann.[82] Für Nicht-Konstantsummenspiele ändert sich nicht nur die Verteilung, sondern auch die Höhe der Gesamterlöse in Abhängigkeit von der Strategie. Es liegt nahe, dass in realen Wettbewerbsprozessen verschiedene Strategiekombinationen unterschiedliche Gesamterlöse für die Akteure erzielen. Insofern werden *Nicht-Konstantsummenspiele* gespielt.
- Ein weiteres wichtiges Merkmal ist die Kommunikationsmöglichkeit zwischen den Spielern. Können Spieler kommunizieren, sind sie in Mehrpersonenspielen in der Lage,

[80] Vgl. zu den Triebkräften des Wettbewerbs Kap. 3.4.2, Kap. 5.1.1 und insbesondere Abb. 3-11.

[81] Vgl. BITZ (1999, S. 5), der die Nullsummenspiele als Spezialfall der Konstantsummenspiele typologisiert.

[82] Vgl. KIRSCH 1988, S. 95.

durch verbindliche Abmachungen Koalitionen zu bilden. Außerdem können Drohungen ausgesprochen werden. Abmachungen und Drohungen beeinflussen die Strategien der Spieler und damit den Spielausgang. In der Realität kann die Kommunikationsmöglichkeit zwischen Unternehmen sehr unterschiedlich ausgeprägt sein. Abgesehen von dem wenig realistischen Fall, dass ein Wettbewerber sich bewusst der Kommunikation mit anderen Unternehmen entzieht, sind jedoch Unternehmen in der Lage, miteinander zu kommunizieren. Insofern werden Spiele *mit Kommunikationsmöglichkeit* gespielt.

- In der Spieltheorie wird unterschieden, ob ein Spieler über alle Informationen bezüglich der Züge, Auszahlungsfunktionen und Spielregeln sowie den aktuell erreichten Spielstand verfügt. Ist dies der Fall, wird von vollständiger Information gesprochen.[83] Da in der Realität diese Modellparameter nicht wie in einem Spiel auf einer Metaebene festgelegt werden können und damit nicht allen Akteuren im gleichen Ausmaß zur Verfügung stehen, liegt die Annahme *unvollständiger Informationen* nahe.

Wie die Analyse wichtiger Merkmale strategischer Spiele gezeigt hat, sind in Bezug auf das strategische Management die Ausprägungen relevant, die in Tab. 5-1 in der rechten Spalte dargestellt wurden. Die Modellierung genau dieser Ausprägungen bereitet jedoch Schwierigkeiten, zumindest wenn man versucht, mehrere der in der rechten Spalte genannten Bedingungen zugleich in ein Modell zu integrieren.[84] Die Komplexität eines solchen Modells wäre schnell nicht mehr handhabbar. Um dennoch reale Problemstellungen abbilden zu können, wählen spieltheoretische Modelle eine oder mehrere Merkmalsausprägungen aus, die nahe an der Realität sind. Ein archetypisches Grundmodell ist das mit zwei Spielern und zwei Strategien, wobei die anderen Parameter – je nach Untersuchungsinteresse – variiert werden.

5.3.2 Vernetzungsspezifische Bedeutung

Die Spieltheorie kann einen Erklärungsbeitrag für die Entstehung von Kooperationen leisten, indem die Bedingungen aufgezeigt werden, unter denen kollektive Strategien für die beteiligten Akteure bessere Ergebnisse liefern, als autonome Strategien.[85] Sie zeigt, dass es sich bei Kooperationen nicht um Nullsummenspiele handeln muss, sondern alle beteiligten Akteure durch Kooperationen Vorteile realisieren können. Durch die Einbeziehung von Nicht-Nullsummenspielen gelingt es der Spieltheorie, selbst unter der Annahme opportunistischen Verhaltens, Kooperationen zur attraktiven strategischen Option für alle beteiligten Akteure zu erklären.[86] Wichtigste Voraussetzung für diese Win-win-Situationen ist die Entwicklung von wechselseitigem Vertrauen.[87]

---

83 Vgl. BITZ 1999, S. 7.

84 Vgl. VON NEUMANN/MORGENSTERN 1973, S. 12 f.

85 Vgl. SYDOW 1992, S. 169.

86 Vgl. JARILLO/RICART 1987, S. 87.

87 Vgl. zu den Vorteilen von Win-win-Strategien BRANDENBURGER/NALEBUFF (1996, S. 84).

Zur Erklärung der Entstehung von Kooperationen verweist die Spieltheorie häufig auf das Gefangenendilemma. Das Gefangenendilemma ist ein Spiel mit zwei Akteuren, von denen jeder bei jedem Zug zwei Handlungsoptionen hat.[88] Ohne zu wissen, wie der Mitspieler sich entscheidet, kann jeder Spieler sich zwischen Kooperation und Nicht-Kooperation – in der Terminologie der Spieltheorie als *Defektion* bezeichnet – entscheiden. Das Dilemma liegt darin, „dass es für jeden Spieler, unabhängig vom Verhalten des anderen, vorteilhafter ist, zu defektieren, dass jedoch beiderseitige Defektion für jeden Spieler ungünstiger ist als wechselseitige Kooperation."[89] Auf Grund dieses Dilemmas ist es bei einer lediglich einmaligen Durchführung des Spiels unwahrscheinlich, dass die Spieler kooperieren werden.[90]

In seinem grundlegenden spieltheoretischen Werk zur Entstehung von Kooperationen stellt AXELROD für die Auflösung des Gefangenendilemmas eine Entscheidungsregel auf, die zumindest für Spiele mit einer unbegrenzten Anzahl von Interaktionen für beide Akteure optimale Ergebnisse verspricht. Diese Strategie wird als *Tit-for-Tat-* oder *Wie-Du-mir, so-ich-Dir-Regel* bezeichnet und hat sich in den von AXELROD durchgeführten Computerturnieren als die erfolgreichste Strategie zur Lösung des Gefangenendilemmas durchgesetzt. Sie sieht vor, dass ein Akteur im ersten Zug kooperiert und in den folgenden Zügen immer das tut, was der Gegenspieler im vorangegangen Zug gemacht hat.[91]

Aus der Analyse der Spielverläufe leitet AXELROD vier grundlegende Voraussetzungen für die Entstehung von Kooperationen ab, die von der Tit-for-Tat-Regel alle erfüllt werden.[92] Diese werden im Folgenden genannt und direkt in Bezug auf die Unternehmensstrategie kooperierender Unternehmen analysiert:

- *Sei nicht neidisch auf den Erfolg des anderen Spielers:* Kooperierende Unternehmen sollten dem Kooperationspartner einen adäquaten Teil des Ertrages oder Nutzens der Kooperation zugestehen. Geschieht dies nicht, kann durch überzogene Forderungen der Bestand der Kooperation gefährdet werden.
- *Defektiere nicht als Erster:* Kooperierende Unternehmen sollten unnötige Konflikte vermeiden, solange der Kooperationspartner die Bereitschaft zur Fortsetzung der Kooperation erkennen lässt. Häufig reicht die Androhung von Sanktionen, um den Partner zur Fortsetzung der Kooperation zu bewegen.
- *Erwidere sowohl Kooperation als auch Defektion:* Falls der Partner die Kooperation einseitig gefährden oder auflösen sollte, sind einmalige Vergeltungsmaßnahmen zu prüfen. Andererseits sollte nach möglichen Vergeltungsmaßnahmen Nachsicht geübt werden, um

---

[88] Die Reduktion von komplexen, realen Kooperationssituationen auf ein Zwei-Spieler-/Zwei-Strategien-Spiel kann durch die Zusammenfassung der Handlungen mehrerer Akteure zu denen von zwei Akteuren geschehen. Oft wird allerdings in der Literatur die Einbettung der Akteure in einen multilateralen Zusammenhang negiert.

[89] AXELROD 1995, S. 7.

[90] Vgl. AXELROD 1995, S. 9.

[91] Vgl. AXELROD 1995, S. 12.

die Fortsetzung oder Entstehung einer erneuten Kooperationsbeziehung nicht zu verhindern.

- *Sei nicht zu raffiniert:* Unternehmen sollten in einer Kooperation gegenüber dem Partner eindeutige und leicht verständliche Strategien verfolgen, damit der Kooperationspartner sich an das Verhaltensmuster anpassen und kollektives Vertrauen entwickelt werden kann.

Die aus dem Gefangenendilemma für zwei Unternehmen gewonnenen Erkenntnisse können auf Unternehmensnetzwerke übertragen werden. Unter der Annahme, dass Netzwerke aus dyadischen Beziehungen bestehen, die für einen bestimmten Zeitpunkt, nämlich den Zeitpunkt der Interaktion, isoliert betrachtet werden können, lässt sich die Tit-for-Tat-Regel anwenden. Eine Übertragung von spieltheoretischen Erkenntnissen auf die Strategie von Unternehmensnetzwerken wird von NALEBUFF/BRANDENBURGER vorgenommen. Ohne auf die mathematische Formalisierung der Spieltheorie zurückzugreifen, entwickeln sie einen als Wertenetz bezeichneten Bezugsrahmen, der in Abb. 5-5 dargestellt ist.

Abb. 5-5: Modell des Wertenetzes[93]

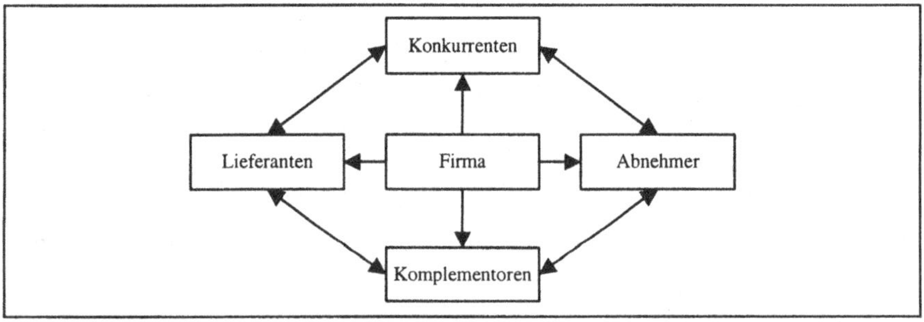

Gegenüber dem formal ähnlichen Ansatz von PORTER zur Analyse der Triebkräfte des Branchenwettbewerbs erschließt das Wertenetz drei neue Aspekte:[94]

- Das Wertenetz hebt nicht nur auf die Wettbewerbsintensität im Umfeld eines Unternehmens ab, sondern schließt implizit die Möglichkeit der Kooperation mit ein. Durch Kooperationen erschließen sich Unternehmen Erlös- und Nutzenpotenziale, eben Werte, was in dem Begriff des Wertenetzes zum Ausdruck gebracht wird.
- Neben Wettbewerbern gibt es eine, durch NALEBUFF/BRANDENBURGER eingeführte, neue Kategorie von Akteuren, die *Komplementoren*.[95] Sie stellen Produkte oder Dienstleistungen her, die die Produkte oder Dienstleistungen des fokalen Unternehmens ergänzen und

---

[92] Vgl. AXELROD 1995, S. 20.

[93] Vgl. NALEBUFF/BRANDENBURGER 1996, S.30, und BRANDENBURGER/NALEBUFF 1996, S. 84.

[94] Vgl. zu den Triebkräften des Wettbewerbs Kap. 3.4.2, Kap. 5.1.1 und insbesondere Abb. 3-11.

[95] BRANDENBURGER/NALEBUFF (1996, S. 84 f.) sprechen auch von Komplementären.

dadurch für Kunden attraktiver machen.[96] Wenn man Konkurrenten als Unternehmen definiert, deren Produkte und Dienstleistungen die Produkte und Dienstleistungen des fokalen Unternehmens potenziell substituieren und dadurch für Kunden weniger attraktiv erscheinen lassen, sieht man, dass Komplementoren und Konkurrenten sich spiegelbildlich verhalten.[97]

- Wert wird nicht nur im Unternehmen, sondern durch die vielfältigen Beziehungen zu Kunden und Lieferanten, Konkurrenten und Komplementoren geschaffen. Die Umwelt von Unternehmen wird folglich als Netzwerk konzipiert.

Mit dem Wertnetz als Bezugsrahmen und den Erkenntnissen der Spieltheorie im Hintergrund diskutieren NALEBUFF/BRANDENBURGER aus der Perspektive des fokalen Unternehmens Kooperations- und Wettbewerbsstrategien. Zentrale Erkenntnisse sind dabei:

- Kooperation und Wettbewerb schließen sich nicht aus, sondern ergänzen sich. Unternehmen sollten kooperieren, ohne ihre Eigeninteressen zu ignorieren. Zugleich müssen Unternehmen Mitbewerber aber nicht aus dem Markt drängen, um erfolgreich zu sein.[98] NALEBUFF/BRANDENBURGER vertreten die Auffassung, dass Unternehmen bei der Schaffung von Märkten kooperieren, bei der Verteilung von Marktanteilen jedoch konkurrieren sollten.[99] Dieses grundlegende Prinzip belegen sie mit dem Begriff *Coopetition*, zusammengesetzt aus Cooperation und Competition.[100]
- Durch Coopetition wird im Wertenetz *Mehrwert* geschaffen. Der Mehrwert, den ein Unternehmen in ein Unternehmensnetzwerk einbringt, wird definiert als die Differenz zwischen dem Wert des Unternehmensnetzwerkes, wenn das Unternehmen partizipiert, und jenem, wenn das Unternehmen nicht partizipiert.[101] Die Größe des Mehrwertes steht für die Stärke der eigenen Position, die in den distributiven Verhandlungen zur Geltung gebracht werden kann. Sie kann am besten ermittelt werden, indem sich ein Unternehmen in die Lage der anderen Netzwerkunternehmen versetzt.
- Der Erfolg einer Strategie ist nicht nur von den tatsächlichen Gegebenheiten, sondern vor allem von den Auffassungen der beteiligten Akteure abhängig. Deswegen ist es wichtig zu verstehen, wie die Netzwerkunternehmen „das Spiel auffassen – sogar wie sie glauben, dass andere es auffassen; wie sie glauben, dass andere glauben, wie das Spiel aufgefasst wird und so weiter."[102] Des Weiteren müssen zukünftige Handlungsoptionen aller

---

[96] Vgl. NALEBUFF/BRANDENBURGER 1996, S. 23.

[97] Vgl. NALEBUFF/BRANDENBURGER 1996, S. 30 und 34.

[98] Vgl. NALEBUFF/BRANDENBURGER 1996, S. 16.

[99] Vgl. NALEBUFF/BRANDENBURGER 1996, S. 46.

[100] Vgl. NALEBUFF/BRANDENBURGER 1996, S. 16.

[101] Vgl. NALEBUFF/BRANDENBURGER 1996, S. 57, und BRANDENBURGER/NALEBUFF 1996, S. 83. Im Original wird von einem Spiel statt von einem Unternehmensnetzwerk gesprochen.

[102] NALEBUFF/BRANDENBURGER 1996, S. 64. Sie bezeichnen diese Betrachtungsweise, im Gegensatz zum egozentrischen Blickwinkel, auch als allozentristisch (vgl. BRANDENBURGER/NALEBUFF 1996, S. 83).

Netzwerkpartner in das Kalkül miteinbezogen werden. Nur wenn die vielfältigen Perspektiven berücksichtigt werden, können erfolgreiche Strategien aufgestellt werden.

Im Gegensatz zur formalen Spieltheorie treffen NALEBUFF/BRANDENBURGER die realitätsnahe Annahme, dass Unternehmen alle Parameter des Spiels beeinflussen können.[103] Sie können weitere Unternehmen in das Wertenetz aufnehmen (Spieler), ihre Strategien kontinuierlich anpassen (Züge), die Regeln des Spiels durch Verträge und Absprachen beeinflussen (Spielregeln) und durch diese Maßnahmen die möglichen Mehrwerte des Spiels erhöhen (Auszahlungsfunktion).[104]

5.3.3 Kritische Würdigung

Wie die Ausführungen zur formalen Spieltheorie und deren Anwendung auf Unternehmensnetzwerke gezeigt hat, kann die Spieltheorie helfen, die in Unternehmensnetzwerken verbreitete Koexistenz von kooperativen und kompetitiven Beziehungen zu erklären, eine Strategieauswahl in diesem Kontext zu unterstützen sowie integrative Verhandlungen (Kooperationsfeld, -ziele und -maßnahmen) und distributive Verhandlungen (Höhe und Verteilung des Mehrwertes) durchzuführen. Die mathematisch formalisierte Herangehensweise stößt bei der Lösung dieser realitätsnahen Aufgaben auf Grund deren Komplexität schnell an ihre Grenzen. Übrig bleiben relativ allgemeine Aussagen zur Evolution von Unternehmensnetzwerken auf einem hohen Abstraktionsniveau. Kritisiert wird, dass die Spieltheorie:

- formale, statische Rahmenbedingungen definiert, die nur unzureichend die Realität abbilden. Zum einen kann sie als mathematische Herangehensweise nur mit einer begrenzten Variablenanzahl umgehen, zum anderen berücksichtigt sie nicht die Dynamik dieser Variablen in der Realität.[105]
- zwar Vertrauen und Auffassungen von Akteuren als wichtige Bestandteile von Beziehungen thematisiert, personelle und organisatorische Beziehungsstrukturen aber vernachlässigt. Macht- und Einflussstrukturen finden lediglich in der Verteilung des Mehrwertes Berücksichtigung.[106]
- zur konkreten Ausgestaltung von Netzwerkbeziehungen keinen Erkenntnisbeitrag liefert, da sie ursprünglich auch nicht als Organisationstheorie konzipiert wurde. Einige Kritiker

---

[103] Vgl. BRANDENBURGER/NALEBUFF (1996, S. 83) gehen sogar davon aus, dass durch die Veränderung eines Spiels zusätzlicher Mehrwert geschaffen werden kann.

[104] Vgl. zu den Parametern eines Spiels auch Kap. 5.3.1.

[105] In der Anwendung werden komplexe, reale Kooperationssituationen häufig auf ein Zwei-Spieler-/Zwei-Strategien-Spiel – wie das in Kap. 5.3.2 beschriebene Gefangenendilemma – reduziert. Dazu werden die Handlungen mehrerer Akteure zu denen von zwei Akteuren zusammengefasst (vgl. FRIESE 1998, S. 74). Oft wird allerdings in der Literatur die Einbettung der Akteure in einen multilateralen Zusammenhang negiert (vgl. zu dieser Kritik SCHARPF 1990, S. 5 ff.).

[106] Vgl. SYDOW 1992, S. 171.

gehen soweit, den Erklärungsbeitrag der Spieltheorie für die Evolution von Unternehmenskooperationen als trivial zu bezeichnen.[107]

- rationales, egoistisches und Nutzen maximierendes Handeln unterstellt. Diese Prämisse ist realitätsfern, da durchaus eine Kooperationsneigung beobachtet werden kann. Darüber hinaus ist jede Strategie nicht nur Ergebnis intendierten, sondern auch emergenten Handelns.[108] Selbst wenn rationale, Nutzen maximierende Strategien erarbeitet werden, kann deren Ergebnis wesentlich von der intendierten Zielsetzung abweichen.
- die Entstehung von Wettbewerbsvorteilen aus Kooperationsbeziehungen heraus nicht erklären kann, da für den Fall der Kooperation die Unternehmen einen äquivalenten Ertrag erhalten.[109]

5.4 Interaktionsorientierter Netzwerkansatz

Die Interaktionsansätze entstammen dem Investitionsgütermarketing. Sie befassen sich mit den Beziehungen und der Interaktion zwischen Hersteller und Abnehmer von Investitionsgütern. Im Gegensatz zu Konsumgütermärkten zeichnen sich Investitionsgütermärkte durch relativ langfristige und stabile Austauschbeziehungen aus. „The interaction is broader and 'thicker' than solely economic transactions revolving around a given product as suggested in the textbook view of industrial markets. Business relationships have the components of mutual orientation, commitment, adaptions, trust-building and social exchange over time."[110] Auf Grund der engen Beziehung zwischen den Akteuren ist es sinnvoll, dass im Investitionsgütergeschäft nicht allein der Abnehmer fokussiert wird, sondern alle am Vermarktungsprozess beteiligten Akteure simultan betrachtet werden, um die Abhängigkeit zwischen den Organisationen und ihren Repräsentanten erfassen und erklären zu können.[111]

Es existiert eine Vielzahl von Interaktionsansätzen mit sehr unterschiedlichem Erklärungsgehalt. KERN klassifiziert diese Ansätze nach drei Dimensionen, die in Abb. 5-6 dargestellt sind. Er unterscheidet (1) nach der Anzahl der Beteiligten Akteure in dyadische und Multi-Aktoren-Ansätze, (2) nach der Art der beteiligten Akteure in personale und organisationale Ansätzen sowie (3) nach der zeitlichen Extension in punktuelle, episodenbezogene und episodenübergreifende Ansätze. Die dritte Dimension führt zur Unterscheidung von Struktur-, Prozess- und Netzwerkansätzen. Im Folgenden wird insbesondere der interaktionsorientierte

---

[107] Vgl. u. a. HAMMES 1994, S. 130. BITZ (1999, S. 49) relativiert diesen Vorwurf, indem er feststellt: „In der Tat ist die ökonomische Relevanz spieltheoretischer Ansätze auch nicht so sehr in den entwickelten Lösungskonzepten zu sehen [...]. Die Bedeutung der Spieltheorie für die Wirtschaftswissenschaft [...] liegt in erster Linie darin, daß ein formalisierter und klar definierter Begriffsapparat zur Verfügung gestellt wird [...]."

[108] Vgl. Kap 4.4.3.

[109] Vgl. MÄNNEL 1996, S. 93.

[110] HAKANSSON/SNEHOTA 1995, S. 20.

[111] KERN 1987, S. 3.

Abb. 5-6: Klassifizierung der Interaktionsansätze[112]

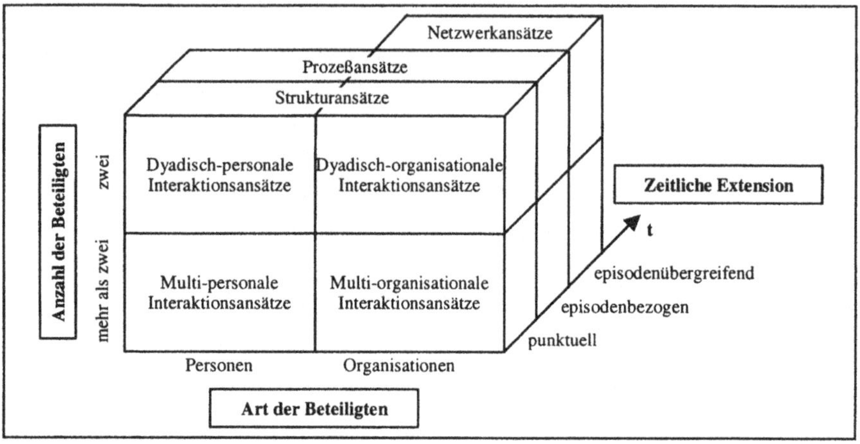

Netzwerkansatz betrachtet. Dieser legt zum einen den Schwerpunkt auf die organisationale Betrachtungsebene, indem er „Transaktionen in einem Beziehungsgeflecht [analysiert], das zwischen den am Interaktionsprozess direkt oder indirekt beteiligten Organisationen besteht."[113] Zum anderen geht der interaktionsorientierte Netzwerkansatz zeitlich über die Erfassung einzelner Transaktionsepisoden hinaus, indem er langfristige Geschäftsbeziehungen thematisiert.

5.4.1 Zentrale Konzepte

Zentraler Gegenstand der Interaktionsansätze ist die soziale *Interaktion*, die definiert wird als „eine Folge von sinngemäß aufeinander bezogenen und aneinander orientierten verbalen und nicht-verbalen Handlungen (Aktionen) von zwei oder mehreren Individuen [...]."[114] Interaktionen, die die Produktion, Transformation und den Austausch von Leistungen beinhalten, werden als *Transaktionen* bezeichnet.[115] Wiederholte Interaktionen und Transaktionen begründen *Beziehungen*. „A relationship develops over time as a chain of interaction episodes – a sequence of acts and counteracts."[116] Dieser Zusammenhang zwischen Interaktionen, Transaktionen und Beziehungen liegt allen Interaktionsansätzen zu Grunde.

Einer der ersten multi-organisationalen Interaktionsansätze wurde von KIRSCH/KUTSCHKER in den 70er Jahren entwickelt. Sie gehen davon aus, dass Investitionsgütergeschäfte komplexe

---

[112] Vgl. KERN 1987, S. 18.

[113] KERN 1987, S. 18.

[114] SCHOCH 1969, S. 94.

[115] Vgl. KIRSCH/KUTSCHKER/LUTSCHEWITZ 1980, S. 76.

[116] HAKANSSON/SNEHOTA 1995, S. 25.

Problemlösungsprozesse sind. Die zentralen Konzepte des Ansatzes sind das Episodenkonzept, das Potenzialkonzept sowie das Konzept des sozio-ökonomischen Feldes:

Episodenkonzept:[117] Zur Reduzierung der Unsicherheit werden im Investitionsgütergeschäft langfristige Geschäftsbeziehungen zwischen Unternehmen aufgebaut. Diese Geschäftsbeziehungen stellen einen kontinuierlichen Strom von Aktivitäten und Interaktionen dar, der als *Ongoing Process* bezeichnet wird. Sollen Leistungen zwischen den Geschäftspartnern ausgetauscht werden, verdichten sich die Interaktionen zur Anbahnung, Vereinbarung und Realisierung der Transaktion. Die Phase der verdichteten Interaktionen wird als *Episode* bezeichnet, die sich von dem Ongoing Process abhebt. Während einer Transaktionsepisode laufen so unterschiedliche Arten von Interaktionen ab wie kollektive Planungs-, Verhandlungs- und Entscheidungsprozesse, Prozesse der Vertrauensbildung und der Machtausübung. Diese Prozesse bewirken unter Umständen eine tiefgreifende Änderung der Geschäftsbeziehung. Ist die Transaktionsepisode beendet, wird die Geschäftsbeziehung wieder als relativ stabiler Ongoing Process fortgesetzt. „Die Episode entspricht also dem Lebenslauf eines Projektes von der ersten Anfrage bis zur endgültigen Abwicklung."[118]

Potenzialkonzept:[119] Die Ergebnisse einzelner Episoden sowie des Ongoing Process der Geschäftsbeziehung schaffen spezifische Konstellationen struktureller Merkmale, die wiederum die Ergebnisse nachfolgender Episoden positiv oder negativ beeinflussen. Diese strukturellen Merkmale können sich gleichermaßen auf Individuen und Organisationen beziehen und werden als Potenziale bezeichnet. Die Potenziale dienen damit als Bindeglied zwischen strategischen Entscheidungen der Akteure und den Transaktionsprozessen.

Konzept des sozio-ökonomischen Feldes:[120] Die Interaktionen zwischen den Akteuren finden in einem sozio-ökonomischen Feld statt. Dieses Feld beinhaltet alle an der Interaktion maßgeblich beteiligten Akteure sowie deren Beziehungen und Aktivitäten. Im sozio-ökonomischen Feld finden gleichzeitig viele verschiedene Aktivitäten und Interaktionen statt, die sich wechselseitig beeinflussen und dadurch den Episodenverlauf verändern können. Das Zusammenspiel der drei zentralen Konzepte ist in Abb. 5-7 wiedergegeben.

Die Abbildung zeigt, dass die Interaktionsbeziehungen zwischen Unternehmen im sozioökonomischen Feld stattfinden. Die beteiligten Unternehmen, aber auch Drittparteien wirken direkt oder indirekt auf die Transaktionsepisode ein. Die indirekte Einflussnahme findet über Maßnahmen statt, die der Pflege und dem Aufbau von Potenzialen dienen (1). Diese Potenziale wirken auf die Transaktionsepisode (2). Der Erfolg oder Misserfolg von Transaktionsepisoden hat wiederum Rückwirkungen auf die Potenziale, die jedoch erst in zukünftigen Transaktionen wirksam werden (3). Auch exogene Entwicklungen, die außerhalb

[117] Vgl. KIRSCH/KUTSCHKER 1978, S. 34 ff.

[118] BACKHAUS 1997, S. 126.

[119] Vgl. KIRSCH/KUTSCHKER 1978, S. 39 ff.

[120] Vgl. KIRSCH/KUTSCHKER 1978, S. 43 ff.

Abb. 5-7: Der Interaktionsansatz von KIRSCH/KUTSCHKER[121]

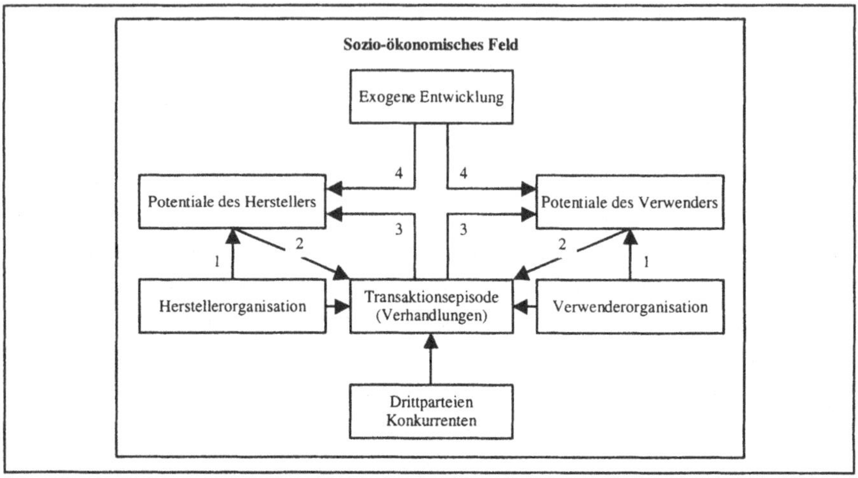

des Einflussbereiches der unmittelbar beteiligten Akteure liegen, beeinflussen den Aufbau und die Pflege von Potenzialen und darüber den Verlauf von Transaktionsepisoden (4).

KIRSCH/KUTSCHKER räumen den Verhandlungen und Entscheidungen in der Transaktionsepisode eine zentrale Stellung ein. Entsprechend konzentriert sich die empirische Überprüfung des Ansatzes auf das Verhalten und den Einfluss der Verhandelnden sowie die Abhängigkeit der Verhandlungen vom Episodenumfeld und der Entscheidungssituation.[122] Auch wenn der Ansatz über die Potenziale Geschäftsbeziehungen thematisiert, liegt der Schwerpunkt der Analyse auf einzelnen Transaktionsepisoden.

Im Gegensatz dazu konzentriert der Interaktionsansatz der IMP Group aus den 80er Jahren die Analyse auf den Austausch-, Adaptions- und Institutionalisierungsprozess langfristiger Geschäftsbeziehungen.[123] Zur Beschreibung dieses Interaktionsprozesses berücksichtigt die IMP Group in ihrem Ansatz die vier Variablengruppen Interaktionselemente, Interaktionspartner, Interaktionsumwelt sowie Interaktionsatmosphäre:[124]

Interaktionselemente: Die IMP Group unterscheidet, ähnlich wie KIRSCH/KUTSCHKER, kurzfristige Transaktionsepisoden und langfristige Beziehungen. In den Episoden werden Produkte und Dienstleistungen, Informationen, Finanzmittel und soziale Handlungen zwischen Personen und/oder Organisationen ausgetauscht. Diese Interaktionen führen zur

---

[121] KIRSCH/KUTSCHKER 1978, S.40.

[122] Vgl. KERN 1987, S. 43 ff.

[123] Die IMP Group (Industrial Marketing and Purchasing Group) ist eine internationale Forschungsgruppe, die seit den 70er Jahren ausgehend von den Interaktionsansätzen des Investitionsgütermarketings einen Netzwerkansatz entwickelt hat. Vgl. zur Entwicklung des Ansatzes RENZ 1998, S. 68 ff.

[124] Vgl. TURNBULL/VALLA 1986, S. 4 ff., und HAKANSSON 1987, S. 8 f.

Institutionalisierung von Prozessen und zur Anpassung der Akteure, so dass sich langfristige Geschäftsbeziehungen entwickeln können.

Interaktionspartner: An Interaktionen sind Organisationen und Individuen gleichermaßen beteiligt. Die IMP Group berücksichtigt bei der Analyse des Interaktionsprozesses auf der organisationalen Seite die Variablen Organisationsstruktur und -größe, Unternehmensstrategie sowie Technologie- und Ressourcenausstattung, auf der personalen Seite die Variablen Persönlichkeitsstruktur sowie individuelle Ziele, Einstellungen und Erfahrungen.

Interaktionsumwelt: Der Interaktionsprozess ist eingebettet in die Umwelt, welche die beteiligten Unternehmen umgibt. Die IMP Group berücksichtigt als Umweltvariablen die Marktgröße, -struktur und -dynamik sowie den Internationalisierungsgrad und die sozialen Systeme der Branche. Die sozialen Systeme stehen für regulatorische und soziale Rahmenbedingungen, sozio-demographische Größen sowie das Nachfrageverhalten der Endverbraucher.

Interaktionsatmosphäre: Die Interaktion findet in einer Umgebung statt, die von der IMP Group als Atmosphäre bezeichnet wird. Die Atmosphäre wird durch die Akteure in den Episoden und Geschäftsbeziehungen aufgebaut. Sie wird durch die Dichotome Macht und Abhängigkeit, Konflikt und Kooperation sowie Nähe und Distanz beschrieben und fungiert als vermittelnde Variable, die die Verbindung zwischen den anderen Elementen des Interaktionsmodells herstellt.[125] Das Zusammenspiel der Elemente ist in der Abb. 5-8 wiedergegeben.

Der Interaktionsansatz der IMP Group ist damit ein umfangreicher Bezugsrahmen, der den Einfluss von Organisationen und Individuen, von Episoden und Beziehungen, von Atmosphäre und Umwelt auf den Interaktionsprozess abbildet.[126] Auf Grund der hohen Anzahl an Variablen liefert der Ansatz keinen allgemeinen Erklärungszusammenhang. Er dient aber als Ausgangspunkt für zahlreiche qualitative Explorationsstudien, die ausgewählte Teilaspekte von Interaktionsprozessen untersuchen und damit die Funktionsweise industrieller Märkte verstehen helfen.

---

[125] Vgl. KERN 1987, S. 50.

[126] Vgl. BACKHAUS 1997, S.129.

Abb. 5-8: Der Interaktionsansatz der IMP Group[127]

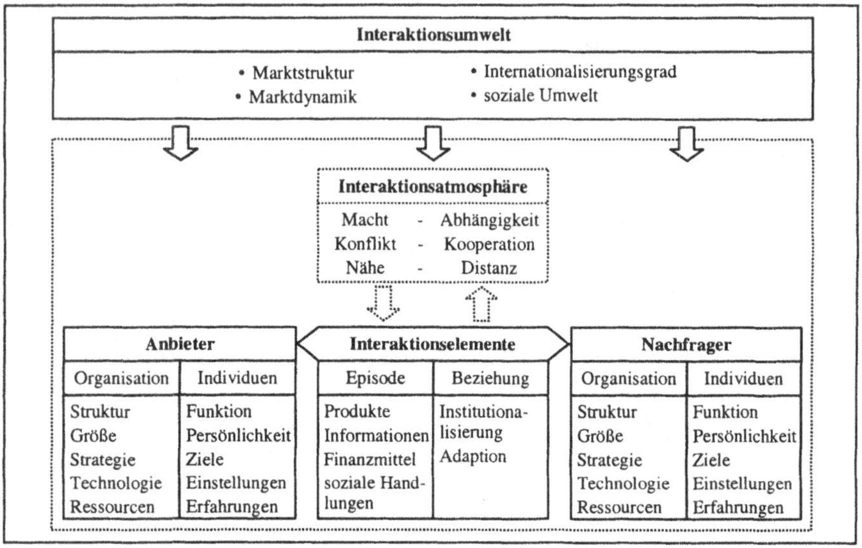

5.4.2 Vernetzungsspezifische Bedeutung

Bei den beiden vorgestellten Ansätzen von KIRSCH/KUTSCHKER und der IMP Group handelt es sich nach der Klassifizierung von KERN um organisationale Interaktionsansätze, die sowohl die einzelne Transaktionsepisode als auch episodenübergreifende Beziehungen betrachten.[128] Obwohl sie den Netzwerkansätzen zugerechnet werden und durchaus auch Erklärungsgehalt für Beziehungen zwischen mehr als zwei Akteuren bieten, thematisieren sie diese nicht explizit. Dies liegt wohl darin begründet, dass beide Ansätze aus dem Investitionsgütermarketing hervorgegangen sind, welches vor allem Hersteller-Nachfrager-Beziehungen analysiert.

Mitglieder der IMP Group haben die eher dyadischen Interaktionsansätze des Investitionsgütermarketings weiterentwickelt zu einem interaktionsorientierten Netzwerkansatz, der zunehmend auch Aspekte des strategischen und internationalen Managements thematisiert.[129] Die grundlegenden Konzepte des interaktionsorientierten Netzwerkansatzes sind:

Beziehungen als Ressource:[130] Unternehmen definieren sich nicht nur über die Ressourcen- oder Wettbewerbsposition, sondern vor allem über die Beziehungen, die sie zu anderen

---

[127] Eigene Darstellung i. A. a. TURNBULL/VALLA 1986, S. 5.

[128] Vgl. Kap. 5.4.1.

[129] Vgl. zum strategischen Management in Unternehmensnetzwerken HAKANSSON/SNEHOTA 1989 und 1995, AXELSSON/EASTON 1992 und MATTSSON 1987 sowie zum internationalen Management HAKANSSON/JOHANSON 1988 und JOHANSON/MATTSSON 1988.

[130] Vgl. HAKANSSON/SNEHOTA 1995, S. 4 und 12, sowie HAKANSSON 1987, S. 10 f.

Unternehmen unterhalten. Beziehungen zu anderen Unternehmen übernehmen wichtige Aufgaben. Über Beziehungen können Unternehmen ihre Effizienz steigern, die Stabilität erhöhen und den Einflussbereich ausweiten. Auf Grund der hohen Bedeutung von Beziehungen werden die mit deren Aufbau verbundenen Kosten als Investitionen interpretiert. Die Beziehungen selbst werden dadurch zu einer sehr wertvollen Ressource, die gepflegt und weiterentwickelt werden muss. In Beziehungen besitzen die Partner gleichermaßen Freiheit und Verpflichtung. Dies führt zu einem Spannungsfeld, welches die Akteure einerseits zu einer kontinuierlichen Weiterentwicklung der Beziehung motiviert und andererseits eine übermäßige Institutionalisierung verhindert. Darüber hinaus spiegelt sich die Dualität von Beziehungen in der Tatsache wieder, dass sie zum einen Handlungsmöglichkeiten erschließen, zum anderen begrenzen.

Verbundenheit von Beziehungen:[131] Die Beziehungen eines Unternehmens sind verbunden. Das bedeutet, dass die Aktivitäten in einer Beziehung die Aktivitäten in einer anderen Beziehung beeinflussen. Die Kette der Abhängigkeiten zwischen Beziehungen ist theoretisch grenzenlos. Aus den Abhängigkeiten ergibt sich eine aggregierte Struktur, die das Unternehmensnetzwerk widerspiegelt. Die Struktur ist durch einen heterarchischen Charakter und ein hohes Ausmaß an Dynamik geprägt.

Märkte als Netzwerke:[132] Wenn Unternehmen in ein enges Beziehungsgeflecht eingebunden sind und darüber den Leistungsaustausch abwickeln, dann übernehmen Beziehungen die Funktion von Märkten. Insofern werden Märkte – genauso wie Netzwerke – konzeptionalisiert als eine Ansammlung von verbundenen Austauschbeziehungen zwischen Akteuren, die Ressourcen kontrollieren. Wenn Märkte und Netzwerke identisch sind und Unternehmen über Beziehungen in diese Netzwerke eingebunden werden, dann sind die Unternehmensgrenzen nicht mehr klar zu definieren. Unternehmen werden deswegen als Netzwerkakteure und nicht als isolierte und unabhängige Marktakteure gesehen. „A business enterprise looks more like a linking unit where its strategic attributes lie in how it connects other market participants to each other.“[133]

Aufbauend auf diese grundlegenden Konzepte wird ein Bezugsrahmen entwickelt, der drei Dimensionen mit je drei Ausprägungen umfasst:[134]

Die *Substanzdimension* (Substance of Business Relationships) umfasst drei Arten von Beziehungen, nämlich solche zwischen Aktivitäten, Ressourcen und Akteuren.[135] Zwischen Unternehmen verbinden Aktivitätsbeziehungen (Activity Links) technische, administrative und kommerzielle Aktivitäten, Ressourcenbeziehungen (Resource Ties) technologische,

---

[131] *Connectedness* wird hier mit Verbundenheit übersetzt (vgl. HAKANSSON/SNEHOTA 1995, S. 17 f.).

[132] Vgl. HAKANSSON 1987, S. 13, und MATTSSON 1997, S. 450.

[133] HAKANSSON/SNEHOTA 1995, S. 21.

[134] Vgl. die umfassende Darstellung des gesamten Bezugsrahmens in HAKANSSON/SNEHOTA 1995.

[135] Vgl. HAKANSSON 1987, S. 14 ff., HAKANSSON/JOHANSON 1992, S. 28 ff., und HAKANSSON/SNEHOTA 1995, S. 28 ff.

materielle und wissensbasierte Ressourcen und Akteursbeziehungen (Actor Bonds) Individuen, Gruppen, Abteilungen. Jede Beziehungsart kann für sich als netzwerkartige Struktur vorliegen. Zugleich umfasst ein Unternehmensnetzwerk aber alle drei Beziehungsarten, die sich überlagern und in einer Wechselwirkung zueinander stehen. Durch funktionale Abhängigkeiten sowie Macht- und Wissensstrukturen sind die drei Netzwerke eng miteinander verzahnt.[136] Abb. 5-9 stellt diesen Zusammenhang dar.

Abb. 5-9: Substanzdimension des Netzwerkansatzes der IMP Group[137]

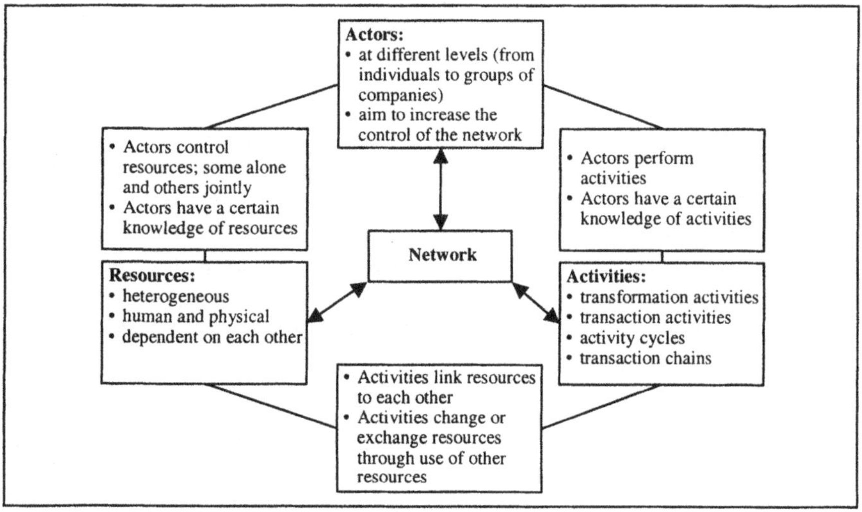

Die *Funktionsdimension* (Functions of Business Relationships) beschreibt die Auswirkungen von Handlungen und Interaktionen in den Substanzdimensionen (Activity Links, Actor Bonds und Resource Ties) auf die Beziehungsdyade, die individuellen Unternehmen und das gesamte Netzwerk.[138] Die Beziehungen, die in den drei Substanzdimensionen aufgebaut werden, prägen zunächst die Dyade, indem sie eine Quasi-Organisation zwischen den beteiligten Unternehmen bilden (Function for the Dyad). Weiterhin wirken die Handlungen und Interaktionen direkt auf die beteiligten Unternehmen (Single Actor Function). Sie führen dazu, dass die Unternehmen ihre internen Aktivitäten (Activity Structure), Organisationsstrukturen (Organizational Structure) und Ressourcen (Resource Collection) anpassen und optimieren. Dadurch wird direkt die Performance der Unternehmen beeinflusst. Darüber hinaus wirken Handlungen und Interaktionen in den Substanzdimensionen über die Verbundenheit der Beziehungen auf das gesamte Unternehmensnetzwerk. Sie können die

[136] Vgl. HAKANSSON 1987, S. 17.

[137] HAKANSSON 1987, S. 17.

[138] Vgl. HAKANSSON/SNEHOTA 1995, S. 36 ff.

Verteilung der Aktivitäten (Activity Pattern) zwischen Unternehmen beeinflussen, die Zusammensetzung des Unternehmensnetzwerkes verändern (Web of Actors) und die Ressourcenkonstellationen (Resource Constellation) verschieben.

Die *Managementdimension* (Management Area) beschreibt Ansatzpunkte für ein Management von Netzwerkbeziehungen.[139] Dieses setzt direkt an den Funktionsdimensionen an. Der erste Managementbereich, Marketing und Einkauf (Marketing and Purchasing), ist für den Aufbau und die Pflege der Beziehungen zwischen Aktivitäten, Akteuren und Ressourcen verantwortlich. Ein zweiter Managementbereich, der als Fähigkeitsentwicklung (Capability Development) bezeichnet wird, beschäftigt sich mit den Auswirkungen der Beziehungen auf die unternehmensinterne Aktivitäten-, Ressourcen- und Organisationsstruktur. Er ist verantwortlich für die Ausnutzung von Synergieeffekten, indem die Unternehmensstrukturen auf die Beziehungsstrukturen ausgerichtet werden. Der dritte Managementbereich, der als Strategieentwicklung (Strategy Development) bezeichnet wird, fokussiert auf das Netzwerk von Aktivitäten, Akteuren und Ressourcen mit dem Ziel, eine möglichst vorteilhafte Positionierung des Unternehmens im Netzwerk herbeizuführen. Indem Unternehmen ihre Beziehungen gestalten, verändern sie ihre Netzwerkposition.

Die Ausführungen haben deutlich gemacht, dass die drei Dimensionen mit jeweils drei Ausprägungen in enger Wechselwirkung zueinander stehen. In einer dynamischen Betrachtung von Netzwerkstrukturen stehen am Anfang Actor Bonds, die zu Activity Links und Resource Ties führen können. Diese Beziehungen haben einerseits Rückwirkungen auf die Strukturen der beteiligten Unternehmen (Activity Structure, Organizational Structure, Resource Collection). Andererseits machen sie eine Positionierung des Unternehmens in einem größeren Netzwerk erforderlich (Activity Pattern, Web of Actors, Resource Constellation). Die Entwicklung der Beziehungen, die strukturelle Anpassung und die Neupositionierung im Netzwerk wird einerseits durch das Management intendiert betrieben (Capability Development, Marketing and Purchasing, Strategy Development). Andererseits ergeben sich aus den vielfältigen Wechselwirkungen auch emergente Entwicklungen.[140] Der Bezugsrahmen mit seinen verschiedenen Dimensionen und Elementen ist in Abb. 5-10 dargestellt, wobei die Pfeile auf die dynamischen Wechselwirkungen hinweisen.

Der sehr umfassende Bezugsrahmen des interaktionsorientierten Netzwerkansatzes verbindet mehrere Betrachtungsperspektiven. Über das Kernkonzept der Netzwerkbeziehung gelingt es ihm, zugleich eine Außen- und Innenorientierung einzunehmen. Dabei konzeptualisiert er im Gegensatz zum marktorientierten Strategieansatz die Unternehmensumwelt eher über Kooperations- als über Wettbewerbsbeziehungen. Im Gegensatz zum ressourcenorientierten Strategieansatz bestimmen nicht allein die Ressourcen eines fokalen Unternehmens die Ressourcenposition. Vielmehr sind alle Ressourcen miteinzubeziehen, auf die das fokale Unternehmen über Netzwerkbeziehungen zugreifen kann. Zusammenfassend kann gesagt

---

[139] Vgl. HAKANSSON/SNEHOTA 1995, S. 46 ff.

Abb. 5-10: Der Netzwerkansatz der IMP Group[141]

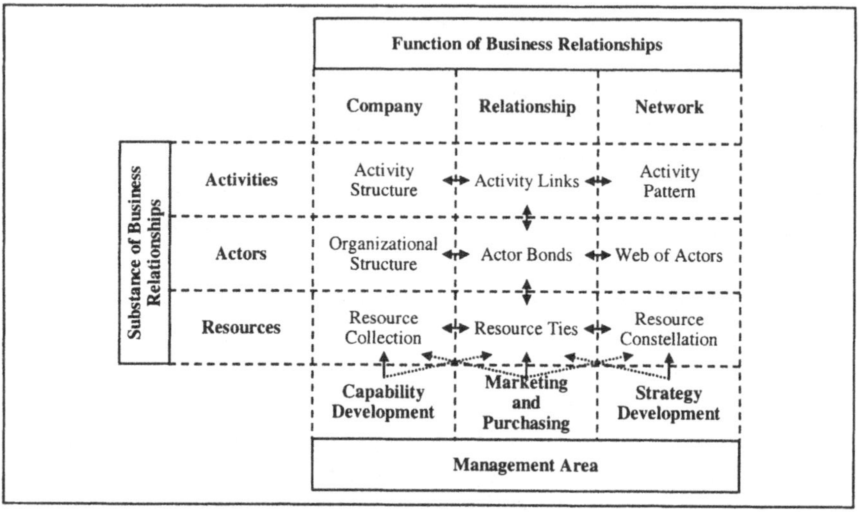

werden, dass nach dem interaktionsorientierten Netzwerkansatz nicht die Wettbewerbs- oder Ressourcenposition für den Erfolg von Unternehmen verantwortlich sind, sondern deren Netzwerkposition. Da sich diese auf Beziehungen gründet, kann das Structure-Conduct-Performance- beziehungsweise Resource-Conduct-Performance-Paradigma für den interaktionsorientierten Netzwerkansatz neu formuliert werden als Relationship-Conduct-Performance-Paradigma.

5.4.3 Kritische Würdigung

Der interaktionsorientierte Netzwerkansatz stellt einen sehr umfassenden Bezugsrahmen mit mehreren Betrachtungsperspektiven dar. SYDOW stellt entsprechend fest, dass es sich hierbei um einen Theorieansatz handelt, „der der komplexen Realität strategischer Netzwerke gerecht werden könnte.“[142] Die Kritik an diesem Ansatz richtet sich weniger gegen den Bezugsrahmen und die zentralen Aussagen als gegen den eingeschränkten präskriptiven Gehalt des Ansatzes und die bislang unzureichende forschungstheoretische Evaluierung der Aussagen:

Die IMP Group verfolgt bewusst einen speziellen Forschungsstil, den sie selbst wie folgt beschreibt: „It is less quantitative and more qualitative, less deductive and more inductive, less theory testing and more theory developing, less specifically oriented to marketing

---

[140] Vgl. HAKANSSON/SNEHOTA 1995, S. 12.

[141] Eigene Darstellung i. A. a. HAKANSSON/SNEHOTA 1995, S. 45 und 47.

[142] SYDOW 1992, S. 219.

management and more holistic, less prescriptive and more deductive."[143] Die Stärken, die dieser Forschungsansatz in sich birgt, sind zugleich dessen Schwächen. Die empirische Überprüfung der Aussagen erfolgt überwiegend qualitativ und deskriptiv mittels Fallstudien. Auf Grund der Komplexität des Bezugsrahmens lassen sich die aus den Fallstudien gewonnenen Erkenntnisse nur bedingt verallgemeinern und zu einer präskriptiven Theorie weiterentwickeln. HAKANSSON/SNEHOTA weisen selbst auf diese methodischen Einschränkungen hin, stellen aber zugleich weitere Analysen in Aussicht, die zu konkreten Handlungsanweisungen führen könnten: „The value of the scheme [...] is limited from an explanatory point of view, as it only identifies where effects might occur. It does not say anything about which changes shall produce certain effects. It provides just the frame that indicates the main direction of effects and their type. The scheme does not provide guidance in order to assess the likelihood or the magnitude of impact of changes in a relationship or elsewhere in the network. These require a further analysis that permits to assess the strength of connections in the various layers of substance of relationships and the economic consequences of these. However, it provides the guidance in directing such an analysis."[144]

Ein weiterer Kritikpunkt, der sich wiederum aus einer Stärke ergibt, ist die Reichweite des interaktionsorientierten Netzwerkansatzes. Die Konzeptualisierung von Märkten als Unternehmensnetzwerke erschließt einerseits neue Erklärungsbeiträge, indem die Beziehungsumwelt von Unternehmen thematisiert wird. Andererseits ergibt sich aus der hohen Reichweite der Netzwerkbeziehungen ein Abgrenzungsproblem.[145] Für Forschungszwecke müssen Netzwerkgrenzen festgelegt werden, was mitunter die Wahrnehmung des zu untersuchenden Phänomens verzerren oder sogar einschränken kann. Verschärft wird diese Problemstellung durch die Annahme der IMP Group, dass Unternehmensnetzwerke heterarchisch aufgebaut sind und keine fokalen Unternehmen existieren. Deswegen ist es streng genommen nicht möglich, Unternehmensnetzwerke ausgehend von einem fokalen Unternehmen abzugrenzen. In den empirischen Untersuchungen der IMP Group werden dennoch Unternehmensnetzwerke ausgehend von zentralen Unternehmen über „Schneeballsysteme" identifiziert.[146]

Eine zentrale Annahme des interaktionsorientierten Netzwerkansatzes ist, dass die Netzwerkposition eines Unternehmens und dessen Beziehungen maßgeblich die Performance beeinflussen. Damit wird die Gestaltung der Netzwerkposition zu einer wichtigen Aufgabe des Managements. Der interaktionsorientierte Ansatz geht implizit davon aus, dass die strategische Wahl der Netzwerkposition autonom vorgenommen werden kann. Diese stark voluntaristische Ausrichtung scheint wenig realistisch, zumal die Vertreter des interaktions-

---

[143] JOHANSON/MATTSSON 1994, S. 336.

[144] HAKANSSON/SNEHOTA (1995, S. 45 f.) unter Bezugnahme auf den Netzwerkansatz der IMP Group (vgl. Abb. 5-10).

[145] Vgl. BACKHAUS 1997, S. 130 f.

[146] Vgl. EASTON/HAKANSSON 1996, S. 408.

orientierten Ansatzes darauf hinweisen, dass Netzwerkbeziehungen nicht nur Handlungsmöglichkeiten eröffnen, sondern zugleich auch beschränken.[147] Angemessener wäre sicherlich eine gemäßigt voluntaristische Position, die die Handlungsmöglichkeiten und -grenzen eines Netzwerkmanagements gleichermaßen berücksichtigt.

5.5 Phasenansatz der Kooperationsgestaltung

Die bisher vorgestellten theoretischen Ansätze bieten einigen Erklärungsgehalt in Bezug auf Unternehmensnetzwerke. Der ressourcenorientierte Strategieansatz erklärt die Bedeutung von Ressourcenpositionen und deren Entwicklung durch Kooperationen, die Spieltheorie erläutert die Vorteilhaftigkeit von Kooperationsstrategien und der interaktionsorientierte Netzwerkansatz beschreibt allgemein die Relevanz von Beziehungen zwischen Unternehmen und deren Umwelt. Lediglich der marktorientierte Strategieansatz bietet auf Grund seiner diametral entgegengesetzten Ausrichtung, die sich in einer Betonung von Wettbewerbs- und einer Vernachlässigung von Kooperationsstrategien manifestiert, nur geringes Erklärungspotenzial.

Alle bisher analysierten Ansätze weisen jedoch ein gemeinsames Defizit auf. Sie sind partiell, aber nicht umfassend in der Lage, den Gestaltungsprozess von Unternehmensnetzwerken zu beschreiben. Da aber die Netzwerkgestaltung einen wesentlichen Eckpfeiler dieser Arbeit darstellt, wird ergänzend eine Gruppe von Ansätzen eingeführt, der den Gestaltungsprozess als Ganzes abdeckt. Dabei handelt es sich um die Phasenansätze der Kooperationsgestaltung.

5.5.1 Zentrale Konzepte

In der Literatur findet sich eine Vielzahl unterschiedlicher Phasenansätze zur Strukturierung des Gestaltungsprozesses von Kooperationen.[148] Diese sind teils allgemein gültig für alle Arten von Kooperationen, teils auf spezielle Kooperationsformen, wie strategische Allianzen oder Joint Ventures, abgestimmt. FONTANARI analysiert sechs dieser Gestaltungsansätze und kommt zu dem Schluss: „Im Prinzip unterscheiden sich die vorgestellten theoretisch-konzeptiven Gestaltungsprozesse nur marginal."[149] Aus der Vielzahl der Gestaltungsansätze wird hier aus zwei Gründen das Rahmenkonzept von BRONDER/PRITZL herausgegriffen.[150] Zum einen ist es das Einzige, welches in einem Planungsschritt explizit die Konfiguration von Unternehmensnetzwerken aufgreift, obwohl es eigentlich für strategische Allianzen konzipiert

---

[147] Vgl. die ähnliche Kritik bei SYDOW 1992, S. 220.

[148] Vgl. z. B. die Literturangaben in der Sammelrezension von MÜLLER-STEWENS/SPICKERS (1994) sowie bei FONTANARI 1996, S. 165 ff.

[149] FONTANARI 1996, S. 186.

[150] Vgl. BRONDER/PRITZL 1991 und 1992.

wurde. Zum anderen nimmt es eine sehr detaillierte und umfangreiche Phaseneinteilung des Gestaltungsprozesses vor. Diese ist in Abb. 5-11 dargestellt und wird nachfolgend erläutert.[151]

Abb. 5-11: Gestaltungsprozess von strategischen Allianzen[152]

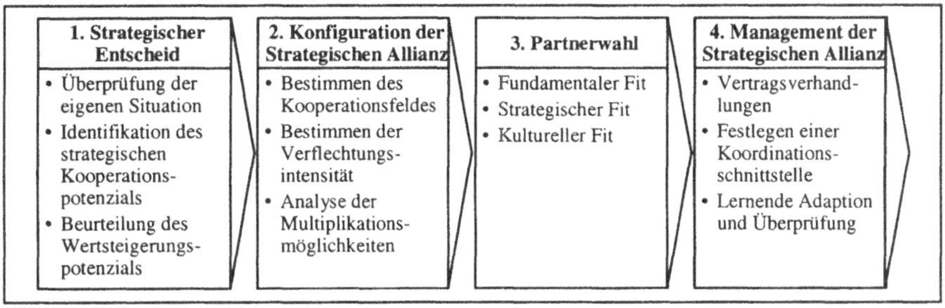

Die *Phase des Strategischen Entscheids* umfasst zunächst einmal die Entscheidung, ob eine strategische Allianz unter den gegebenen Bedingungen eine sinnvolle Option ist. Dazu werden die Unternehmensumwelt, die Markt- und Wettbewerbsbedingungen und das Unternehmen selbst einer eingehenden Analyse unterzogen. Die Analyse baut auf Methoden der strategischen Planung auf, indem beispielsweise die SWOT-Analyse, Portfolio- und Profilansätze und Szenariomodelle zum Einsatz kommen.[153] Ausgehend von dieser Analyse werden als strategische Optionen für die Unternehmensentwicklung die Alternativen *unternehmerischer Alleingang*, *vollständiger Zusammenschluss* und *Kooperation* betrachtet. Zur Bewertung der Alternativen verwendet das Vorgehensmodell als Zielgröße das Wertsteigerungspotenzial.[154] In Modellrechnungen wird ermittelt, welche der Optionen den Außenwert des Unternehmens am positivsten beeinflusst.[155] Wichtige Nebenbedingungen in dieser Entscheidung sind qualitative Kenngrößen wie Zeitvorteile, Know-how-Vorteile,

---

[151] Vgl. zu den Erläuterungen auch BRONDER/PRITZL 1992 sowie JANSEN 2000, S. 121 ff.

[152] Vgl. BRONDER/PRITZL 1992 und BRONDER/PRITZL 1991, S. 46 f.

[153] Die SWOT-Analyse (SWOT: Strengths, Weaknesses, Opportunities, Threats) bildet einen Rahmen, in dem die aktuellen Stärken und Schwächen des Unternehmens bzw. die Chancen und Risiken der Unternehmensumwelt analysiert werden (vgl. ANDREWS 1971 und auch Kap. 5.1). Zur detaillierten Analyse der Stärken und Schwächen werden Profilansätze eingesetzt (vgl. STEVENSON 1980, S. 186 ff.). Zur detaillierten Analyse der Chancen und Risiken werden Portfolioansätze verwendet (vgl. BECKER 1998, S. 418 ff., GÄLWEILER 1990, S. 76 ff. und S. 176 ff., HAHN 1999b, HINTERHUBER 1992a, S. 106 ff., KREIKEBAUM 1997, S. 74 ff., MEFFERT 1998, S. 238 ff., und NIESCHLAG/DICHTL/HÖRSCHGEN 1997, S. 907 ff.). Die Szenarioanalyse beschreibt zukünftige Entwicklungen unter alternativen Rahmenbedingungen (vgl. GÖTZE 1993 und MEYER-SCHÖNHERR 1992).

[154] BRONDER/PRITZL (1992, S. 25 f.) berufen sich auf den Wertsteigerungsansatz von GOMEZ 1993, RAPPAPORT 1999 und COPELAND/KOLLER/MURRIN 1998.

[155] Der Außenwert des Unternehmens wird durch den freien Cash-flow repräsentiert. Diese Zielgröße gilt es in der Alternativenauswahl zu optimieren (vgl. BRONDER/PRITZL 1992, S. 25 f.).

Marktzutritt und Systemkompetenz, die nur bedingt in die quantitative Bewertung einfließen und gesondert berücksichtigt werden müssen.[156]

Fällt die Entscheidung zu Gunsten einer strategischen Allianz aus, wird in der *Konfigurationsphase* zunächst untersucht, in welchen Bereichen kooperiert werden soll. Je nach strategischer Zielsetzung wird die Kooperationsrichtung (horizontale, vertikale oder diagonale Kooperation) und die Kooperationsfunktion (Kooperation in den Bereichen Forschung/Entwicklung, Marketing/Vertrieb, Produktion/Logistik, Beschaffung/Entsorgung etc.) gewählt.[157] Zur Feinabstimmung der Planung wird anschließend die Verflechtungsintensität der Kooperation über den Zeithorizont, die Ressourcenzuordnung und den Formalisierungsgrad festgelegt.[158] Dabei umfasst die Ressourcenzuordnung eine detaillierte Planung der in die Kooperation einzubringenden Management-, Kapital- und Produktionsressourcen beziehungsweise die Planung des Formalisierungsgrades eine Festlegung der Rechtsform sowie detaillierte Kommunikations- und Verfahrensregeln.[159] Als abschließenden Schritt der Konfigurationsphase werden die Multiplikationsmöglichkeiten der Kooperation analysiert. Es wird untersucht, ob und wie die geplante Kooperation zu einem Unternehmensnetzwerk ausgebaut werden kann. Die Analyse zur Multiplizierbarkeit sollte Geschäftssysteme und -prozesse, Produkte und Dienstleistungen, bestimmte Kompetenzen und Marken umfassen.

In der Phase der Partnerwahl werden potenzielle Partner auf ihre fundamentale, strategische und unternehmenskulturelle Übereinstimmung („Fit“) mit dem Ziel untersucht, eine engere Auswahl an geeigneten Kooperationskandidaten zu identifizieren.[160] Von einem fundamentalen Fit wird gesprochen, wenn ein gemeinsamer Wille, konvergierende Visionen, eine balancierte Machtposition, beiderseitige Vorteile, überschaubare Risiken und überdurchschnittliche Wertsteigerungspotenziale bestehen. Für den strategischen Fit sind übereinstimmende strategische Zielsetzungen, harmonische Geschäftspläne, eine gemeinsame Festlegung der geeigneten Konfiguration sowie ein identischer Planungshorizont verantwortlich.[161] Der kulturelle Fit manifestiert sich in gemeinsamen Werten, Stilen und Kulturen.[162]

---

156 Diese qualitativen Kenngrößen beeinflussen über so genannte Wertgeneratoren (Wachstumsdauer, Umsatzwachstum, Gewinnmarge, Investitionsrate) den freien Cash-flow, so dass sie auf diesem Wege in das quantitative Modell einbezogen werden (vgl. BRONDER/PRITZL 1992, S. 28 f.).

157 Vgl. auch Kap. 4.2.4 und 4.5.2.

158 Vgl. auch JANSEN 2000, S. 138 ff.

159 Vgl. auch zur vertragsrechtlichen Institutionalisierung Kap. 4.3.3.

160 Vgl. JANSEN 2000, S. 130 ff.

161 BRONDER/PRITZL (1992, S. 36) bewerten die Übereinstimmung der strategischen Zielsetzungen der Partner als zentrales Erfolgskriterium.

162 BRONDER/PRITZL (1992, S. 39 f.) nennen unter Rückgriff auf BLEICHER (1989) einige personalpolitische Aspekte, die den kulturellen Fit positiv beeinflussen: „Freistellung von Führungskräften für die Strategische Allianz, Transfer von Führungskräften auch zu den Allianzpartnern, Kompetenz und Unvoreingenommenheit einzusetzender Personen, allianzbezogene Karriere- und Vergütungspläne für individuelle Führungskräfte.“ Sie unterscheiden außerdem in Anlehnung an BUONO/BOWDITCH (1989) vier grundsätzliche Reaktionen, die beim Aufeinandertreffen zwischen verschiedenen Unternehmenskulturen entstehen können: Kulturpluralismus, Kulturassimilation, Kulturübernahme, Kulturwiderstand.

In der Managementphase werden die Kooperationsverträge geschlossen, eine Koordinationsschnittstelle festgelegt und die Kooperation institutionalisiert und weiterentwickelt. Vertragsverhandlungen werden mit den Partnern aufgenommen, die in der Phase der Partnerwahl in die engere Auswahl gekommen sind. Zunächst werden die Kooperationsziele verhandelt, die aus den individuellen Strategien der beteiligten Parteien resultieren. Im Falle einer Einigung wird unter Berücksichtigung wettbewerbsrechtlicher Auflagen ein adäquates formales Rechts-, Vertrags- und Koordinationsgefüge festgelegt.[163] Anschließend werden Koordinationsinstanzen eingerichtet, die sich aus ausgewählten Führungskräften mit Kooperationserfahrung rekrutieren.[164] Ist die Kooperation institutionalisiert, ist es die Aufgabe des Kooperationsmanagements, durch geeignete Maßnahmen deren Entwicklung und Anpassung voranzutreiben. Zu den Maßnahmen zählt unter anderem ein aktives Konsens- und Krisenmanagement, eine Entwicklung der Strukturen und Prozesse, organisationales Lernen und kontinuierliche Verbesserung.

5.5.2 Vernetzungsspezifischer Erklärungsgehalt

Der Ansatz von BRONDER/PRITZL beschreibt den Gestaltungsprozess von strategischen Allianzen. Wie in der Abgrenzung von Unternehmensnetzwerken zu strategischen Allianzen gezeigt wurde, sind die Unterschiede zwischen beiden Kooperationsformen nicht groß. Außer durch die strategische Ausrichtung, die für Unternehmensnetzwerke kein definitorisches Merkmal ist, unterscheiden sich strategische Allianzen hauptsächlich durch die Begrenzung auf zwei Akteure. Strategische Allianzen können jedoch in dyadischen Beziehungen von Unternehmensnetzwerken aufgebaut und somit zu deren Bestanteil werden. Insofern ist das Rahmenkonzept von BRONDER/PRITZL auf die Gestaltung von Unternehmensnetzwerken anwendbar.

Die Gestaltung eines Unternehmensnetzwerkes reduziert sich jedoch nicht allein auf die Gestaltung von dyadischen Beziehungen. Es ist notwendig, dass die Beziehungen auf einer übergeordneten Ebene im Sinne der kollektiven Zielsetzung abgestimmt werden. Daraus resultieren Interdependenzen, die im Gestaltungsprozess der einzelnen Beziehungen relevant sind. BRONDER/PRITZL thematisieren zwar in ihrem Modell – mit der Heraushebung der Multiplikationswirkung in der Konfigurationsphase – die zukünftigen Wechselwirkungen mit anderen Kooperationen. Sie berücksichtigen jedoch nicht die Interdependenzen mit bestehenden Kooperationen und vernachlässigen damit einen möglicherweise existierenden Netzwerkkontext.[165]

---

[163] Vgl. zu den möglichen Vertragsbestandteilen FONTANARI 1996, S. 223, JANSEN 2000, S. 141, und STAUDT u. a. 1992, S. 146.

[164] BRONDER/PRITZL (1992, S. 42) sprechen von interaktionsorientiertem Management, in Abgrenzung zum aufgabenorientierten Management, welches sich primär auf Sachziele konzentriert.

[165] Vgl. auch HAURY (1989, S. 66), der darauf hinweist, dass bei der Bewertung möglicher Partner „auch das Netz der Kooperationsbeziehungen, in das diese bereits eingebettet sind, mit in Erwägung gezogen werden" muss.

Ein Gestaltungsmodell für Unternehmensnetzwerke darf nicht allein in der Konfigurationsphase, sondern muss über den gesamten Prozess die Wechselwirkungen aller bestehenden und – soweit einschätzbar – aller zukünftigen Netzwerkbeziehungen berücksichtigen. So sind in der *Phase des strategischen Entscheids* nicht allein die Stärken und Schwächen eines Unternehmens, sondern des gesamten Netzwerkverbundes zu analysieren. Bei der Ermittlung des Wertsteigerungspotenzials sind die gemeinsamen Wertgeneratoren aller Akteure zu berücksichtigen. Auch in der *Konfigurationsphase* ist eine gemeinsame Abstimmung notwendig. Bei der Festlegung der Kooperationsfelder und Funktionsbereiche sowie der Zuordnung der Kompetenzen und Ressourcen müssen die individuellen Ziele aller Akteure in Hinblick auf das zu integrierende Netzwerkunternehmen harmonisiert werden. Bei der *Partnerwahl*, wenn es um die Feststellung der fundamentalen, strategischen und kulturellen Übereinstimmung geht, muss es gelingen, mit dem zu integrierenden Netzwerkunternehmen einen Interessenausgleich herbeizuführen, der allen beteiligten Parteien Vorteile im Sinne einer kollektiven Win-win-Situation verschafft. Nur wenn ein Mindestmaß an kultureller Übereinstimmung existiert und alle Akteure in hinreichendem Ausmaß deckungsgleiche oder komplementäre Ziele in Bezug auf die gemeinsame Vision, Strategie sowie die operative Umsetzung verfolgen, wird die Erweiterung des Unternehmensnetzwerkes erfolgreich sein. Schließlich ist auch in der *Managementphase* ein kollektives Vorgehen notwendig. In den Vertragsverhandlungen sind unter Umständen mehrere Parteien involviert, mit dem Ergebnis, dass multilaterale Verträge geschlossen werden. Darüber hinaus ist zu klären, ob die Koordination im Unternehmensnetzwerk auf bilateraler Ebene erfolgen kann oder ein existierendes oder zu bestimmendes fokales Unternehmen die zentrale Führung übernimmt. Nicht zuletzt werden die strukturelle und prozessuale Entwicklung und Anpassung im Unternehmensnetzwerk von allen Akteuren getragen und sind somit wesentlich aufwendiger als in strategischen Allianzen.

Insgesamt ist die Gestaltung von Unternehmensnetzwerken ein dynamischer Prozess, der iterativ mit jedem Zutritt, jeder Entwicklungs- und Anpassungsmaßnahme und auch jedem Austritt erneut durchlaufen wird und alle Akteure gleichermaßen einbindet. Im Vergleich zu strategischen Allianzen ist dieser Prozess ungleich komplexer, da er Auswirkungen auf mehrere bestehende Beziehungen hat. Jede Veränderung im Unternehmensnetzwerk löst umfassende Restrukturierungsmaßnahmen aus, die auf eine parallele Neugestaltung aller dyadischen Beziehungen hinauslaufen kann. Die Dynamik der Gestaltungsprozesse in Unternehmensnetzwerken ist in Abb. 5-12 zusammenfassend visualisiert.

Abb. 5-12: Gestaltungsprozess von Unternehmensnetzwerken

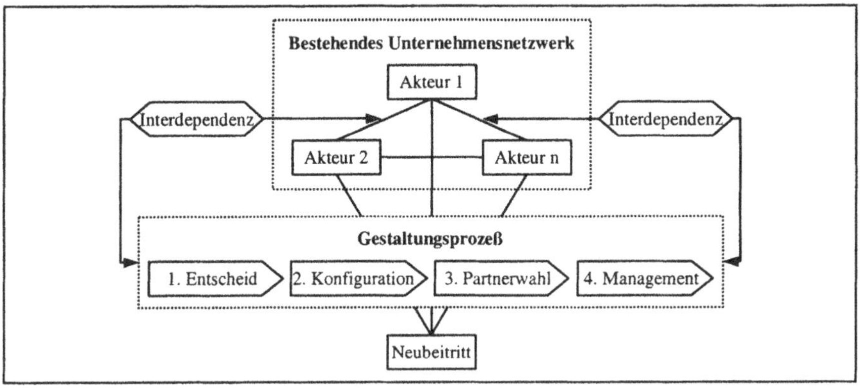

5.5.3 Kritische Würdigung

Die Vertreter der Phasenansätze begreifen die Kooperationsgestaltung als vollständig planbaren Prozess. Damit nehmen die Autoren eine stark deterministische Sichtweise ein, die den dynamischen, auch auf Eigendynamik beruhenden Prozessen in Unternehmensnetzwerken nicht gerecht wird. Die Aktivitäten in Unternehmensnetzwerken werden eben nicht nur über intendierte, sondern auch über emergente Aktivitäten beeinflusst. Die stark instrumentelle Sichtweise ist einer der zentralen Kritikpunkte an den phasenorientierten Ansätzen.

Die eingeschränkte Planbarkeit von Kooperationen manifestiert sich auch in der Tatsache, dass in den Kooperationsverträgen nicht alle Eventualitäten der Zusammenarbeit geregelt werden können. Zum einen sind viele Entwicklungen der Kooperation schlicht nicht absehbar und entziehen sich somit der vertraglichen Regelung. Zum anderen wäre ein hoher vertraglicher Detaillierungsgrad mit unverhältnismäßigen Vereinbarungs- und Kontrollkosten verbunden. Deswegen beruhen Kooperationen immer auf unvollständigen Verträgen. Die Unvollständigkeit der Verträge wird nicht nur durch einen ausgeprägten fundamentalen, strategischen und kulturellen Fit, sondern vor allem auch durch ein hohes Ausmaß an Vertrauen und Ko-Orientierung in den Netzwerkbeziehungen kompensiert. Ein hohes Maß an Übereinstimmung und Vertrauen fördert die Stabilität von Unternehmensnetzwerken und hilft, eventuelle Konflikte zu lösen. Jedoch unterschätzen die phasenorientierten Ansätze die Bedeutung von sozialen und kulturellen Beziehungen, in dem sie Aufbau und Entwicklung von Vertrauen und Ko-Orientierung nicht thematisieren.

Der Phasenansatz beschreibt die Gestaltung von Kooperationen als einen Prozess, der in mehreren sequenziellen Schritten durchlaufen wird. Der Prozess der Kooperationsgestaltung lässt sich jedoch in zwei maßgebliche Teile – den Planungsteil sowie den Umsetzungsteil –

gliedern.[166] Der Planungsteil ist geprägt von individuellen planerischen Maßnahmen, die von den potenziellen Kooperationspartnern – oder primär von dem Unternehmen, welches die Kooperation initiiert – alleine durchgeführt werden. Der Umsetzungsteil des Prozesses beginnt mit dem Zeitpunkt, zu dem ein erster Kontakt zu potenziellen Kooperationspartnern aufgenommen wird und umfasst die kollektiven Planungen, die Vertragsverhandlung und -gestaltung sowie die eigentliche Umsetzung der Kooperation. Insbesondere im Umsetzungsteil greift die Beschreibung des Prozesses als sequenzielle Vorgehensweise zu kurz.

Da im Umsetzungsteil weitere Akteure involviert sind und der Ausgang der kollektiven Planungen und Vertragsverhandlungen ungewiss ist, ist es möglich, dass insbesondere die Phasen der Konfiguration und Partnerwahl mehrfach iterativ durchlaufen werden müssen, bis ein geeigneter Partner mit einem ausreichenden Übereinstimmungspotenzial gefunden ist. Mitunter kann auch ein Rückschritt in die Phase der strategischen Planung sinnvoll sein, wenn sich kein geeigneter Kooperationspartner finden lässt und andere Optionen eruiert werden müssen. Nicht zuletzt ist auch die Phase des Netzwerkmanagements ein iterativer Prozess. Im Unternehmensnetzwerk findet permanent eine evaluierende Auseinandersetzung über die zu verfolgenden Visionen und Ziele, die wahrzunehmenden Aufgaben und Aktivitäten, die Verteilung der Ressourcen und Kompetenzen und nicht zuletzt des Kooperationserfolges statt. Diese Auseinandersetzung wird bei jedem Ein- und Austritt sowie bei allen Adaptions- und Transformationsmaßnahmen auf Grund der Interdependenz der Netzwerkbeziehungen wiederholt durchlaufen. Die genannten Iterationsschritte führen dazu, dass sowohl die Aufgaben und Aktivitäten, als auch deren zeitliche Abfolge in der Kooperationspraxis von dem aufgezeigten idealtypischen Modell stark abweichen können. Insofern ist ein sequenzielles Modell zur Beschreibung von Gestaltungsprozessen in Unternehmensnetzwerken nur bedingt geeignet.

Der Phasenansatz verdeutlicht, welche Aufgaben und Aktivitäten zu welchem Zeitpunkt im Kooperationsgestaltungsprozess anstehen. Er erklärt jedoch kaum, mit welchen Methoden und von welchen Akteuren diese Gestaltungsmaßnahmen vorgenommen werden. Im ersten Teil des Gestaltungsprozesses, der die individuelle Planung ohne die potenziellen Partner umfasst, kommen allgemeine Methoden der strategischen Planung zum Einsatz, die vergleichsweise einfach zu handhaben sind. Sobald die Interaktion mit potenziellen Kooperationspartnern beginnt, sind komplexe Koordinationsaufgaben zu bewältigen, die in einen sozialen und kulturellen Kontext eingebettet sind. Die Durchführung dieser Aufgaben erfordert Methoden, die zum Aufbau interorganisationaler Beziehungen geeignet sind. Zu nennen sind spezifische Methoden zum Aufbau von Vertrauen und Ko-Orientierung, zur Verhandlungsführung und -gestaltung, zur Einrichtung adäquater kollektiver Führungs- und Anreizsysteme, zur strukturellen und prozessualen Netzwerkentwicklung sowie zur

[166] Vgl. auch MÜLLER-STEWENS/SPICKERS (1994, S. 665), die Phasenansätze im Kontext von Unternehmensakquisitionen diskutieren. Sie kritisieren das Auseinanderfallen des Gestaltungsprozesses in einen Planungs- bzw. einen Umsetzungsteil.

Bewertung und Kontrolle der gemeinsamen Aktivitäten. Alle genannten Methoden werden jedoch durch den Phasenansatz nicht handlungsweisend dargestellt, sondern nur am Rande thematisiert. Dadurch bietet auch der Phasenansatz nur wenig Erklärungsgehalt zur konkreten Ausgestaltung der Interorganisationsbeziehungen. Genauso sind auch die am Gestaltungsprozess beteiligten Akteure im Phasenansatz nicht explizit benannt. Es bleibt unklar, auf welchen führenden und ausführenden Ebenen die planenden und umsetzenden Aktivitäten stattfinden und welche Kommunikationsbeziehungen zum Aufbau von Vertauen und zum Informationsaustausch eingerichtet werden.

6 Gestaltung von Unternehmensnetzwerken

Zuvor wurde das Phänomen der Unternehmensnetzwerke in seiner Entstehung und Gestaltung über fünf theoretische Ansätze beschrieben. Die gewählten theoretischen Ansätze bieten sehr unterschiedliche Ansatzpunkte, so dass sie gemeinsam in der Lage sind, verschiedene, komplementäre Facetten von Unternehmensnetzwerken zu erklären. Im Folgenden werden zunächst in Kap. 6.1 – unter Verfolgung des *dritten Forschungsziels* dieser Arbeit – die rezipierten Ansätze in einen multitheoretischen Bezugsrahmen integriert. Dieser dient als Ausgangspunkt und Leitfaden für eine explorative Untersuchung in Kap. 6.2, welches die theoretischen Erkenntnisse mit den Gegebenheiten in der Unternehmenspraxis der Multimediabranche konfrontiert. In Kap. 6.3 werden abschließend Handlungsempfehlungen für das Management von Multimedia-Agenturen aufgezeigt. Damit widmen sich die beiden letztgenannten Kapitel dem *vierten Forschungsziel* der vorliegenden Arbeit.

6.1 Integrierender Bezugsrahmen zur Netzwerkgestaltung

Der integrierende Bezugsrahmen ist wie folgt aufgebaut: Unter den gewählten Ansätzen stellt der Phasenansatz – trotz aller Kritik – das umfassendste Vorgehensmodell zur Gestaltung von Unternehmensnetzwerken dar. Insofern ist er geeignet, einen Rahmen zu bilden, indem die anderen Ansätze angesiedelt werden können. Der markt- und ressourcenorientierte Strategieansatz sowie die Spieltheorie und der interaktionsorientierte Netzwerkansatz werden innerhalb dieses Rahmens entsprechend ihrer Relevanz einzelnen Phasen zugeordnet.

Bevor jedoch der gesamte Bezugsrahmen vorgestellt wird, wird der Phasenansatz von BRONDER/PRITZL in einer Art und Weise modifiziert, die einige der vorgebrachten Kritikpunkte eliminiert und ihn für den Zweck dieser Arbeit handhabbarer macht. Dies ist notwendig, weil der Phasenansatz die Struktur des Bezugsrahmens maßgeblich prägen wird. Die wichtigste Veränderung am Phasenansatz von BRONDER/PRITZL besteht darin, dass die Aktivitäten den Phasen so zugeordnet werden, dass am Ende der einzelnen Phasen eine konkrete Entscheidungssituation ansteht. Diese schließt eine Phase ab und leitet die nächste Phase ein. Wenn die Entscheidung nicht für alle beteiligten Akteure zu einem akzeptablen Ergebnis führt, müssen diese Phase oder sogar mehrere vorhergehende Phasen in Form eines iterativen Prozesses erneut durchlaufen werden. Dadurch wird die kritisierte sequenzielle und deterministische Ausrichtungen des Phasenansatzes aufgehoben. Im Einzelnen sind die Modifikationen und Entscheidungssituationen nachfolgend erläutert:

- In der Phase der strategischen Analyse werden keine Modifikationen vorgenommen. Auch im modifizierten Modell ist es das Ziel dieser Phase, die strategischen Optionen unternehmerischer Alleingang, Kooperation und Akquisition/Fusion zu bewerten und eine geeignete Option auszuwählen.

- In die Phase der Konkretisierung werden neben der Festlegung der Vernetzungsfelder und -intensität die Bestimmung der Vernetzungsziele explizit mit aufgenommen. Dadurch liegt im Unternehmen, welches den Vernetzungsprozess initiiert, am Ende dieser Phase ein konkretes Soll-Konzept in Bezug auf die auszuwählenden Netzwerkpartner vor. Dieses enthält eine Entscheidung bezüglich der Kooperationsfelder, -intensität und –ziele.
- In die Phase der Partnersuche und Konstituierung werden nicht nur die Partneridentifikation und -auswahl, sondern auch die Vertragsverhandlung und -gestaltung integriert. Am Ende der Phase steht der Kooperationspartner somit auch vertraglich fest, so dass alle Voraussetzungen geschaffen werden, um mit dem Aufbau der Netzwerkbeziehungen beginnen zu können.
- In die Management- und Entwicklungsphase wird im Sinne eines Soll-Ist-Vergleichs eine Kooperationskontrolle einbezogen, so dass im Wechsel zwischen Netzwerkentwicklung und Erfolgsbewertung ein iterativer Prozess etabliert wird. In jedem Zyklus kann die Fortführung der etablierten Netzwerkbeziehungen zur Disposition stehen.
- In allen Phasen findet eine Harmonisierung der Aktivitäten und Ziele zwischen allen bestehenden und potenziellen Netzwerkakteuren statt. Diese Harmonisierung erfolgt als iterativer Prozess über das gesamte Gestaltungsprozedere.

Durch die Modifikation ergibt sich der in Abb. 6-1 dargestellte Gestaltungsprozess für Unternehmensnetzwerke.

Abb. 6-1: Modifizierter Gestaltungsprozess für Unternehmensnetzwerke

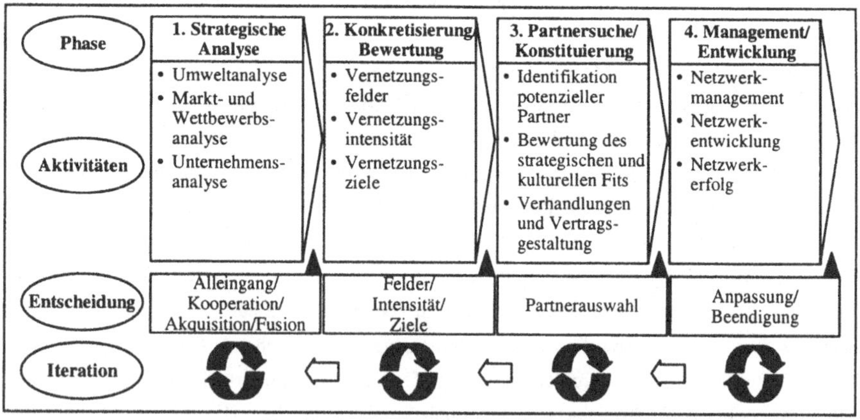

Den Phasen dieses modifizierten Gestaltungsprozesses können nun die anderen rezipierten Ansätze zugeordnet werden. Im Einzelnen haben die Ansätze bezüglich der Phasen den folgenden Erklärungsgehalt:

Ein zentrales Element des marktorientierten Strategieansatzes ist die Branchenstrukturanalyse, bei der die Unternehmensumwelt, Marktbedingungen und Wettbewerbskräfte eingehend untersucht werden. Weiterhin können über das Konzept der Wertkette die wertschöpfenden Aktivitäten von Unternehmensnetzwerken und damit die Quellen von Wettbewerbsvorteilen identifiziert werden. Insofern deckt der marktorientierte Ansatz einen maßgeblichen Teil der Phase der strategischen Analyse ab.

Der ressourcenorientierte Ansatz untersucht, welche Ressourcen und Kompetenzen für den Aufbau von Wettbewerbsvorteilen geeignet sind. Dabei ist er einerseits geeignet, die im Unternehmen vorhandenen Ressourcen einer Stärken-Schwächen-Analyse nach den in Kap. 5.2.1 beschriebenen Kriterien zu unterziehen. Zum anderen können mit diesem Ansatz, abgeleitet aus einer zu verfolgenden Strategie, Anforderungsprofile an die Ressourcenausstattung erarbeitet werden. In einer Lückenanalyse können die fehlenden Ressourcen identifiziert werden. Soll der Zugang zu diesen Ressourcen über eine Kooperationsstrategie realisiert werden, kann der ressourcenorientierte Ansatz eine Hilfestellung bei der Festlegung der adäquaten Vernetzungsfelder, -intensitäten und -ziele leisten. Schließlich kann aus der Lückenanalyse auch ein Soll-Profil für die Identifikation potenzieller Partnerunternehmen abgeleitet werden. Damit bietet der ressourcenorientierte Ansatz eine Handlungsunterstützung in den ersten drei Phasen des Gestaltungsprozesses, wobei der Schwerpunkt auf der Konkretisierung und Bewertung liegt.

Die Spieltheorie erklärt die Vorteilhaftigkeit von kooperativen Beziehungen über Win-win-Situationen, die mit einer bestimmten Vorgehensweise realisiert werden können. Diese Win-win-Situationen sind mit Einschränkungen bei der Bewertung des Übereinstimmungspotenzials und maßgeblich bei der Vertragsverhandlung und -gestaltung von Bedeutung: In integrativen Verhandlungen werden die gemeinsamen Ziele und Maßnahmen harmonisiert, in distributiven Verhandlungen wird die Verteilung des Mehrwertes der Kooperation geregelt. Für beide Verhandlungsschritte bietet die Spieltheorie Erklärungspotenzial, so dass sie im Bezugsrahmen vom Schwerpunkt her der Konstituierungsphase zugeordnet wird.

Der interaktionsorientierte Netzwerkansatz thematisiert die Interaktionen im Netzwerk. Er weist auf die Bedeutung von Netzwerkbeziehungen hin, die im Sinne einer wertvollen Ressource weiterentwickelt und gepflegt werden müssen. Außerdem betont er die Entwicklungsdynamik von Unternehmensnetzwerken, die er auf die Verbundenheit der Beziehungen zurückführt. Dadurch leistet der interaktionsorientierte Ansatz einen Erklärungsbeitrag zum Management und zur Entwicklung von Unternehmensnetzwerken.

Nachfolgend sind die vier diskutierten Ansätze den Phasen des Gestaltungsansatzes zugeordnet. Die Abb. 6-2 macht deutlich, dass die Zuordnung zu den Phasen nicht für alle Ansätze trennscharf erfolgt, sondern das Erklärungspotenzial der Ansätze auch in mehreren Phasen relevant sein kann.

Abb. 6-2: Integrierender Bezugsrahmen für die Gestaltung von Unternehmensnetzwerken

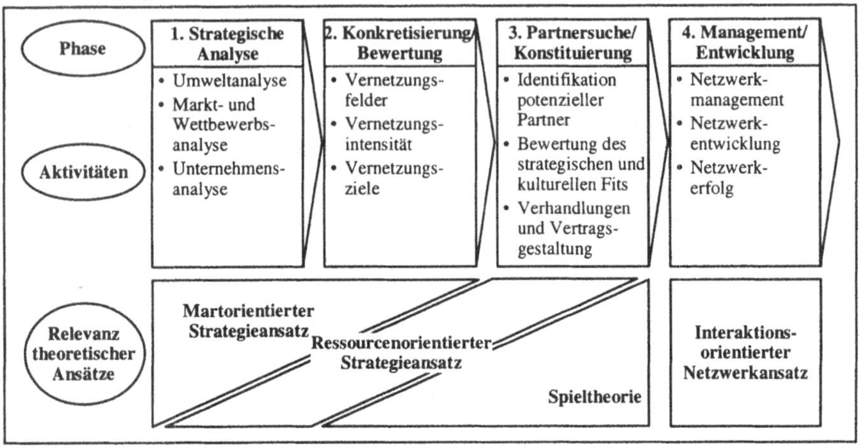

6.2 Netzwerkgestaltung in der Multimediabranche

Im Folgenden wird die Gestaltung von Unternehmensnetzwerken untersucht, wobei der in Kap. 6.1 aufgestellte Bezugsrahmen Anwendung findet. Ziel ist es, zunächst aus der explorativen Untersuchung für die einzelnen Phasen des Gestaltungsprozesses die relevanten Aktivitäten und Vorgehensweisen zu identifizieren. Diese werden anschließend mit dem Erklärungsgehalt der theoretischen Ansätze kontrastiert.

6.2.1 Strategische Analyse

a.) Empirische Beobachtungen

Die Phase der strategischen Analyse dient der Vorbereitung der Entscheidung zwischen einem unternehmerischem Alleingang, Akquisitionen und Fusionen, dem marktlichen Bezug beziehungsweise dem Aufbau von Kooperationsbeziehungen und Unternehmensnetzwerken. Diese weitreichende Entscheidung wird nach dem idealtypischen Phasenansatz durch eine eingehende Analyse und Bewertung der Alternativen vorbereitet.

Jedoch spielt diese Phase für die untersuchten Multimedia-Agenturen nicht die entscheidende Rolle, die ihr nach dem Phasenansatz zugedacht ist. Die Mehrzahl der untersuchten Agenturen geben zwar an, in regelmäßigen Abständen einen strategischen Planungsprozess zu durchlaufen, bei dem sowohl die Markt- und Wettbewerbsbedingungen als auch die Unternehmenssituation berücksichtigt werden. Allerdings steht am Ende dieses Planungsprozesses nicht explizit die Entscheidung im Vordergrund, durch welche der genannten Optionen der Zugang zu Ressourcen und Kompetenzen zu bewerkstelligen ist. Dafür sind nach Aussagen der Agenturen mehrere Gründe verantwortlich:

Eine strategische Planung erfordert Zeit und Ressourcen. In dem dynamischen Umfeld der Multimedia-Agenturen ist es notwendig, die sich bietenden Chancen schnell zu ergreifen. Nach Angaben der befragten Multimedia-Agenturen ist zwar eine strategische Ausrichtung notwendig. Jedoch darf die Dauer des Planungsprozesses nicht dazu führen, dass marktliche Chancen verpasst werden. Zudem stehen insbesondere den kleineren Agenturen nur im begrenzten Ausmaß Managementkapazitäten zur Verfügung. Nur wenige Agenturen haben Mitarbeiter oder sogar einen eigenen Bereich, die sich dediziert mit planerischen Aufgaben befassen. Auf Grund begrenzter Zeit und Ressourcen bevorzugen es die befragten Agenturen, lediglich grobe strategische Vorgaben zu erarbeiten, die sich auf die strategische Positionierung und nur in Ausnahmefällen auch auf Kooperationen beziehen.

Tab. 6-1: Zitate: Bedeutung der strategischen Planung von Netzwerken

„Ein Jahr entspricht drei Jahren nach der Internet-Zeitrechnung. Die Branche ist so schnelllebig, dass eine langfristige Planung keinen Sinn macht. Ein sinnvoller Planungshorizont liegt bei drei bis sechs Monaten."
„Wir haben einen strategischen Planungsprozess. Allerdings wird in diesem Zusammenhang nicht über Kooperationen entschieden."
„Für die strategische Planung gibt es in unserer Agentur keinen eigenen Bereich. Zum einen ist die Geschäftsführung damit befasst, zum andern kümmert sich das Business Development um die Planung. Dort werden auch Kooperationen eingefädelt."

Auf Grund des dynamischen Marktwachstums ist für die Multimedia-Agenturen der Aufbau von Ressourcen und Kompetenzen eine kritische Aufgabe, wenn sie mit der Wachstumsgeschwindigkeit der Branche Schritt halten wollen. Das organische Wachstum, Akquisitionen und Fusionen, der marktliche Bezug sowie Kooperationen und Netzwerke sind nicht Optionen, die sich gegenseitig ausschließen. Vielmehr versuchen Multimedia-Agenturen alle Optionen parallel zu nutzen. Dabei wird, soweit es die Arbeitsmarktsituation für spezifisch ausgebildete Arbeitskräfte zulässt, das organische Wachstum kontinuierlich vorangetrieben.[1] Auch der marktliche Bezug von Vorleistungen, beispielsweise von standardisierten Softwareanwendungen, wird ausgeweitet. Allerdings sind dem marktlichen Bezug Grenzen gesetzt, die in der begrenzten Marktfähigkeit der spezifischen Vorleistungen begründet liegen. Schließlich verfolgen alle untersuchten Agenturen im Rahmen der verfügbaren Finanzmittel Akquisitionsstrategien, um auf diesem Weg zu wachsen. Parallel zu diesen Aktivitäten werden Netzwerkbeziehungen aufgebaut, um unternehmensexterne Kompetenzen und Ressourcen zu erschließen. Es stellt sich also für die untersuchten Agenturen weniger die Frage, welche der Optionen auszuwählen ist, sondern eher, mit welcher Priorität die einzelnen Optionen verfolgt werden sollen.

[1] Vgl. auch Kap. 3, Fn. 184.

Tab. 6-2: Zitate: Vorteilhaftigkeit von Netzwerkbeziehungen

„Die Branche wird sich in den nächsten Jahren konsolidieren. Größe ist ein wesentlicher Faktor, um diesem Konsolidierungsprozess nicht zum Opfer zu fallen. Wir wollen unabhängig bleiben. Deswegen müssen wir schneller als der Markt wachsen, um unsere Position auszubauen."
„Wir verfolgen wie die meisten unserer Wettbewerber eine Wachstumsstrategie. Allein organisch wollen wir im nächsten Jahr um mindestens 50 % wachsen. Wachstum durch Akquisitionen ist auch geplant, aber das kommt on Top. Bei unserer jetzigen Größe sind wir stark auf Kooperationen angewiesen."
„Unser größter Engpass sind qualifizierte Mitarbeiter. Der Arbeitsmarkt ist selbst für gängige Qualifikationen – wie zum Beispiel HTML-Programmierung – leergefegt."

Ein Großteil der Leistungserstellung von Multimedia-Agenturen wird in Projekten abgewickelt. Diese Projekte haben in den meisten Fällen eine kurze Vorlaufzeit von wenigen Tagen oder Wochen. Stellt sich heraus, dass die eigenen Ressourcen und Kompetenzen nicht ausreichen, sind Kooperationen oft die einzige Möglichkeit, dieses Defizit kurzfristig auszugleichen.[2] Dadurch ist die einzige praktikable Option vorgegeben; eine aufwendige Analyse von Alternativen erübrigt sich aus Zeitgründen.

Tab. 6-3: Zitate: Netzwerkbeziehungen zur kurzfristigen Kompetenz- und Ressourcenbeschaffung

„Projektkooperationen spielen eine extrem große Rolle. Viele Projekte sind alleine gar nicht zu bewältigen. Allerdings kann man sich auch „totpartnern"."
„Vom Pitch bis zum Projektbeginn vergehen oft nur wenige Tage. Da muss man in der Lage sein, kurzfristig Ressourcen bereitzustellen."
„Die technologische Entwicklung ist heute derart rasant, dass wir nicht alle Technologien selbst entwickeln können. Als Agentur ist das auch gar nicht unsere Aufgabe. Wir müssen verstehen, welche Technologien zukünftig relevant sind und entsprechende Partnerschaften aufbauen."

Einige der untersuchten Multimedia-Agenturen gaben an, dass ihre Kunden Kooperationen initiieren. Wenn beispielsweise Kunden eine Geschäftsbeziehung zu Unternehmensberatungen unterhalten, ist es oft opportun, dass Beratungsleistungen weiterhin von diesen Unternehmen bezogen werden. Multimedia-Agenturen werden in einigen Fällen in die Projekte einbezogen, um technische und kreative Implementierungsleistungen zu erbringen. Ein weiteres Beispiel sind Kooperationen mit Werbeagenturen, die oft auf Wunsch von Kunden eingegangen werden. In diesen Kooperationen decken Werbeagenturen die konventionellen Werbe- und Kommunikationsformen ab und Multimedia-Agenturen solche, die auf elektronischen Medien basieren, so dass medienübergreifend ein einheitlicher Auftritt der Kunden sichergestellt werden kann. In beiden beschriebenen Fällen ist die Vernetzung

[2] IVENZ/ENGELBACH/DELP (1999, S. 97) weisen darauf hin, dass Kooperationen nicht geeignet sind, kurzfristige Krisen zu überwinden. Sie gehen davon aus, dass Kooperationen erst nach ein bis zwei Jahren ihren gewünschten Erfolg erzielen und deswegen langfristig geplant und aufgebaut werden müssen. Im Gegensatz dazu erzielen die hier beschriebenen zeitlich begrenzten Projektkooperationen nach Aussagen der untersuchten Multimedia-Agenturen auch kurzfristige Erfolge. Dennoch ist es förderlich, wenn durch eine wiederholte Zusammenarbeit schon Kooperationserfahrungen gesammelt wurden.

nicht das Ergebnis einer strategischen Analyse, sondern der opportunistischen Wahrnehmung von Chancen, die sich Multimedia-Agenturen bieten.

Tab. 6-4: Zitate: Kundeninduzierte Netzwerkbeziehungen

„Was für unsere Kunden zählt ist die Time to Market. Wir müssen für unsere Kunden innerhalb kürzester Zeit Projekte realisieren. Oft haben wir Kapazitätsengpässe, so dass das nur mit Hilfe von Partnern möglich ist."

„Wir haben zwar einige Partnerprogramme mit Technologieanbietern. Wenn Kunden jedoch einen anderen Anbieter bevorzugen, arbeiten wir auch mit dem zusammen."

Auch für die Kooperationen, die nicht zur kurzfristigen Kompetenz- und Ressourcenbeschaffung eingegangen oder durch Kunden initiiert werden, gilt, dass sie nur in Ausnahmefällen das Ergebnis eines geplanten Entscheidungsprozesses sind. Nach Aussagen der untersuchten Multimedia-Agenturen spielen informelle Kontakte für die Auswahl des Kooperationspartners eine große Rolle. Innerhalb der Multimediabranche, aber auch branchenübergreifend existieren enge personale Netzwerke, die auf Messen, Kongressen und in Branchenverbänden aufgebaut und gepflegt werden. Viele Kooperationen ergeben sich aus diesen Kontakten auf eher emergente Art und Weise, so dass auch hier eine strategische Planung von untergeordneter Bedeutung ist.

Tab. 6-5: Zitate: Informelle Kontakte als Auslöser von Netzwerkbeziehungen

„Für ein systematisches Partner-Screening haben wir momentan keine Zeit und auch keine Ressourcen."

„Wir haben einige Partner, mit denen wir schon lange zusammenarbeiten. Neue Kooperationen ergeben sich meistens ad hoc."

b.) Reflektion am explorativen Bezugsrahmen

Wie die Ausführungen gezeigt haben, ist für die untersuchten Multimedia-Agenturen die Entscheidung über Alleingang, Kooperation und Akquisition/Fusion zum einen keine ausschließliche Entscheidung, zum anderen eher das Ergebnis eines emergenten als eines geplanten Entscheidungsprozesses. Vor dem Hintergrund des aufgestellten Bezugsrahmens für die Gestaltung von Unternehmensnetzwerken bedeutet dies, dass die Phase der Strategischen Analyse in wenig formalisierter Form eher implizit als explizit durchlaufen wird. Die im Bezugsrahmen vorgesehene Branchenstruktur- und Unternehmensanalyse zur Fundierung der strategischen Entscheidung über Alleingang, Kooperation und Akquisition/Fusion besitzt zumindest in der untersuchten Stichprobe keine maßgebliche Relevanz. Damit ist auch der marktorientierte Strategieansatz, dem bei der Konzeption des Bezugsrahmens für die Phase der Strategischen Analyse ein hoher präskriptiver Erklärungsgehalt beigemessen wurde, für die betrachteten Multimedia-Agenturen nur von nachrangiger Bedeutung.

6.2.2 Konkretisierung und Bewertung

a.) Empirische Beobachtungen

Die Phase der Konkretisierung und Bewertung dient der Entscheidung über die Vernetzungsfelder, -intensitäten und -ziele. Nach dem idealtypischen Phasenansatz werden in dieser Phase Kooperationsrichtungen und -funktionen, die Ressourcenzuordnung, der Formalisierungsgrad und die verfolgten Ziele festgelegt und bewertet. Die entsprechenden Planungsaufgaben werden nach dem Phasenansatz von dem Unternehmen, welches die Kooperation initiiert, alleine betrieben. Potenzielle Partner sind noch nicht involviert; sie werden erst in der folgenden Phase der Partnersuche und Konstituierung einbezogen.

Auch die idealtypische Vorgehensweise dieser Gestaltungsphase ist zumindest für die untersuchten Multimedia-Agenturen zu relativieren. In vielen Fällen ist es nicht möglich, die Phase der Konkretisierung und Bewertung von den vorausgehenden und nachfolgenden Gestaltungsphasen abzugrenzen. Dafür sind die folgenden Gründe verantwortlich:

Bei Projektkooperationen erlaubt die oftmals kurze Vorlaufzeit keine aufwendigen Planungsschritte zur Vorbereitung der Kooperation. Die Agenturen geben überwiegend an, lediglich wenige Tage auf die Konkretisierung und Bewertung der Kooperationsalternativen zu verwenden. In diesem Zeitrahmen ist eine umfassende Planung, wie sie der Phasenansatz vorsieht, nicht zu realisieren. Allerdings wird von den meisten Agenturen die zeitliche Beschränkung der Konkretisierungs- und Bewertungsphase nicht als nachteilig empfunden, da sie den in dieser Phase relevanten Planungsaktivitäten zumindest für Projektkooperationen nur geringe Bedeutung beimessen. Viele Multimedia-Agenturen geben an, dass sich für diese Kooperationen die Vernetzungsfelder, -intensitäten und -ziele aus den Charakteristika des Projektes ergeben und nicht detailliert geplant werden müssen. Sie werden lediglich durch das Projektmanagement im Rahmen der Vertragsverhandlung und -gestaltung festgelegt.

Tab. 6-6: Zitate: Bedeutung der Konkretisierung und Bewertung von Netzwerken

„Bisher hatten wir nie Zeit, Kooperationen aufwendig zu planen. Ich sehe auch nicht die Notwendigkeit."

„Wir führen keine detaillierte Kooperationsplanung durch. Da wir überwiegend in Projekten kooperieren, steht für uns die Projektplanung im Vordergrund. [...] Die Projektplanung dauert netto ca. 1 Woche."

„Kooperationsplanung ist ein großes Wort. Wir wissen sehr genau, warum und mit wem wir kooperieren wollen. Alles andere wird dann mit dem Partner besprochen."

Kooperationen, die auf Wunsch von Kunden eingegangen werden oder aus informellen Kontakten eher opportunistisch erwachsen, spielen für die untersuchten Multimedia-Agenturen eine große Rolle. Bei diesen Kooperationen ist der Planungsaufwand eher gering, da der Partner und die Vernetzungsziele von Anfang an feststehen. Auch für die Vernetzungsfelder und -intensitäten gibt es keinen signifikanten Entscheidungsbedarf, da sich diese nach Angaben der Multimedia-Agenturen emergent aus den Vernetzungszielen ableiten. In den genannten Fällen erfolgt die Konkretisierung der Kooperationsinhalte häufig im Rahmen der vertraglichen Konstituierung.

Tab. 6-7: Zitate: Bedeutung der Konkretisierung und Bewertung in emergenten Netzwerkbeziehungen

„Unsere Kunden haben in der Regel schon Vertragspartner oder Dienstleister, denen sie vertrauen. Mit diesen arbeiten wir zusammen, wo es nötig ist."
„Langfristige Kooperationen funktionieren nicht. Wir arbeiten nur im Kundenauftrag mit anderen zusammen."
„Wir setzen uns mit dem Partner zusammen und machen einen Vertrag. Anschließend macht unser Projektleiter einen Arbeitsplan, der Meilensteine, Verantwortlichkeiten und Budgets festlegt."

Nicht zuletzt sorgt der iterative Charakter des Gestaltungsprozesses dafür, dass eine Abgrenzung der Phase der Konkretisierung und Bewertung mitunter schwierig ist. Eine geplante Konkretisierung und Bewertung ist nur dann sinnvoll, wenn eine ausreichende Wahrscheinlichkeit existiert, dass ein adäquater Partner gefunden wird. Dies setzt aber voraus, dass zumindest eine grobe Vorstellung über geeignete Partnerunternehmen existiert. Insofern muss vor der Konkretisierung und Bewertung schon eine erste Identifikation potenzieller Partner stattgefunden haben. Ähnliches gilt für die Phase der Strategischen Analyse, bei der die Betrachtung der Kooperationsalternative nur sinnvoll ist, wenn es geeignete Partner gibt. Dies macht noch einmal deutlich, dass die Gestaltung von Unternehmensnetzwerken ein Prozess ist, bei dem sich die Phasen nicht nur konsekutiv, sondern auch iterativ bedingen.

Tab. 6-8: Zitate: Iterativer Charakter der Konkretisierung und Bewertung

„Bei uns werden Kooperationen nicht auf der grünen Wiese geplant. Meistens ergeben sich Kooperationen, wenn man auf ein Unternehmen stößt, mit dem man eine gemeinsame Idee hat. Dann setzt man sich zusammen und denkt über die Umsetzung dieser Idee nach."
„Am Anfang von Kooperationen steht nicht ein Plan, sondern ein Partner."
„Jede unserer Kooperationen ist anders entstanden. Deswegen haben wir auch kein festgelegtes Prozedere für Kooperationen. Das entwickelt sich individuell."

Trotz der vorgebrachten Gründe für eine eher implizite Durchführung der Konkretisierungs- und Konstituierungsphase im Rahmen des Gestaltungsprozesses wurden von einigen Gesprächspartnern Ausnahmefälle beschrieben, in denen eine explizite, formalisierte Planung durchgeführt wurde. Hierbei handelt es sich insbesondere um längerfristige Kooperationen, wie Vertriebskooperationen mit Softwareherstellern bei denen die Multimedia-Agenturen als Value Added Reseller fungieren. Die Vorbereitung dieser längerfristigen Kooperationen kann nach Aussagen der befragten Multimedia-Agenturen einen aufwendigeren Prozess darstellen, welcher eine Konkretisierungs- und Bewertungsphase von bis zu drei Monaten umfasst. In die Planungsmaßnahmen sind in der Regel ein bis drei Mitarbeiter der ersten und zweiten Führungsebene eingebunden, die der Geschäftsführung, dem Projektmanagement oder dem Bereich Business Development angehören. Auch bei diesem aufwendigeren Prozedere findet keine strikte Trennung der einzelnen Planungsphasen statt. So gaben die interviewten

Multimedia-Agenturen überwiegend an, dass schon in der Konkretisierungs- und Bewertungsphase potenzielle Partner einbezogen werden, was nach dem Phasenansatz erst in der Phase der Partnersuche und Konstituierung vorgesehen ist.

Tab. 6-9: Zitate: Bedeutung der Konkretisierung und Bewertung in intendierten Netzwerkbeziehungen

„Für Systempartnerschaften führen wir zunächst eine systematische Bewertung durch. Anschließend werden mit 3 bis 5 Anbietern konkrete Gespräche geführt bevor eine Auswahl getroffen wird."
„Die Kooperationsplanung macht unser Bereich Business Development. Die Vorgehensweise ist sehr strategisch angelegt. Im Planungsprozess werden neue Technologien und Anbieter bewertet. Dafür haben wir entsprechende Raster entwickelt."
„Der Planungsprozess kann bis zu drei Monate dauern. Das hängt vor allem von der Anzahl der Anbieter ab, die in Frage kommen."

Wie die Darstellung gezeigt hat, findet die Konkretisierung und Bewertung von Kooperationsalternativen in vielen Fällen implizit, das heißt ohne ein ausgeprägtes planerisches Vorgehen, statt. Dies bedeutet jedoch nicht, dass die Entscheidung über Vernetzungsfelder, -intensitäten und -ziele dem Zufall überlassen bleibt. Vielmehr gaben die befragten Multimedia-Agenturen an, dass sie trotz der eher emergenten als geplanten Vorgehensweise mit den Kooperationen konkrete Ziele verfolgen, denen sie überwiegend eine mittlere bis hohe strategische Bedeutung beimessen.

b.) Reflektion am explorativen Bezugsrahmen

Bei der Entwicklung des Bezugsrahmens wurde festgestellt, dass der ressourcenorientierte Ansatz insbesondere in der Phase der Konkretisierung und Bewertung eine Handlungsunterstützung bieten kann. Er hilft bei der Identifikation von Ressourcen und Kompetenzen, die als Grundlage von nachhaltigen Wettbewerbsvorteilen dienen und in diesem Sinne strategische Bedeutung besitzen. Ausgehend von dem ressourcen- und kompetenzbezogenen Anforderungsprofil werden fehlende Ressourcen und Kompetenzen identifiziert, die unter anderem durch Kooperationen erschlossen werden können. Ziel ist es, eine weitestgehend einmalige Ressourcenposition aufzubauen, die nur schwer imitierbar ist und deswegen Wettbewerbsvorteile sichert.

Die befragten Multimedia-Agenturen geben als maßgebliche Zielsetzung ihrer Kooperationsaktivitäten an, Ressourcen, Kompetenzen, Dienstleistungen und Vorleistungen zu erschließen. Insofern besitzt der ressourcenorientierte Ansatz eine Relevanz. Jedoch stellt sich die Frage, ob in den von den untersuchten Agenturen eingegangenen Partnerschaften die Ressourcen so allokiert werden, dass sich tatsächlich nachhaltige Wettbewerbsvorteile ergeben. Denn nur dann wäre dem Hauptanliegen des ressourcenorientierten Ansatzes Genüge getan. In Bezug auf die untersuchten Multimedia-Agenturen stellt sich die Situation wie folgt dar:

Werden Kooperationen mit dem Ziel eingegangen, über einen dynamischen Zugriff auf Ressourcen Engpässe auszugleichen, dienen sie eher der kurzfristigen, als der nachhaltigen

Verbesserung der Wettbewerbsposition. Dies ist insbesondere der Fall, wenn die Ressourcen eher homogen und leicht handelbar und die Märkte für die relevanten Ressourcen stark fragmentiert sind. Unter diesen Bedingungen stehen Wettbewerbern vergleichbare Lieferanten zur Verfügung, so dass sich keine einzigartige Ressourcenposition aufbauen lässt. Insbesondere bei der kapazitätsorientierten Fremdvergabe scheint in der Multimediabranche diese Konstellation gegeben zu sein, da nach Angaben der befragten Multimedia-Agenturen technische und kreative Produktionskapazitäten in einigen Fällen austauschbar sind.

Tab. 6-10: Zitate: Zugang zu Ressourcen in Netzwerkbeziehungen

„Wir können es uns nicht leisten, einen Auftrag abzulehnen, weil uns Techniker oder Kreative fehlen. In Enpasssituationen greifen wir auf Partner oder Freie zu."

„In den Bereichen, in denen wir Leistungen zukaufen, sind unsere Partner meistens austauschbar."

Neben kapazitätsorientierten spielen solche Kooperationen eine Rolle, in denen mit Partnern Kompetenzen entwickelt werden. Zu diesen gehören laut Aussage der befragten Multimedia-Agenturen insbesondere solche Kooperationen, in denen Forschungs- und Entwicklungsmaßnahmen mit dem Ziel durchgeführt werden, gemeinsam Anwendungs- und Prozess-Know-how zu erwerben. In diesen Kooperationen wird Wissen und Know-how aufgebaut, welches den Anforderungen an Ressourcen zur Begründung nachhaltiger Wettbewerbsvorteile genügt: sie sind heterogen, nicht handelbar, immobil und nur schwer zu imitieren.

Tab. 6-11: Zitate: Zugang zu Kompetenzen in Netzwerkbeziehungen

„F&E ist ein strategischer Kooperationsbereich, in dem wir mit zwei Unternehmen kooperieren."

„Mit einigen Partnern haben wir schon mehrfach zusammengearbeitet und dadurch gemeinsames Know-how aufgebaut, auf das wir angewiesen sind."

Eine weitere Form von Kooperationen dient der Erstellung von Dienstleistungen, die komplementär zum Leistungsspektrum der untersuchten Multimedia-Agenturen sind. Dabei handelt es sich beispielsweise um Beratungs- und Vermarktungsleistungen. Auch hier gilt ähnlich den kapazitätsorientierten Kooperationen, dass beiderseitig keine exklusive Bindung besteht und damit die Partner austauschbar sind. Auch wenn die gemeinsam erstellten Dienstleistungen heterogen, immobil und nur schwer handelbar oder imitierbar sind, sind diese Beziehungen durch ihre Nicht-Exklusivität kaum geeignet, nachhaltige Wettbewerbsvorteile aufzubauen.

Tab. 6-12: Zitate: Zugang zu Dienstleistungen in Netzwerkbeziehungen

„Wir hatten einige Anfragen von Unternehmensberatern, die uns in Exklusiv-Verträgen binden wollten. Warum sollten wir das machen? Im Beratungsbereich gibt es genug Kooperationsmöglichkeiten. Da kann Unabhängigkeit und Flexibilität nur von Vorteil sein."
„Die Web-Vermarkter, mit denen wir kooperieren, arbeiten auch mit anderen zusammen."

Schließlich werden in Kooperationen spezifische Vorleistungen wie redaktionelle Inhalte und Softwareanwendungen bezogen, die von Multimedia-Agenturen modifiziert und in ihre Leistungen integriert werden. Auf Grund der hohen Bedeutung, die die untersuchten Multimedia-Agenturen diesen Vorleistungen beimessen, treffen sie in der Regel langfristige Liefervereinbarungen. Dadurch können die Beziehungen zu den Lieferanten zu einer wertvollen Ressource werden, die nur schwer imitierbar ist und deswegen als Quelle nachhaltiger Wettbewerbsvorteile geeignet ist.

Tab. 6-13: Zitate: Zugang zu Vorleistungen in Netzwerkbeziehungen

„Strategische Partnerschaften haben wir im Content- und im Technologie-Bereich, da unser Geschäft maßgeblich durch Inhalte und Technologien getrieben ist."
„Wir haben uns exklusiv für die Online-Vermarktung die Verwertungsrechte für die ATP-Tour und für Bowling gesichert."

Zusammenfassend kann für die untersuchten Multimedia-Agenturen festgehalten werden: Die Phase der Konkretisierung und Bewertung von Kooperationsalternativen ist in vielen Gestaltungsprozessen nicht eindeutig von vorhergehenden und nachfolgenden Gestaltungsphasen abgrenzbar. Häufig werden die entsprechenden planerischen Maßnahmen im Rahmen der Vertragsverhandlung und -gestaltung wahrgenommen. Trotz dieser eher geringen formalen Bedeutung dieser Gestaltungsphase haben die von Multimedia-Agenturen eingegangenen Kooperationsbeziehungen überwiegend eine mittlere bis hohe strategische Bedeutung. Insbesondere solche Beziehungen, in denen mit Partnern kollektive Kompetenzen entwickelt oder längerfristig spezifische Vorleistungen bezogen werden, sind zum Aufbau von einmaligen Ressourcenpositionen und damit von nachhaltigen Wettbewerbsvorteilen geeignet. Insofern besitzt der ressourcenorientierte Ansatz im Rahmen der Konkretisierungs- und Bewertungsphase eine hohe Relevanz.

6.2.3 Partnersuche und Konstituierung

a.) Empirische Beobachtungen

Die Phase der Partnersuche und Konstituierung dient der Identifikation und Auswahl geeigneter Kooperationspartner sowie der Vertragsverhandlung und -gestaltung. Nach dem idealtypischen Gestaltungsprozess wird in dieser Phase erstmals ein direkter Kontakt zu den möglichen Kooperationspartnern hergestellt. Die Partner werden im Hinblick auf ihre strategische und unternehmenskulturelle Übereinstimmung bewertet. Im Anschluss wird unter den geeigneten Kandidaten eine Vorauswahl getroffen. Mit diesen Unternehmen werden Gespräche geführt, die dazu dienen, deren Kooperationsbereitschaft zu sondieren oder zu gewinnen.[3] Diese Gespräche können bei weitgehend identischen Interessenlagen in Vorverhandlungen münden. Durch die Vorverhandlungen wird der geeignetste Kandidat ausgewählt, mit dem anschließend konkrete Vertragsverhandlungen geführt werden. Die Phase der Partnersuche und Konstituierung ist mit dem Vertragsabschluss beendet. Ziel dieser Phase ist es, mit dem Vertragsabschluss alle Voraussetzungen dafür zu schaffen, dass die Kooperation strukturell und prozessual aufgebaut ist und mit dem Leistungsaustausch begonnen werden kann.

Der idealtypische Ansatz betrachtet den Gestaltungsprozess aus der Perspektive des Unternehmens, welches die Kooperation initiiert. Wie jedoch die Gespräche mit Multimedia-Agenturen ergeben haben, wird ein nicht zu vernachlässigender Anteil der Kooperationen nicht von den Agenturen, sondern von Partnerunternehmen angeregt.[4] Wenn potenzielle Partnerunternehmen mit einem Kooperationsvorhaben an Multimedia-Agenturen herantreten, stellt sich für diese die Frage, ob und in welcher Form sie die Kooperation eingehen wollen. In diesem Fall läuft der Gestaltungsprozess anders ab, als wenn die Multimedia-Agenturen die initiierende Rolle innehaben. Insbesondere die Phase der Identifikation potenzieller Partner, aber auch die Phasen der Analyse, Konkretisierung und Bewertung von Kooperationsalternativen spielen eine geringere Rolle oder werden vollständig hinfällig. Ähnliches gilt, wenn Kooperationspartner von Kunden vorgeschlagen werden. Auch in diesem Fall entfallen die Partnersuche und andere planerische Aktivitäten. Insofern ist der idealtypische Ansatz limitiert auf die Perspektive des Unternehmens, welches in der Kooperationsgestaltung die aktive Rolle übernimmt.

Tab. 6-14: Zitate: Initiierende Rolle beim Aufbau von Netzwerkbeziehungen

„Mal sind wir diejenigen, die eine Kooperation anschieben, mal werden wir angesprochen. Das hält sich die Waage."
„Wir werden von allen Seiten angesprochen. Es ist sehr zeitintensiv, alle Kooperationsanfragen zu prüfen."

Für Unternehmen, die diese initiierende Rolle innehaben, geht der idealtypische Gestaltungsansatz davon aus, dass eine Mehrzahl von potenziellen Partnern zur Verfügung steht, unter denen ein geeigneter identifiziert werden kann. Aus den Gesprächen mit Multimedia-Agenturen ergab sich jedoch, dass dies nicht unbedingt der Fall sein muss und es außerdem Gründe gibt, die von vorneherein die Anzahl der Partner begrenzen:

Es gibt Vernetzungsfelder, in denen die Anforderungen der Multimedia-Agenturen so speziell sind, dass es nur wenige oder sogar nur einen potenziellen Kooperationspartner gibt.

3 Während viele Autoren die Existenz von Kooperationsbereitschaft voraussetzen, weisen STAUDT/KRIEGESMANN/BEHRENDT (1996, Sp. 933) darauf hin, dass diese unter Umständen durch intensive Gespräche zunächst aufgebaut werden muss.

4 Vgl. auch Fontanari (1996, S. 196), der zwischen einer *aktiven* und *passiven* Suche unterscheidet.

Ein Beispiel dafür sind Kooperationen, in denen Multimedia-Agenturen Zugriff auf sehr spezielle redaktionelle Inhalte oder innovative Technologien erlangen möchten. Je spezieller diese Kooperationsinhalte sind, desto geringer ist die Anzahl der möglichen Anbieter. Im Extremfall steht nur ein Kooperationspartner zur Verfügung, der die Anforderungen erfüllt.

Tab. 6-15: Zitate: Beschränkung der Anzahl potenzieller Netzwerkpartner in innovativen Marktsegmenten

„Wenn wir die Rechte für die Online-Vermarktung von Bundesligaclubs haben wollen, kommen wir an dem Anbieter nicht vorbei."

„Für Broadband gibt es noch nicht so viele Technologieanbieter. Es ist nicht einfach, in diesem Bereich über Kooperationen einen Technologiezugang zu bekommen."

In einigen Kooperationsbereichen existiert eine Monopol- oder Duopolsituation. Während sich bei Monopolsituationen die Auswahl erübrigt, sind Auswahlsituationen in duopolistischen Märkten nicht immer einfach, da sie eine Parteinahme erfordern. Diese kann jedoch umgangen werden, wenn nicht exklusive Partnerschaften abgeschlossen werden müssen, sondern eine Kooperation mit beiden Anbietern möglich ist. Ein Beispiel hierfür sind die Partnerschaften, die Multimedia-Agenturen mit Herstellern von Browser-Software eingehen. Der Markt für Browser-Software wird von den Unternehmen Microsoft und Netscape dominiert.[5] Viele der untersuchten Multimedia-Agenturen unterhalten Kooperationen mit beiden Anbietern. Zum einen vermeiden sie eine einseitige Abhängigkeit von einem Hersteller. Zum anderen sind sie dadurch über neue technologische Entwicklungen beider Hersteller informiert. Dies ist insofern von Bedeutung, als die Multimedia-Agenturen ihre Anwendungen auf die Besonderheiten der verschiedenen Browser abstimmen müssen und in Technologiepartnerschaften mit den Herstellern dieser Software frühzeitig über neueste Entwicklungen informiert werden.

Tab. 6-16: Zitate: Beschränkung der Anzahl potenzieller Netzwerkpartner in Monopolmärkten

„Wichtig ist, das Multimedia-Agenturen auch in Partnerschaften ausgewogen bleiben und die Neutralität wahren, besonders in Bezug auf verschiedene Technologieanbieter."

„Wir arbeiten mit Microsoft und Netscape zusammen. Man muss da zweigleisig fahren, da unsere Anwendungen auf beiden Plattformen laufen müssen."

In anderen Bereichen existiert zwar eine größere Anzahl von Anbietern, allerdings gibt es einen oder einige dominante Marktführer. Einerseits kann eine Kooperation mit einem der Marktführer für ein Unternehmen gegenüber dessen Kunden einen Imagevorteil bedeuten, wenn der Marktführer eine gute Reputation genießt. Andererseits riskieren Unternehmen, dass sie durch eine Kooperation mit einem dominanten Partner ihre Neutralität preisgeben. Insofern ist eine strategische Entscheidung notwendig, die zwischen Image- und Neutralitäts-

[5] INTERNET.COM (2000) führt kontinuierlich elektronische Erhebungen im Internet zur Analyse der Verbreitung verschiedener Browser-Fabrikate durch. Diese nicht repräsentative Statistik ergab für den Monat September 2000 für den gemeinsamen Marktanteil von Microsoft und Netscape einen Wert von 84,4 %.

vorteilen abwägen muss. Diese Entscheidung ist in der Multimediabranche insbesondere im Value-Added-Reselling-Geschäft relevant. Wenn Multimedia-Agenturen in Projekten beauftragt werden, in Bezug auf die einzusetzende Software oder Hardware eine Auswahl zu treffen, erwartet der Kunde eine neutrale Vorgehensweise. Diese kann unter Umständen von Multimedia-Agenturen, die an ein dominantes Unternehmen partnerschaftlich gebunden sind, nicht mehr glaubhaft nachgewiesen werden. Andererseits kann die Teilnahme an einem Partnerprogramm für Multimedia-Agenturen eine Bestätigung der Kompetenz und Leistungsfähigkeit sein, die Kunden bei der Auftragsvergabe positiv berücksichtigen. Die untersuchten Multimedia-Agenturen fällen ihre Entscheidung in Bezug auf Partnerschaften mit dominanten Kooperationspartnern uneinheitlich. Ein Beispiel hierfür sind Vertriebspartnerschaften, die Multimedia-Agenturen mit Anbietern von E-Commerce- oder Content-Management-Software eingehen. In diesen Segmenten gibt es einige dominierende Unternehmen. Innerhalb der Stichprobe halten sich die Agenturen, die mit den dominanten Softwareanbietern langfristige Vertriebspartnerschaften vereinbart haben, und jene, die Partnerschaften ausschließen, in etwa die Waage.

Tab. 6-17: Zitate: Beschränkung der Anzahl potenzieller Netzwerkpartner in dominierten Märkten

„Wenn wir mit einem E-Commerce-Anbieter eine strategische Partnerschaft eingingen, würden wir uns bei Kunden, die zu einem anderen Anbieter tendieren von vorneherein disqualifizieren. Wir präferieren zwar bestimmte Lösungen, wollen uns aber nicht über Partnerschaften festlegen."
„Bei unserer Größe sind Technologiepartnerschaften interessant, da uns die Firmen aktiv in der Akquisition von Projekten und durch PR-Maßnahmen unterstützen. Deswegen sind wir bereit, eine gewisse Abhängigkeit in Kauf zu nehmen."

Nicht zuletzt gibt es Kooperationsbereiche, in denen potenzielle Partner über Exklusivitätsvereinbarungen an Wettbewerber oder andere Unternehmen gebunden sind. Wenn *alle* möglichen Partner auf diese Weise gebunden sind, erübrigt sich die Partnersuche. Die Möglichkeit zur Kooperation ergibt sich erst wieder, wenn eine Exklusivitätsvereinbarung aufgehoben oder eine Kooperation vollständig getrennt wird. Die exklusiven Bindungen spielen zum Beispiel in der Werbebranche eine Rolle. Viele klassische Werbeagenturen unterhalten Beziehungen zu Multimedia-Agenturen, die von einfachen Kooperationen über Kapitalbeteiligungen bis hin zur vollständigen Integration reichen können.[6] Je stärker die Bindungsintensität ist, desto weniger sind die Werbeagenturen geneigt, mit anderen, unabhängigen Multimedia-Agenturen zu kooperieren. Insofern ist für unabhängige Multimedia-Agenturen die Möglichkeit mit Werbeagenturen zu kooperieren mitunter begrenzt.

6 Multimedia-Agenturen, die von Werbeagenturen als hundertprozentige Tochtergesellschaften gehalten werden, werden in Abgrenzung zum klassischen Agenturgeschäft von Werbeagenturen auch als Interactive-Töchter bezeichnet.

Tab. 6-18: Zitate: Beschränkung der Anzahl potenzieller Netzwerkpartner durch Exklusivitätsvereinbarungen

„Für den Bereich E-Branding haben wir eine Kooperationsplattform gegründet, um mit klassischen Agenturen zusammenzuarbeiten. Allerdings kommen da nicht viele in Frage, weil eine ganze Reihe von klassischen Agenturen eigene Interactive-Töchter haben."

„Wir haben die Internet-Markenführung als eigenen Geschäftsbereich aufgebaut, da es für uns unter den klassischen Agenturen kaum attraktive Kooperationspartner gibt."

Die zuvor genannten Gründe sind dafür verantwortlich, dass die Anzahl der in Frage kommenden Partner eingeschränkt sein kann. Insofern kann sich eine Partneridentifikation und -auswahl erübrigen. Andererseits gibt es auch Kooperationsbereiche, in denen die Anzahl möglicher Kooperationspartner unüberschaubar groß ist. Selbst wenn über die potenziellen Partner kooperationsrelevante Informationen leicht verfügbar sind, kann es auf Grund zeitlicher und ressourcenbedingter Restriktionen unmöglich sein, eine systematische Partneridentifikation und -auswahl vorzunehmen.[7] Eine hohe Intransparenz liegt beispielsweise auf dem stark fragmentierten Markt für technische und kreative Produktionskapazitäten vor. Die Anzahl an kleinen Programmierunternehmen und Softwareentwicklern sowie Grafik- und Designbüros ist sehr hoch, so dass eine systematische Partneridentifikation kaum möglich ist. Deswegen spielen nach Aussagen der befragten Multimedia-Agenturen informelle Kontakte, bei denen Vertrauen und wechselseitige Sympathien aufgebaut werden, für die Partnerauswahl eine maßgebliche Rolle. Außerdem ist nach Angaben der Multimedia-Agenturen eine geographische Nähe als Entscheidungskriterium nicht zu unterschätzen, da in diesen Kooperationsbereichen die Zusammenarbeit sehr eng ist und sich oftmals auf das Tagesgeschäft bezieht.

Tab. 6-19: Zitate: Intransparenz bei der Partnerauswahl in stark fragmentierten Märkten

„In der Programmierung und Grafik arbeiten wir mit kleinen lokalen Unternehmen oder auch Freien zusammen."

„In der Produktion ist der Markt unübersichtlich. Viele Partnerschaften entstehen über persönliche Beziehungen."

Die geschilderten Fälle und Beispiele machen deutlich, dass eine formalisierte Partneridentifikation und -auswahl in Kooperationsbereichen mit einer geringen beziehungsweise sehr großen Anzahl von potenziellen Kooperationspartnern nicht oder nur sehr eingeschränkt möglich ist. Im Umkehrschluss ergibt sich, dass eine geplante Partneridentifikation und -auswahl im Sinne des idealtypischen Kooperationsgestaltungsprozesses am ehesten für eine mittlere Anzahl von potenziellen Kooperationspartnern möglich sein sollte. Diese mittlere Anzahl von möglichen Kooperationspartnern ist nach Angaben der untersuchten Multimedia-Agenturen am ehesten in Kooperationsbereichen wie der Unternehmensberatung oder der Vermarktung anzutreffen. Zwar sind auch diese Märkte eher fragmentiert, jedoch gibt es eine

[7] Vgl. auch zu den Problemen der Partneridentifikation MÜLLER-STEWENS 1993, Sp. 4071.

überschaubare Anzahl von großen, renommierten Unternehmen, die bevorzugt für Kooperationen ausgewählt werden. Dennoch verlassen sich Multimedia-Agenturen auch in diesen Kooperationsbereichen weniger auf eine geplante Partneridentifikation als auf informelle Kontakte, aus denen Kooperationsbeziehungen erwachsen können. Für diese Vorgehensweise sprechen neben einem niedrigeren zeitlichen Aufwand auch eine geringere Inanspruchnahme von Managementkapazitäten, die in vielen Multimedia-Agenturen einen Engpassfaktor darstellen.[8]

Ähnlich wie die Partneridentifikation wird auch die Partnerbewertung in einer wenig formalisierten Form durchgeführt. Insbesondere bei Kooperationen, die aus informellen Kontakten erwachsen, spielen subjektive Einschätzungen eine größere Rolle als objektive Bewertungsverfahren. Viele der befragten Multimedia-Agenturen geben an, dass insbesondere der kulturelle Fit keiner eingehenden Analyse unterzogen, sondern eher intuitiv bewertet wird. Dem strategischen Fit wird eher bei längerfristigen Kooperationen eine Bedeutung beigemessen. Bei kurzfristigen Partnerschaften werden wechselseitige Vorteile, die aus der Zusammenarbeit erwachsen, wichtiger eingestuft als ein hohes Maß an strategischer Übereinstimmung.

Tab. 6-20: Zitate: Kriterien der Partnerbewertung

„Wir führen keine systematische Bewertung durch. [...] Sympathien und Vertrauen spielen eine große Rolle."
„Win-win-Situationen sind für uns das entscheidende Kriterium. Denn nur wenn beide Seiten profitieren, kann die Zusammenarbeit erfolgreich sein."

Auch die Vertragsverhandlungen, die im Anschluss an die Identifikation und Bewertung potenzieller Partner geführt werden, entsprechen nicht immer dem idealtypischen Gestaltungsansatz. Insbesondere die Vorverhandlungen, die der Sondierung und Auswahl unter mehreren Kandidaten dienen, können hinfällig sein, wenn nur ein potenzieller Kooperationspartner zur Verfügung steht. Insofern geben einige der interviewten Multimedia-Agenturen an, lediglich Gespräche mit einem potenziellen Kooperationspartner geführt zu haben, die weniger den Charakter von Vorverhandlungen als von konkreten Vertragsverhandlungen hatten. An den Vertragsverhandlungen sind auf Seiten der Multimedia-Agenturen Mitarbeiter der ersten Führungsebene beteiligt. In vielen Fällen sind nach einem oder wenigen Treffen und Korrespondenzwechseln alle wichtigen Fragen geklärt, so dass der Vertrag unterschrieben werden kann.

---

8 Vgl. zur Absorption von Managementkapazität in Kooperationen MÜLLER-STEWENS 1993, Sp. 4073.

Tab. 6-21: Zitate: Sondierungsgespräche und Vertragsverhandlungen

„Von systematischen Sondierungsgesprächen kann nicht die Rede sein. Meistens kommen nur ein oder wenige Partner in Frage."
„Wenn auf beiden Seiten der Wille zur Zusammenarbeit existiert, geht es nur noch um die Vertragsgestaltung. Das kann dann ganz schnell gehen."

Die Verträge können im Inhalt und Umfang sehr unterschiedlich sein. Wesentliche Vertragsinhalte betreffen den Formalisierungsgrad, die einzubringenden Ressourcen, zu tätigende Investitionen, eine evtl. Kapitalbeteiligung, die Risikoverteilung, Zielsetzungen oder zeitliche Befristungen und die Verteilung des Kooperationserfolges.[9] Außerdem können in Kooperationsverträgen die strukturellen und prozessualen Koordinationsmechanismen der Zusammenarbeit, wie Willensbildungs-, Ausführungs- und Kontrollorgane beziehungsweise Planungs- und Steuerungsprozesse sowie Konfliktlösungs-, Sanktionierungs- und Auflösungsregeln vereinbart werden.[10] Für Kooperationen der untersuchten Multimedia-Agenturen sind vor allem die folgenden vertraglichen Konstellationen von Bedeutung:

- *Lieferverträge:* Mit Lieferanten von technischen und kreativen Vorleistungen sowie von redaktionellen Inhalten werden Lieferverträge geschlossen, wenn diese als Unterauftragnehmer fungieren. In diesen Lieferverträgen werden vor allem Leistungen und Gegenleistungen vereinbart, wozu häufig Pflichtenhefte eingesetzt werden. Auf Grund der Spezifität kann jedoch eine detaillierte Leistungsbeschreibung mitunter schwierig sein. Lieferverträge sind im projektorientierten Geschäft der Multimedia-Agenturen häufig an die Erstellung einer bestimmten Leistung gebunden und damit zeitlich befristet.
- *Kooperationsverträge:* Während bei Lieferverträgen die Kooperationspartner als Lieferanten in einer eher untergeordneten Rolle eingebunden wird, zielen Kooperationsverträge auf die Gleichordnung der Partner ab. Die Gleichordnung artikuliert sich unter anderem darin, dass alle Partner Zugang zu einem gemeinsamen Kunden haben. Außerdem ist in Kooperationsverträgen – in Abgrenzung zu den Lieferverträgen – nicht nur ein Austausch von Leistungen, sondern auch ein Austausch oder eine gemeinsame Nutzung von Ressourcen vorgesehen. Kooperationsverträge werden mit Systemhäusern oder Unternehmensberatungen abgeschlossen, wenn die gemeinsame Erstellung der Leistungen ein hohes Maß an Interaktion zwischen den Partnern erfordert.
- *Lizenzvereinbarungen:* Diese Vereinbarungen werden vor allem mit Softwareherstellern und Anbietern von redaktionellen Inhalten mit dem Ziel geschlossen, Nutzungsrechte für Softwareprogramme oder Zugang zu Verwertungsrechten von Inhalten zu erhalten. Sowohl die Nutzungs- als auch die Verwertungsrechte können zeitlich limitiert sein.

---

9 Vgl. FONTANARI 1996, S. 223.

10 Vgl. MÜLLER-STEWENS 1993, Sp. 4072.

- *Rahmenverträge:* Rahmenverträge dienen dazu, übergeordnete Ziele einer Zusammenarbeit festzulegen. Sie haben oft eine längere Laufzeit von mehreren Jahren und sind unter Umständen mit einer Verlängerungsoption versehen. Im Projektgeschäft der Multimedia-Agenturen sind Rahmenverträge ein adäquates Mittel, um Kooperationspartner langfristig, also auch in Phasen, in denen nicht gemeinsam an einem Projekt gearbeitet wird, zu binden. Stehen gemeinsame Projekte an, können die Rahmenverträge um spezifische Kooperationsverträge ergänzt werden, die die Zusammenarbeit im Hinblick auf die Projekte konkretisieren. Multimedia-Agenturen gehen Rahmenverträge unter anderem mit Vermarktungsunternehmen, Inhaltsanbietern und Softwareherstellern ein, für die sie das Value Added Reselling betreiben.

Tab. 6-22: Zitate: Vertragliche Konstellationen

„Mit Beratungsunternehmen oder Systemhäusern schließen wir Kooperationsverträge ab. [...] Lizenzverträge spielen für uns hauptsächlich im Softwarebereich, manchmal auch im Content-Bereich eine Rolle."

„Mit unseren Technologiepartnern schließen wir Rahmenverträge ab. Die Verträge haben eine Laufzeit von ein bis drei Jahren mit einer automatischen Verlängerung."

Obwohl die interviewten Multimedia-Agenturen ihre Kooperationen fast ausschließlich schriftlich fixieren, geben viele Agenturen an, dass die Vertragswerke vergleichsweise kurz gehalten sind. So sind einseitige Verträge, in denen lediglich die Partner, die Befristung sowie die Ziele spezifiziert werden, keine Ausnahme. Weit verbreitet ist die Auffassung, dass in Verträgen nicht alle Eventualitäten geregelt und deswegen viele offene Fragen erst in der Zusammenarbeit geklärt werden können. Vertrauen, Ko-Orientierung und kultureller Übereinstimmung wird eine hohe Bedeutung beigemessen, weil diese Eigenschaften wesentlich dazu beitragen, offene Fragen sowie auftretende Konflikte zu lösen, und damit die Zusammenarbeit stabilisieren. Mit dem Abschluss der Verträge ist die Phase der Partnersuche und Konstituierung beendet.

Tab. 6-23: Zitate: Formale Vertragsgestaltung und Vertrauen

„Kooperationsverträge sind meistens Dreizeiler. Sie enthalten die Vertragsparteien und den Grund der Zusammenarbeit."

„Vertrauen ist wichtiger als umfangreiche Verträge. Wenn kein Vertrauen da ist, nützt auch der beste Vertrag nichts."

b.) Reflektion am explorativen Bezugsrahmen

Abschließend werden wiederum die Erkenntnisse zur Phase der Partnersuche und Konstituierung am explorativen Bezugsrahmen reflektiert. Bei der Darstellung des Bezugsrahmens wurde herausgearbeitet, dass insbesondere die Spieltheorie einen Erklärungsgehalt für die Partnersuche und Konstituierung bietet. Die Spieltheorie erklärt die Vorteilhaftigkeit von kooperativen Beziehungen über wechselseitige Vorteile und beschreibt Wege, wie diese Win-

win-Situationen zu realisieren sind. Insofern ist sie geeignet, integrative und distributive Verhandlungen zu unterstützen.

Für die untersuchten Unternehmen spielt die mathematische formalisierte Spieltheorie keine Rolle, zumal sie in den meisten Unternehmen nicht bekannt ist. Hingegen sind einige maßgebliche, wenn auch etwas pauschale Gedanken der kooperationsbezogenen Spieltheorie weit verbreitet:

- Kooperationen und Wettbewerb schließen sich nicht aus, sondern ergänzen sich. Nach Ansicht der untersuchten Multimedia-Agenturen sind Kooperationen eine wichtige strategische Option, um die eigene Wettbewerbsposition zu verbessern. Dabei spielen entsprechend dem Modell des Wertenetzes nicht nur Kooperationen mit Lieferanten und Anbietern von komplementären Leistungen, sondern auch mit Abnehmern und in einigen wenigen Fällen sogar mit Wettbewerbern eine Rolle.
- In Kooperationen können die Partner gemeinsam mehr Wert schaffen, als dies bei einer unabhängigen Vorgehensweise der Fall wäre. Diese Erkenntnisse spielen insofern eine große Rolle, als in vielen Fällen Multimedia-Agenturen ohne Partner kaum in der Lage wären, eine attraktive Leistungsbreite und -tiefe anzubieten. Entsprechend wären die Wertschöpfungspotenziale ohne Kooperationen begrenzt. Erst durch Kooperationen wird ein Full-Service-Angebot möglich, welches für die beteiligten Partner Mehrwerte schafft.
- Kooperationen stellen sich nur ein, wenn deren Ergebnisse alle beteiligten Parteien begünstigen. Von fast allen Gesprächspartnern wurden diese Win-win-Situationen als wichtige Voraussetzung für die Entstehung, aber auch für den Erfolg von Kooperationen bezeichnet. Nach Ansicht der untersuchten Multimedia-Agenturen besitzt der Win-win-Gedanke in Kooperationen, in denen die Machtverhältnisse unausgeglichen sind, eine besondere Relevanz, da er sicherstellt, dass der unterlegene Partner nicht benachteiligt wird. Nur durch das Einräumen von Win-win-Konstellationen durch den überlegenen Partner kann das Machtgefälle überbrückt und längerfristige ausgewogene Kooperationsbeziehungen realisiert werden. Dies ist insofern in der Multimedia-Branche von Bedeutung, als viele Agenturen angeben, dass zwischen ihnen und ihren Partnern signifikante Größenunterschiede und damit häufig auch Machtgefälle existieren.

Tab. 6-24: Zitate: Bedeutung von Win-win-Situationen und Mehrwerten

„Unsere Kunden erwarten ein Full-Service-Angebot. Bei unserer Größe sind wir immer noch auf Kooperationen angewiesen, um das zu leisten."

„Wir streben mit unseren Partnern Win-win-Konstellationen an."

Zusammenfassend kann festgehalten werden, dass in der Multimediabranche auch die Phase Partnersuche und Konstituierung nicht in einer formalisierten Art durchgeführt wird, wie es nach dem Gestaltungsansatz vorgesehen ist. Die geplante Partneridentifikation kann sich erübrigen, wenn nur ein möglicher Kooperationspartner zur Verfügung steht. Auch bei einer hohen Anzahl potenzieller Partner werden aus Ressourcen- und Zeitgründen selten planerische Ansätze eingesetzt. Stattdessen stehen informelle Kontakte als Ausgangsbasis von Kooperationen im Vordergrund. Zur Bewertung der Partner setzten die gesprochenen Multimedia-Agenturen weniger analytische Werkzeuge als ihre Intuition ein, so dass auch hier kaum von einem geplanten Vorgehen die Rede sein kann. Die entscheidende Rolle fällt in der Phase der Partnersuche und Konkretisierung der Vertragsverhandlung und -gestaltung zu. Bei dieser Aktivität kommt auch den Leitgedanken der Spieltheorie eine maßgebliche Bedeutung zu, da in der Praxis insbesondere für die vertragliche Verteilung von Kooperationserfolgen das Konzept der wechselseitigen Vorteile Anwendung findet.

6.2.4 Management und Entwicklung

a.) Empirische Beobachtungen

In der Management- und Entwicklungsphase werden die Kooperationsbeziehungen strukturell und prozessual aufgebaut, indem Koordinationsinstanzen und -abläufe definiert und eingerichtet werden. Anschließend wird mit dem Leistungsaustausch oder der Zusammenarbeit in den definierten Feldern begonnen. Im Laufe der Kooperation sind Anpassungsmaßnahmen notwendig, wenn Optimierungspotenziale identifiziert werden oder sich Kooperationsinhalte beziehungsweise Rahmenbedingungen ändern. Ein Controlling sichert die Erfolgskontrolle in der Kooperation.

In den Gesprächen mit Multimedia-Agenturen wurde deutlich, dass es zwei Arten von Kooperationsbeziehungen gibt, die unterschiedliche Anforderungen an das Kooperationsmanagement stellen:

Einerseits gibt es Kooperationen, die langfristigen Lieferantenbeziehungen gleichen. In diesen Kooperationen ist es nicht notwendig, dass der Abnehmer maßgeblich an der Leistungserstellung mitwirkt. Er nimmt lediglich die Leistungen entgegen und muss unter Umständen sicherstellen, dass diese Leistungen seinen vorher spezifizierten Anforderungen entsprechen. Diese Art von Kooperationsbeziehungen existiert beispielsweise im Bereich der Vermarktung, wenn Multimedia-Agenturen für einen Kunden Werbeleistungen bei einem Vermarktungsunternehmen zukaufen. Die Werbeleistung ist genau spezifizierbar, so dass es keiner weiteren Interaktion bedarf. Ein weiteres Beispiel ist der Bezug von technischen Vorleistungen, sofern diese über ein Pflichtenheft genau spezifiziert werden können. Für diese Kooperationen ist es nicht erforderlich, dass Ressourcen ausgetauscht werden oder ein Kooperationsmanagement institutionalisiert wird.

Andererseits gibt es Kooperationen, in denen die Partner gemeinsam eine Leistung erstellen. Dazu gehören insbesondere die Projektkooperationen, bei denen mit einem oder mehreren Partnern eng zusammengearbeitet wird. Bei diesen Kooperationen findet eine enge Abstimmung zwischen den Partnern statt, die über eine institutionalisierte Kooperationsschnittstelle oder ein gemeinsames Projektmanagement erfolgen kann. Ebenso sind ein

Austausch oder eine gemeinsame Nutzung von Ressourcen verbreitet. Insofern stellt diese Form der Zusammenarbeit höhere Anforderungen an das Kooperationsmanagement.

Tab. 6-25: Zitate: Bedeutung des Netzwerkmanagements

„Wenn wir mit Partnern genau definierte Leistungen austauschen, brauchen wir dazu kein Kooperationsmanagement."

„Bei Projektkooperationen gibt es einen Projektleiter auf beiden Seiten, der die Zusammenarbeit im Tagesgeschäft betreut. Die Projektleiter sind auch für die strategische Ausrichtung und Weiterentwicklung der Kooperation verantwortlich."

Die befragten Multimedia-Agenturen gaben an, dass in der Koordinationsschnittstelle überwiegend Mitarbeiter der ersten und zweiten Führungsebene involviert sind, die aus der Geschäftsführung, dem Projektmanagement oder dem Bereich Business Development kommen. Diese Mitarbeiter sind nicht eigens für die Koordination von Kooperationen abgestellt, sondern nehmen die Koordinationsaufgabe in Ergänzung zu ihrem eigentlichen Aufgabenbereich wahr. Die beteiligten Partner können in unterschiedlicher Gewichtung in der Koordinationsschnittstelle repräsentiert sein. Neben einer paritätischen Besetzung durch alle beteiligten Partner kann auch eine der beteiligten Parteien stärker repräsentiert sein oder sogar die alleinige Führungsrolle übernehmen. Allgemein streben die befragten Multimedia-Agenturen entweder eine gemeinschaftliche, paritätische Führung oder aber eine dominante Rolle an. Eine Ausnahme stellen Kooperationen dar, die durch einen gemeinsamen Kunden der Partnerunternehmen initiiert werden. In diesen Kooperationen übernimmt oft der Kunde die Rolle der Koordinationsschnittstelle, indem er die Leistungserstellung der beteiligten Unternehmen abstimmt.

Tab. 6-26: Zitate: Verteilung der Managementaufgaben

„In unseren Kooperationen sind die Partner gleichberechtigt. Das bedeutet, dass die Managementaufgaben gleich verteilt sind."

„In der Vergangenheit hatten wir Kooperationen, in denen wir eine untergeordnete Rolle gespielt haben. Das hat sich für uns aber sehr nachteilig ausgewirkt. Zukünftig wollen wir nur noch Kooperationen eingehen, in denen wir Generalunternehmer sind und direkten Zugang zum Kunden haben."

Neben dieser Abstimmung auf der Führungsebene der Kooperationspartner gibt es verschiedene Kontakte und Formen der Zusammenarbeit auf der ausführenden Ebene. Die interviewten Multimedia-Agenturen gaben an, dass es auf Arbeitsebene vielfältige Kommunikationsbeziehungen zwischen den Kooperationspartnern gibt, die der kontinuierlichen Koordination der ausführenden Tätigkeiten dienen. Diese Kommunikationsbeziehungen werden durch Informations- und Kommunikationstechnologien unterstützt. Neben konventionellen Technologien, wie Telefon und Fax, haben insbesondere E-Mails eine weite Verbreitung erlangt. Zunehmend werden auch gemeinsame Extranets eingerichtet, in denen die Projektpartner gemeinsam auf Datenbanken oder Dokumente zugreifen oder sich in Diskussionsforen austauschen können.

Darüber hinaus gaben einige Agenturen an, dass sie mit Partnern personelle Ressourcen für die Zeitdauer von Projekten räumlich zusammenlegen, um auf diese Weise kommunikative Reibungsverluste zu minimieren, eine Akkulturation zu betreiben und effizienter gemeinsames Know-how zu entwickeln. Eine ähnliche Zielsetzung verfolgen der Austausch von Personal sowie wechselseitige Schulungsmaßnahmen, die von einigen Agenturen als Maßnahmen der Kooperationsentwicklung eingesetzt werden.

Die parallele Abstimmung über Koordinationsschnittstellen einerseits und auf der Arbeitsebene andererseits reflektieren die Koexistenz von Fremd- und Selbstorganisation in den kooperativen Beziehungen der befragten Multimedia-Agenturen. Die Koordinationsschnittstelle legt im Sinne einer Fremdorganisation die wichtigsten Eckwerte der Kooperation in Bezug auf Ressourcen, Budgets, Termine und Ergebnisse fest. Die Umsetzung dieser Zielvorgaben obliegt den ausführenden Ebenen, die alle Aktivitäten, die zur Zielerreichung erforderlich sind, selbstorganisatorisch über Unternehmensgrenzen hinweg abstimmen. Durch die Vermeidung von aufwendigen hierarchiegebundenen Instanzenwegen werden Effizienzvorteile realisiert.

Die dezentrale Abstimmung bietet nach Angaben der befragten Multimedia-Agenturen noch weitere Vorteile. In vielen Fällen ist die von den Partnern gemeinsam zu erstellende Leistung von einer derartigen Komplexität, dass nicht alle Eventualitäten der Zusammenarbeit eingangs durch ein Kooperationsmanagement geplant werden können. Hinzu kommt, dass die hohe Umweltdynamik der Multimediabranche eine rigide Planung konterkarrieren kann. Die Selbstorganisation auf Arbeitsebene trägt dazu bei, diese zentralistischen Planungsdefizite auszugleichen und ermöglicht zugleich eine Flexibilität, die kurzfristige proaktive oder reaktive Anpassungsmaßnahmen an geänderte Rahmenbedingungen möglich macht.

Diese Anpassungsmaßnahmen betreffen nicht nur die Inhalte der Zusammenarbeit, sondern auch Beziehungsstrukturen. Nach Aussagen der befragten Multimedia-Agenturen entwickeln sich viele Kooperationen anders, als dies ursprünglich vorgesehen war. Dies trifft insbesondere auf Kooperationen zu, die zunächst für die Zeitdauer eines Projektes eingegangen wurden, sich dann aber zu längerfristigen Partnerschaften weiterentwickeln. Dabei entstehen aus dem ursprünglichen Projektmanagement emergent Beziehungsstrukturen, die dem langfristigen Charakter der Zusammenarbeit Rechnung tragen. Die Entwicklungen können sich darin artikulieren, dass durch die fortgesetzte Zusammenarbeit eine tiefer gehende kulturelle Annäherung stattfindet, kollektive Routinen und Gebräuche entstehen und sich eine klarere Abgrenzung der Verantwortlichkeiten herauskristallisiert. Außerdem kann sich eine dedizierte Kooperationsinstanz ausbilden, deren alleinige Aufgabe die Führung und Koordination der Partner ist.

Tab. 6-27: Zitate: Entwicklung von Netzwerkbeziehungen

„In Partnerschaften spielt sich das meiste auf der operativen Ebene ab. Ich habe weder die Zeit noch das Know-how, um mich detailliert mit den Inhalten der Zusammenarbeit zu beschäftigen.“
„Das Umfeld ist so dynamisch, dass sich die meisten Projektkooperationen im positiven Sinne anders entwickeln, als wir das ursprünglich geplant haben. Aus den Kooperationen kommen so viele Impulse und Anknüpfungspunkte, dass sie sich zu strategischen Allianzen weiterentwickeln können.“
„Natürlich findet durch die Zusammenarbeit eine Annäherung statt, die sich auf zukünftige Vorhaben positiv auswirkt.“

Bisher bezog sich die Darstellung des Managements und der Entwicklung von Kooperationen überwiegend auf dyadische Beziehungen in Unternehmensnetzwerken. Unternehmensnetzwerke sind jedoch durch multiple Beziehungen geprägt, bei deren Management und Entwicklung vielfältige Interdependenzen zu berücksichtigen sind. Die befragten Multimedia-Agenturen geben unter anderem an, dass unter den folgenden Bedingungen Wechselwirkungen zwischen kooperativen Beziehungen auftreten können:

- *Präferenz des Kunden:* Wenn eine Multimedia-Agentur langfristige Beziehungen zu Kunden unterhält, können diese Einfluss auf die Lieferantenauswahl der Multimedia-Agenturen nehmen. Besteht jedoch eine längerfristige Beziehung zu einem Lieferanten und entscheidet sich der Kunde gegen dessen Vorleistungen, steht die Multimedia-Agentur vor der Wahl, entweder die Partnerschaft mit dem Lieferanten, oder die Kundenbeziehung weiterzuführen.
- *Technologische Kompatibilität:* Multimediale Anwendungen sind Systeme, bei denen verschiedene technologische Komponenten zusammenwirken. Ein Teil der Komponenten wird von Multimedia-Agenturen nicht selbst erstellt, sondern in kooperativen Beziehungen entwickelt und bezogen. Nur wenn die technologische Kompatibilität gewährleistet ist, können die Bestandteile zu einer integrierten Systemlösung zusammengefügt werden. Da sich aber die Angebote mit hoher Dynamik weiterentwickeln, verändert sich auch die Zusammensetzung der verschiedenen Komponenten. Um die technologische Kompatibilität zu gewährleisten, ist es nach Angaben von Multimedia-Agenturen in einigen Fällen notwendig, Partner auszutauschen.
- *Kompetitive Beziehungen:* In einigen Fällen geben Multimedia-Agenturen an, dass sie sich nicht exklusiv an einen Partner binden wollen, um Abhängigkeiten zu vermeiden und die Neutralität zu wahren. Vielmehr bevorzugen sie es, mit mehreren Unternehmen zu kooperieren, die zumindest in einigen relevanten Bereichen identische Leistungen erstellen und damit im Wettbewerb zueinander stehen. Wechselwirkungen können sich ergeben, wenn ein Kooperationspartner auf Exklusivität bedacht ist und sich zurückzieht, sobald eine Multimedia-Agentur eine vergleichbare Kooperation mit einem Wettbewerber eingeht.

In allen genannten Fällen bestehen Wechselwirkungen im Beziehungsnetzwerk von Multimedia-Agenturen. Sobald sich eine Beziehung ändert oder eine neue Beziehung aufgebaut wird, ergeben sich Veränderungen für das gesamte Unternehmensnetzwerk. Dies macht deutlich, dass nicht nur in dyadischen Beziehungen, sondern gerade auch in Unternehmensnetzwerken in der Multimediabranche Anpassungs- und Entwicklungsmaßnahmen notwendig sind.

Tab. 6-28: Zitate: Wechselwirkungen in multiplen Beziehungen

„Auch wenn wir einige bevorzugte Technologiepartner haben, heißt das nicht, dass wir nur deren Lösungen implementieren. Wenn ein strategisch interessanter Kunde eine andere Lösung will, bekommt er die auch. In Ausnahmefällen kann das auch zu Veränderungen in unserer Partnerstruktur führen."

„Gerade bei innovativen Technologien wie Broadband oder WAP ist anfangs unklar, welche Standards und Anwendungen sich durchsetzen werden und welcher Anbieter das Rennen machen wird. Da können sich schnell Veränderungen ergeben, auf die wir mit neuen Kooperationen reagieren müssen."

„Kooperationen sind nichts Statisches. In dem Maße, wie sich die Wettbewerbslandschaft und das technologische Umfeld verändern, entwickeln sich auch unsere Kooperationen."

Neben Netzwerkmanagement und -entwicklung sieht der idealtypische Phasenansatz auch eine Erfolgsbewertung im Unternehmensnetzwerk vor. Dabei dienen die für Kooperationen definierten Zielsetzungen als Steuergröße. Kontinuierlich wird überprüft, ob die an die Kooperation gebundenen Zielsetzungen erreicht werden. Ist dies nicht der Fall, werden korrigierende Maßnahmen ergriffen. Voraussetzung für diesen Steuerungprozess ist, dass entsprechende Zielgrößen definiert werden und Strukturen und Prozesse existieren, die ein steuerndes Eingreifen möglich machen.

In den Gesprächen mit Multimedia-Agenturen wurde deutlich, dass an Kooperationen zwar konkrete Zielsetzungen geknüpft werden, die als Verbesserung der Wettbewerbsposition durch einen Zugang zu knappen Ressourcen, differenzierten Kompetenzen, komplementären Dienstleistungen und spezifischen Vorleistungen umschrieben werden. Jedoch werden diese übergeordneten qualitativen Zielsetzungen von den befragten Agenturen kaum operationalisiert. Ebenso wenig werden aus diesen Zielen monetäre Steuerungsgrößen abgeleitet. Da die Erfolgsgrößen nicht eindeutig definiert sind, kann auch keine systematische Erfolgskontrolle stattfinden. Folglich existieren auch keine etablierten Strukturen und Prozesse für eine kontinuierliche Erfolgskontrolle.

Eine Ausnahme stellen lediglich die Projektkooperationen dar, bei denen für eine begrenzte Zeit Ressourcen gepoolt werden, um gemeinsam mit den Partnerunternehmen eine klar definierte Aufgabe zu bearbeiten. Die meisten Agenturen geben an, dass sie für Projektkooperationen eine Erfolgskontrolle durchführen, bei der die Profitabilität des Projektes als Zielgröße dient. Diese Kontrolle ist vergleichsweise einfach durchzuführen, da die Zielgröße eindeutig operationalisiert ist und lediglich den erzielten Erlösen die Kosten der eingebrachten Ressourcen gegenübergestellt werden müssen.

Auch wenn in vielen Fällen keine eindeutig operationalisierten Zielgrößen für den Erfolg von Kooperationen existieren, haben die befragten Multimedia-Agenturen relativ klare Vorstellungen, welche Faktoren maßgeblich zum Erfolg beitragen. Als wesentlicher

Erfolgsfaktor wird wechselseitiges Vertrauen genannt, welches durch einen intensiven, symmetrischen Informationsaustausch sowie ein hohes Maß an Offenheit und Transparenz gefördert wird. Darüber hinaus wird eine klare Kompetenz- und Rollenverteilung als wichtig erachtet. Leistungen- und Gegenleistungen müssen vertraglich eindeutig geregelt und im Idealfall in einem Pflichtenheft detailliert sein. Etwas widersprüchlich wird die Bedeutung von ausgeglichenen Machtverhältnissen als Erfolgsfaktor eingeschätzt. Während die meisten Agenturen eine gleichberechtigte Partnerschaft, in der Win-win-Konstellationen realisiert werden, als Erfolgsgaranten für Kooperationen ansehen, sind sie andererseits der Auffassung, dass eine starke Machtposition in Kooperationen ihrem individuellen Unternehmenserfolg zuträglich ist. Die meisten Agenturen streben die Position eines Generalunternehmers an, in der sie über einen direkten Kundenzugang und über eine dominante Stellung gegenüber ihren Partnerunternehmen verfügen. Dadurch gefährden sie jedoch die Ausgeglichenheit der Beziehung und unter Umständen den Kooperationserfolg.

Tab. 6-29: Zitate: Erfolgskontrolle in Netzwerken

„Wir haben zwar klare Erwartungen an unsere Kooperation. Es ist allerdings nicht so, dass wir in den Verträgen konkrete Ziele vereinbaren, die dann in regelmäßigen Abständen überprüft werden."
„Wir haben Systeme, mit denen wir ein Projektcontrolling durchführen – unabhängig davon, ob wir die Projekte allein oder mit einem Partner realisieren. Eine gemeinsame Erfolgsbewertung mit dem Partner führen wir nicht durch."
„Wir setzen uns einmal im Jahr mit unseren Kooperationspartnern zusammen und ermitteln die Kosten und den Nutzen der Zusammenarbeit. Allerdings ist dieses Vorgehen wenig systematisiert."

b.) Reflektion am explorativen Bezugsrahmen

Zuvor wurden die Ergebnisse der Interviews in Bezug auf die vierte Phase des Kooperationsgestaltungsprozesses vorgestellt. Wie schon für die anderen Gestaltungsphasen, so werden auch hier die Erkenntnisse am aufgestellten Bezugsrahmen reflektiert. Bei der Entwicklung des Bezugsrahmens wurde festgestellt, dass der interaktionsorientierte Netzwerkansatz insbesondere in der Phase des Managements und der Entwicklung eine Handlungsunterstützung bieten kann.

Der interaktionsorientierte Netzwerkansatz weist auf die Bedeutung von Netzwerkbeziehungen hin, die zum einen der Erschließung von Ressourcen dienen, zum anderen selbst wertvolle Ressourcen darstellen, die weiterentwickelt und gepflegt werden müssen. Die Tatsache, dass alle interviewten Multimedia-Agenturen in mehrere Kooperationsbeziehungen eingebunden sind, denen sie überwiegend strategische Bedeutung beimessen, kann als Indiz dafür gewertet werden, dass die Beziehungen als wertvolle Ressource angesehen werden. Die Entwicklung und Pflege dieser Beziehungen manifestiert sich in dem Zeitaufwand, den Multimedia-Agenturen in den Aufbau und die Weiterentwicklung von Kooperationen investieren.

Eine weitere Komponente der interaktionsorientierten Ansätze ist das Episodenkonzept. Dieses geht davon aus, dass die Geschäftsbeziehungen zwischen kooperierenden Unternehmen im Zeitablauf nicht kontinuierlich die gleiche Intensität aufweisen müssen. Wie die Gespräche gezeigt haben, arbeiten viele Agenturen wiederholt mit Kooperationspartnern auf Projekten zusammen. In den Projekten, die vom interaktionsorientierten Netzwerkansatz auch als Episoden bezeichnet werden, kann die Bindungsintensität sehr hoch sein, wohingegen im Zeitraum zwischen zwei Projekten kaum Interaktionen stattfinden. Dennoch besitzt die Pflege der Beziehung zwischen zwei Episoden nach Aussagen der Agenturen eine hohe Bedeutung, da sie dazu beiträgt, das wechselseitige Vertrauen in der Beziehung auszubauen und neue Kooperationsgelegenheiten zu identifizieren.

Schließlich haben die Interviews gezeigt, dass der „Markets-as-Networks-Gedanke" des interaktionsorientierten Netzwerkansatzes für die untersuchten Multimedia-Agenturen eine hohe Bedeutung besitzt. Agenturen wickeln sowohl auf der Beschaffungs- als auch auf der Vertriebsseite die wenigsten Transaktionen in rein marktlicher Form ab. Sie sind vielmehr in ein enges Beziehungsgeflecht eingebunden, in dem selten ein reiner Leistungsaustausch, sondern überwiegend ein Ressourcenaustausch oder sogar eine gemeinsame Ressourcennutzung stattfindet. Insofern können die Märkte von Multimedia-Agenturen als ein dichtes Beziehungsnetzwerk konzeptualisiert werden.

Tab. 6-30: Zitate: Branchennetzwerke

„Ich glaube, im Bereich der Internet-Dienstleistungen gibt es kein Unternehmen ohne Kooperationen. Die ganze Branche ist ein einziges Beziehungsnetzwerk. [...] Das veranschaulicht die Bedeutung von Kooperationen."
„Die Grenzen zwischen Projektkooperationen und strategischen Allianzen sind fließend. Selbst wenn Kooperationen zunächst zeitlich befristet sind, heißt das noch lange nicht, das sie nach Beendigung eines Projektes auslaufen müssen."
„Da wir uns primär als ein Dienstleister mit langfristigen Kundenbeziehungen verstehen, definieren wir auch unsere Kunden als Partner."

Zusammenfassend kann festgehalten werden, dass dem Aufbau von formalisierten Koordinationsstrukturen nicht in allen Beziehungen die gleiche Bedeutung zukommt. In Lieferanten-Abnehmer-Beziehungen sind die strukturellen Implikationen eher gering, in temporären Kooperationen werden einfache Projektmanagementstrukturen aufgebaut. Lediglich in längerfristigen Kooperationen sind formalisierte Kooperationsinstanzen anzutreffen. Ähnlich verhält es sich mit der Erfolgskontrolle in Kooperationen. Mit zunehmender Bindungsintensität steigt die qualitative und quantitative Operationalisierung der Kooperationsziele sowie die Ausprägung der Steuer- und Kontrollmechanismen.

Der interaktionsorientierte Netzwerkansatz leistet einen Erklärungsbeitrag zum Management und zur Entwicklung von Unternehmensnetzwerken, da er Interaktionen zwischen Unternehmen als maßgeblichen Faktor für deren Aufbau und die Entwicklung begreift. In der Multimediabranche sind viele Leistungen von einer Spezifität, dass sie nicht über marktliche Transaktionen, sondern nur in kooperativen Beziehungen ausgetauscht werden können.

Insofern übernehmen in vielen Bereichen Netzwerke die Funktion von Märkten. Netzwerkbeziehungen, die durch Interaktionen zwischen den Netzwerkunternehmen aufgebaut werden, dienen dem Leistungsaustausch sowie der Erschließung von Ressourcen und werden dadurch selbst zu einer wertvollen Ressource, die gepflegt werden muss. Dadurch kommt dem Management und der Entwicklung dieser Netzwerke eine maßgebliche Bedeutung zu.

6.3 Implikationen für das Management

Die empirische Untersuchung hat gezeigt, dass der Gestaltungsprozess von Unternehmensnetzwerken in der Multimediabranche heute wenig strukturiert beziehungsweise geplant und damit eher emergent abläuft. Darüber hinaus gab es in den Interviews Anzeichen dafür, dass nicht alle Partnerschaften in der Multimediabranche erfolgreich verlaufen. Obwohl sich die Gesprächspartner in Bezug auf Krisen in Netzwerkbeziehungen oder sogar deren vorzeitige Auflösung nur sehr zurückhaltend äußerten, wurde deutlich, dass eine stärkere Planung und Strukturierung in allen Phasen des Gestaltungsprozesses Krisen hätte abschwächen oder sogar verhindern können. Eine stärkere voluntaristische Gestaltung von Unternehmensnetzwerken in der Multimediabranche scheint der aktuell verbreiteten, eher emergenten Entwicklung überlegen zu sein. Diese zentrale Implikation wird für die einzelnen Gestaltungsphasen von Unternehmensnetzwerken im Folgenden detailliert dargestellt.

Strategische Analyse: Viele Multimedia-Agenturen haben keine Organisationseinheit oder Mitarbeiter, die sich dediziert mit der strategischen Planung und Ausrichtung des Unternehmens befassen. Auf Grund der begrenzten Managementkapazität werden planerische Tätigkeiten von Mitgliedern der ersten Führungsebene neben vielfältigen anderen Führungsaufgaben wahrgenommen. Ein wesentlicher erster Schritt in Richtung einer stärker voluntaristischen Gestaltung von Unternehmensnetzwerken ist, dass Verantwortlichkeiten und Zeitbudgets für die strategische Planung festgelegt werden, damit ihr ein fester Platz innerhalb des Tätigkeitsspektrums des Führungsgremiums zukommt. Mit zunehmender Größe der Agenturen werden eine oder mehrere Stellen notwendig werden, die sich ausschließlich mit Aufgaben der strategischen Planung und Analyse beschäftigen. Um dieser Notwendigkeit gerecht zu werden, müssen die benötigten Mitarbeiter rechtzeitig eingestellt und aufgebaut werden.

Die dynamische Multimediabranche ist durch eine Vielzahl von Innovationen und marktlichen Chancen geprägt, von denen einige ein großes langfristiges Potenzial bieten, andere lediglich kurzfristige Trends darstellen. Die Selektion zwischen langfristig attraktiven und unattraktiven Produkt-Markt-Bereichen in einem dynamischen Umfeld ist nicht einfach. Sie erfordert eine sorgfältige Analyse, in der zukünftige Potenziale unter Berücksichtigung aktueller Positionierungsschwerpunkte und Kernkompetenzen bewertet werden. Durch diese analytische Vorgehensweise wird verhindert, dass unreflektiert modischen Trends gefolgt und dadurch die Erfolgsbasis des Geschäfts geschädigt wird.

Der nächste Schritt in Richtung einer geplanteren Entscheidungsfindung ist die Erarbeitung von Bewertungsrastern, die die Analyse der Vor- und Nachteile der organisatorischen Gestaltungsoptionen anhand der Unternehmensumwelt, der marktlichen Gegebenheiten und des Unternehmens unterstützen. Wenn diese Bewertungsraster proaktiv eingesetzt werden, können zeitliche Nachteile, die gegenüber einer stärker opportunistischen Vorgehensweise bestehen, zumindest teilweise kompensiert werden. Die strategische Analyse muss mit der Evaluierung von bereits getroffenen Auswahlentscheidungen verknüpft und dadurch zu einem kontinuierlichen, iterativen Prozess werden. Dadurch können Fehlentwicklungen schneller korrigiert und Lernprozesse für künftige Entscheidungen eingeleitet werden.

Konkretisierung und Bewertung: In den Interviews wurde deutlich, dass viele Krisen, die in Kooperationen auftreten, ihre Ursache in der Gründungsphase von Kooperationen haben. Die Konkretisierung und Bewertung von Kooperationsvorhaben ist eine Gestaltungsphase, in der maßgeblich die Weichen für den Erfolg der Zusammenarbeit gestellt werden. Die Phase kann Krisen determinieren, wenn sie – wie in den Interviews beobachtet – eher durch ein unreflektiertes, opportunistisches Reagieren auf Gelegenheiten geprägt ist. Sie kann die Erfolgswahrscheinlichkeit von Vernetzungsaktivitäten erhöhen, wenn sie bewusst und proaktiv angelegt wird. Deswegen sind explizite Entscheidungen bezüglich der Vernetzungsfelder, -intensitäten und -ziele in der Phase der Konkretisierung und Bewertung von großer Bedeutung. Hierzu empfiehlt es sich, für das planerische Vorgehen einen Katalog mit inhaltlichen Minimalanforderungen zu definieren, der zu einer bewussten Auseinandersetzung mit dem Planungsschritt zwingt. In den folgenden Gestaltungsphasen sollten die erarbeiteten Eckwerte zunächst in dem Sinne als bindend betrachtet werden, dass versucht wird, einen ‚idealen‘ Partner zu identifizieren. Nur für den Fall, dass sich die festgelegten Vernetzungsfelder, -intensitäten oder -ziele nicht realisieren lassen, können diese in einem iterativen Schritt neu definiert werden. Die wenigsten Zugeständnisse sollten bei den Vernetzungszielen gemacht werden, weil diese fundamental den Nutzen der angestrebten Zusammenarbeit determinieren. Am ehesten ist noch eine Modifikation der Vernetzungsintensität denkbar, weil auf dem Spektrum zwischen niedriger und hoher Bindungsintensität unter Umständen mehrere Konfigurationen zu einem ähnlichen Ergebnis führen. Dies sollte jedoch im Einzelfall geprüft werden.

Partnersuche und Konstituierung: Auch die Auswahl geeigneter Partner und die vertragliche Ausgestaltung der Zusammenarbeit stellen wesentliche erfolgskritische Aktivitäten dar und müssen deswegen planerischen Mindestanforderungen genügen. Zwar ist es denkbar, dass eine Liste potenzieller Kooperationspartner auch solche Kandidaten enthält, die über informelle Kontakte ermittelt wurden oder die mit einer Kooperationsabsicht an das eigene Unternehmen herangetreten sind. Jedoch muss diese Liste durch einen systematischen Screeningprozess um weitere mögliche Kooperationspartner ergänzt werden, um ein repräsentativeres Bild zu erhalten. Die Bewertung der Kooperationspartner darf nicht – wie es innerhalb der Stichprobe teilweise beobachtet wurde – allein der Intuition der obersten

Führungsebene unterliegen, sondern muss anhand des erarbeiteten Anforderungskatalogs erfolgen. Ziel dieses Gestaltungsschrittes ist es, einen oder einige wenige Partner zu identifizieren, die einen hohen strategischen und kulturellen Fit aufweisen. Falls dies nicht oder nur mit Einschränkungen möglich ist, sollten keine suboptimalen Lösungen verfolgt, sondern in einer erneuten strategischen Analyse Alternativen eruiert werden. Die vertragliche Ausgestaltung der Zusammenarbeit sollte sich nicht auf die von einigen Gesprächspartnern erwähnten ‚Dreizeiler' beschränken, sondern muss die gemeinsamen Zielsetzungen, die Verteilung des Kooperationserfolges sowie Konfliktlösungs-, Sanktionierungs- und Auflösungsregeln als Mindestanforderungen enthalten.

Management und Entwicklung: Die Befragung in der Multimediabranche hat gezeigt, dass sich in einigen Agenturen nach Abschluss der Verträge die oberste Führungsebene aus der Netzwerkgestaltung zurückzieht und diese den ausführenden Ebenen überlässt. Dieses Vorgehen mag in Kooperationen mit niedriger Bindungsintensität, wie Zulieferer-Abnehmer-Beziehungen, möglich sein. In Netzwerkbeziehungen mit höherer Bindungsintensität ist jedoch eine aktive Beteiligung des Managements wichtig, da kollektive Strukturen aufgebaut und über Prozesse des organisationalen Lernens sowie der kontinuierlichen Verbesserung weiterentwickelt werden müssen. Diese Prozesse sind erfolgskritisch und sollten deswegen durch das Top-Management initiiert und aktiv begleitet werden. Dazu sind Rückkopplungsstrukturen zwischen den Arbeitsebenen und der obersten Führungsebene sinnvoll.

Die Analyse der Unternehmensnetzwerke in der Multimediabranche hat zudem gezeigt, dass zwar alle befragten Agenturen multiple Beziehungsstrukturen unterhalten, jedoch das Bewusstsein für das Netzwerk als Ganzes noch nicht stark ausgeprägt ist. Das Management in Multimedia-Agenturen sollte zukünftig stärker die Wechselwirkungen in den multiplen Beziehungen planen und gestalten, um Synergiepotenziale, die sich im Netzwerkverbund ergeben, zu heben und unerwünschte Entwicklungen abzuschwächen oder sogar vollständig zu eliminieren.

Darüber hinaus müssen die vertraglich vereinbarten qualitativen und quantitativen Ziele der Zusammenarbeit nicht nur – wie von einigen Interviewpartnern geäußert – sporadisch, sondern regelmäßig in Audits überprüft werden. Es empfiehlt sich, mit den Netzwerkpartnern inhaltliche Meilensteine für die Zusammenarbeit festzulegen. Die Verantwortlichkeiten und Messgrößen müssen klar definiert und von allen Netzwerkpartnern akzeptiert sein, damit das Beziehungscontrolling wirksam werden kann. Die regelmäßigen Soll-Ist-Vergleiche bieten nicht nur die Möglichkeit, Korrekturmaßnahmen einzuleiten, sondern sind auch eine wichtige Grundlage für den kollektiven Lernprozess in Unternehmensnetzwerken.

Schließlich sollte das Netzwerkmanagement immer auch das zukünftige Potenzial einzelner Netzwerkbeziehungen im Blick haben. Kooperationen, die einen wesentlichen positiven Beitrag zum Netzwerkerfolg leisten, werden ausgebaut, indem der Leistungs-, Kompetenz- oder Ressourcenaustausch verstärkt wird. In diesem Kontext ist die bestehende formale und organisatorische Bindungsintensität neu zu bewerten und gegebenenfalls zu intensivieren.

7 Zusammenfassung und Ausblick

Die vorliegende Arbeit untersuchte die Relevanz und Gestaltung von Unternehmensnetzwerken in der Multimediabranche anhand eines empirisch-explorativen Forschungsansatzes. Über 20 teilstrukturierte Tiefeninterviews wurden Erkenntnisse gewonnen, die mit den Ergebnissen einer theoretisch-literaturanalytischen Untersuchung kontrastiert werden. Die Untersuchung erfolgte in vier Forschungsschritten, zu denen die Ergebnisse nachfolgend zusammengefasst sind:

In einem *ersten Forschungsschritt* wurde die Multimediabranche analysiert und Handlungsoptionen für Multimedia-Agenturen abgeleitet. Wägt man für die Multimediabranche die aus der Markt- und Wettbewerbsanalyse sowie aus den Rahmenbedingungen abgeleiteten Chancen und Risiken gegeneinander ab, stellt man fest, dass heute hauptsächlich auf Grund der hohen Aufnahmefähigkeit des Marktes die Chancen überwiegen. Jedoch kann mittel- bis langfristig die Wettbewerbsintensität in der Multimediabranche und damit das Risikopotenzial für Multimedia-Agenturen durch Marktzutritte aus den Konvergenzbranchen sowie durch Marktsättigungstendenzen steigen. Insbesondere Wachstums- und Differenzierungsstrategien scheinen geeignet, um die Wettbewerbsfähigkeit von Multimedia-Agenturen auszubauen und Risikopotenziale abzuschwächen. In der Bewertung verschiedener organisatorischer Gestaltungsoptionen zur Umsetzung dieser Strategien wurde deutlich, dass Unternehmensnetzwerke eine vorteilhafte Option zu sein scheinen: Sie verbinden die Vorteile kleiner Unternehmen, wie Flexibilität, Innovationsfähigkeit und Reaktionsschnelligkeit, mit denen großer Unternehmen, die im Full-Service-Angebot und in der Leistungsfähigkeit begründet liegen.

Damit war die Grundlage für der *zweiten Forschungsschritt* geschaffen, der die Analyse der Bedeutung und Ausprägung von Unternehmensnetzwerken in der Multimediabranche umfasste. Die wesentlichen Erkenntnisse der empirischen Beobachtungen können wie folgt zusammengefasst werden: Alle untersuchten Multimedia-Agenturen sind in interorganisationale Netzwerke eingebunden, in denen hauptsächlich personelle Ressourcen, Informationen und Vorleistungen ausgetauscht werden. Zu den wesentlichen Vernetzungsfeldern gehören die Unternehmensbereiche Beratung, Inhalte, Kreation, Technik und Vermarktung. Die Unternehmensnetzwerke in der Multimediabranche zeichnen sich überwiegend durch eine niedrige Bindungsintensität aus, was unter anderem auf den Projektcharakter der Leistungserstellung zurückzuführen ist. Die Netzwerkbeziehungen sind in den meisten Fällen wechselseitig ausgeglichen, so dass die Netzwerke eher durch polyzentrische, heterarchische Strukturen gekennzeichnet sind. Eine Ausnahme stellen jedoch die Netzwerke dar, die durch Multimedia-Agenturen als Generalunternehmer geführt werden: sie weisen stärker monozentrische, hierarchische Strukturen auf. Unternehmensnetzwerke in der Multimediabranche entstehen überwiegend durch die Intensivierung marktlicher Strukturen, das heißt durch einen Prozess der Quasi-Internalisierung. Die Netzwerkkonstellationen sind häufig dynamischen Veränderungen unterworfen, die durch Konsistenz- und Kongruenzbestrebungen ausgelöst werden und durch emergente, auf Selbstorganisation beruhende Prozesse geprägt sind. Den beobachteten Konstellationen kann beispielsweise in Form von Beschaffungs- und Projektnetzwerken überwiegend ein operativer, in Form von F&E-Neztwerken durchaus aber auch ein strategischer Charakter attestiert werden. Die Netzwerkbeziehungen sind überwiegend vertikal oder diagonal ausgerichtet; die horizontale Zusammenarbeit mit Wettbewerbern spielt eine untergeordnete Rolle. Zudem sind die beobachteten Unternehmensnetzwerke heute stark regional oder national konzentriert, wobei eine Tendenz zur Internationalisierung zu beobachten ist. Damit wurden zum einen die begrifflichen Grundlagen geschaffen, zum anderen wurde das Phänomen der Unternehmensnetzwerke in der Multimediabranche charakterisiert und abgegrenzt.

Um von diesem Punkt zum *dritten Forschungsziel* – der Entwicklung eines theoretischen Bezugsrahmens zur Untersuchung des Gestaltungsprozesses von Unternehmensnetzwerken – zu gelangen, wurden zunächst theoretische Ansätze zur Erklärung und Gestaltung von Unternehmensnetzwerken ausgewählt und vorgestellt. Im Einzelnen waren dies die markt- und ressourcenorientierten Strategieansätze sowie der interaktionsorientierte Netzwerkansatz, die Spieltheorie und der Phasenansatz der Kooperationsgestaltung. Die gewählten theoretischen Ansätze bieten sehr unterschiedliche Ansatzpunkte, so dass sie gemeinsam in der Lage sind, verschiedene, komplementäre Facetten von Unternehmensnetzwerken zu erklären. Sie wurden zu einem Bezugsrahmen integriert, der wie folgt aufgebaut ist: Unter den rezipierten Ansätzen stellt der Phasenansatz mit den vier Gestaltungsphasen (1) Strategische Analyse, (2) Konkretisierung und Bewertung, (3) Partnersuche und Konstituierung sowie (4) Management und Entwicklung das umfassendste Vorgehensmodell zur Gestaltung von Unternehmensnetzwerken dar. Insofern war er geeignet, einen Rahmen zu bilden, indem die anderen Ansätze angesiedelt werden konnten. Der wettbewerbs- und ressourcenorientierte Strategieansatz sowie die Spieltheorie und der interaktionsorientierte Netzwerkansatz wurden innerhalb dieses Rahmens entsprechend ihrer Relevanz einzelnen Phasen zugeordnet.

Im *vierten Forschungsschritt* wurde der Bezugsrahmen zur Analyse des Gestaltungsprozesses von Unternehmensnetzwerken auf die Multimediabranche angewandt. Für die einzelnen Phasen des Gestaltungsprozesses wurden die in der Unternehmenspraxis der Multimediabranche relevanten Aktivitäten und Vorgehensweisen identifiziert und mit den Vorgaben des idealtypischen Gestaltungsansatzes kontrastiert. Zusammenfassend kann festgehalten werden, dass für den Gestaltungsprozess von Unternehmensnetzwerken in der Praxis der Multimediabranche zwar die wesentlichen Aktivitäten und Vorgehensweisen des Bezugsrahmens identifiziert werden konnten. Die empirische Untersuchung hat jedoch gezeigt, dass strategisch geleitete Planungsprozesse, in denen Handlungsoptionen eruiert, bewertet und ausgewählt werden, nur eine untergeordnete Rolle spielen und diese zudem häufig nicht der sequenziellen Vorgehensweise des Phasenansatzes folgen. An diesem Punkt setzen die Implikationen für das Netzwerkmanagement in der Multimediabranche an, die deutlich machen, dass eine stärkere voluntaristische Gestaltung von Unternehmensnetzwerken der aktuell verbreiteten, eher emergenten Entwicklung überlegen ist.

Mit den vier Forschungsschritten leistet die vorliegende Arbeit einen Beitrag zur Erklärung von Unternehmensnetzwerken in der Multimediabranche und zeigt Handlungsansätze für die Managementpraxis zu deren Gestaltung auf. Ausgehend von diesen Ergebnissen ergeben sich Anknüpfungspunkte für die weitere Forschung:

Die in dieser Arbeit rezipierten theoretischen Ansätze sind – mit Ausnahme des interaktionsorientierten Netzwerkansatzes – nicht originär für die Erklärung von Unternehmensnetzwerken konzipiert. Sie besitzen zwar einen vernetzungsspezifischen Erklärungsgehalt, der aber auf einer sehr allgemeinen Ebene angesiedelt ist. Dadurch können sie nur punktuell und stark eingeschränkt die Entstehung und Gestaltung von Unternehmensnetzwerken beschreiben und erklären. Die weiteren Forschungsbemühungen sollten hier ansetzen und sukzessive auf die Entwicklung einer umfassenden Theorie zur Entstehung und Gestaltung von Unternehmensnetzwerken hinarbeiten.[1]

In der vorliegenden Arbeit wurde der Schwerpunkt der Analyse auf Transaktions- und Austauschbeziehungen in interorganisationalen Netzwerken gelegt. In der Charakterisierung von Unternehmensnetzwerken wurde jedoch deutlich, dass diese sowohl auf der Akteurs- wie auf der Beziehungsseite noch andere wesentliche Betrachtungsdimensionen bieten. Wie die explorative Untersuchung in der Multimediabranche gezeigt hat, kommt insbesondere den Informations-, Vertrauens- und Machtbeziehungen in personalen Netzwerken für die Entstehung und Gestaltung von Unternehmensnetzwerken eine hohe Bedeutung zu. In vielen Fällen ersetzen auf Vertrauen basierende, personale Netzwerke wesentliche analytische Schritte des idealtypischen Gestaltungsprozesses. Die Wechselwirkungen zwischen personalen und interorganisationalen Netzwerken sind ein bedeutsames Forschungsfeld, um ein tief greifendes Verständnis der Gestaltungsprozesse von Unternehmensnetzwerken zu gewinnen.[2]

Bisher hat sich ein Großteil der Netzwerkforschung auf verarbeitende Industrien konzentriert.[3] Dabei scheinen Unternehmensnetzwerke gerade in Dienstleistungsbranchen eine hohe Relevanz zu besitzen, die arbeits- beziehungsweise wissensintensiv sind und sich durch eine hohe technologische wie marktliche Dynamik auszeichnen.[4] Deswegen sollte die zukünftige Forschung verstärkt die Charakteristika und Besonderheiten von Unternehmensnetzwerken in diesen Dienstleistungsbranchen – zu denen auch die Multimediabranche zählt – herausarbeiten und einem Netzwerkmanagement zugänglich machen. Dies sei abschließend an einem Beispiel verdeutlicht: Die vorliegende Arbeit hat gezeigt, dass projektbezogene Formen der

---

[1] Vgl. SYDOW 1999, S. 304

[2] Vgl. Kap. 4, Fn. 21.

[3] Vgl. Kap. 1.2 und insb. Kap. 1, Fn. 20.

[4] Vgl. auch SYDOW 1999, S. 282.

interorganisationalen Zusammenarbeit in der Multimediabranche ebenso wie in anderen Dienstleistungsbranchen von großer Bedeutung sind. Eine einfache Übertragung der Methoden und Konzepte des intraorganisationalen Projektmanagements auf Projekte, die in multiplen Netzwerkbeziehungen bearbeitet werden, greift zu kurz. Insofern sollten Methoden entwickelt werden, die ein unternehmensübergreifendes Projektmanagement in Unternehmensnetzwerken arbeits- und wissensintensiver Dienstleistungsbranchen unterstützen.

Literaturverzeichnis

ABBOTT, L. (1958): Qualität und Wettbewerb: Ein Beitrag zur Wirtschaftstheorie. München u. a.: Beck.

ABELS, H.-W. (1980): Organisation von Kooperationen kleiner und mittlerer Unternehmen mittels Ausgliederung. Frankfurt u. a.: Lang.

ABERLE, G. (1980): Wettbewerbstheorie und Wettbewerbspolitik. 2., überarb. Aufl. Stuttgart u. a.: Kohlhammer.

ADAGE (1999): Top 100 interactive agencies. http://adage.com/dataplace/archives/dp454.html. Abruf am 01.10.1999.

ALBERS, S./CLEMENT, M./PETERS, K. (Hrsg.) Marketing mit Interaktiven Medien: Strategien zum Markterfolg. 2. erweiterte Aufl. Frankfurt/M.: F. A. Z.

ALPAR, P. (1998): Kommerzielle Nutzung des Internet: Unterstützung von Marketing, Produktion, Logistik und Querschnittsfunktionen durch Internet, Intranet und kommerzielle Online-Dienste. 2., vollst. überarb. und erw. Aufl. Berlin u. a.: Springer.

AMIN, A./COHENDET, P. (1999): Learning and adaption in decentralised business networks. In: EP, 17 (1), S. 87-104.

AMIT, R./SCHOEMAKER, P. J. H. (1993): Strategic assets and organisational rents. In: SMJ, 14 (1), S. 33-46.

ANDERSON, J. C./HAKANSSON, H./JOHANSON, J. (1994): Dyadic business relationships within a business network context. In: JoM, 58 (10), S. 1-15.

ANDREWS, K. (1971): The concept of corporate strategy. Homewood, IL.

ANSOFF, H. I. (1966): Management-Strategie. München: Moderne Industrie.

ARNDT, H./OLLENBURG, G. (1971): Begriff und Arten der Konzentration. In: ARNDT, H. (Hrsg.): Die Konzentration in der Wirtschaft, 2. Aufl. Berlin: Duncker & Humblot, S. 3-39.

ATTESLANDER, P. (2000): Methoden der empirischen Sozialforschung. 9., neu bearb. und erw. Aufl. Berlin u. a.: de Gruyter.

AXELROD, R. (1995): Die Evolution der Kooperation. 3. Aufl. München u. a.: Oldenbourg.

AXELSSON, B./EASTON, G. (Hrsg.): Industrial networks: A new view of reality. London u. a.: Routledge.

BACKHAUS, K. (1997): Industriegütermarketing. 5., erw. und überarb. Aufl. München: Vahlen.

BACKHAUS, K./MEYER, M. (1993): Strategische Allianzen und strategische Netzwerke. In: WiSt, 22 (7), S. 330-334.

BACKHAUS, K./PILTZ, K. (1990): Strategische Allianzen – eine neue Form kooperativen Wettbewerbs? In: ZfbF, Sonderheft 27, S. 1-10.

BADARACCO, J. L. (1988): Changing forms of the corporation. In: MEYER, J. R./GUSTAFSON, J. M. (Hrsg.): The U.S. business corporation – An institution in transition. Cambridge, MA: Ballinger, S. 67-91.

BAIN, J. S. (1956): Barriers to new competition: Their character and consequences in manufacturing industries. Cambridge, MA: Harvard University Press.

BAIN, J. S. (1959): Industrial organization. New York u. a.: Wiley.

BALLING, R. (1998): Kooperation: Strategische Allianzen, Netzwerke, Joint Ventures und andere Organisationsformen zwischenbetrieblicher Zusammenarbeit in Theorie und Praxis. 2., durchges. Aufl. Frankfurt/M. u. a.: Lang.

BAMBERGER, I./WRONA, T. (1996): Der Ressourcenansatz und seine Bedeutung für die Strategische Unternehmensführung. In: ZfbF, 48 (2), S. 130-153.

BARNEY, J. (1986): Strategic factor markets: expectations, luck, and business strategy. In: MS, 32 (10), S. 1231-1241.

BARNEY, J. (1991): Firm resources and sustained competitive advantage. In: JM (17) 1, S. 99-120.

BARTLETT, C. A. (1986): Building and managing the transnational: The new organizational challenge. In: PORTER, M. E. (Hrsg.): Competition in global industries. Boston: Harvard Business School, S. 367-401.

BARTLETT, C. A./GHOSHAL, S. (1990): Internationale Unternehmensführung: Innovation, globale Effizienz, differenziertes Marketing. Frankfurt: Campus.

BAUM, H. (1980): Der relevante Markt als Problem der Wettbewerbspolitik. In: WW, 30 (6), S. 401-407.

BAUMOL, W. J./PANZAR, J. C./WILLIG, R. D. (1988): Contestable markets and the theory of industry structure. Revised Edition. New York.

BECKER, J. (1998): Marketing-Konzeptionen: Grundlagen des strategischen und operativen Marketing-Managements. 6., vollst. überarb. und erw. Aufl. München: Vahlen.

BECKER, N. (1999): Regelungsfelder für Unternehmensnetzwerke. (Diss. TU München) Wiesbaden: Gabler.

BELLMANN, K./HIPPE, A. (1996): Kernthesen zur Konfiguration von Produktionsnetzwerken. In: BELLMANN, K./HIPPE, A. (Hrsg.): Management von Unternehmensnetzwerken: Interorganisationale Konzepte und praktische Umsetzung. Wiesbaden: Gabler, S. 55-85

BERG, C. C. (1981): Beschaffungsmarketing. Würzburg u. a.: Physica.

BERG, H. (1978): Markteintrittsbarrieren, potentielle Konkurrenz und wirksamer Wettbewerb. In: WISU, 7 (6), S. 282-287.

BERG, H. (1986): Marktaustrittbarrieren: Ursachen, Konsequenzen, Therapien. In: WISU, 15 (10), S. 501-506.

BEUERMANN, G. (1993): Spieltheorie und Betriebswirtschaftslehre. In: WITTMANN,W. u. a. (1993): HWB. Teilband 3. 5., völlig neu gestaltete Aufl. Stuttgart: Schäffer-Poeschel, Sp. 3929-3940.

BIDLINGMAIER, J. (1968): Zielkonflikte und Zielkompromisse im unternehmerischen Entscheidungsprozeß. Wiesbaden: Gabler.

BITZ, M. (1999): Grundzüge der Betriebswirtschaftslehre II: Entscheidungstheoretische Grundlagen. Kurseinheit 3: Spieltheorie. Hagen.

BLEEKE, J./BULL-LARSEN, T./ERNST, D. (1992): Wertsteigerung durch Allianzen. In: BRONDER, C./PRITZL, R. (Hrsg.): Wegweiser für Strategische Allianzen: Meilen- und Stolpersteine bei Kooperationen. Wiesbaden: Gabler, S. 103-125.

BLEICHER, K. (1989): Kritische Aspekte des Managements zwischenbetrieblicher Kooperationen. In: Thexis, 6 (3), S. 4-8.

BLEICHER, K. (1996): Unterwegs zur Netzwerk-Organisation. In: BALCK, H. (Hrsg.): Networking und Projektierung: Gestaltung des Wandels in Unternehmen und Märkten. Berlin u. a.: Springer, S. 59-71.

BLEICHER, K. (1999): Das Konzept integriertes Management: Visionen – Missionen – Programme. 5., rev. und erw. Aufl. Frankfurt/M. u.a.: Campus.

BLEICHER, K./HERMANN, R. (1991): Joint-Venture-Management: Erweiterung des eigenen strategischen Aktionsradius. Stuttgart u. a.: Schäffer.

BLOHM, H: (1980): Kooperation. In: GROCHLA, E. (Hrsg.): HWO, 2. Aufl. Stuttgart: Poeschel, Sp. 1112-1117.

BLOIS, K. J. (1972): Vertical quasi-integration. In: JIE, 20, S. 253-272.

BLOIS, K. J. (1980): Quasi-Integration as a mechanism for controlling external dependencies. In: MD, 1 (18), S. 55-63.

BOETTCHER, E. (1974): Kooperation und Demokratie in der Wirtschaft. Tübingen: Mohr.

BOHR, K. (1993): Effizienz und Effektivität. In: WITTMANN, W. u. a. (Hrsg.): HWB. Teilband 1. 5., völlig neu gestaltete Aufl. Stuttgart: Schäffer-Poeschel, Sp. 855-869.

BOOZ ALLEN & HAMILTON (1997) (Hrsg.): Zukunft Multimedia: Grundlagen, Märkte und Perspektiven in Deutschland. 4., erw. und aktual. Aufl. Frankfurt/M.: IMK.

BÖRNER, W. /SCHNELLHARDT, G. (1992): Multimedia. München: te-wi.

BOYLE, E. (1993): Managing organizational networks: Defining the core. In: MD, 31 (7), S. 23-27.

BRANDENBURGER, A. M./NALEBUFF, B. J. (1996): Mehr Geschäftserfolg – dank der Spieltheorie. In: HBM, 18 (2), S. 82-93.

BRESSER, R. K. F. (1989): Kollektive Unternehmensstrategien. ZfB, 59 (5), S. 545-564.

BRONDER, C./PRITZL, R. (1991): Leitfaden für Strategische Allianzen. In: HM, 13 (1), S. 44-53.

BRONDER, C./PRITZL, R. (1992): Ein konzeptioneller Ansatz zur Gestaltung und Entwicklung Strategischer Allianzen. In: BRONDER, C./PRITZL, R. (Hrsg.): Wegweiser für Strategische Allianzen: Meilen- und Stolpersteine bei Kooperationen. Wiesbaden: Gabler, S. 17-44.

BÜHNER, R. (1986): Strategische Führung im Bereich der Hochtechnologie durch rechtliche Verselbständigung von Unternehmensteilbereichen. In: DB, 39 (46), S. 2341-2346.

BÜHNER, R. (1996): Betriebswirtschaftliche Organisationslehre. 8., bearbeitete und ergänzte Aufl. München u. a.: Oldenbourg.

BÜLOW, S. (1995): Netzwerk-Organisation für Allfinanzanbieter: Ein organisationstheoretischer Vorschlag auf Grundlage der Neuen Institutionenökonomie. (Diss. TU Berlin) Wiesbaden: DUV.

BUONO, A. F./BOWDITCH, J. L. (1989): The human side of mergers and acquisitions: Managing collisions between people, cultures, and organizations. San Francisco u. a.

BÜRKI, D. M. (1986): Der ‚resource-based view' Ansatz als neues Denkmodell des strategischen Managements. (Diss. Uni. St. Gallen) Bamberg: Difo Druck.

BYRNE, J. A. (1993): The virtual corporation. In: IBW, 08.02.93, S. 36-41.

CAVES, R. E./PORTER, M. E. (1977): From entry barriers to mobility barriers. In: BJE, (11), S. 721-729.

CHANDLER, A. D. (1995): Strategy and structure: Chapters in the history of the industrial enterprise. Cambridge, MA u.a.: MIT Press.

CLARK, J. M. (1940): Toward a concept of workable competition. In: AER, 30, S. 241-256.

COASE, R. H. (1937): The nature of the firm. In: Economica N.S., 4, S. 386-405.

COASE, R. H. (1960): The problem of social cost. In: JLE, 3, S. 1-44.

COBB, R. H. (1997): Flexible Business Networks. In: EDR, 15 (1), S. 30-32.

COLLIS, D. J./MONTGOMERY, C. A. (1996): Wettbewerbsstärke durch hervorragende Ressourcen. In: HBM, 18 (2), S. 47-57.

COPELAND, T./KOLLER, T./MURRIN, J. (1998): Unternehmenswert: Methoden und Strategien für eine wertorientierte Unternehmensführung. 2., aktual. und erw. Aufl. Frankfurt/M. u. a.: Campus.

CORSTEN, H. (1998): Grundlagen der Wettbewerbsstrategie. Stuttgart u. a.: Teubner.

DAUB, A. (1994): Ablaufplanung: Modellbildung, Kapazitätsabstimmung und Unsicherheit. (Diss. Uni. Göttingen) Bergisch Gladbach: Eul.

DAVIDOW, W. H./MALONE, M. S. (1993): Das virtuelle Unternehmen: Der Kunde als Co-Produzent. Frankfurt u. a.: Campus.

DENSION, D. R. (1997): Toward a process-based theory of organizational design: Can organizations be designed around value chains and networks? In: ASM, 14, 1-44.

DICKEN, A. J. (2000): Erfolg von Unternehmensfusionen aus aktueller Sicht. In: BFuP, 52(4), S. 358-372.

DIECKMANN, D.-S. (1999): Internationale Unternehmensnetzwerke und regionale Wirtschaftspolitik: Kompetenzzentren in der Multimedia-Industrie. (Diss. TH Aachen) Wiesbaden: DUV.

DIERICKX, I./COOL, K. (1989): Asset stock accumulation and sustainability of competitive advantage. In: MS, 35 (12), S. 1504-1511.

DIREKTION TECHNIK UND PRODUKTION DES SÜDWESTRUNDFUNKS (2000): Conditional Access. http://www.mediendaten.de/gesamt/technikglossar/glossar_ca.html. Abruf am 18.09.2000.

DMMV (2000): Öffentlicher Bereich. http: http//www.dmmv.de/welcome.htm. Abruf am 23.09.2000.

DOWNES, L/MUI, C. (1998): Unleashing the killer app: Digital strategy for market dominance. Boston, MA: Harvard Business School.

DUSCHEK, S. (1998): Kooperative Kernkompetenzen: Zum Management einzigartiger Netzwerkressourcen. In: ZfO, 67 (4), S. 230-236.

EASTON, G./HAKANSSON, H. (1996): Markets as networks: Editorial introduction. In: IJRM, 13 (5), S. 407-413.

EATON, B. C./LIPSEY, R. G. (1980): Exit barriers are entry barriers. In: BJE, 11, S. 721-729.

ENGELHARDT, W. H./GÜNTER, B. (1981): Investitionsgüter-Marketing: Anlagen, Einzelaggregate, Teile, Roh- und Einsatzstoffe, Energieträger. Stuttgart u. a.: Kohlhammer.

ENGELHARDT, W. H./SEIBERT, K. (1981): Internationale Joint Ventures. In: ZfbF, 33 (5), S. 428-435.

ESCHBACH, A. (2000): Kontrahenten im Onlinegeschäft. In: HORIZONT, (11), S. 77.

EUROPEAN COMMUNICATION COUNCIL (1999): Die Internet-Ökonomie. Berlin u. a.: Springer.

EVERS, M. (1998): Strategische Führung mittelständischer Unternehmensnetzwerke. (Diss. Uni. Essen) München u. a.: Hamp.

FALKENSTEIN, T. (1999): Kosten und Ablauf von Multimedia-Produktionen. In: HAASIS, K./ZERFAß, A. (Hrsg.): Digitale Wertschöpfung: Multimedia und Internet als Chance für den Mittelstand. Heidelberg: dpunkt, S. 49-62.

FELDMAN, M. L./SPRATT, M. F. (2000): Speedmanagement für Fusionen. Wiesbaden: Gabler

FINK, D. (1997): Einführung in das Electronic Marketing – von der Technik zum Nutzen. In: WAMSER, C./FINK, D. (Hrsg.): Marketing-Management mit Multimedia. Gabler: Wiesbaden, S. 13-27.

FINK, D. H./MEYER, N. (1996): Multimedia – Wie Visionen zu Geld werden. In: Absatzwirtschaft, 39 (3), S. 56-62.

FITTKAU & MAAß (1999): W3B-Umfrage April/Mai 1999. http://www.w3b.de. Abruf am 18.06.1999.

FOCUS (1999): Der Markt der Online-Kommunikation: Fakten '99. München: Focus Magazin Verlag.

FONTANARI, M. (1996): Kooperationsgestaltungsprozesse in Theorie und Praxis. (Diss. Uni. Trier) Berlin: Duncker & Humblot.

FRESE, E. (1992): Organisationstheorie: Historische Entwicklung, Ansätze, Perspektiven. 2., überarb. und erw. Aufl. Wiesbaden: Gabler.

FRESE, E. (1998): Grundlagen der Organisation: Konzept – Prinzipien – Strukturen. 7. Aufl.Wiesbaden: Gabler.

FRIESE, M. (1998): Kooperation als Wettbewerbsstrategie für Dienstleistungsunternehmen. (Diss. Uni. Hohenheim) Wiesbaden: Gabler.

G+J ELECTRONIC MEDIA SERVICE (1998): Ergebnisse der FORSA-Umfrage 1998. Hamburg.

GAHL, A. (1991): Die Konzeption strategischer Allianzen. (Diss. Uni. Münster) Berlin: Duncker & Humblot.

GÄLWEILER, A. (1986): Zur Abstimmung zwischen Unternehmensstrategie und Finanzierungspotential. In: TÖPFER, A./AFHELDT, H. (Hrsg.): Praxis der strategischen Unternehmensplanung. 2. Aufl. Frankfurt/M.: Moderne Industrie, S. 246-297.

GÄLWEILER, A. (1990): Strategische Unternehmensführung. 2. Aufl. Frankfurt u. a.: Campus.

GEIHS, K. (1995): Client/Server-Systeme: Grundlagen und Architekturen. Bonn: International Thomson Publishing.

GERPOTT, T. J. (1993): Integrationsgestaltung und Erfolg von Unternehmensakquisitionen. Stuttgart: Schäffer-Poeschel.

GERYBADZE, A. (1995): Strategic alliances and process redesign: Effective management and restructuring of cooperative projects and networks. Berlin u. a.: de Gruyter.

GFK ONLINE-MONITOR (1999): 4. Untersuchungswelle: Präsentation der zentralen Ergebnisse. Frankfurt 18. August 1999. In: www.gfk.de. Abruf am 06.01.2000.

GIDDENS, A. (1988): Die Konstitution der Gesellschaft. Frankfurt u. a.: Campus.

GLESTI, J. (1995): Wertmanagement in den verschiedenen Lebensphasen der Unternehmung. Diss. Uni. St. Gallen. Bamberg: Difo-Druck.

GOMEZ, P. (1993): Wertmanagement: Vernetzte Strategien für Unternehmen im Wandel. Düsseldorf u. a.: Campus.

GOMEZ, P./ZIMMERMANN, T. (1993): Unternehmensorganisation: Profile, Dynamik, Methodik. 2., rev. und erw. Aufl. Frankfurt/M. u. a.: Campus.

GÖTZE, U. (1993): Szenario-Technik in der strategischen Unternehmensplanung, 2., aktualisierte Aufl. (Diss. Uni. Göttingen) Wiesbaden: DUV.

GOULDNER, A. W. (1984): Reziprozität und Autonomie: Ausgewählte Aufsätze. Frankfurt/M. 1984.

GRANT, R. B. (1991): The resource-based theory of competitive advantage: Implications for strategy formulation. In: CMR, 33 (3), S. 114-135.

GRAUER, M./MERTEN, U. (1997): Multimedia: Entwurf, Entwicklung und Einsatz in betrieblichen Informationssystemen. Berlin u. a.: Springer.

GREINER, L. (1972): Evolution and revolution as organisations grow. HBR July/August, S. 37-46.

GROCHLA, E. (1993): Betrieb, Betriebswirtschaft und Unternehmung. In: WITTMANN, W. u. a. (Hrsg.): HWB. Teilband 1. 5., völlig neu gestaltete Aufl. Stuttgart: Schäffer-Poeschel, Sp. 374-390.

GUTENBERG, E. (1983): Grundlagen der Betriebswirtschaftslehre, Bd. 1: Die Produktion. 24., unveränderte Aufl. Berlin u. a.: Springer.

HACKER, T. (1999a): Netzwerkstrategien im Bereich der neuen Medien. Vortrag am 04.06.1999 auf dem Hamburger Forum Medienökonomie an der Bundeswehruniversität Hamburg.

HACKER, T. (1999b): Vernetzung und Modularisierung – (Re-)Organisation von Medienunternehmen. In: SCHUMANN, M./HESS, T. (Hrsg.): Medienunternehmen im digitalen Zeitalter: Neue Technologien – Neue Märkte – Neue Geschäftsansätze. Wiesbaden: Gabler, S. 155-175.

HAGEL III, J./ ARMSTRONG, A. G. (1997): Net gain: Expanding markets through virtual communities. Boston, MA: Harvard Business School.

HAHN, D. (1999a): Strategische Unternehmungsführung: Grundkonzept. In: HAHN, D./TAYLOR, B. (Hrsg.): Strategische Unternehmungsplanung – Strategische Unternehmungsführung: Stand und Entwicklungstendezen. 8., aktual. Aufl. Heidelberg: Physica, S. 28-50.

HAHN, D. (1999b): Zweck und Entwicklung der Portfolio-Konzepte in der strategischen Unternehmungsplanung. In: HAHN, D./TAYLOR, B. (Hrsg.): Strategische Unternehmungsplanung – Strategische Unternehmungsführung: Stand und Entwicklungstendezen. 8., aktual. Aufl. Heidelberg: Physica, S. 403-439.

HAITE, S./BOSSART, F. (2000): Internet für Unternehmer: Das 5-x-5-Erfolgsprinzip. Reinbek: Rowohlt.

HAKANSSON, H. (1987): Introduction. In: HAKANSSON, H. (Hrsg.): Industrial technological development: A network approach. London u. a.: Croom Helm, S. 3-25.

HAKANSSON, H./JOHANSON, J. (1988): Formal and informal cooperation strategies in international industrial networks. In: CONTRACTOR, F. J./LORANGE, P. (Hrsg.): Cooperative strategies in international industrial networks. Lexington, MA: Lexington Books, S. 369-379.

HAKANSSON, H./JOHANSON, J. (1992): A model of industrial networks. In: AXELSSON, B./EASTON, G. (Hrsg.): Industrial networks: A new view of reality. London u. a.: Routledge, S. 28-34.

HAKANSSON, H./SNEHOTA, I. (1989): No business is an island: The network concept of business strategy. In: SJM, 5 (3), S. 187-200.

HAKANSSON, H./SNEHOTA, I. (1995) (Hrsg.): Developing relationships in business networks. London u. a.: Routledge.

HALLÉN, L./JOHANSON, J./ SEYED-MOHAMED, N. (1991): Interfirm adaption in business relationships. In: JoM, 55 (4), S. 29-37.

HAMMES, W. (1994): Strategische Allianzen als Instrument der strategischen Unternehmungsführung. (Diss. Uni. Trier) Wiesbaden: Gabler.

HARRIGAN, K. R. (1985): Strategies for joint ventures. Lexington MA: Lexington Books.

HARRIGAN, K. R. (1986): Managing joint ventures for success. Lexington, MA: Lexington Books.

HARRIGAN, K. R. (1988): Joint ventures and competitive strategy. In: SMJ, 9 (2), S. 141-158.

HAURY, S. (1989): Laterale Kooperationen zwischen Unternehmen: Erfolgskriterien und Klippen. (Diss. Uni. St. Gallen) Grüsch: Rüegger.

HAYEK, F. A. V. (1968): Der Wettbewerb als Entdeckungsverfahren. Kiel.

HEDLUND, G. (1994): A model of knowledge management and the N-form corporation. In: SMJ, 15 , S. 73-90.

HEINEN, E. (1971): Grundlagen betriebswirtschaftlicher Entscheidungen. Das Zielsystem der Unternehmung, 2. Aufl. Wiesbaden: Gabler.

HEINRICH, J. (1994): Medienökonomie: Band 1. Mediensystem, Zeitung, Zeitschrift, Anzeigenblatt. Opladen: Westdeutscher.

HEINRICH, J. (1999): Medienökonomie: Band 2. Hörfunk und Fernsehen. Opladen u. a.: Westdeutscher.

HEINRICH, L. J./LEHNER, F./ROITHMAYR, F. (1994): Informations- und Kommunikationstechnik für Betriebswirte und Wirtschaftsinformatiker. 4. Aufl. München: Oldenbourg.

HESS, T./SCHUMANN, M. (1999): Medienunternehmen im digitalen Zeitalter – eine erste Bestandaufnahme. In: SCHUMANN, M./HESS, T. (Hrsg.): Medienunternehmen im digitalen Zeitalter: Neue Technologien – Neue Märkte – Neue Geschäftsansätze. Wiesbaden: Gabler, S. 1-18.

HEßHAUS, W. (1977): Unternehmungsführung und Unternehmungsziele. In: HANSCHMANN, R. (Hrsg.): Unternehmenspolitik in Theorie und Praxis. Wiesbaden, S. 187 ff.

HIGHTEXT (1999): multiMEDIA Liste 1999. http://www.hightext.de/themen/top/-mmliste alles.html. Abruf am 01.10.1999.

HIGHTEXT (2000): Die multiMEDIA Liste 2000: Die TOP-Agenturen und Produzenten. http://www.hightext.de/themen/db/themen.954412506dt.html. Abruf am 03.08.2000.

HINTERHUBER, H. H. (1992a): Strategische Unternehmungsführung: I. Strategisches Denken. 5., neubearb. und erw. Aufl. Berlin u. a.: de Gruyter.

HINTERHUBER, H. H./STAHL, H. K. (1996): Unternehmensnetzwerke und Kernkompetenzen. In: BELLMANN, K./HIPPE, A. (Hrsg.): Management von Unternehmensnetzwerken: Interorganisationale Konzepte und praktische Umsetzung. Wiesbaden: Gabler, S. 87-117.

HIPPE, A. (1997): Interdependenzen von Strategie und Controlling in Unternehmensnetzwerken. (Diss. Uni. Mainz) Wiesbaden: Gabler.

HIRSCHMANN, A. O. (1974): Abwanderung und Widerspruch: Reaktionen auf Leistungsabfall bei Unternehmungen, Organisationen und Staaten. Tübingen: Mohr. Übersetzung der Originalausgabe: HIRSCHMANN, A. O. (1970): Exit, voice, and loyalty. Cambridge, MA: Harvard University Press.

HÖFER, S. (1997): Strategische Allianzen und Spieltheorie: Analyse des Bildungsprozesses strategischer Allianzen und planungsunterstützende Einsatzmöglichkeiten der Theorie der strategischen Spiele. (Diss. Uni. Göttingen) Göttingen: Eul.

HOFFMANN, F. (1989): So wird Diversifikation zum Erfolg. In: HM, 11 (3), S. 52-58.

HOHENSEE, M. (1999): Porentief rein. In: Wirtschaftswoche, (10), S. 164-167.

HOOLEY, G./BROODERICK, A./MÖLLER, K. (1998): Competitive positioning and the resource-based view of the firm. In: JSM, 6, S. 97-115.

HORIZONT.NET (1999): Online-Etats. http://www.horizont.de/interactive/online_etats/pages/. Abruf am 13.12.1999.

HORIZONT.NET (2000): Die größten Werbeagenturen 1999. http://www.horizont.net/agenturen/rankings/top100ag_1.html. Abruf am 25.09.2000.

HORN, T. (1999): Internet – Intranet – Extranet: Potentiale im Unternehmen. München u. a.: Oldenbourg.

HULDI, C. (1997): Mittels Datenanalyse und Kundenbewertung zu Effektivität im (Direct-) Marketing. In: Dallmer, H. (Hrsg.): Handbuch Direct Marketing. 7., völlig überarb. Aufl. Wiesbaden: Gabler, S. 603-617.

IHRIG, F. (1991): Strategische Allianzen. In: WiSt, 20 (4), S. 29-31.

INSTITUT DER DEUTSCHEN WIRTSCHAFT (1996): Zahlen zur wirtschaftlichen Entwicklung der Bundesrepublik Deutschland. Köln.

INTERNET.COM (2000): BrowserWatch Stats Station. http://browserwatch.internet.com/stats/-stats.html. Abruf am 17.09.2000.

ISO 9241

IVENZ, N./ENGELBACH, W./DELP, M. (1999): Internationale Zusammenarbeit als Chance für Verlage und Mediendienstleister: Strategien, Fallbeispiele und Vorgehen. Stuttgart: Fraunhofer IRB.

IVW (2000a): Online Nutzungsdaten August 2000. http://www.ivw.de/data/index.html. Abruf am 22.09.2000.

IVW (2000b): Richtlinien für die Kontrolle von Online Medien. http://www.ivw.de/richtl/IVWRili_Kontrolle_OnlineMedien.html. Abruf am 22.09.2000.

iXL (2000): Delta Picks Web Partner: $50M contract with iXL will expand airline's efforts. http://www.ixl.com/news/articles/info_week.html. Abruf am 18.04.2000.

JACQUEMIN, A. (1986): Industrieökonomik: Strategie und Effizienz des modernen Unternehmens. Frankfurt/M. u. a.: Campus.

JANSEN, S. A. (2000): Mergers & Acquisitions: Unternehmensakquisitionen und -kooperationen. Eine strategische, organisatorische und kapitalmarkttheoretische Einführung. 3., überarb. und aktual. Aufl. Wiesbaden: Gabler.

JANSEN, S. A./KÖRNER, K. (2000): Fusionsmanagement in Deutschland: Ausgesuchte Ergebnisse. Gemeinsame Untersuchung des Institute for Mergers & Akquisitions der Universität Witten/Herdecke und der Mercuri International.

JARILLO, J. C. (1988): On Strategic Networks. In: SMJ, 9 (1), S. 31-41.

JARILLO, J. C. (1993): Strategic Networks: Creating the borderless organization. Oxford u. a.: Reed.

JARILLO, J. C./RICART, J. E. (1987): Sustaining Networks. In: Interfaces, 17 (5), S. 82-91.

JARZ, E. M. (1997): Entwicklung multimedialer Systeme: Planung von Lern- und Masseninformationssystemen. (Diss. Uni. Innsbruck) Wiesbaden: DUV.

JOHANSON, J./MATTSSON, L.-G. (1988): Internationalisation in industrial systems – A network approach. In: HOOD, N./VAHLNE, J.-E. (Hrsg.): Strategies in global competition. London u. a.: Croom Helm, S. 287-314.

JOHANSON, J./MATTSSON, L.-G. (1994): The markets-as-networks tradition in Sweden. In: LAURENT, G./LILIEN, G. L./PRAS, B. (Hrsg.): Research traditions in marketing. Norwell, MA, S. 321-342.

JOHNSTON, R./LAWRENCE, P. R. (1988): Beyond vertical integration – The rise of the value-adding partnership. In: HBR, 66 (7-8), S. 94-101.

JUPITER COMMUNICATIONS (1999a): Jupiter world view: Trends and Forecasts for the Millenium ... and beyond. Präsentation von DWYER, P. anlässlich des Executive Breakfast am 29.09.1999 in Hamburg.

JUPITER COMMUNICATIONS (1999b): Das Internet aus der Sicht deutscher Verbraucher. Präsentation von STEMMER, A. anlässlich des Executive Breakfast am 29.09.1999 in Hamburg.

KALUZA, B./BLECKER, T. (1996): Interindustrielle Unternehmensnetzwerke in der betrieblichen Entsorgungslogistik. Diskussionsbeitrag des Fachbereichs Wirtschaftswissenschaften der Gerhard-Mercator Universität Gesamthochschule Duisburg Nr. 229. Duisburg.

KALUZA, B./BLECKER, T. (2000) (Hrsg.): Produktions- und Logistikmanagement in virtuellen Unternehmen und Unternehmensnetzwerken. Heidelberg u. a.: Springer.

KANTZENBACH, E. (1967): Die Funktionsfähigkeit des Wettbewerbs. Heft 1, 2., durchges. Aufl. Göttingen: Vandenhoeck & Ruprecht.

KANTZENBACH, E./KRÜGER, R. (1990): Zur Frage der richtigen Abgrenzung des sachlich relevanten Marktes bei der wettbewerbspolitischen Beurteilung von Unternehmenszusammenschlüssen. In: WW, 40 (6), S. 472-481.

KAUFER, E. (1980): Industrieökonomik. München: Vahlen.

KELLY, K. (1998): New rules for the new economy: 10 radical strategies for a connected world. New York: Viking.

KERN, E. (1987): Der Interaktionsansatz im Investitionsgüter-Marketing. Arbeitspapier Nr. 9/1987. Münster.

KHANDWALLA, P. N. (1973): Viable and effective organizational designs of firms. In: AMJ, 16, S. 481-495.

KIESEL, B./KLINK, J. (1998): Die Renaissance der Kooperation. In: ZwF, 93 (1-2), S. 18-21.

KIESER, A./KUBICEK, H. (1992): Organisation. 3. völlig neubearb. Aufl. Berlin u. a.: de Gruyter.

KILLIUS, N./MUELLER-OERLINGHAUSEN, J. (1999): Innovative Geschäftsmodelle in digitalen Medien. In: SCHUMANN, M./HESS, T. (Hrsg.): Medienunternehmen im digitalen Zeitalter: Neue Technologien – Neue Märkte – Neue Geschäftsansätze. Wiesbaden: Gabler, S. 139-153.

KINNEBROCK, W. (1994): Marketing mit Multimedia: Neue Wege zum Kunden. Landsberg: Moderne Industrie.

KIRSCH, W. (1988): Die Handhabung von Entscheidungsproblemen: Einführung in die Theorie der Entscheidungsprozesse. 3., völlig überarb. und erw. Aufl. Herrsching: Kirsch.

KIRSCH, W./KNYPHAUSEN, D. Z. (1991): Unternehmungen als „autopoietische" Systeme? In: STAEHLE, W. H./SYDOW, J. (Hrsg.): Managementforschung 1, Berlin u. a.: De Gruyter, S. 75-101.

KIRSCH, W./KUTSCHKER, M. (1978): Das Marketing von Investitionsgütern: Theoretische und empirische Perspektiven eines Interaktionsansatzes. Wiesbaden: Gabler.

KIRSCH, W./KUTSCHKER, M./LUTSCHEWITZ, H. (1980): Ansätze und Entwicklungstendenzen im Investitionsgütermarketing: Auf dem Wege zu einem Interaktionsansatz. 2. überarb. und erw. Aufl. Stuttgart: Poeschel.

KLEMM, W. (1997): Wertschöpfungsnetzwerke international tätiger Unternehmen. (Diss. Uni. München) München. Herrsching: Kirsch.

KNETSCH, W. (1996): Die treibenden Kräfte: Der Weg zum vernetzten Unternehmen. In: ARTHUR D. LITTLE (Hrsg.): Management im vernetzten Unternehmen. Wiesbaden: Gabler, S. 17-71.

KNYPHAUSEN, D. Z. (1993): „Why are firms different?": Der „Ressourcenorientierte Ansatz" im Mittelpunkt einer aktuellen Kontroverse im Strategischen Management. In: DBW, 53 (6), S. 771-792.

KOLLER, H./RAITHEL, U./WAGNER, E. (1996): Internationalisierungsstrategien mittlerer Industrieunternehmen am Standort Deutschland: Ergebnisse einer empirischen Untersuchung. In: ZfB, 68 (2), S. 175-203.

KONRADT, U. (1999): Partner im virtuellen Unternehmen. In: HBM, 21 (3), S. 103-107.

KORALLUS, L. (1988): Die Lebenszyklustheorie der Unternehmung. Frankfurt/M: Lang.

KREBS, M. (1998): Organisation von Wissen in Unternehmungen und Netzwerken. (Diss. Uni. Wuppertal) Wiesbaden: Gabler.

KREBS, M./ROCK, R. (1994): Unternehmensnetzwerke – eine intermediäre oder eigenständige Organisationsform? In: SYDOW, J./WINDELER, A. (Hrsg.): Management interorganisationaler Beziehungen: Vertrauen, Kontrolle und Informationstechnik. Opladen: Westdeutscher, S. 322-345.

KREIKEBAUM, H. (1997): Strategische Unternehmensplanung. 6., überarb. und erw. Aufl. Stuttgart u. a.: Kohlhammer.

KREIKEN, J. (1980): Effective vertical integration and disintegration strategies. In: GLUECK, W. F. (Hrsg.): Business policy and strategic management. New York: McGraw-Hill, S. 252-263.

KRUSE, J. (1985): Ökonomie der Monopolregulierung. (Habil. Uni. Hamburg) Hamburg.

KÜTING, K. (1983): Der Entscheidungsrahmen einer unternehmerischen Zusammenarbeit. In. KÜTING, K./ZINK, K. J. (Hrsg.): Unternehmerische Zusammenarbeit. Berlin: Schmidt, S. 1-35.

KUTSCHKER, M./SCHMID, S. (1995): Netzwerke internationaler Unternehmungen. Diskussionsbeitrag der Wirtschaftswissenschaftlichen Fakultät Ingolstadt der Katholischen Universität Eichstätt, Nr. 64.

LIMERICK, D./CUNNINGTON, B. (1993): Managing the new organization: A blueprint for networks and strategic alliances. San Francisco, CA: Jossey-Bass.

LINCOLN, J. R. (1982): Intra- (and inter-) organizational networks. In: RSO, 1, S. 1-38.

LORENZONI, G./ORNATI, O. A. (1988): Constellations of firms and new ventures. In: JBV, 3, S. 41-57.

LUHMANN, N. (1984): Soziale Systeme: Grundriß einer allgemeinen Theorie. Frankfurt/M.: Suhrkamp.

LÜNENDONK (2000): Lünendonk-Listen 2000. http://www.luenendonk.de/lcr/unternehmens studien/index.htm. Abruf am 25.09.2000.

MACMILLAN, K./FARMER, D. (1979): Redefining the boundaries of the firm. In: JIE, 27 (3), S. 277-285.

MACNEIL, I. R. (1985): Reflections on relational contracts. In: JITE, 141, S. 541-546.

MADHOK, A. (1997): Cost, value and foreign market entry mode: The transaction and the firm. In: SMJ, 18, S. 39-61.

MAHONEY, J. T./PANDIAN, J. R. (1992): The resource-based view within the conversation of strategic management. In: SMJ, 13, S- 363-380.

MÄNNEL, B. (1996): Netzwerke in der Zulieferindustrie: Konzepte – Gestaltungsmerkmale – betriebswirtschaftliche Wirkungen. (Diss. TU München) Wiesbaden: Gabler.

MATTSSON, L. G. (1987): Management of strategic change in a 'market-as-networks' perspective. In: PETTIGREW, A. M. (Hrsg.): The management of strategic change. Oxford: Basil Blackwell, S. 234-260.

MATTSSON, L. G. (1997): „Relationship Marketing" and the „Markets-as-Networks Approach" – A comparative analysis of two evolving streams of research. In: JMM, 13, S. 447-461.

MCKNIGHT, L. W./BAILEY, J. P. (1997): Internet Economics. Cambridge, MA u. a.: MIT.

MEFFERT, H. (1985): Größere Flexibilität als Unternehmenskonzept. In: ZfbF, 37 (2), S. 121-137.

MEFFERT, H. (1998): Marketing: Grundlagen marktorientierter Unternehmensführung. 8., vollst. neuberarb. und erw. Aufl. Wiesbaden: Gabler.

MERTEN, U./GRAUER, M. (1999): Speicherung und Verwaltung multimedialer Inhalte. In: SCHUMANN, M./HESS, T. (Hrsg.): Medienunternehmen im digitalen Zeitalter: Neue Technologien – Neue Märkte – Neue Geschäftsansätze. Wiesbaden: Gabler, S. 51-67.

MERTENS, P. (1994): Virtuelle Unternehmen. In: WI, 36 (2), S. 169-172.

MERZ, M. (1999): Electronic Commerce: Marktmodelle, Anwendungen und Technologien. Heidelberg: dpunkt.

MEYER, M. (1995): Organisation der Industrie: Netzwerkarrangements zwischen Markt und Unternehmung. (Habil. Uni. Münster) Wiesbaden: Gabler.

MEYER-SCHÖNHERR, M. (1992): Szenario-Technik als Instrument der strategischen Planung. (Diss. Uni. Frankfurt) Ludwigsburg u. a.: Wissenschaft & Praxis.

MILES, R. E./SNOW, C. C. (1986a): Network organizations: new concepts for new forms. In: MKQ, (3), S. 53-66

MILES, R. E./SNOW, C. C. (1986b): New concepts for new forms. In: CMR, 28 (2), S. 62-73.

MILES, R. E./SNOW, C. C. (1992): Causes of failure in network organizations. In: CMR, 35 (2), S. 53-72.

MILES, R. E./SNOW, C. C. (1995): The network firm: A spherical structure built on a human investment philosophy. In: OD, 23 (4), S. 5-18.

MINDERLEIN, M. (1993): Industrieökonomik und Strategieforschung. In: STAEHLE, W. H./SYDOW, J. (Hrsg.): Managementforschung 3, Berlin u. a.: De Gruyter, S. 157-201.

MINTZBERG, H. (1979): The structuring of organizations: A synthesis of the research. Englewood Cliffs, NJ: Prentice-Hall.

MINTZBERG, H./WATERS, J. A. (1985): Of strategies, deliberate and emergent. In: SMJ, 6, S. 257-272.

MITCHELL, W. C. (1962): The American polity: A social and cultural interpretation. New York: Free Press.

MÖLLER, W.-P. (1983): Der Erfolg von Unternehmenszusammenschlüssen: Eine empirische Untersuchung. (Diss. Uni. Saarbrücken) München: Minerva.

MONOPOLKOMMISSION (1994): Konzentration und Wettbewerb im Medienbereich: Mehr Wettbewerb auf allen Märkten. Hauptgutachten 1992/1993. Baden-Baden: Nomos.

MONTGOMERY, C. A./WERNERFELT, B. (1988): Diversification, Ricardian rents, and Tobin's q. RJE 19 (4), S. 623-632.

MÖSLEIN, K. M. E. O. (1999): Organisation und Visualisierung. (Diss. TU München) München.

MÜLLER, J./HOCHREITER, R. (1975): Stand und Entwicklungstendenzen der Konzentration in der Bundesrepublik Deutschland. Göttingen: Schwartz.

MÜLLER, M. E. (1994): Strategieansätze für Zulieferer. In: DB, 47 (2), S. 33-40.

MÜLLER-STEWENS, G. (1993): Strategische Partnerschaften. In: WITTMANN, W. u. a. (Hrsg.): HWB. Teilband 3. 5., völlig neu gestaltete Aufl. Stuttgart: Schäffer-Poeschel, Sp. 4063-4075.

MÜLLER-STEWENS, G./SPICKERS, J. (1994): Akquisitionsmanagement. In: DBW, 54 (5), S. 663-678.

NAGEL, K./ERBEN, R. F./PILLER, F. T. (1999): Informationsrevolution und Industrielle Produktion: Eine einführende Betrachtung. In: NAGEL, K./ERBEN, R. F./PILLER, F. T. (Hrsg.): Produktionswirtschaft 2000: Perspektiven für die Fabrik der Zukunft. Wiesbaden: Gabler, S. 3-32.

NALEBUFF, B./BRANDENBURGER, A. (1996): Coopetition – Kooperativ konkurrieren: Mit der Spieltheorie zum Unternehmenserfolg. Frankfurt/M. u. a.: Campus.

NEGROPONTE, N. (1995): Total Digital: Die Welt zwischen 0 und 1 oder Die Zukunft der Kommunikation. München: Bertelsmann.

NEUMANN, J. v. (1928): Zur Theorie der Gesellschaftsspiele. In: MA, Bd. 100, S. 295-320.

NEUMANN, J. v./MORGENSTERN, O. (1973): Spieltheorie und wirtschaftliches Verhalten. 3. Aufl. Würzburg: Physica.

NIESCHLAG, R./DICHTL, E./HÖRSCHGEN, H. (1997): Marketing. 18., durchges. Aufl. Berlin: Duncker & Humblot.

o. V. (1999a): Beschäftigungsmotor Multimedia läuft an. In: MM, 9 (2), S. 3.

o. V. (1999b): Multimedia-Industrie: Wachstumsrakete wird langsamer. In: MM, 9 (2), S. 1.

o. V. (1999c): Deutschsprachige Suchmaschinen. In: OA, 20 (4), S. 11.

o. V. (1999d): Steigende Budgets für Internet-Auftritte. In: MM, 9 (16-17), S. 3.

o. V. (1999e): Hohe Investitionskosten steigern die Angst vor Electronic Commerce. In: OA, 20 (4), S. 8-9.

o. V. (1999f): Ungebremste Euphorie im Internetmarkt. In: HORIZONT, (13), S. 83.

o. V. (1999g): Nur Werbung zählt für den Gewinn. In: OA, 20 (2), S. 8-9.

o. V. (1999h): Online-Dienstleister auf dem Weg zum Full-Service-Anbieter. In: OA, 20 (2), S. 4.

o. V. (1999i): Europas Surfer: Onlinezeit und Kosten. In: OA, 20 (3), S. 1 und 14.

o. V. (1999j): Provider müssen Netzkonvergenz für Zusatzservices nutzen. In: OA, 20 (5), S. 6.

o. V. (1999k): Surfer würden Geld ausgeben. In: OA, 20 (9), S. 11.

o. V. (1999l): Internet läßt Werbemarkt boomen. In: OA, 20 (16-17), S. 13.

o. V. (1999m): E-Commerce als Wachstumsmotor. In: MM, 9 (21), S. 1.

o. V. (1999n): Multimedia-Agenturen führen Hierarchie-Ebenen ein. In: MM, 9 (25-26), S. 15.

o. V. (1999o): Hohe Anforderungen an Multimedia-Spezialisten. In: MM, 9 (24), S. 16.

o. V. (1999p): ECommerce-Standardpakete? Alles Lüge! In: MM, 9 (23), S. 2.

o. V. (1999Q): ÜBER 100.000 ARBEITSPLÄTZE IN DER MULTIMEDIA-INDUSTRIE. IN: MM, 9 (21), S. 14.

o. V. (1999r): Die multiMEDIA-Liste 1999. In: MM, 9 (5), S. 2-3.

o. V. (1999s): Vorsicht ist die Mutter der interaktiven Porzellankiste. In: MM, 9 (10), S. 1.

o. V. (2000a): Die größten Multimedia-Agenturen und -Units in Deutschland 1999. In: HORIZONT, (13), S. 82.

o. V. (2000b): Content, Commerce, Community, Consultany, Communication. In: HORIZONT, (21), S. 67.

O'MAHONY, D./PEIRCE, M./TEWARI, H. (1997): Electronic Payment Systems. Norwood, MA: Artech House.

OBRING, K. (1992): Strategische Unternehmensführung und polyzentrische Strukturen. (Diss. Uni. München) Herrsching: Kirsch.

OLBRICH, T. J. (1994): Das Modell der „Virtuellen Unternehmen“ als unternehmensinterne Organisations- und unternehmensexterne Kooperationsform. In: Information Management, (4), S. 28-36.

ORTMANN, G./SYDOW, J. (1999): Grenzmanagement in Unternehmungsnetzwerken: Theoretische Zugänge. In: DBW, 59 (2), S. 205-220.

PADBERG, A. (2000): Strategische Unternehmensnetzwerke versus Cross-border-Unternehmensakquisitionen: Analyse alternativer Markteintrittsformen. (Diss. European Business School) Wiesbaden: DUV.

PAUSENBERGER, E. (1989): Zur Systematik von Unternehmenszusammenschlüssen. In: WISU, 18 (11), S. 621-626.

PAUSENBERGER, E. (1993): Unternehmenszusammenschlüsse. In: WITTMANN, W. u. a. (Hrsg.): HWB. Teilband 3. 5., völlig neu gestaltete Aufl. Stuttgart: Schäffer-Poeschel, Sp. 4436-4448.

PENROSE, E. T. (1959): The growth of the firm. New York: Wiley.

PERROW, C. (1993): Complex organizations: A critical essay. 3. Aufl. New York: McGraw-Hill.

PETERAF, M. A. (1993): The cornerstones of competitive advantage: A resource-based view. In: SMJ, 14, S. 179-191.

PFÄHLER, W. (1996): Industrieökonomik. In: KERN, W. u. a. (Hrsg.): HWProd. 2. Aufl. Stuttgart: Schäffer-Poeschel, Sp. 689-704.

PFEFFER, J./BARON, J. N. (1988): Taking the workers back out: Recent trends in the structuring of employment. In: STAW, B. M./CUMMINGS, L. L. (Hrsg.): Research in organizational behavior. Vol. 10. Greenwich, Conn.: JAI, S. 257-303.

PICOT, A./DIETL, H./FRANCK, E. (1997): Organisation: Eine ökonomische Perspektive. Stuttgart: Schäfer-Poeschel.

PICOT, A./REICHWALD, R. (1999): Führung in virtuellen Organisationsformen. In: NAGEL, K./ERBEN, R. F./PILLER, F. T. (Hrsg.): Produktionswirtschaft 2000: Perspektiven für die Fabrik der Zukunft. Wiesbaden: Gabler, S. 130-149.

PICOT, A./REICHWALD, R./WIGAND, R. T. (1998): Die grenzenlose Unternehmung: Information, Organisation und Management. 3., überarb. Aufl. Wiesbaden: Gabler.

PICOT, A./ROHRBACH, P. (1996): Informations- und Kommunikationssysteme. In: KERN, W. u. a. (Hrsg.): HWProd. 2. Aufl. Stuttgart: Schäffer-Poeschel, Sp. 704-717.

PILLER, F./SCHODER, D. (1999): Mass Customization und Electronic Commerce: Eine empirische Einschätzung zur Umsetzung in deutschen Unternehmen. In: ZfB, 68 (10), S.1111-1136.

POHLMANN, N. (1998): Firewall-Systeme. 2., aktual. und erw. Aufl. Bonn: MITP.

PORTER, M. E. (1981): The contributions of industrial organization to strategic management. In: AMR, 6 (4), S. 609-620.

PORTER, M. E. (1987): From competitive advantage to corporate strategy. In HBR, 65 (3), S. 47-79.

PORTER, M. E. (1999a): Wettbewerbsstrategie: Methoden zur Analyse von Branchen und Konkurrenten. 10. durchges. und erw. Aufl. Frankfurt/M. u. a.: Campus.

PORTER, M. E. (1999b): Wettbewerbsvorteile: Spitzenleistungen erreichen und behaupten. 5., durchges. und erw. Aufl. Frankfurt/M. u. a.: Campus.

PORTER, M. E./FULLER, M. B. (1986): Coalitions and global strategy. In: PORTER, M. E. (Hrsg.): Competition in global industries. Boston: Harvard Business School, S. 315-343.

POWELL, W. W. (1990): Neither market nor hierarchy: Network forms of organization. In: STAW, B. M./CUMMINGS, L. L. (Hrsg.): Research in organizational behavior. Vol. 12. Greenwich, CT: JAI, S. 295-336.

PRAHALAD, C. K./HAMEL, G. (1991): Nur Kernkompetenzen sichern das Überleben. In: HM, 13 (2), S. 66-78.

PRANGE, C. (1999): Managing business networks: An inquiry into managerial knowledge in the multimedia industry. (Diss. Uni. Genf) Frankfurt/M. u. a.: Lange.

PRICEWATERHOUSECOOPERS (1997): Speed makes the difference: A survey of mergers & acquisitions.

PROBST, G. (1987): Selbst-Organisation: Ordnungsprozesse in sozialen Systemen aus ganzheitlicher Sicht. Berlin u. a.: Paul Parey.

PÜMPIN, C./PRANGE, J. (1991): Management der Unternehmensentwicklung: Phasengerechte Führung und der Umgang mit Krisen. Frankfurt u. a.: Campus.

RAPPAPORT, A. (1999): Shareholder Value: Ein Handbuch für Manager und Investoren. 2., vollst. überarb. und aktual. Aufl. Stuttgart: Schäffer Poeschel.

RASCHE, C. (1993): Kernkompetenzen. In: DBW, 53 (3), S. 425-427.

RASCHE, C. (1994): Wettbewerbsvorteile durch Kernkompetenzen: Ein ressourcenorientierter Ansatz. (Diss. Uni. Bayreuth) Wiesbaden: DUV.

RASCHE, C./WOLFRUM, B. (1994): Ressourcenorientierte Unternehmensführung. In: DBW, 54 (4), S. 501-517.

REICHWALD, R. (1993): Kommunikation und Kommunikationsmodelle. In: WITTMANN, W. u. a. (Hrsg.): HWB. Teilband 2. 5., völlig neu gestaltete Aufl. Stuttgart: Schäffer-Poeschel, Sp. 2174-2188.

REICHWALD, R. (1999a): Informationsmanagement. In: BITZ, M. u. a. (Hrsg.): Vahlens Kompendium der Betriebswirtschaftslehre. Band 2. 4., völlig überarb. Aufl. München: Vahlen, S. 221-288.

REICHWALD, R./BAUER, R./MÖSLEIN, K. (1999): Telekooperation im Marketing. In: HIPPNER, H./MEYER, M./WILDE, K. D. (Hrsg.): Computer Based Marketing: Das Handbuch zur Marketinginformatik. 2. Aufl. Braunschweig u. a.: Vieweg, S. 65-72.

REICHWALD, R./HERMANN, M./BIEBERBACH, F. (2000): Auktionen im Internet. In: WISU, 29 (4), S. 542-552.

REICHWALD, R./HÖFER, C./WEICHSELBAUMER, J. (1996): Erfolg von Reorganisationsprozessen: Leitfaden zur strategieorientierten Bewertung. Stuttgart: Schäffer-Poeschel.

REICHWALD, R./MÖSLEIN, K. (1999): Management und Technologie. In: ROSENSTIEHL, L. V./REGNET, E./DOMSCH, M. E. (Hrsg.): Führung von Mitarbeitern: Handbuch für erfolgreiches Personalmanagement. 4., überarb. und erw. Aufl. Stuttgart: Schäffer-Poeschel, S. 709-727.

REICHWALD, R./MÖSLEIN, K. (2000): Nutzenpotentiale und Nutzenrealisierung in verteilten Organisationsstrukturen: Experimente, Erprobungen und Erfahrungen auf dem Weg zur virtuellen Unternehmung. In: ZfbF, Ergänzungsheft 2. Virtuelle Unternehmen, S. 117-136.

REICHWALD, R./RUPPRECHT, M. (1992): Einsatz von Informations- und Kommunikationstechnologien im Rahmen zwischenbetrieblicher Kooperation. In: HERMANNS, A./FLEGEL, V. (Hrsg.): Handbuch des Electronic Marketing: Funktionen und Anwendungen der Informations- und Kommunikationstechnik im Marketing. München: Beck, S. 407-428.

REISS, M. (1996): Grenzen der grenzenlosen Unternehmung: Perspektiven der Implementierung von Netzwerkorganisationen. In: DU, 50 (3), S. 195-206.

RENZ, T. (1998): Management in internationalen Unternehmensnetzwerken. (Diss. Uni. Eichstätt) Wiesbaden: Gabler.

RIGGERS, B. (1998): Value System Design – Unternehmenswertsteigerung durch strategische Unternehmensnetzwerke. (Diss. Uni. St. Gallen) Bamberg: Difo-Druck.

RING, P. S. (1996): Networked organization: A resource based perspective. Acta Universitatis Upsaliensis, Studia Oeconomiae Negotiorum 39. Stockholm: Gotab.

RINGLSTETTER, M. J. (1997): Organisation von Unternehmen und Unternehmensverbindungen: Einführung in die Gestaltung der Organisationsstruktur. München u. a.: Oldenbourg.

RITTER, T. (1998): Innovationserfolg durch Netzwerk-Kompetenz: Effektives Management von Unternehmensnetzwerken. (Diss. Uni. Karlsruhe) Wiesbaden: Gabler.

ROTERING, C. (1990): Forschungs- und Entwicklungskooperationen zwischen Unternehmen. (Diss. Uni Kiel) Stuttgart: Poeschel.

RÜHLI, E. (1995): Ressourcenmanagement: Strategischer Erfolg dank Kernkompetenzen. In: DU, 49 (2), S. 91-105.

RUMELT, R. P. (1987): Theory, strategy and entrepreneurship. In: TEECE, D. (Hrsg.): The competitive challenge. Cambridge, MA: Ballinger, S. 137-158.

SCHARPF, F. W. (1990): Games real actors could play: The problem of connectedness. MPIFG Discussion Paper 90/8. Max-Planck-Institut für Gesellschaftsforschung. Köln.

SCHERER, A. G. (1999): Kritik der Organisation oder Organisation der Kritik? Wissenschaftstheoretische Bemerkungen zum kritischen Umgang mit Organisationstheorien. In: KIESER, A. (Hrsg.): Organisationstheorien. 3., überarb. und erw. Aufl. Stuttgart u. a.: Kohlhammer, S. 1-37.

SCHERER, F. M./ROSS, D. (1990): Industrial market structure and economic performance. 3. Aufl. Boston u. a.: Houghton Mifflin Company.

SCHERTLER, W. (1991): Unternehmensorganisation: Lehrbuch der Organisation und strategischen Unternehmensführung. 4., durchges. Aufl. München u. a.: Oldenbourg.

SCHIFMANN, R. S./HEINRICH, G. (2000): Multimedia-Projektmanagement: Von der Idee zum Produkt. 2. Aufl. Berlin u. a.: Springer.

SCHMENK, A./WÄTJEN, A. (1993): Multimedia. München: C.H. Beck.

SCHMIDT, E.-M. (2000): Web-Schmieden erobern die Welt. In: HORIZONT, (13), S. 81.

SCHMIDT, I./ENGELKE, H. (1989): Marktzutrittsschranken und potentieller Wettbewerb. In: WiSt, 18 (9), S. 399-404.

SCHNELL, R./HILL, P. B./ESSER, E. (1999): Methoden der empirischen Sozialforschung. 6., völlig überarb. und erw. Aufl. München u. a.: Oldenbourg.

SCHOCH, R. (1969): Der Verkaufsvorgang als sozialer Interaktionsprozeß. (Diss. Uni. St. Gallen) Winterthur: Schellenberg.

SCHOLZ, C. (1996): Virtuelle Organisation: Konzeption und Realisierung. In: ZfO, 65 (4), S. 204-210.

SCHOPPE u. a. (1995): Moderne Theorie der Unternehmung. München u. a.: Oldenbourg.

SCHRÄDER, A. (1996): Management virtueller Unternehmungen: Organisatorische Konzeption und informationstechnische Unterstützung flexibler Allianzen. Frankfurt/M. u. a.: Campus.

SCHREYÖGG, G. (1996): Organisation: Grundlagen moderner Organisationsgestaltung. Wiedbaden: Gabler.

SCHREYÖGG, G./NOSS, C. (1994): Hat sich das Organisieren überlebt? Grundfragen der Unternehmenssteuerung in neuem Licht. In: DU, 48 (1), S. 17-33.

SCHUBERT, W./KÜTING, K. (1981): Unternehmungszusammenschlüsse. München: Vahlen.

SCHULZ, C.-D./ZERFAß, A. (1999): Multimedia-Technik und Infrastruktur: Voraussetzungen für die digitale Wertschöpfung. In: ZERFAß, A./HAASIS, K. (Hrsg.): Digitale Wertschöpfung: Multimedia und Internet als Chance für den Mittelstand. Heidelberg: dpunkt, S. 25-36.

SCHUMANN, M./HESS, T. (1999): Content-Management für Online-Informationsangebote. In: SCHUMANN, M./HESS, T. (Hrsg.): Medienunternehmen im digitalen Zeitalter: neue Technologien – neue Märkte – neue Geschäftsansätze. Wiesbaden: Gabler, S. 69-87.

SCHWARZ, E. J. (1994): Unternehmensnetzwerke im Recycling-Bereich. (Diss. Uni. Graz) Wiesbaden: DUV.

SEMLINGER, K. (1993): Effizienz und Autonomie in Zulieferungsnetzwerken – Zum strategischen Gehalt von Kooperationen. In: STAEHLE, W. H./SYDOW, J. (Hrsg.): Managementforschung 3. Berlin u. a.: De Gruyter, S. 309-354.

SENNEWALD, N. (1998): Massenmedien und Internet: Zur Marktentwicklung in der Pressebranche. (Diss. Uni. München) Wiesbaden: Gabler.

SHAPIRO, C./VARIAN, H. R. (1999): Information rules: A strategic guide to the network economy. Boston, MA: Harvard Business School.

SHEPHERD, W. G. (1990): The Economics of Industrial Organization. 3. Aufl. Englewood Cliffs, NJ: Prentice-Hall.

SMITH, R. E. (1998): Internet-Kryptographie. Bonn: Addison-Wesley.

SOMMERLATTE, T./MAIER-ROTHE, C./LERNER, W. (1992): Unternehmensstrategien zur Nutzung des europäischen Potentials. In: ARTHUR D. LITTLE (Hrsg.): Management der Europa-Strategie. Wiesbaden: Gabler, S. 35-122.

STABELL, C. B./FJELDSTAD, O. D. (1998): Configuring value or competitive advantage: On chains, shops, and networks. In: SMJ, 19, S. 413-437.

STAEHLE, W. (1999): Management: Eine verhaltenswissenschaftliche Perspektive. 8. Aufl. Überarb. von CONRAD, P./SYDOW, J. München: Vahlen.

STAUDT, E. u. a. (1992): Kooperationshandbuch: Ein Leitfaden für die Unternehmenspraxis. Stuttgart: Schäffer-Poeschel.

STAUDT, E./KRIEGESMANN, B./BEHRENDT, S. (1996): Kooperationen, zwischenbetriebliche. In: KERN, W. u. a. (Hrsg.): HWProd. 2. Aufl. Stuttgart: Schäffer-Poeschel, Sp. 922-935.

STEINMANN, H./KUMAR, B./WASNER, A. (1981): Der Internationalisierungsprozeß von Mittelbetrieben: Überlegungen zum Entwurf eines Forschungskonzeptes. In: PAUSENBERGER, E. (Hrsg.): Internationales Management: Ansätze und Ergebnisse betriebswirtschaftlicher Forschung. Stuttgart: Poeschel, S. 107-127.

STEINMANN, H./SCHREYÖGG, G. (1997): Management: Grundlagen der Unternehmensführung. 4., überarb. und erw. Aufl. Wiesbaden: Gabler.

STEINMETZ, R. (1999): Multimedia-Technologie: Grundlagen, Komponenten und Systeme. 2., vollst. überarb. und erw. Aufl. Berlin u. a.: Springer.

STEVENSON, H. H. (1980): Analyzing corporate strengths and weaknesses. In: GLUECK, W. F. (Hrsg.): Business policy and strategic management. New York: McGraw-Hill, S. 186-194.

STIGLER, G. J. (1968): The organization of industry. Homewood, IL.

STRASMANN, J./SCHÜLLER, A. (1996): Kernkompetenzen: Was Unternehmen wirklich erfolgreich macht. Stuttgart: Schäffer-Poeschel.

STRUTHOFF, R. (1999): Führung und Organisation von Unternehmensnetzwerken: Ein Konzeptentwurf am Beispiel intraorganisatorischer Netzwerke in der Automobilzulieferindustrie. (Diss. Uni. Erlangen) Göttingen: Vandenhoek und Ruprecht.

SYDOW, J. (1992): Strategische Netzwerke: Evolution und Organisation. (Habil. Freie Uni. Berlin) Wiesbaden: Gabler.

SYDOW, J. (1999): Management von Netzwerkorganisationen: Zum Stand der Forschung. In: SYDOW, J. (Hrsg.): Management von Netzwerkorganisationen: Beiträge aus der ‚Managementforschung'. Wiesbaden: Gabler, S. 279-314.

SYDOW, J. u. a. (1995): Organisation von Netzwerken: Strukturationstheoretische Analysen der Vermittlungspraxis in Versicherungsnetzwerken. Opladen: Westdeutscher.

SYDOW, J./WINDELER, A. (1994): Über Netzwerke, virtuelle Integration und Interorganisationsbeziehungen. In: SYDOW, J./WINDELER, A. (Hrsg.): Management interorganisationaler Beziehungen: Vertrauen, Kontrolle und Informationstechnik. Opladen: Westdeutscher, S. 1-21.

SZYPERSKI, N./KLEIN, S. (1993): Informationslogistik und virtuelle Organisationen: Die Wechselwirkung von Informationslogistik und Netzwerkmodellen der Unternehmung. In: DBW, 53 (2), S. 187-208.

SZYPERSKI, N./WINAND, U. (1975): Spieltheorie – Eine Einführung zwecks Anregung: Ausgangslage, Elemente und Grundbegriffe (I). In: WISU, 4 (9), S. 424-428.

TEECE, D. (1986): Firm boundaries, technological innovation, and strategic management. In: THOMAS, L. G. (Hrsg.): The economics of strategic planning. Lexington, MA: Lexington, S. 187-199.

THORELLI, H. B. (1986): Networks: Between markets and hierarchies. In: SMJ, 7 (1), S. 37-51.

TICHY, N. M. (1981): Networks in organizations. In: NYSTROM, P. C./STARBUCK, W. H. (Hrsg.): Handbook of organizational design: Remodeling organizations and their environments. Vol. 2. Oxford u. a.: Oxford University Press, S. 225-249.

TIROLE, J. (1999): Industrieökonomik. 2., deutschsprachige Aufl. München u. a.: Oldenbourg.

TRÖNDLE, D. (1987): Kooperationsmanagement: Steuerung interaktioneller Prozesse bei Unternehmenskooperationen. (Diss. Uni. Freiburg) Bergisch-Gladbach u. a.: Eul.

TURNBULL, P. W./VALLA, J.-P. (1986): The interaction approach to marketing strategy: An introduction. In: TURNBULL, P. W./VALLA, J.-P. (Hrsg.): Strategies for international industrial marketing: The management of customer relationships in European industrial markets. London u. a.: Croom Helm, S. 1-10.

VAN DE VEN, A. H./WALKER, G./LISTON, J. (1979): Coordination patterns within an interorganizational network. In: HR, 32 (1), S. 19-36.

VERBAND DER UNTERHALTUNGSSOFTWARE (2000): Lernen, Spielen Informieren: Software – Ein Baum mit vielen Ästen. http://www.vud.de/infos/lernen.php3, Abruf am 14.09.2000.

VIER, C. (1996): Unternehmenstransformation und Netzwerkorganisation. (Diss. Uni. St. Gallen) Bern u. a.: Haupt.

W&V (2000): Die 75 größten Multimedia-Agenturen. Beilage zum W&V new media report 4/2000.

WEBER, G. F./WALSH, I. (1994): Komplexe Organisationen, ein Modell für die Zukunft: Die virtuelle Organisation. In: GM, (6-7), S. 24-27.

WEDER, R. (1989): Joint Venture: Theoretische und empirische Analyse unter besonderer Berücksichtigung der Chemischen Industrie der Schweiz. Grüsch: Rüeger.

WEIK, K. E. (1976): Educational organizations as loosely coupled systems. In: ASQ, 21 (1), S. 1-19.

WERNER, A. (1998): Site-Promotion: Werbung auf dem WWW. Heidelberg: dpunkt.

WERTZ, B. (2000): Management von Lieferanten-Produzenten-Beziehungen: Eine Analyse von Unternehmensnetzwerken in der deutschen Automobilindustrie. (Diss. Hochsch. für Unternehmensführung Koblenz) Wiesbaden: DUV.

WHINSTON, A. B./STAHL, D. O./CHOI, S. Y. (1997): The economics of electronic commerce. Indianapolis, IN: Macmillan Technical Publishing.

WILDEMANN, H. (1996a): Netzwerkstrukturen als neue Form der Unternehmensorganisation. In: ZWF, 91 (1-2), S. 12-16.

WILDEMANN, H. (1996b): Entsorgungsnetzwerke. In: BELLMANN, K./HIPPE, A. (Hrsg.): Management von Unternehmensnetzwerken: Interorganisationale Konzepte und praktische Umsetzung. Wiesbaden: Gabler, S. 305-348.

WILDEMANN, H. (1997): Koordination von Unternehmensnetzwerken. In: ZfB, 67 (4), S. 417-439.

WILDEMANN, H. (1998a): Kernkompetenzen: Leitfaden zur Ermittlung und Entwicklung von Kernfähigkeiten in Produktion, Entwicklung und Logistik. 3. Aufl. München: TCW Transfer-Centrum.

WILDEMANN, H. (1998b): Entwicklungs-, Produktions- und Vertriebsnetzwerke in der Zulieferindustrie: Ergebnisse einer Delphi-Studie. München: TCW Transfer-Centrum.

WILDEMANN, H. (2000): Organisation der Gründungs- und Betriebsphase von Unternehmensnetzwerken. In: ZfbF, Ergänzungsheft 2. Virtuelle Unternehmen. S. 223-242.

WILLEKE, F.-U. (1980): Wettbewerbspolitik. Tübingen: Mohr.

WILLIAMSON, O. E. (1975): Markets and hierarchies: Analysis and antitrust implications. New York: Free Press.

WÖHE, G./DÖRING, U. (2000): Einführung in die Allgemeine Betriebswirtschaftslehre, 20. neubearb. Aufl., München: Vahlen.

WONNEMANN, T. (1997): Der Einsatz von Database-Marketing zur Kundenfindung und Kundenbindung. In: DALLMER, H. (Hrsg.): Handbuch Direct Marketing. 7., völlig überarb. Aufl. Wiesbaden: Gabler, S. 591-601.

WURZER, J. (1999): Pioniere, Gründer, High-Tech-Unternehmer: Deutschland auf Innovationskurs. Stuttgart: Dt. Verl.-Anst.

YIN, R. K. (1993): Applications of case study research. Newbury Park, CA u. a.: Sage.

ZAHN, E. (1996): Kernkompetenzen. In: KERN, W. u. a. (Hrsg.): HWProd. 2. Aufl. Stuttgart: Schäffer-Poeschel, Sp. 883-894.

ZAHN, E./DILLERUP, R. (1995): Beherrschung des Wandels durch Erneuerung. In: Reichwald, R./Wildemann, H. (Hrsg.): Kreative Unternehmen: Spitzenleistungen durch Produkt- und Prozessinnovationen. Stuttgart: Schäffer-Poeschel.

ZENDER, E. (1987): Acquisitions: The human factor. London.

ZENTES, J. (1997): Taschenlexikon Marketing. Stuttgart: Schäffer-Poeschel.

ZERFAß, A./HAASIS, K. (1999): Multimedia im Mittelstand: Anwendungsfelder, Chancen, Handlungsmöglichkeiten. In: ZERFAß, A./HAASIS, K. (Hrsg.): Digitale Wertschöpfung: Multimedia und Internet als Chance für den Mittelstand. Heidelberg: dpunkt, S. 3-24.

Anhang: Interviewleitfaden

Vorbemerkung: Der Interviewleitfaden enthält keine Fragen zum dritten Forschungsziel, da dieses rein theoriegeleitet ist.

Fragen zum ersten Forschungsziel: Gewinnung von Erkenntnissen zur Multimediabranche und Ableitung von Handlungsoptionen für Multimedia-Agenturen

- Wertketten, Organisation und Positionierung von Multimedia-Agenturen
  - Wie ist die Leistungserstellung in Multimedia-Agenturen allgemein strukturiert?
  - Welche Tätgkeiten und Aufgaben enthalten die einzelnen Wertaktivitäten
  - Wie ist Ihr Unternehmen organisatorisch strukturiert?
  - Welche Einheiten haben Sie in Ihrem Unternehmen gebildet?
  - Welche multimedialen Anwendungen erstellen Sie in Ihrem Unternehmen?
  - Ist Ihr Unternehmen auf Branchen spezialisiert? Wenn ja, auf welche?
  - In welchen Ländern sind Sie aktiv?
  - Welche Leistungsschwerpunkte deckt Ihr Unternehmen ab?
- Chancen, Risiken und Handlungsoptionen in der Multimedia-Branche
  - Was sind heute die größten Herausforderungen für Ihr Unternehmen?
  - Wie beurteilen Sie die Entwicklung des Angebots in der Multimediabranche? Welche Produkte und Dienstleistungen werden zukünftig erfolgreich sein? Welche Anbieter werden sich durchsetzen?
  - Wie schätzen Sie die Entwicklung der Nachfrage nach Ihren Dienstleistungen ein? Wo sehen Sie marktseitige Chancen und Risiken für Ihr Unternehmen?
  - Wie beurteilen Sie die Wettbewerbsintensität in der Multimediabranche heute und die Entwicklung in den kommenden Jahren? Welche Rolle spielen Marktzutritte branchenfremder Unternehmen?
  - Was sind Markteintrittsbarrieren für die Multimediabranche? Wie werden sich diese Barrieren entwickeln und welche Auswirkungen wird dies auf Ihr Unternehmen haben?
  - Wie wirken sich technologische und gesellschaftliche Rahmenbedingungen auf Ihr Unternehmen aus? Wo sehen Sie Chancen und Risiken?
  - Was sind für Ihr Unternehmen die wichtigsten strategischen Stoßrichtungen für die nächsten Jahre?

Fragen zum zweiten Forschungsziel: Untersuchung der Relevanz und Charakteristik von Unternehmensnetzwerken in der Multimediabranche

- Elemente und Inhalte von Unternehmensnetzwerken
  - Was verbinden Sie mit dem Begriff „Unternehmensnetzwerk"?
  - Ist ihr Unternehmen in ein Unternehmensnetzwerk, d.h in mehrere Kooperationen eingebunden? Gibt es Wechselwirkungen zwischen diesen Kooperationen?
  - Tauschen Sie mit Ihren Partnern Personal, Finanzmittel oder physische Ressourcen aus? Sind Sie mit dem Partner informationstechnisch vernetzt?
  - Mit welchen Unternehmen arbeiten Sie zusammen und was sind jeweils die Ziele der Zusammenarbeit?
- Strukturen von Unternehmensnetzwerken
  - Sind Sie von den Kooperationspartnern abhängig? Worin besteht diese Abhängigkeit?
  - Gibt es ein Unternehmen, welches in Ihrem Netzwerk eine Führungsrolle einimmt? Wenn ja, worin manifestiert sich diese Führungsrolle?
  - Was ist die Grundlage der Zusammenarbeit mit Ihren Partnern: mündliche Abmachungen, Verträge oder finanzielle Beteiligungen?
  - Ist Ihr Unternehmen oder sind Ihre Partner in Kooperationen mit Wettbewerbern eingebunden? Wenn ja, wie beurteilen Sie die Auswirkungen auf die Zusammenarbeit?
- Prozesse in Unternehmensnetzwerken
  - Wie sind Ihre Kooperationen entstanden und wie ergab sich die Vernetzung mit mehreren Kooperationspartnern?
  - Sind Ihre Kooperationen Veränderungen unterworfen? Wenn ja, sind diese auslösenden Faktoren für diese Veränderungen eher im Unternehmen oder in der Unternehmensumwelt angesiedelt?
  - Werden Veränderungsprozesse geplant oder ergeben sie sich eher ungeplant in der Zusammenarbeit mit den Partnern?
  - Wie schätzen Sie die Bedeutung von Stabilität beziehungsweise Flexibilität in ihren Kooperationsbeziehungen ein?
- Typen von Unternehmensnetzwerken
  - Sind die Funktionen und Aufgaben in Ihrem Netzwerk fest zugeordnet oder ergeben sich Veränderungen über die Zeit?
  - Kooperieren Sie überweigend mit Zulieferern beziehungsweise Abnehmern (das heißt vertikal), mit Wettbewerbern (das heißt horizontal) oder mit branchenfremden Unternehmen (das heißt diagonal)?
  - Würden Sie Ihren Partnerschaften eher eine strategische oder eine operative Bedeutung beimessen? An welchen Kriterien machen Sie diese Aussage fest?
  - Wo sind Ihre Kooperationspartner geographisch angesiedelt?

Fragen zum vierten Forschungsziel: Analyse des Gestaltungsprozesses von Unternehmensnetzwerken in der Multimediabranche

- Strategische Analyse
  - Haben Sie, bevor Ihr Unternehmen Kooperationen eingegangen ist, über Alternativen, wie Akquisitionen oder auch den unternehmerischen Alleingang nachgedacht?
  - Haben Sie vor dem Aufbau einer neuen Kooperationsbeziehung eine formalisierte Planung durchgeführt? Wenn ja, welche Zeit nahm diese Planung in Anspruch und welche Schritte umfasste sie? Wenn nein, warum wurde keine Planung durchgeführt?
  - Welche Funktionen oder Mitarbeiter sind mit der strategischen Planung befasst?
- Konkretisierung und Bewertung
  - Definieren Sie vor dem Beginn einer Kooperation die Felder der Zusammenarbeit? Wenn ja, in welcher Form?
  - Definieren Sie vor dem Beginn einer Kooperation die Intensität der Zusammenarbeit? Wenn ja, in welcher Form?
  - Definieren Sie vor dem Beginn einer Kooperation die Ziele der Zusammenarbeit? Wenn ja, in welcher Form?
- Partnersuche und Konstituierung
  - Existierten schon, bevor die Kooperation eingegangen wurde, informelle Kontakte zum Kooperationspartner? Inwiefern haben diese Kontakte die Kooperation beeinflusst?
  - Wer übernahm in Ihren Kooperationen die initierende Rolle: Ihr Unternehmen, die Kooperationspartner oder ein gemeinsamer Kunde?
  - Wenn Ihr Unternehmen Kooperationen initiiert, wie hoch ist dann in der Regel die Anzahl der analysierten potenziellen Kooperationspartner?
  - Wie führen Sie die Auswahl von Kooperationspartnern durch und welche Kriterien betrachten Sie?
  - Welche Vertragsarten sind für Ihre Kooperationen relevant und was sind aus Ihrer Sicht die wichtigsten Vertragsbestandteile?
- Management und Entwicklung
  - Wie wurden die Managementaufgaben zwischen den Kooperationspartnern verteilt? Auf welchen Ebenen wird zusammengearbeitet oder bestehen Kontakte?
  - Wieviel Zeit nimmt das Kooperationsmanagement in Anspruch?
  - Ergreifen Sie Maßnahmen, um ihre Kooperationen weiterzuentwickeln? Wenn ja, welche und mit welchem Ziel?
  - Überprüfen Sie den Erfolg der Zusammenarbeit? Wenn ja, wie oft und anhand welcher Messgrößen?
  - Wie würden Sie insgesamt den Erfolg Ihrer Kooperationen einschätzen? Was sind Erfolgs- und Misserfolgsfaktoren?

Stichwortverzeichnis

O

P

Q

R

S

Made in the USA
Las Vegas, NV
12 November 2024

11570263R00157